Konstitutive Anerkennung mit Aufnahme in die Vereinten Nationen

Beiträge zum nationalen und internationalen öffentlichen Recht

Herausgegeben von Prof. Dr. Burkhard Schöbener

Band 26

Zur Qualitätssicherung und Peer Review der vorliegenden Publikation

Die Qualität der in dieser Reihe erscheinenden Arbeiten wird vor der Publikation durch den Herausgeber der Reihe geprüft.

Notes on the quality assurance and peer review of this publication

Prior to publication, the quality of the work published in this series is reviewed by the editors of the series.

Andreas Krebs

Konstitutive Anerkennung mit Aufnahme in die Vereinten Nationen

Ein aktueller Blick auf die Staatenentstehung in Zeiten der Konstitutionalisierung

PETER LANG

Bibliografische Information der Deutschen Nationalbibliothek
Die Deutsche Nationalbibliothek verzeichnet diese Publikation in der Deutschen Nationalbibliografie; detaillierte bibliografische Daten sind im Internet über http://dnb.d-nb.de abrufbar.

Zugl.: : Köln, Univ., Diss., 2018

D 38
ISBN 978-3-631-76882-2 (Print)
E-ISBN 978-3-631-76234-9 (E-Book)
E-ISBN 978-3-631-76235-6 (EPUB)
E-ISBN 978-3-631-76236-3 (MOBI)
DOI 10.3726b14426

Peter Lang – Berlin · Bern · Bruxelles · New York ·
Oxford · Warszawa · Wien

Diese Publikation wurde begutachtet.

www.peterlang.com

Meinen Eltern

"The man with a new idea is a Crank until the idea succeeds."
(*Mark Twain*, Following the Equator: A Journey
Around the World, Chapter XXXII)

Vorwort

Die vorliegende Arbeit wurde im Wintersemester 2017/2018 von der Juristischen Fakultät der Universität zu Köln als Dissertation angenommen.

Ich bin einer Vielzahl von Menschen zu tiefstem Dank verpflichtet, ohne deren Unterstützung diese Arbeit nicht hätte gelingen können. Meinem verehrten Doktorvater, Herrn Prof. Dr. Burkhard Schöbener, danke ich für die exzellente fortlaufende Betreuung während der Anfertigung dieser Arbeit und die Ermunterung, das Thema meiner Seminararbeit weiter zu vertiefen. Der Umfang und die Intensität der Betreuung, die kritischen Anmerkungen und äußerst lehrreichen Diskussionen, die detaillierte Korrektur der ersten Entwürfe sowie die Lenkung hin zu neuen, von mir selbst zunächst nicht bedachten, Aspekten waren alles andere als selbstverständlich.

Herrn Prof. Dr. Bernhard Kempen danke ich ganz herzlich für die Übernahme und die schnelle Erstellung des Zweitgutachtens.

Unter einer Vielzahl von Personen danke ich ganz besonders Stefan Kingler und Andreas Herzig für die freundschaftlichen Gespräche und Aufmunterungen auch in schwierigen Zeiten. Besonderer Dank gilt auch Frau Prof. Dr. Nicoletta Messerschmidt, an deren Lehrstuhl ich einen Großteil der Promotionszeit tätig war und Frau Dr. Yu-Fang Hsu für ihre Unterstützung bei der Auswertung taiwanischer Dokumente.

Meiner geliebten Lebensgefährtin Franziska Bergthaller danke ich aus tiefstem Herzen für ihre unermüdliche Hilfe bei der Korrektur des Manuskripts und den positiven Zuspruch in Momenten der Schwäche und Niedergeschlagenheit, in denen ich oft an das Aufgeben des Dissertationsprojektes dachte. Ohne sie wäre diese Arbeit nicht entstanden.

Gewidmet ist diese Arbeit meinen Eltern, deren Liebe und Unterstützung ich mir immer gewiss sein kann. Sie haben meinen bisherigen Ausbildungsweg durch alle Höhen und Tiefen begleitet. Es ist beruhigend zu wissen, dass sie mir immer ein Zuhause geben und mich stets zu neuen Taten und Abenteuern ermuntern, so sehr sich mein persönlicher und beruflicher Werdegang doch von den familiären Lebenswegen unterscheidet.

Köln, im April 2018

Inhaltsübersicht

Inhaltsverzeichnis

Abkürzungsverzeichnis

a. A. / A. A.	andere Ansicht / Andere Ansicht
Abs.	Absatz
AdG	Archiv der Gegenwart
AEUV	Vertrag über die Arbeitsweise der Europäischen Union
AFDI	Annuaire français de droit international
Afr. J. Int'l & Comp. L.	African Journal of International and Comparative Law
Afr. J. Legal Stud.	African Journal of Legal Studies
AJIL	American Journal of International Law
Am. Univ. Int'l L. Rev.	American University International Law Review
Ann. Surv. Int'l & Comp. L.	Annual Survey of International & Comparative Law
AöR	Archiv für öffentliches Recht
APSR	American Political Science Review
APuZ	Aus Politik und Zeitgeschichte
Art.	Artikel
ASEAN	Association of Southeast Asian Nations
ASIL	American Society of International Law
Aufl.	Auflage
AUJILP	American University Journal of International Law and Policy
Austrian J. Publ. Int. L.	Austrian Journal of Public and International Law
AusYBIL	Australian Yearbook of International Law
AVR	Archiv des Völkerrechts
Bd.	Band
BDGVR	Berichte der Deutschen Gesellschaft für Völkerrecht
Berk. J. Int'l L.	Berkeley Journal of International Law
BGBl.	Bundesgesetzblatt
Bost. Univ. Int'l L. J.	Boston University International Law Journal
Brooklyn J. Int'l L.	Brooklyn Journal of International Law
bspw.	beispielsweise
BVerfGE	Entscheidungen des Bundesverfassungsgerichts
BYIL	British Yearbook of International Law
bzw.	beziehungsweise

Cam. J. Int'l & Comp. L.	Cambridge Journal of International and Comparative Law
Can. Y. B. Int'l L.	Canadian Yearbook of International Law
Cardozo L. Rev.	Cardozo Law Review
Chicago J. Int'l L.	Chicago Journal of International Law
Chinese (Taiwan) Y. B. Int'l L. & Aff.	Chinese (Taiwan) Yearbook of International Law and Affairs
CI	Comunità internazionale
CJIL	Chinese Journal of International Law
CJTL	Columbia Journal of Transnational Law
CLR	Columbia Law Review
COP	Conference of the Parties
Cornell Int'l L. J.	Cornell International Law Journal
CSCE	Conference on Security and Co-operation in Europe
d. h.	das heißt
Denning L. J.	Denning Law Journal
Ders. / ders.	Derselbe / derselbe
Dies. / ders.	Dieselben / dieselben
Draft Articles	Draft Articles of State Responsibility for Internationally Wrongful Acts
DSU	Dispute Settlement Understanding
Duke J. Comp. & Int'l L.	Duke Journal of Comparative & International Law
DVBl.	Deutsches Verwaltungsblatt
EA	Europa-Archiv
ECOSOC	United Nations Economic and Social Council
EG	Europäische Gemeinschaft
EJIL	European Journal of International Law
ELJ	European Law Journal
Emory Int'l L. Rev.	Emory International Law Review
Env. L.	Environmental Law
EPIL	Encyclopedia of Public International Law
EPZ	Europäische Politische Zusammenarbeit
et al.	und andere
EU	Europäische Union
EuG	Gericht der Europäischen Union
EuGH	Europäischer Gerichtshof
EuGRZ	Europäische Grundrechte-Zeitschrift

EUV	Vertrag über die Europäische Union
f. / ff.	folgend / folgende
FAZ	Frankfurter Allgemeine Zeitung
FIELD	Foundation for International Environmental Law and Development
Fordham Int'l L. J.	Fordham International Law Journal
FS	Festschrift
Geo. J. Int'l L.	Georgetown Journal of International Law
Geo. Wash. Int'l L. Rev.	George Washington International Law Review
GG	Grundgesetz
GLJ	German Law Journal
GYIL	German Yearbook of International Law
h. M.	herrschende Meinung
Harv. Int'l L. J.	Harvard International Law Journal
HICLR	Hastings International and Comparative Law Review
Hrsg.	Herausgeber
i. V. m.	in Verbindung mit
i. V. m.	in Verbindung mit
ICAO	International Civil Aviation Organization
ICISS	International Commission on Intervention and State Sovereignty
ICJ	International Court of Justice
ICLQ	International & Comparative Law Quarterly
ICSID	International Centre for Settlement of Investment Disputes
ICTY	International Criminal Tribunal for the former Yugoslavia
IGH	Internationaler Gerichtshof
IGH-Statut	Statut des Internationalen Gerichtshofs
IJCL	International Journal of Constitutional Law
IJGLS	Indiana Journal of Global Legal Studies
IJIL	Indian Journal of International Law
ILC	International Law Commission
ILM	International Legal Materials
IMO	International Maritime Organization
IO	International Organization
IWF	Internationaler Währungsfonds

IYIL	Italian Yearbook of International Law
J Int'l. Econ L.	Journal of International Economic Law
J. Conflict Security L.	Journal of Conflict and Security Law
JA	Juristische Arbeitsblätter
JAP	Juristische Ausbildung und Praxisvorbereitung
JCR	Journal of Conflict Resolution
JEL	Journal of Environmental Law
JICJ	Journal of International Criminal Justice
JöR	Jahrbuch des öffentlichen Rechts
JPIA	Journal of Public and International Affairs
JTLP	Journal of Transnational Law & Policy
Jura	Juristische Ausbildung
JuS	Juristische Schulung
JZ	Juristen Zeitung
Kap.	Kapitel
KFOR	Kosovo Force
KJ	Kritische Justiz
Kobe Univ. L. Rev.	Kobe University Law Review
lit.	littera
LJIL	Leiden Journal of International Law
LNTS	League of Nations Treaty Series
m. w. N.	mit weiteren Nachweisen
MARPOL	International Convention for the Prevention of Marine Pollution from Ships
Max Planck UNYB	Max Planck Yearbook of United Nations Law
Melb. J. Int'l L.	Melbourne Journal of International Law
Mich. J. Int'l L.	Michigan Journal of International Law
Miskolc J. Int'l L.	Miskolc Journal of International Law
MLF	Multilateral Fund
MPEPIL	Max Planck Encyclopedia of Public International Law
Nat. Resources J.	Natural Resources Journal
NATO	North Atlantic Treaty Organization
NGO/NGOs	Non-governmental organization / Non-governmental organizations
NILR	Netherlands International
NILR	Netherlands International Law Review
NJIL	Nordic Journal of International Law

NJOZ	Neue Juristische Online Zeitschrift
No	Number
Notre Dame L. Rev.	Notre Dame Law Review
Nr.	Nummer
NRG	Nouveau Recueil Général
NZV	Neue Zeitschrift für Verkehrsrecht
OSCE	Organisation for Security and Co-operation in Europe
OSZE	Organisation für Sicherheit und Zusammenarbeit in Europa
OVG	Oberverwaltungsgericht
para.	paragraph / paragraphs
PCA	Permanent Court of Arbitration
PCIJ	Permanent Court of International Justice
PLO	Palestine Liberation Organization
PSJ Int'l Affairs	Penn State University Journal of International Affairs
RabelsZ	Rabels Zeitschrift für ausländisches und internationales Privatrecht
RCADI	Recueil des cours de l'Académie de droit international de La Haye
RdC	Recueil des Cours
RDI	Rivista di Diritto Internazionale
RDILC	Revue de droit international et de législation comparée
RDIS	Revue de droit international de sciences diplomatiques et politiques
Res	Resolution
RGBl.	Reichsgesetzblatt
RGDIP	Revue générale de Droit International Public
RIAA	Reports of International Arbitral Awards
RITD Nouvelle Série	Revue internationale de la théorie du droit Nouvelle Série
RLR	Rutgers Law Record
Rn.	Randnummer
Russ. L. J.	Russian Law Journal
S.	Seite
S. a. / s. a.	Siehe auch / siehe auch

SAYIL	South African Yearbook of International Law
sog.	sogenannt / sogenannte
SchwJIR	Schweizerisches Jahrbuch für internationales Recht
SRÜ	Seerechtsübereinkommen der Vereinten Nationen
StIGH	Ständiger Internationaler Gerichtshof
SZIER	Schweizerische Zeitschrift für internationales und europäisches Recht
Tul. J. Int'l & Comp. L.	Tulane Journal of International & Comparative Law
u. a.	unter anderem
UN	United Nations
UN Doc	United Nations Document
UN-Charta	Charta der Vereinten Nationen
UNCIO	United Nations Conference on International Organization
UNCLOS	United Nations Convention on the Law of the Sea
UNESCO	United Nations Educational, Scientific and Cultural Organization
UNFCCC	United Nations Framework Convention on Climate Change
UNGA	United Nations General Assembly
Univ. of Illinois L. Rev.	University of Illinois Law Review
UNSC	United Nations Security Council
UNTS	United Nations Treaty Series
v.	*versus*
v. Chr.	vor Christus
Vand. J. Transnat'l L.	Vanderbilt Journal of Transnational Law
VBS	Völkerbundsatzung
VCLT	Vienna Convention on the Law of Treaties
Vgl. / vgl.	Vergleiche / vergleiche
VJIL	Virginia Journal of International Law
VN	Vereinte Nationen
Vol.	Volume
VVDStRL	Veröffentlichungen der Vereinigung der Deutschen Staatsrechtslehrer
WM	Wertpapier-Mitteilungen, Zeitschrift für Wirtschafts- und Bankrecht
WTO	World Trade Organization

WVK	Wiener Vertragsrechtskonvention
YBUNL	Yearbook of United Nations Law
YIEL	Yearbook of International Environmental Law
YILC	Yearbook of the International Law Commission
YJIL	Yale Journal of International Law
YLJ	Yale Law Journal
z. B.	zum Beispiel
ZaöRV	Zeitschrift für ausländisches öffentliches Recht und Völkerrecht
Ziff.	Ziffer
ZÖR	Zeitschrift für öffentliches Recht
ZRph	Zeitschrift für Rechtsphilosophie
ZSE	Zeitschrift für Staats- und Europawissenschaften
ZStW	Zeitschrift für die gesamte Strafrechtswissenschaft

Einleitung

A. Einführung in den Untersuchungsgegenstand

> A treaty only creates law as between the States which are parties to it; in case of doubt, no right can be deduced from it in favour of third States.[1]

> Nevertheless, if there is a real threat to international peace and security in which non-members of the Organisation are involved, intervention by the United Nations is [...] justified.[2]

> Der Sicherheitsrat nimmt sogar das Recht für sich in Anspruch, sich mit bindenden Entscheidungen an Drittstaaten zu wenden, die [...] nicht der Weltorganisation beigetreten sind. [...] Vom Souveränitätsdogma her gesehen handelt es sich hier um einen unerklärlichen Bruch in der Rechtskonstruktion.[3]

Wie die obigen Zitate exemplarisch verdeutlichen, besteht eine fundamentale Ambivalenz in der Diskussion, inwieweit im Völkerrecht eine Verpflichtung von Staaten angenommen werden kann, die nicht Vertragsparteien sind. Waren die Entscheidungen des Ständigen Internationalen Gerichtshofs noch vom Souveränitätsverständnis des klassischen Völkerrechts geprägt und sprachen sich diese gegen eine Verpflichtung von Drittstaaten ohne deren Willen aus,[4] zeichnet sich in der aktuellen Resolutionspraxis des UN-Sicherheitsrats ein entgegengesetztes Bild ab. So adressiert dieser seine Resolutionen unterschiedslos sowohl an Mitglieder als auch Nichtmitglieder der Vereinten Nationen.[5]

Diese Entwicklung ist Symptom eines tiefgreifenden Wandels des Souveränitätsverständnisses, welches sich von einem absoluten Verständnis, wie es noch zu Zeiten des klassischen Völkerrechts aufgefasst wurde, weit entfernt hat.[6]

---

1 PCIJ, *Case Concerning Certain German Interests in Polish Upper Silesia (Germany v. Poland)*, Judgement of 25 May 1926, PCIJ Reports Series A, No 7 (1926), S. 1 (29).

2 *Mosler*, International Society, S. 193.

3 *Tomuschat*, AVR 33 (1995), S. 1 (17).

4 Vgl. PCIJ, *S.S. „Lotus" (France v. Turkey)*, Judgement of 7 September 1927, PCIJ Reports Series A, No 10 (1927), S. 5 (18).

5 Siehe dazu im Einzelnen 2. Teil C. Vgl. auch *Herdegen*, Völkerrecht, § 3, Rn. 10 f., der ohne genauere Begründung feststellt, dass der UN-Sicherheitsrat verbindliche Beschlüsse auch an Nichtmitglieder richten könne.

6 Vgl. *Gareis/Varwick*, Die Vereinten Nationen, S. 80. Bereits vorausschauend *Kelsen*, YLJ 53 (1944), S. 207 (208): „Therefore, the sovereignty of the States, as subjects of international law, is the legal authority of the States under the authority of international

In vielen Bereichen des Völkerrechts ist überdies eine Aufweichung des Konsensprinzips, das dem Völkerrecht immanent ist und auf dem Grundsatz der souveränen Staatengleichheit beruht, festzustellen.[7] So wird in der völkerrechtswissenschaftlichen Diskussion aufgrund der zunehmenden globalen Herausforderungen durchaus die Notwendigkeit gesehen, eine Abkehr vom klassischen Konsensprinzip zu vollziehen und die Wirkung völkerrechtlicher Verträge auch auf solche Staaten auszuweiten, die nicht Parteien der jeweiligen Verträge, sondern Drittstaaten sind.[8] In diesem Zusammenhang ist auch die Wirkung der UN-Charta wieder verstärkt in den Fokus völkerrechtlicher Analysen gerückt. Es wurden verschiedene Ansätze entwickelt, um den besonderen Stellenwert der UN-Charta weiter heraufzusetzen, indem diese als Verfassung mit universeller Geltung über den Kreis ihrer Mitglieder hinaus qualifiziert wird.

Die verschiedenen Ansätze sehen sich jedoch substantiellen methodischen Bedenken ausgesetzt und lassen die systematischen Besonderheiten der UN-Charta sowie die in ihr enthaltene Unterscheidung zwischen Mitgliedern und Nichtmitgliedern außer Betracht. Dem Bedürfnis nach allgemeingültigen Vertragswerken steht zudem der allgemeine völkerrechtliche Rechtsgrundsatz *pacta tertiis nec nocent nec prosunt* entgegen, wonach völkerrechtliche Verträge für Dritte grundsätzlich keine Rechte und Pflichten begründen. Als Ausdruck staatlicher Souveränität steht dieser Grundsatz in einem Spannungsverhältnis zur universellen Anwendung multilateraler völkerrechtlicher Verträge (beispielsweise der UN-Charta), welche Prinzipien enthalten, die von grundlegendem sowie allgemeinem Interesse sind und somit Geltung über den Kreis der Mitglieder hinaus beanspruchen.[9]

Angesichts der Bedeutung der Vereinten Nationen im Zeitalter sich zunehmend verflechtender zwischenstaatlicher (Rechts-)Beziehungen kommt über die Frage der Charta-Drittwirkung hinaus auch der Aufnahme in die Vereinten Nationen besondere Bedeutung zu. Die vorliegende Arbeit behandelt daher unter anderem die Frage, ob sich in Anbetracht der quasi-universellen Mitgliedschaft und der strukturellen Veränderungen des Völkerrechts mit Aufnahme in

law. If sovereignty means ‚supreme' authority, the sovereignty of States as subjects of international law can mean, not an absolutely but only a relatively supreme authority."

7 Eine Vielzahl neuerer Entwicklungen wird dargelegt in *Krisch*, AJIL 108 (2014), S. 1 (1 ff.); *Payandeh*, Internationales Gemeinschaftsrecht, S. 177 ff.

8 Vgl. *Dahm/Delbrück/Wolfrum*, Völkerrecht, Bd. I/3, S. 613; *Simma*, RdC 250 (1994), S. 217 (322 f.). Kritisch dazu *Rozakis*, ZaöRV 35 (1975), S. 1 (1 ff.).

9 Siehe in diesem Zusammenhang zur theoretischen Konstruktion sog. Weltordnungsverträge *Tomuschat*, RdC 241 (1993), S. 195 (268 ff.).

die Vereinten Nationen zugleich eine Kollektivanerkennung der Staatlichkeit manifestiert. Dieser Zusammenhang zwischen (fehlender) Drittwirkung der UN-Charta und Anerkennung qua Aufnahme in die Vereinten Nationen wird deutlich, wenn man das Aufnahmeverfahren nach Art. 4 UN-Charta einer genaueren Analyse unterzieht. So setzt Art. 4 Abs. 1 UN-Charta die Staatsqualität eines potentiellen Neumitgliedes zum Zeitpunkt der Aufnahme voraus. Dreh- und Angelpunkt des Aufnahmeverfahrens sind also die Voraussetzungen der Staatlichkeit nach Maßgabe des Völkerrechts und damit auch die Frage, ob die Anerkennung als zusätzliche Voraussetzung der Staatlichkeit anzusehen ist. Das Rechtsinstitut der Anerkennung ist nicht kodifiziert,[10] aber als solches gewohnheitsrechtlich akzeptiert.[11] Die inhaltliche Ausgestaltung des Instruments unterliegt damit maßgeblich gesellschaftspolitischen Einflüssen[12] und dem Wandel der Staatenpraxis.[13] Ebenso stellt das Völkerrecht keine statische Rechtsordnung dar, sondern unterliegt einem dynamischen Wandel.[14] Das zeigen nicht zuletzt die Diskussionen zu einer Konstitutionalisierung im Völkerrecht.[15] Es ist folglich zu prüfen, ob die Aufnahme in die Vereinten Nationen eine konstitutive Voraussetzung der Staatlichkeit begründet, welche eine fehlende rechtliche Drittwirkung der UN-Charta kompensiert, indem sie prospektiv eine universelle Mitgliedschaft in den Vereinten Nationen sicherstellt.

Die Feststellung der Staatlichkeit erfolgt nach bisher einhelliger Ansicht unter Heranziehung der Drei-Elemente-Lehre.[16] In einer globalisierten Welt und vor dem Hintergrund der daraus erwachsenden Interdependenz der

---

10 Vgl. *Menon*, NJIL 59 (1990), S. 247 (248).

11 Vgl. *Hillgruber*, Die Aufnahme neuer Staaten, S. 1.

12 Vgl. *Shaw*, International Law, 6. Aufl. 2008, S. 444.

13 Vgl. *Hilpold*, AVR 31 (1993), S. 387 (389). Eine vollumfassende Darstellung der neueren Staatenpraxis findet sich in *Hillgruber*, Die Aufnahme neuer Staaten, S. 1 ff.

14 Siehe dazu schon die Entscheidung des Nürnberg Tribunals vom 1. Oktober 1946, abgedruckt in: AJIL 41 (1947), S. 172 (219): „This law is not static but by continual adaptions follows the needs of a changing world.“ Im Hinblick auf das traditionelle Verständnis der Rechtspersönlichkeit im Völkerrecht siehe *Higgins*, Problems and Process, S. 50: „Within that process (which is dynamic and not a static one) there are a variety of participants“.

15 Vgl. dazu *Schwöbel*, Global constitutionalism, S. 11 ff.; *Kleinlein*, Konstitutionalisierung, S. 1 ff.; *de Wet*, ICLQ 55 (2006), S. 51 (75); *Peters*, ZÖR 65 (2010), S. 3 (10 ff.).

16 Vgl. dazu *Jellinek*, Allgemeine Staatslehre, S. 183, 394 ff.; *Crawford*, Creation, S. 45 ff.; *Epping*, in: Ipsen (Hrsg.), Völkerrecht, § 5, Rn. 172.

Völkerrechtsordnung[17] erscheint es jedoch nicht mehr tragfähig, die Staatsqualität im völkerrechtlichen Sinne allein vom Vorliegen dreier tradierter Staatselemente abhängig zu machen. Vielmehr zeichnet sich in der neueren Anerkennungspraxis, beginnend mit der Anerkennung der südosteuropäischen Staaten in den Jahren 1991/1992, die Tendenz einer konstitutiven Wirkung der (kollektiven) Anerkennung als zusätzliches Element der Staatlichkeit ab.[18]

Das völkerrechtliche Instrument der Staatenanerkennung blickt auf eine lange Historie zurück und wird in der Völkerrechtswissenschaft seit jeher umfassend und kontrovers diskutiert.[19] Auch wenn die Bedeutung der Anerkennung mitunter in Zweifel gezogen und der Sinn weiterer Publikationen zu dieser Thematik zum Teil gänzlich in Frage gestellt wird,[20] ist sie tatsächlich nach wie vor von maßgeblicher Bedeutung.[21] Vereinzelt wird in ihr gar die Grundlage des Völkerrechts gesehen.[22] Diese Einschätzung hat, wie sich im Verlauf dieser Abhandlung zeigen wird, nicht an Aktualität verloren.

B. Gang der Untersuchung

Die vorliegende Arbeit besteht aus drei Teilen. Der erste Teil ist einer allgemeinen Darstellung der Entwicklungen des Völkerrechts gewidmet. Nach einer

---

17 Vgl. *Hobe*, Völkerrecht, S. 303; *Kotzur*, FS für Peter Häberle, S. 289 (292). Siehe zu dieser Diskussion auch *Habermas*, KJ 28 (1995), S. 293 (297 ff.).

18 Vgl. *Kau*, in: Vitzthum/Proelß (Hrsg.), Völkerrecht, S. 198. Siehe auch ICTY, *Prosecutor v. Delalic*, Judgement of 16 November 1998, Case-No IT-96-21-T, S. 1 (81, Rn. 214): „On the basis of this evidence alone, the Trial Chamber can conclude that an international armed conflict existed in Bosnia and Herzegovina at the date of its recognition as an independent State on 6 April 1992." Vgl. zur völkerrechtswissenschaftlichen Diskussion, ob der Anerkennung (nur) deklaratorische oder konstitutive Wirkung zukommt, ausführlich 3. Teil A. III.

19 Vgl. *Hilpold*, AVR 31 (1993), S. 387 (387). Siehe zu den unterschiedlichen kommunistischen Anerkennungslehren und ihren Wirkungen *Frenzke*, Die kommunistische Anerkennungslehre, S. 60 ff. Ein umfassender Überblick über die verschiedenen Ansichten und Diskussionen zur Wirkung der Anerkennung im Völkerrecht findet sich in *Kunz*, Handbuch des Völkerrechts, Bd. 2, S. 63 ff.

20 Vgl. *Bindschedler*, AVR 9 (1961/1962), S. 377 (377): „Die Anerkennung ist eines derjenigen Probleme des Völkerrechts, die am meisten wissenschaftlich behandelt worden sind und eine unübersehbare Literatur hervorgerufen haben. Man kann sich deshalb fragen, ob es sich wirklich lohnt, dieses Thema zum Gegenstand einer weiteren Abhandlung zu machen."

21 Vgl. *Hillgruber*, Die Aufnahme neuer Staaten, S. 1.

22 Vgl. *Lorimer*, RDILC 16 (1884), S. 333 (333).

kurzen Übersicht über die geschichtlichen Entwicklungsepochen erfolgt eine Analyse der Wandlung des Völkerrechts vom klassischen souveränitätsgeprägten Staatenrecht über ein Kooperationsvölkerrecht einer internationalen Wertegemeinschaft hin zu einer konstitutionalisierten Völkerrechtsordnung. Zudem wird aufgezeigt, dass sich aus den Diskussionen zur Zulässigkeit einer staatlichen Schutzverantwortung bei schweren Menschenrechtsverstößen (*Responsibility to Protect*) sowie aus dem Prinzip der ständigen Souveränität über natürliche Ressourcen eine Beschränkung und Wandlung staatlicher Souveränität sowie eine Zurückdrängung des *domaine réservé* feststellen lassen. Im Anschluss daran werden das modifizierte Verständnis der Völkerrechtsquellen und der damit einhergehende Wandel des Konsensprinzips näher betrachtet. Danach werden die verschiedenen klassischen Ansätze, die eine Ausnahme von der untrennbar mit dem Konsensprinzip verbundenen *Pacta-tertiis-Maxime* vorsehen, ausgeführt.

Auf Grundlage dieser Untersuchungsergebnisse steht im zweiten Teil die Frage im Fokus, ob eine rechtliche Bindung der Nichtmitglieder der Vereinten Nationen an die Grundsätze der UN-Charta besteht. Dabei ist zu diskutieren, inwieweit sich eine Drittwirkung aus der Konzeption und Systematik der UN-Charta selbst sowie aus der Staatenpraxis ergibt. Darüber hinaus erfolgt eine kritische Analyse, ob die UN-Charta als universelle Weltverfassung einzuordnen ist und ob Kapitel VII der UN-Charta völkergewohnheitsrechtliche Geltung beanspruchen kann.

Im dritten Teil der Arbeit erfolgt eine Erörterung der Frage, ob der UN-Charta ein kollektives Anerkennungsverfahren zu entnehmen ist. Dazu wird zunächst in einem ersten Unterkapitel das völkergewohnheitsrechtliche Instrument der Anerkennung eingehend diskutiert. Neben einer Auseinandersetzung mit den Elementen der Staatlichkeit erfolgt eine Darstellung der konkurrierenden Begründungsansätze der Anerkennung sowie eine Untersuchung der neueren Anerkennungspraxis.

Anhand der gewonnenen Ergebnisse wird anschließend in einem zweiten Unterkapitel die Möglichkeit der Implementierung eines kollektiven Anerkennungsverfahrens hinterfragt. Dabei wird analysiert, ob die UN-Charta bereits heute ein System kollektiver Anerkennung enthält und die rechtliche Machbarkeit und Implementierung eines konstitutiven Anerkennungsverfahrens mit Aufnahme in die Vereinten Nationen untersucht.

Abschließend werden die Ergebnisse der vorliegenden exegetischen Untersuchung zusammengefasst und im Rahmen einer Schlussbetrachtung einer kritischen Analyse unterzogen.

Erster Teil: Von der Koexistenz zur Konstitutionalisierung – der Strukturwandel des Völkerrechts

Um die Drittwirkungsproblematik der UN-Charta und die anschließende These einer konstitutiven Anerkennung besser einordnen zu können, erfolgt zunächst eine Darstellung der historischen und faktischen Entwicklung des Völkerrechts (A.). Im Rahmen dessen wird die historische Genese der staatlichen Souveränität nachgezeichnet (I.). Danach wird das veränderte Souveränitätsverständnis im Bereich des internationalen Menschenrechtsschutzes erörtert (II.). Anschließend werden die Beschränkungen der Souveränität über natürliche Ressourcen diskutiert (III.). Sodann wird geprüft, inwieweit sich die geltenden Völkerrechtsquellen von einem strengen souveränitätsschützenden Konsenserfordernis entfernt haben (IV.). In diesem Zusammenhang werden die verschiedenen traditionellen Ansätze dargestellt, die eine Ausnahme vom Drittwirkungsverbot im Völkerrecht konstruieren wollen (B.).

A. Die historische und faktische Wandlung des Völkerrechts

I. Historische Entwicklung

Das Völkerrecht hat einen Evolutionsprozess durchlaufen, der sich beispielhaft an der historischen Fortentwicklung der staatlichen Souveränität darstellen lässt. Der Beginn der Völkerrechtsgeschichte wird dabei keineswegs einheitlich bestimmt.[23] Zwar lassen sich schon in der Antike Vorformen eines staatsübergreifenden Völkerrechtsgedankens entnehmen,[24] teilweise wird das Völkerrecht aber auch (erst) als ein Phänomen der Neuzeit eingeordnet.[25] Der Begriff der

---

23 Vgl. *Ipsen*, in: ders. (Hrsg.), Völkerrecht, § 2, Rn. 1.

24 Siehe dazu *Ziegler*, Völkerrechtsgeschichte, S. 10 ff. In der völkerrechtlichen Literatur wird häufig das Beispiel des Friedensvertrages zwischen dem ägyptischen Pharao Ramses II. und dem hethitischen Hattuschil aus dem Jahre 1270 v. Chr. genannt. So bspw. *Hobe*, Völkerrecht, S. 31; *Ipsen*, in: ders. (Hrsg.), Völkerrecht § 2, Rn. 3 ff.; *Preiser*, AVR 4 (1954), S. 257 ff.

25 Vgl. *Ipsen*, in: ders. (Hrsg.), Völkerrecht, § 2, Rn. 1. Siehe demgegenüber *Ziegler*, AVR 37 (1999), S. 129 (131), der zwar zugesteht, dass der Westfälische Friede eine wichtige Zäsur darstellt, jedoch die Ansicht, das Zeitalter des modernen Völkerrechts habe erst mit oder nach diesem begonnen, als längst überholt ansieht.

Souveränität ist im 13. Jahrhundert erstmalig festzustellen, bezeichnete dieser dort noch die konkrete Machtposition Einzelner über andere, die sich in einer Letztentscheidungsbefugnis widerspiegelte.[26]

Als Beginn für die Entwicklung des modernen Völkerrechtsverständnisses wird regelmäßig der Westfälische Friede aus dem Jahre 1648 angesehen, der das Ende des Dreißigjährigen Krieges markierte.[27] Dieser bildete den Schlusspunkt einer Phase der Glaubensspaltung, die ihrerseits den Ausklang der mittelalterlichen Herrschaftsordnung einläutete.[28] Mit dem modernen Staatsbegriff, dem eine Entwicklung von bloßen Personenverbänden hin zu territorialbezogenen Herrschaftsverbänden zugrunde liegt,[29] erfuhr der Souveränitätsbegriff eine Wandlung, aus der sich das moderne Völkerrecht ableiten lässt. Mit der Anerkennung territorialer Herrschaftsverbände konnte erstmals zwischen „der Person des Herrschers und dem unabhängig davon bestehenden, räumlich definierten Herrschaftsverband"[30] unterschieden werden. Die Souveränität wird regelmäßig in eine „innere" und „äußere" Souveränität eingeteilt.[31] Während unter der inneren Souveränität die innerstaatliche Verfassungsautonomie verstanden wird, untersteht nach der äußeren Souveränität der Staat allein dem Völkerrecht und keiner anderen Autorität, insbesondere keiner anderen staatlichen Rechtsordnung, und ist „völkerrechtsunmittelbar".[32]

Diese klassische Unterscheidung zwischen „innen" und „außen" wird – wie sich im weiteren Verlauf dieser Untersuchung zeigen wird – allerdings zusehends aufgehoben.[33] Die ursprünglich der staatsinternen Politik zugewiesenen Rechtsbereiche sind inzwischen immer mehr von völkerrechtlichen Regelungen durchzogen und adressieren nicht mehr allein die Staaten selbst, sondern auch private Rechtssubjekte.[34] Der Bereich, in dem der Staat keinen völkerrechtlichen

---

26 *Grimm*, Souveränität, S. 16 f.

27 Siehe zum Entwicklungszusammenhang mit den internationalen Beziehungen *Osiander*, IO 55 (2001), S. 251 (251 ff.).

28 Vgl. *Grimm*, Souveränität, S. 10 f. Siehe zur Entwicklung auch *Unruh*, Der Verfassungsbegriff des Grundgesetzes, S. 45 ff.

29 Vgl. *Wildhaber*, in: ders. (Hrsg.), Wechselspiel zwischen Innen und Außen, S. 19 (19).

30 *Grimm*, Souveränität, S. 78.

31 Vgl. *Fassbender*, FS für Erik Jayme, Bd. 1, S. 1089 (1090); *Verdross/Simma*, Universelles Völkerrecht, § 35.

32 Vgl. *Seidl-Hohenveldern*, Völkerrecht, Rn. 7; *Oeter*, FS für Helmut Steinberger, S. 259 (276).

33 So auch *Ley*, Opposition im Völkerrecht, S. 31.

34 Vgl. *Ley*, Opposition im Völkerrecht, S. 31. Siehe zum Völkerrecht als Innenpolitik *Dicke et al.* (Hrsg.), FS für Jost Delbrück, S. 1 ff.

Bindungen unterliegt (*domaine réservé*[35]) ist mithin nicht feststehend, sondern gesellschaftlichen und rechtlichen Wandlungen unterworfen[36] und hat im Laufe der Zeit stetig an Bedeutung verloren.[37]

Die völkerrechtliche Souveränität in ihrer ursprünglichen Ausprägung war unbeschränkt.[38] Dies zeigt sich daran, dass aus ihr zugleich das Recht, zum Kriege zu schreiten (*ius ad bellum*), abgeleitet wurde. Seinem traditionellen Verständnis nach handelte es sich bei Völkerrecht demnach um ein Recht der staatlichen Koexistenz,[39] welches durch die unbeschränkte Souveränität der Staaten geprägt war.[40] Koexistenzvölkerrecht war somit Ausdruck eines Minimalkonsenses im Verhältnis der Staaten untereinander,[41] gewährte ein Abwehrrecht gegenüber Eingriffen von außen[42] und begründete zugleich die Handlungsfreiheit des Einzelstaates.[43] Dieses Verständnis kommt auch in dem Schiedsspruch im *Island-of-Palmas-Fall* zum Ausdruck:

> Sovereignty in the relation between States signifies independence. Independence in regard to a portion of the globe is the right to exercise therein, to the exclusion of any other State, the functions of a State.[44]

Das Koexistenzvölkerrecht zeichnete sich durch seine anarchische Struktur[45] und das Fehlen zwischenstaatlicher Zusammenschlüsse in Form von internationalen Organisationen sowie jeglicher Gemeinschaftsorgane aus.[46] Erst im weiteren Verlauf der völkerrechtlichen Entwicklung entstand zwischenstaatliches

---

35 Vgl. zur Entwicklung des Konzepts *Dahm/Delbrück/Wolfrum*, Völkerrecht, Bd. I/3, S. 804 ff.; *Ziegler*, Domaine Réservé, in: Wolfrum (Hrsg.), MPEPIL (online, Stand: April 2013).

36 Vgl. *Dahm/Delbrück/Wolfrum*, Völkerrecht, Bd. I/3, S. 804.

37 Vgl. *Ley*, Opposition im Völkerrecht, S. 32.

38 Vgl. *Fassbender*, FS für Erik Jayme, Bd. 1, S. 1089 (1092).

39 Vgl. *Friedmann*, The Changing Structure of International Law, S. 60 f.

40 Vgl. *Fassbender*, FS für Erik Jayme, Bd. 1, S. 1089 (1092).

41 *Allott*, Eunomia, S. 324: „International law has been the minimal law necessary to enable state-societies to act as closed systems internally and to act as territory-owners in relation to each other."

42 *Bleckmann*, AVR 23 (1985), S. 450 (464 ff.).

43 Vgl. *Fassbender*, FS für Erik Jayme, Bd. 1, S. 1089 (1092). Siehe dazu auch *Stein/von Buttlar/Kotzur*, Völkerrecht, Rn. 511 ff.

44 PCA, *Island of Palmas Case (Netherlands v. United States)*, RIAA Vol. II (1928), S. 829 (838).

45 *Delbrück*, SZIER 11 (2001), S. 1 (3 f.).

46 Vgl. *Payandeh*, Internationales Gemeinschaftsrecht, S. 495; *Abi-Saab*, EJIL 9 (1998), S. 248 (252).

(Vertrags-)Recht, welches auf die Koordination der zwischenstaatlichen Beziehungen angelegt war.[47]

Der Erhalt des Friedens rückte zunehmend in den Mittelpunkt des staatlichen Interesses.[48] Mit Gründung des Völkerbundes im Jahre 1919 veränderte sich die staatliche Zusammenarbeit erstmals dahin gehend, dass ehemals souveräne Rechte in die Entscheidungshoheit einer zwischenstaatlichen Organisation abgetreten wurden. Allerdings sah die Völkerbundsatzung[49] kein allgemeines, sondern lediglich ein „relatives, prozedurales Kriegsführungsverbot“[50] vor. Überdies enthielt sie weitere konzeptionelle Schwächen.[51] Da ein Fehlverhalten eines Staates *in praxi* sanktionslos blieb,[52] bestand die völkerrechtliche Souveränität zunächst weiterhin unangetastet.

Mit Abschluss des *Briand-Kellog-Paktes*[53] im Jahre 1928 wurde Krieg erstmals materiell-rechtlich generell verboten und nur noch im Falle der Selbstverteidigung und bei der Beteiligung an Sanktionen durch den Völkerbund als zulässig erachtet. Zwangsmittel waren jedoch weiterhin nicht vorgesehen, sodass Staaten nicht gegen ihren Willen verpflichtet werden konnten. Erst nachdem die innere Struktur der europäischen Staaten eine gewisse Festigkeit erlangt hatte, erfolgte eine Weiterentwicklung des Völkerrechts zum Kooperationsvölkerrecht.[54] An der Vielzahl völkerrechtlicher Vertragsabschlüsse zeigte sich, dass Staaten

---

47 Vgl. *Scheuner*, FS für Eberhard Menzel, S. 251 (270 ff.). Siehe dazu auch die Entscheidung PCIJ, *S.S. „Lotus“ (France v. Turkey)*, Judgement of 7 September 1927, PCIJ Reports Series A, No 10 (1927), S. 5 (18): „International law governs relations between independent States. The rules of law binding upon States therefore emanate from their own free will as expressed in conventions or by usages generally accepted as expressing principles of law and established in order to regulate the relations between these co-existing independent communities or with a view to the achievement of common aims. Restrictions upon the independence of States cannot therefore be presumed.“

48 Vgl. zur Entwicklung *Hobe*, Völkerrecht, S. 46 ff.; *Hingst*, Auswirkungen der Globalisierung, S. 194.

49 Teil I des Friedensvertrags vom 28. Juni 1919 (Völkerbundsatzung), RGBl. 1919 II, S. 716.

50 *Hilpold*, JA 2006, S. 234 (238).

51 Vgl. *Dinstein*, War, Aggression and Self-Defence, S. 82 ff.; *Herdegen*, Völkerrecht, § 2, Rn. 14; *Kunde*, Präventivkrieg, S. 92 ff.

52 Vgl. *von Arnauld*, Völkerrecht, Rn. 131. Zu den Schwächen der Völkerbundsatzung und insbesondere zur Sanktionsproblematik vgl. *von Heinegg*, in: Ipsen (Hrsg.), Völkerrecht, § 51, Rn. 11 f.; *Castberg*, ZaöRV 6 (1936), S. 667 (668 ff.).

53 Vertrag über die Ächtung des Krieges vom 27. August 1928, RGBl. 1929 II, S. 97.

54 Vgl. *Friedmann*, The Changing Structure of International Law, S. 62: „[T]his move of international society, from an essentially negative code of rules of abstention to positive

zunehmend gewillt waren, Teile ihrer äußeren Souveränität abzugeben, indem sie Vertragsbeziehungen eingingen, sich in kollektive Bündnissysteme eingliederten oder sich zu internationalen Organisationen zusammenschlossen.[55] Dies führte zugleich zur „Verschiebung im Verhältnis zwischen dem vorbehaltenen Hoheitsbereich und der internationalen Sphäre."[56] Diese Entwicklung ist insbesondere als Reaktion auf zunehmende globale Herausforderungen anzusehen, denen Staaten nur durch zwischenstaatliche Kooperation entgegentreten können.[57] Zugleich ist sie von einem Wandel des Souveränitätsverständnisses geprägt.[58] Es zeigte sich, dass die völkerrechtliche Souveränität nicht statisch ist, sondern einem stetigen Veränderungsprozess unterliegt.[59] Die Auffassung von Souveränität ist abhängig vom jeweiligen geschichtlichen Kontext.[60] Sie ist somit ein flexibles theoretisches Konzept, mit dessen Hilfe die Herrschaftsgewalt im Hinblick auf die tatsächlichen und aktuellen Herausforderungen neu justiert werden kann.[61] Gehalt und Grenzen der Souveränität verändern sich mit der Entwicklung des Völkerrechts.[62]

Die zwischenstaatliche Kooperation kulminierte in der Gründung der Vereinten Nationen. Erstmals wurde ein System kollektiver Friedenssicherung

---

rules of co-operation [...] is an evolution of immense significance for the principles and structure of international law."

55 Vgl. *Tomuschat*, RdC 281 (1999), S. 9 (59 ff.); *Nettesheim*, JZ 2002, S. 569 (571). Siehe zur Entwicklung der internationalen Organisationen in diesem Zusammenhang *Klabbers*, International Institutional Law, S. 16 ff.

56 *Dahm/Delbrück/Wolfrum*, Völkerrecht, Bd. I/3, S. 806. Vgl. auch *Ley*, Opposition im Völkerrecht, S. 32 ff.

57 Vgl. *Tomuschat*, RdC 281 (1999), S. 9 (40 ff.); *Hobe*, Völkerrecht, S. 62; *Shaw*, International Law, 6. Aufl. 2008, S. 1284. Siehe zur Entwicklung eines „Kooperationszwangs" *Bleckmann*, Allgemeine Staats- und Völkerrechtslehre, S. 106 ff.

58 Vgl. *Krisch*, AJIL 108 (2014), S. 1 (39), der eine Schwächung der Staatengleichheit – und somit auch der Souveränität – konstatiert. Siehe demgegenüber aber *Hillgruber*, Der Staat 53 (2014), S. 475 (481 f.): „In der auf dem Prinzip der souveränen Gleichheit seiner Mitglieder basierenden Staatengemeinschaft [...] ist nur konsensuale Rechtserzeugung möglich."

59 Vgl. *Kelsen*, YLJ 53 (1944), S. 207 (208); *Fassbender*, FS für Erik Jayme, Bd. 1, S. 1089 (1095); *Oeter*, FS für Helmut Steinberger, S. 259 (276).

60 Vgl. *Häberle*, AöR 92 (1967), S. 259 (265); *Perrez*, Cooperative Sovereignty, S. 175.

61 Vgl. *Häberle*, AöR 92 (1967), S. 259 (265). Siehe zur Entwicklung des Inhalts des Souveränitätsbegriffs in Frankreich und Deutschland *Quaritsch*, Souveränität, S. 13 ff.

62 *Oeter*, FS für Helmut Steinberger, S. 259 (276).

eingeführt.[63] Das ehemals souveräne Kriegsrecht wurde der Handlungsfreiheit der Staaten entzogen und in die Hände der Vereinten Nationen gelegt.[64] Das Kooperationsvölkerrecht zeichnet sich allerdings auch dadurch aus, dass Staaten nicht zu einer Mitgliedschaft in einer internationalen Organisation gezwungen werden können.[65]

Dennoch hat sich das souveränitätszentrierte Korsett des Völkerrechts weiter abgeschwächt. Dreh- und Angelpunkt dieser Feststellung ist die in vielen Teilbereichen des Völkerrechts zu beobachtende Fortentwicklung über das Kooperationsvölkerrecht hinaus. Die zunehmende rechtliche Verdichtung der internationalen Beziehungen und die Verschränkung zwischen nationalem und internationalem Recht zeigen, dass sich die Qualität zwischenstaatlicher Kooperation weiter verändert.[66] Indem sich die Staatengemeinschaft vermehrt grenzüberschreitenden Herausforderungen ausgesetzt sieht, steigt die Notwendigkeit kooperativer Lösungen auf internationaler Ebene.[67] Die Beschleunigung globaler Probleme führt zugleich zu einer Verrechtlichung im Völkerrecht. Diese ist allerdings weniger eine statisch gegebene Realität, als vielmehr ein kontinuierlicher „rechtsnormative[r] Entwicklungsprozess".[68]

Aus diesem unter dem Schlagwort der Konstitutionalisierung[69] diskutierten Veränderungsprozess wird inzwischen eine dritte Stufe der

---

63 Die Idee einer Organisation, die ein System kollektiver Sicherheit umfasst, ist dabei nicht gänzlich neu. Ähnliche theoretische Ansätze lassen sich bereits in früherer Zeit feststellen, vgl. *Seidl-Hohenveldern*, Völkerrecht, Rn. 105 m. w. N.

64 Vgl. *Grimm*, Souveränität, S. 84 f.; *Fassbender*, FS für Erik Jayme, Bd. 1, S. 1089 (1093).

65 *Payandeh*, Internationales Gemeinschaftsrecht, S. 495; *Nettesheim*, JZ 2002, S. 569 (571).

66 Vgl. *Schöbener/Knauff*, Allgemeine Staatslehre, § 7, Rn. 33; *von Arnauld*, Völkerrecht, Rn. 29; *Hingst*, Auswirkungen der Globalisierung, S. 199 f.

67 Vgl. *von Arnauld*, Völkerrecht, Rn. 29; *Isensee*, ZSE 1 (2003), S. 7 (10 f.).

68 *Schöbener/Knauff*, Allgemeine Staatslehre, § 7, Rn. 33. Vgl. auch *Peters*, ZÖR 65 (2010), S. 3 (11). Ähnlich *de Wet*, ICLQ 55 (2006), S. 51 (51): „The reference to the constitutionalization of the international legal order indicates the process of (re-)organization and (re-)allocation of competence among the subjects of the international legal order, which shapes the international community, its value system and enforcement."

69 Die verschiedenen Ansätze und Spielarten dieser Denkrichtung sind mannigfaltig und kaum überschaubar. Eine vollumfängliche Analyse und Vertiefung dieser Thematik ist im Rahmen dieser Abhandlung nicht möglich. Für eine ausführliche Darstellung der Konstitutionalisierungsentwicklungen im Völkerrecht siehe statt vieler: *Kleinlein*, Konstitutionalisierung; *Schwöbel*, Global constitutionalism. Der Begriff der Konstitutionalisierung impliziert, dass die Ursprünge der Konstitutionalisierungsthese im nationalen (Verfassungs-)Recht liegen. Allerdings sind die Begriffe der Verfassung

Völkerrechtsevolution,[70] die auf der Entwicklung vom Koexistenz- zum Kooperationsvölkerrecht aufbaut, abgeleitet.[71]

II. Souveränitätswandel im Bereich des internationalen Menschenrechtsschutzes

Einen weiteren Bedeutungswandel hat die staatliche Souveränität durch die Internationalisierung des Menschenrechtsschutzes erfahren.[72] Dies ergibt sich zum einen aus der Einordnung einzelner Menschenrechte als *ius cogens*,[73] zum anderen aus dem Abschluss multilateraler Menschenrechtsverträge sowie aus den weiteren vielschichtigen Instrumentarien des Menschenrechtsschutzes.[74] Der Schutz von Menschenrechten – auch der eigenen Staatsangehörigen – ist nicht länger eine innere Angelegenheit des Staates,[75] sondern unterliegt den

---

(*constitution*) und der Verrechtlichung im Völkerrecht (*constitutionalism*) keineswegs deckungsgleich. Dies zeigt, dass – je nachdem, welchem Ansatz gefolgt wird – der Begriff eine andere Akzentuierung erhält, vgl. *Schöbener/Knauff*, Allgemeine Staatslehre, § 7, Rn. 33 ff. Siehe auch *Diggelmann/Altwicker*, ZaöRV 68 (2008), S. 623 (632 ff.). Der nationale Verfassungsbegriff kann somit nicht unverändert auf die Ebene des Völkerrechts übertragen werden. Erfolgen muss vielmehr eine Anpassung an die verfassungsrechtlichen Besonderheiten des Völkerrechts insbesondere auf Grundlage der Völkerrechtsquellen, so bspw. *Peters*, ZÖR 65 (2010), S. 3 (10 f.); *Viellechner*, ZaöRV 75 (2015), S. 233 (236 ff.). Kritisch im Hinblick auf eine Übertragung nationaler Verfassungselemente auf überstaatliche Ebene ist *Grimm*, in: Dobner/Loughlin (Hrsg.), The Twilight of Constitutionalism?, S. 3 ff. Zur Kritik an der Methodik der konstitutionellen Theorie vgl. *Kammerhofer*, LJIL 23 (2010), S. 723 ff. Siehe mit Beispielen für Entrechtlichungstendenzen *Krieger*, VVDStRL 75 (2016), S. 439 ff.

70 *Funke*, Konstitutionalisierung, in: Schöbener (Hrsg.), Völkerrecht, S. 251 (253).

71 Vgl. zu dieser Entwicklung *von Arnauld*, Völkerrecht, Rn. 29 ff.; *Koroma*, in: Hobe (Hrsg.), Globalisation, S. 25 ff.; *Payandeh*, Internationales Gemeinschaftsrecht, S. 493 ff.

72 Vgl. *Fassbender*, FS für Erik Jayme, Bd. 1, S. 1089 (1095 f.); *Stern*, in: Isensee/Kirchhof (Hrsg.), Handbuch des Staatsrechts, Bd. IX, § 184, Rn. 91: „Heute lässt sich eine allgemeine Rechtsüberzeugung dahingehend feststellen, daß jeder Staat völkerrechtlich verpflichtet ist, menschenrechtliche Grundpositionen zu gewähren und einzuhalten (…).“

73 Vgl. *Simma*, RdC 250 (1994), S. 217 (292).

74 Vgl. *Bentzien*, Die völkerrechtlichen Schranken der nationalen Souveränität, S. 180 f. Eine Vielzahl weiterer Beispiele findet sich bei *Dahm/Delbrück/Wolfrum*, Völkerrecht, Bd. I/3, S. 808 ff.; *Knauff*, ZaöRV 68 (2008), S. 453 (467 f.).

75 Vgl. *Kau*, in: Vitzthum/Proelß (Hrsg.), Völkerrecht, S. 210.

Einwirkungen durch das Völkerrecht.[76] Die Etablierung internationaler Menschenrechtsregime hat eine „Öffnung des staatlichen Souveränitätspanzers“[77] bewirkt.

Eine Durchbrechung des Prinzips staatlicher Souveränität kann auch in den Reaktionen einzelner Staaten auf massive Menschenrechtsverletzungen beobachtet werden. Die militärischen Einsätze im Kosovo, in Somalia und Libyen machten deutlich, dass Staaten durchaus bereit sind, militärische Aktionen gegen jene Staaten durchzuführen, die schwerwiegende Menschenrechtsverletzungen gegen ihre eigene Bevölkerung begehen. Diese unter dem Stichwort der *humanitären Intervention* diskutierten Fälle sind dann ein Eingriff in staatliche Souveränität, wenn kein Einverständnis des betroffenen Staates vorliegt oder die Maßnahme nicht von Kapitel VII der UN-Charta gedeckt ist.[78] Die rechtliche Einordnung des Instruments der humanitären Intervention ist sehr umstritten.[79] Eine völkerrechtliche Grundlage, Voraussetzungen der Anwendung oder eine zweifelsfreie Staatenpraxis für das Vorgehen und die Etablierung einer völkergewohnheitsrechtlichen Ausnahme von Art. 2 Abs. 4 UN-Charta sind nicht nachweisbar.[80] Einzig das militärische Eingreifen der NATO im Kosovo zum Schutze der albanischen Bevölkerung könnte ein belastbares Beispiel für eine

---

76 Vgl. *von Arnauld*, Völkerrecht, Rn 312 ff. Siehe auch *Stern*, in: Isensee/Kirchhof (Hrsg.), Handbuch des Staatsrechts, Bd. IX, § 184, Rn. 89. Siehe auch Statement by United Nations Secretary-General Kofi Annan to the fifty-fifth session of the Commission on Human Rights, 7 April 1999, UN Doc SG/SM/99/91: „[E]ven though we are an organization of Member States, the rights and ideals the United Nations exists to protect are those of the peoples. No government has the right to hide behind its national sovereignty in order to violate the human rights or fundamental freedoms of its peoples.“

77 *Von Arnauld*, Völkerrecht, Rn. 308.

78 Vgl. *Hobe*, Völkerrecht, S. 278 f. A. A. *Habermas*, Die Zeit 18 (29.4.1999), der das Vorgehen der NATO für gerechtfertigt hält, da diese einen weltbürgerlichen Zustand vorwegnahm. Durch das Fehlen eines effektiven institutionalisierten Menschenrechtsschutzes verwischten die Grenzen zwischen Moral und Recht.

79 Vgl. dazu *Cassese*, EJIL 10 (1999), S. 23 ff.; *Randelzhofer/Dörr*, in: Simma/Khan/Nolte/Paulus (Hrsg.), Charter of the UN, Bd. I, Art. 2 (4), Rn. 52 ff. m. w. N.

80 Vgl. *Randelzhofer/Dörr*, in: Simma/Khan/Nolte/Paulus (Hrsg.), Charter of the UN, Bd. I, Art. 2 (4), Rn. 55 ff.; *von Heinegg*, in: Ipsen (Hrsg.), Völkerrecht, § 52, Rn. 51; *Dixon*, International Law, S. 337 f.; *Simma*, EJIL 10 (1999), S. 1 (5). A. A. *Herdegen*, Völkerrecht § 34, Rn. 38 ff. Siehe dazu auch *Schöbener*, KJ 4 (2000), S. 557 (579), der das Instrumentarium einer humanitären Intervention als Teil des Wandels des Völkerrechts hin zur Konstitutionalisierung einordnet.

völkerrechtlich akzeptierte Intervention aus humanitären Gründen darstellen.[81] Allerdings konnte das Vorgehen aufgrund der limitierten Anzahl der beteiligten Staaten und des offenen Widerspruchs durch Russland, China und Indien keine neue völkergewohnheitsrechtliche Regelung begründen. Das militärische Eingreifen der NATO erfolgte damit nicht im Einklang mit dem damals geltenden Völkerrecht.[82] Teilweise wird eine humanitäre Intervention unter bestimmten Voraussetzungen[83] als zulässig angesehen, da sie nicht gegen die territoriale Integrität und die politische Unabhängigkeit verstoße.[84] Andere sehen die Schutzwirkung des Art. 2 Ziff. 4 UN-Charta unter dem Vorbehalt, dass die Vereinten Nationen einen effektiven Menschenrechtsschutz gewähren.[85] Eine solche Reinterpretation des Gewaltverbots steht allerdings nicht im Einklang mit den *travaux préparatoires* der Vorschrift.[86]

Die Diskussion zur Zulässigkeit einer humanitären Intervention ist Ausgangspunkt eines tiefgreifenden Wandels des Souveränitätsverständnisses und spiegelt sich auch im Report der von der kanadischen Regierung eingesetzten *International Commission on Intervention and State Sovereignty* aus dem Jahr 2001 wider.[87] Diese entwickelte das Konzept einer *Responsibility to Protect*.[88] Ziel war es, Widersprüche, die sich im Rahmen der Diskussion zwischen einem Recht der humanitären Intervention und dem Interventions- und Gewaltverbot ergaben, aufzulösen. Im Mittelpunkt der Betrachtung stand nun nicht mehr das Recht zur Intervention, sondern die Verantwortung zum Handeln der Staaten bei

---

81 Vgl. *Randelzhofer/Dörr*, in: Simma/Khan/Nolte/Paulus (Hrsg.), Charter of the UN, Bd. I, Art. 2 (4), Rn. 55.

82 Vgl. statt vieler: *Randelzhofer/Dörr*, in: Simma/Khan/Nolte/Paulus (Hrsg.), Charter of the UN, Bd. I, Art. 2 (4), Rn. 55.

83 Vgl. zu den verschiedenen Rechtfertigungsansätzen *Stein/von Buttlar/Kotzur*, Völkerrecht, Rn. 820 ff.; *Doehring*, Völkerrecht, Rn. 1008 ff.; *Tomuschat*, RdC 281 (1999), S. 9 (218 ff.).

84 Vgl. *Ipsen*, Friedens-Warte 74 (1999), S. 19 (21).

85 Vgl. *Rünger*, Unilaterale humanitäre Intervention, S. 162. Siehe auch *Reisman*, AJIL 78 (1984), S. 642 (643 ff.), der Art. 2 Ziff. 4 UN-Charta unter den Vorbehalt eines funktionierenden kollektiven UN-Friedenssicherungssystems stellt.

86 Vgl. *Randelzhofer/Dörr*, in: Simma/Khan/Nolte/Paulus (Hrsg.), Charter of the UN, Bd. I, Art. 2 (4), Rn. 39.

87 ICISS, The Responsibility to Protect, Report of the International Commission on Intervention and State Sovereignty.

88 Siehe für eine Übersicht der Entwicklung *Eaton*, Mich. J. Int'l L. 32 (2011), S. 765 ff. Vgl. auch *Rensmann*, ZaöRV 68 (2008), S. 111 ff., der auf den Entwicklungszusammenhang mit der im humanitären Völkerrecht bestehenden „duty to ensure respect" verweist.

massiven Menschenrechtsverstößen.[89] Zugleich wurde eine Abkehr vom streng militärisch ausgerichteten Instrument der humanitären Intervention vollzogen, da Verantwortung nicht nur eine militärische Reaktion umfasst (*responsibility to react*). Vielmehr liegt der Schwerpunkt der Verantwortung auch im präventiven (*responsibility to prevent*) und nicht-militärischen Bereich (*responsibility to rebuild*).[90] Vor dem Hintergrund der schwerwiegenden Menschenrechtsverstöße in Somalia, Ruanda und Darfur nahm das *High-Level Panel on Threats, Challenges and Change* das Konzept in seinen Report *A More Secure World: Our Shared Responsibility*[91] auf. Im Jahr 2005 wurde das Konzept zudem im *Outcome-Dokument* der Generalversammlung ausgeführt.[92] Auch der UN-Sicherheitsrat verweist in seinen Resolutionen auf das Konzept einer *Responsibility to Protect*.[93] Eine kongruente Staatenpraxis oder eine einhellige Auffassung von den Voraussetzungen, unter denen eine solche Schutzverantwortung als zulässig erachtet wird, besteht bisher nicht. Mehrheitlich wird es eher als ein politisches Konzept denn als rechtliches Instrumentarium angesehen.[94]

Für eine unilaterale Anwendung der Schutzverantwortung als Ausnahme zum kollektiven Sicherheitsverfahren der UN-Charta verbleibt aber kein Raum. Diese Einschränkung lässt sich Absatz 139 des *Outcome-Dokuments* der Generalversammlung entnehmen.[95] Nach der Konzeption der UN-Charta ist ein

---

89 Vgl. International Commission on Intervention and State Sovereignty, The Responsibility to Protect, Report of the International Commission on Intervention and State Sovereignty, S. 13. Siehe dazu *Stahn*, AJIL 101 (2007), S. 99 (102).

90 Vgl. ICISS, Report of the International Commission on Intervention and State Sovereignty, S. 19 ff.

91 A More Secure World: Our Shared Responsibility, Report of the High-level Panel on Threats, Challenges and Change (2 December 2004), UN Doc A/59/565.

92 UNGA, World Summit Outcome of 16 September 2005, UN Doc A/RES/60/1, para. 139.

93 UNSC Res 1674 (28 April 2006), UN Doc S/RES/1674; UNSC Res 1970 (26 February 2011), UN Doc S/RES/1970; UNSC Res 1975 (30 March 2011), UN Doc S/RES/1975.

94 Vgl. *Stahn*, AJIL 101 (2007), S. 99 (120): „Responsibility to protect is thus in many ways still a political catchword rather than a legal norm." S. a. *Eaton*, Mich J. Int'l L. 32 (2011), S. 765 (803). Zu den Lehren aus den militärischen Einsätzen in Syrien und Libyen siehe *Zifcak*, Melb. J. Int'l L. 13 (2012) S. 59 ff.; *Philips*, Denning L. J. 25 (2012), S. 39 ff.

95 „139. The international community, through the United Nations, also has the responsibility to use appropriate diplomatic, humanitarian and other peaceful means, in accordance with Chapters VI and VIII of the Charter, to help to protect populations from genocide, war crimes, ethnic cleansing and crimes against humanity. In this context, we are prepared to take collective action, in a timely and decisive manner, *through*

solches Vorgehen nur als kollektive Maßnahme auf Grundlage von Kapitel VII der UN-Charta zulässig und verbleibt somit in der Einschätzungsprärogative des UN-Sicherheitsrats.[96]

Nach dem theoretischen Konzept der Schutzverantwortung begründet Souveränität die Verantwortung des Staates, die eigene Bevölkerung vor schweren Menschenrechtsverletzungen zu schützen. Gemäß diesem Konzept liegt der Schutz der sich auf einem Territorium befindenden Personen grundsätzlich im Verantwortungsbereich des jeweiligen Staates. Ist der Staat allerdings nicht dazu in der Lage oder nicht gewillt, den Schutz von Menschenrechten zu gewähren, geht die Verantwortung zum Schutz auf die internationale Gemeinschaft über.[97] Damit verändert sich aber auch die Beziehung der inneren und äußeren Souveränität zueinander. Die Unterscheidung zwischen „innen" und „außen" verliert an Trennschärfe, da die Grenze zwischen beiden Bereichen permeabel wird. So hat der Staat nach dem Konzept der Schutzverantwortung auch seine inneren Angelegenheiten an den Maßgaben des Menschenrechtsschutzes auszurichten.[98] Entspricht der Staat dem nicht, schlagen die mit der äußeren Souveränität eingegangenen völkerrechtlichen Verpflichtungen auf die innere Souveränität durch. Dann hat er seine Souveränität verwirkt und die internationale Gemeinschaft ist berechtigt, den Schutz der Bürger auch gegen den Willen des betroffenen Staates durchzusetzen. Die Souveränität erlangt demnach den Charakter eines treuhänderisch überlassenen Rechts, das nur unter der Bedingung beim Staat verbleibt, dass dieser seinen internationalen Verpflichtungen zum Schutz der Menschenrechte entspricht.[99]

---

the Security Council, in accordance with the Charter, including Chapter VII, on a case-by-case basis and in cooperation with relevant regional organizations as appropriate, should peaceful means be inadequate and national authorities are manifestly failing to protect their populations from genocide, war crimes, ethnic cleansing and crimes against humanity." (Kursivschreibung durch den Autor hinzugefügt).

96 Vgl. auch *Randelzhofer/Dörr*, in: Simma (Hrsg.), Charter of the UN, Bd. I, Art. 2 (4) Rn. 57, die darauf hinweisen, dass der UN-Sicherheitsrat nicht daran gehindert ist, seine Sanktionspraxis unter Kapitel VII UN-Charta auch auf schwere Menschenrechtsverletzungen auszuweiten, sodass die Herausbildung einer völkerrechtlichen Norm zur Responsibility to Protect nicht notwendig sei.

97 Vgl. International Commission on Intervention and State Sovereignty, The Responsibility to Protect, Report of the International Commission on Intervention and State Sovereignty, 2001, S. 17; *Henderson*, ICLQ 60 (2011), S. 767 (768).

98 Vgl. *Haltern*, Was bedeutet Souveränität?, S. 16; *Fassbender*, FS für Erik Jayme, Bd. 1, S. 1089 (1096); *Tomuschat*, RdC 281 (1999), S. 9 (70).

99 Vgl. *von Arnauld*, Völkerrecht, Rn. 313 f.

III. Die Beschränkung der Souveränität über natürliche Ressourcen

Als weiteres Beispiel für eine Wandlung staatlicher Souveränität steht das Prinzip der permanenten Souveränität über natürliche Ressourcen. Im Zuge der Dekolonisierung[100] ergab sich Ende der 1950er Jahre für die ehemaligen Kolonialstaaten erstmals die rechtliche Möglichkeit, ihre neu erlangte Souveränität auch über die natürlichen Ressourcen auf ihrem Staatsgebiet auszuüben.[101] Die Entwicklungsstaaten sahen darin unter anderem einen Weg, ihre Bedeutung in den internationalen Beziehungen zu stärken und zugleich ihre soziale und wirtschaftliche Entwicklung zu verbessern.[102] Zwar ergab sich aus der territorialen Souveränität der Staaten zugleich das Recht, über die Ressourcen innerhalb des Staatsgebietes zu verfügen, allerdings waren die Entwicklungsstaaten in der Ausübung ihres souveränen Rechts beschränkt. Denn noch immer bestanden für die Staaten nachteilige Verträge und Lizenzabkommen aus der Kolonialzeit. Durch diese wurden die von den ehemaligen Kolonialmächten kontrollierten multinationalen Konzerne einseitig bevorteilt. Die Staaten waren somit nicht dazu berechtigt, von der Verwertung ihrer eigenen natürlichen Ressourcen zu profitieren.[103] Aufgrund der neu erlangten territorialen Souveränität und der nachteiligen Vertragsbedingungen wurden die einschlägigen Verträge neu verhandelt.[104]

Das Prinzip der permanenten Souveränität über natürliche Ressourcen ist zwar nicht ausdrücklich in der UN-Charta verankert. Diese enthält jedoch Vorschriften, welche für dieses, heute völkergewohnheitsrechtliche anerkannte[105] Prinzip von Bedeutung sind.[106] Dem ging eine Vielzahl von Resolutionen der Generalversammlung voraus, in denen diese betonte, dass die Entwicklungsländer berechtigt seien, frei über ihre natürlichen Ressourcen zu bestimmen[107]

---

100 Vgl. *Anghie*, Harv. Int'l L. J. 34 (1993), S. 445 (472 ff.).

101 Vgl. dazu *Verdross/Simma*, Universelles Völkerrecht, §§ 37, 506, 1223; *Lochen*, Zugang zu genetischen Ressourcen, S. 32 f.

102 Vgl. *Schrijver*, Sovereignty over Natural Resources, S. 1.

103 Vgl. *Perrez*, Env. L. 26 (1996), S. 1187 (1190 f.), *Lochen*, Zugang zu genetischen Ressourcen, S. 32 ff.

104 Vgl. *Perrez*, Env. L. 26 (1996), S. 1187 (1190 f.).

105 ICJ, *Armed Activities on the Territory of the Congo (Democratic Republic of the Congo v. Uganda)*, Judgement of 19 December 2005, ICJ Reports 2005, S. 168 (251, para. 244).

106 Vgl. *Broms*, Natural Resources, in: Bernhardt (Hrsg.), EPIL, Bd. III, S. 520 (520 f.); *Brownlie*, RdC 162 (1979), S. 245 (255).

107 UNGA Res 523 (VI) (12 January 1952), UN Doc A/RES/523: „[T]he under-developed countries have the right to determine freely the use of their natural resources". Siehe

und diese frei zu nutzen und abzubauen.[108] Darüber hinaus wurden alle Mitgliedstaaten dazu aufgerufen, direkte und indirekte Handlungen zu unterlassen, die die Ausübung der Souveränität eines anderen Staates über seine natürlichen Ressourcen behindern.[109] 1958 wurde eine Kommission eingerichtet,[110] in deren Bericht die Generalversammlung 1962 die zentrale Resolution 1803 (XVII) (*Permanent Sovereignty over Natural Resources*) verabschiedete[111] und das Prinzip erstmalig explizit anerkannte.[112] In der Folge wurden weitere Resolutionen zu diesem Thema erlassen.[113] Während zu Beginn der Dekolonisierung noch die Stärkung und Sicherung der Kolonialbevölkerung im Mittelpunkt stand, wurden im weiteren Verlauf aus der permanenten Souveränität über natürliche Ressourcen weitere Rechte der Staaten abgeleitet.[114] So wurde insbesondere im internationalen Seerecht der Anwendungsbereich des Prinzips ausgeweitet,[115] wie sich anhand von Art. 193 des *Seerechtsübereinkommens der Vereinten Nationen* (UNCLOS)[116] feststellen lässt. Danach haben Staaten das Recht, im Bereich des angrenzenden Küstengewässers ihre natürlichen Ressourcen im Rahmen ihrer Umweltpolitik und in Übereinstimmung mit ihrer Pflicht zum Schutz und zur Bewahrung der Meeresumwelt zu verwerten.

---

zur Diskussion innerhalb der Vereinten Nationen *Elian*, The Principle of Sovereignty over Natural Resources, S. 83 ff.

108 UNGA Res 626 (VII) (26 January 1952), UN Doc A/RES/626 (VII).

109 UNGA Res 626 (VII) (26 January 1952), UN Doc A/RES/626 (VII): „The General Assembly, [...] 2. Further recommends all Member States to refrain from acts, direct or indirect, designed to impede the exercise of the sovereignty of any State over its natural resources."

110 Die Einrichtung der Kommission erfolgte auf Grundlage von UNGA Res 1314 (XIII) (12 December 1958), UN Doc A/RES/1314 (XIII).

111 Vgl. zur Entwicklung und Bedeutung der Permanent Sovereignty Over Natural Resources ausführlich *Duruigbo*, Geo. Wash. Int'l L. Rev. 38 (2006), S. 33 ff.; *Chekera/Nmehielle*, Afr. J. Legal Stud. 6 (2013), S. 69 (73 ff.).

112 UNGA Res 1803 (XVII) (14 December 1962), Permanent Sovereignty over Natural Resources, UN Doc A/RES/1803 (XVII).

113 Siehe nur UNGA Res 2692 (XXV) (11 December 1970), UN Doc A/RES/2692 (XXV); UNGA Res 3175 (XXVIII) (17 December 1973), UN Doc A/RES/3175 (XXVIII); UNGA Res 51/190 (21 February 1997), UN Doc A/RES/51/190; UNGA Res 68/235 (7 February 2014), UN Doc A/RES/68/235.

114 Vgl. *Barrera-Hernández*, Ann. Surv. Int'l & Comp. L. 12 (2010), S. 43 (45). Vgl. auch die Beispiele in *Schrijver*, Sovereignty over Natural Resources, S. 258 ff.

115 Vgl. *Schrijver*, Sovereignty over Natural Resources, S. 228.

116 United Nations Convention on the Law of the Sea (UNCLOS) of 10 December 1982, UNTS 1833, S. 3, deutsche Fassung BGBl. 1994 II, S. 1798.

Gleichzeitig lassen sich aber auch Entwicklungen festmachen, die die Reichweite des Prinzips und die Modalitäten der Ausübung beschränken.[117] Die Resolution 1803 (XVII) der Generalversammlung selbst stellte klar, dass dieses Prinzip keine schrankenlose Anwendung finden sollte. Es sollte allein im Interesse der nationalen Entwicklung und des Wohlergehens der Bevölkerung ausgeübt werden.[118]

Eine weitere Einschränkung lässt sich aus dem völkergewohnheitsrechtlich anerkannten Prinzip des Verbots grenzüberschreitender Umweltbeeinträchtigungen entnehmen, welches sich auf die Maxime *sic utere tuo ut alenium non laedas*[119] zurückführen lässt.[120] Danach ist jeder Staat verpflichtet, zu verhindern, dass auf seinem Territorium die Ursache für ernsthafte Gefahren oder Schäden im Nachbarstaat entsteht.[121] Dieser Grundsatz ist in einer Vielzahl völkerrechtlicher Verträge enthalten und wurde stetig erweitert.[122] Demnach findet eine Ausübung des souveränen Rechts über natürliche Ressourcen (auch) dort seine Grenze, wo diese zu grenzüberschreitenden Umweltschädigungen führt.[123]

---

117 Vgl. *Schrijver*, Sovereignty over Natural Resources, S. 306 ff.; *Perrez*, Env. L. 26 (1996), S. 1187 (1197 ff.).

118 UNGA Res 1803 (XVII) (14 December 1962), UN Doc A/RES/1803 (XVII), para. 1: „[Permanent Sovereignty over Natural Resources] must be exercised in the interest of (…) national development and of the well-being of the people of the State concerned.“

119 Vgl. *Xue*, Transboundary Damage in International Law, S. 290. Siehe zu diesem Prinzip ausführlich *Hinds*, AVR 30 (1992), S. 298 ff.

120 Vgl. *Epiney/Scheyli*, Umweltvölkerrecht, S. 98.

121 Vgl. *Beyerlin*, FS für Karl Doehring, S. 37 (58 f.); *Epiney/Scheyli*, Umweltvölkerrecht, S. 98 f.; *Sands et al.*, Principles of international environmental law, S. 241 f., 708 ff. Siehe dazu auch die Entscheidung *Trail Smelter Arbitration (USA v. Canada)*, 3 RIAA (1941), S. 1905 (1965). Ähnlich, wenn auch nicht im umweltvölkerrechtlichen Zusammenhang ICJ, *Corfu Channel Case (UK v. Albania)*, Judgement of 9 April 1949, ICJ Reports 1949, S. 4 (22).

122 Siehe z. B. Art. 194 Abs. 2 UNCLOS; *Shaw*, International Law, S. 618 ff.; United Nations Conference on the Human Environment, 5–16th of June 1972, UN Doc A/CONF/48/14/REV.1, Principle 21: „States have in accordance with the Charter of the United Nations and principles of international law, the sovereign right to exploit their own resources pursuent to their own environmental policies, and the responsibility to ensure that activities within their jurisdiction or control do not cause damage to the environment of other States or of areas beyond the limits of national jurisdiction.“

123 Vgl. dazu *Island of Palmas Arbitration (Netherlands v. USA)*, RIAA, Vol. II (1928), S. 829 (839): „Territorial sovereignty, as has already been said, involves the exclusive right to display the activities of a State. This right has as corollary a duty: the

Resolution 1803 (XVII) normiert zugleich das Recht der Staaten, wirtschaftliche Aktivitäten ausländischer Investoren zu regulieren und zu kontrollieren.[124] Davon umfasst ist auch die Befugnis, die Zulassung von Investitionen und die (rechtliche) Herrschaft über Auslandsinvestitionen im Hinblick auf die staatseigenen Ziele und Entwicklungspläne auszurichten.[125] Zudem heißt es in der Resolution 1803 (XVII):

> 4. Nationalization, expropriation or requisitioning shall be based on grounds or reasons of public utility, security or the national interest which are recognized as overriding purely individual or private interests, both domestic and foreign.[126]

In diesem Zusammenhang kann eine weitere Beschränkung staatlicher Souveränität festgestellt werden. So sind in Staat-Investor-Verträgen regelmäßig sogenannte Stabilisierungsklauseln enthalten.[127] Ziel dieser vertraglichen Regelungen ist es, die investitionsrechtlichen Rahmenbedingungen zum Zeitpunkt des Vertragsschlusses zwischen kapitalimportierendem Gaststaat und Investor auch im Hinblick auf die Zukunft festzuschreiben, um Letzterem ein hohes Schutzniveau seiner Investitionen gegen politische Änderungen zu garantieren.[128] Dies hat zur Folge, dass der Gaststaat aufgrund seiner eingegangenen vertraglichen Verpflichtung daran gehindert ist, die Vertragsbedingungen auf Basis seiner Souveränität zu modifizieren.[129]

---

obligation to protect within the territory the rights of other States, in particular their right to integrity and inviolability in peace and in war, together with the rights which each State may claim for its nationals in foreign territory."

124 *Schrijver*, Sovereignty over Natural Resources, S. 278 ff.

125 *Schrijver*, Sovereignty over Natural Resources, S. 278 ff.

126 UNGA Res 1803 (XVII) (14 December 1962), para. 4.

127 Siehe dazu allgemein *Paasivirta*, BYIL 60 (1989), S. 315 ff.

128 Vgl. *Dolzer*, in: Vitzthum/Proelß (Hrsg.), Völkerrecht, S. 483 f.; *Wälde*, RabelsZ 42 (1978), S. 28 (57 ff.); *Häde*, AVR 35 (1997), S. 181 (190).

129 Vgl. dazu ICSID, *AGIP SpA v. Popular Republic of Congo*, ILM 21 (1982), S. 726 (735 f.); ICSID, *Texaco Overseas Petroleum Company/California Asiatic Oil Company v. Government of Libyan Arab Republic*, ILM 17 (1978), S. 1 (22). Diese Konsequenz wird in der völkerrechtlichen Literatur vereinzelt so aufgefasst, dass der Grundsatz der Souveränität gegen die Möglichkeit des Verzichts des Gaststaates auf eine Vertragsänderung spreche, so z. B. *Hartmann*, Nationalisierung und Enteignung, S. 177 ff. Siehe zur Diskussion auch *Merkt*, Investititionsschutz durch Stabilisierungsklauseln, S. 237 ff.; *Kadelbach*, Zwingendes Völkerrecht, S. 219 f. Eine Ausnahme soll aber dann gelten, wenn eine unbefristete oder unüberschaubare Bindung vereinbart wird. Vgl. dazu die Schiedssprüche *The Government of the State of Kuwait v. The American Independent Oil Company (Kuwait v. Aminoil)*, ILM 21 (1982), S. 976 (1023);

Die dargestellte Entwicklung der permanenten Souveränität über natürliche Ressourcen zeigt, dass auch dieses Prinzip mit der Zeit Einschränkungen erfahren hat. Es ist wichtiger Bestandteil staatlicher Souveränität[130] und kann demnach nicht mehr Rechte und Freiheiten vermitteln als staatliche Souveränität selbst, sodass es denselben Beschränkungen unterliegt.[131]

IV. Wandel der Völkerrechtsquellen aufgrund einer Abschwächung des Konsensprinzips

> As consent is in decay, international law's architecture [...] is shifting, but we have only begun to understand the shape, direction, and momentum of that shift.[132]

Ein Wandel der Souveränität zeigt sich auch anhand der zentralen Vorschrift des Art. 38 des Statuts des Internationalen Gerichtshofs (IGH-Statut).[133] Diese normiert in Abs. 1 die formellen Rechtsquellen des Völkerrechts.[134] Allerdings zeigt sich in der Völkerrechtspraxis, dass diese nicht mehr in ihrer traditionellen souveränitätswahrenden Konzeption angewendet werden, da das Art. 38 IGH-Statut zugrunde liegende Konsensprinzip eine Aufweichung erfahren hat.[135]

Vor diesem Hintergrund wird zunächst das auf die Souveränität rückführbare Konsensprinzip erläutert (1.). Daran anschließend wird die Abschwächung

---

Amoco International Finance v. Islamic Republic of Iran, ILM 27 (1988), S. 1314 (1358). Siehe dazu auch *Ebenroth/Bader*, WM 1991, S. 661 (665).

130 Vgl. UNGA Res 38/265 (21 June 1983), UN Doc A/RES/38/265, para. 12. Siehe auch *Perrez*, Env. L. 26 (1996), S. 1187 (1207); *Ninčić*, The Problem of Sovereignty in the Charter and in the Practice of the United Nations, S. 262.

131 Vgl. *Perrez*, Env. L. 26 (1996), S. 1187 (1212). Siehe dazu auch *Brehme*, Souveränität der jungen Nationalstaaten über Naturreichtümer, S. 71 ff.

132 *Krisch*, AJIL 108 (2014), S. 1 (40).

133 Statute of the International Court of Justice of 26 June 1945, UKTS 67 (1946), deutsche Fassung BGBl. 1973 II, S. 505.

134 Vgl. zu den in Art. 38 IGH-Statut normierten Rechtsquellen umfassend *Strebel*, ZaöRV 36 (1976), S. 301 ff.; *Vitzthum*, in: ders./Proelß (Hrsg.), Völkerrecht, S. 42 ff.; *Riedel*, EJIL 2 (1991), S. 58 ff.; *Kennedy*, AUJILP 2 (1987), S. 1 ff.

135 Vgl. *Ley*, Opposition im Völkerrecht, S. 35; *Efraim*, Sovereign (In)equality in International Organizations, S. 82 f.; *Weiler*, ZaöRV 64 (2004), S. 547 (557); *Tomuschat*, RdC 241 (1993), S. 195 (261 ff.); *Helfer*, Univ. of Illinois L. Rev. 1 (2008), S. 71 ff. Siehe umfassend zu den folgenden Ausführungen zudem *Payandeh*, Internationales Gemeinschaftsrecht, S. 1 ff. (364 ff.). An einer uneingeschränkten Geltung des Konsensprinzips halten demgegenüber fest *Hillgruber*, in: Jestaedt/Lepsius (Hrsg.), Rechtswissenschaftstheorie, S. 113 (113 f.); *Henkin*, RdC 216 (1989), S. 9 (27): „State consent is the foundation of international law."

dieser Maxime anhand der einzelnen Völkerrechtsquellen analysiert (2.). Im Rahmen dessen werden zunächst die modifizierten Prozesse und neueren Ansätze der Gewohnheitsrechtsbildung (a)) ausgeführt. Danach widmet sich die Untersuchung dem Völkervertragsrecht (b)) und betrachtet die Entwicklungen der Vertragsschluss- und Vertragsänderungsverfahren sowie die modifzierten Prozesse der Sekundärrechtsetzung internationaler Organisationen. Abschließend erfolgt eine Betrachtung der allgemeinen Rechtsgrundsätze (c)).

1. Das Konsensprinzip als Grundaxiom eines souveränitätszentrierten Völkerrechts

Ein fundamentales Strukturprinzip des Völkerrechts ist der Grundsatz der souveränen Gleichheit aller Staaten.[136] Dies zeigt Art. 2 Ziff. 1 UN-Charta,[137] welcher den Grundsatz souveräner Staatengleichheit kodifiziert und dessen enge Verknüpfung mit dem Souveränitätsprinzip unterstreicht.[138]

Konsequenz der Anerkennung staatlicher Souveränität als Basis des klassischen Völkerrechts ist zugleich das Konsensprinzip.[139] Danach setzt die Bindung eines Staates an völkerrechtliche Rechtssätze voraus, dass dieser ausdrücklich, konkludent oder stillschweigend zugestimmt hat.[140] Dieser Gedanke liegt auch Art. 38 Abs. 1 IGH-Statut zugrunde. Danach ist staatlicher Konsens notwendig, um eine Verbindlichkeit der dort genannten Hauptrechtsquellen (völkerrechtlicher Vertrag, Völkergewohnheitsrecht, allgemeine Rechtsgrundsätze) herbeizuführen.[141]

---

136 Vgl. *Schweisfurth*, ZaöRV 45 (1985), S. 653 (653); *Hobe*, Völkerrecht, S. 290; *Shaw*, International Law, S. 155. Siehe zu diesem Grundsatz auch *Cassese*, International Law, S. 48 ff.

137 Art. 2 Ziff. 1 UN-Charta: „The Organization and its Members, in pursuit of the Purposes stated in Article 1, shall act in accordance with the following Principles. (1) The Organization is based on the principle of sovereign equality of all its Members."

138 Vgl. *Epping*, in: Ipsen (Hrsg.), Völkerrecht, § 5, Rn. 254.

139 Vgl. *Haltern*, Was bedeutet Souveränität?, S. 16; *Hingst*, Auswirkungen der Globalisierung, S. 194; *Payandeh*, Internationales Gemeinschaftsrecht, S. 178; *Brownlie*, Principles, 4. Aufl. 1990, S. 287.

140 Vgl. *McNair*, Law of Treaties, S. 162; *Payandeh*, Internationales Gemeinschaftsrecht, S. 178.

141 Vgl. *Mosler/Oehlers-Frahm*, in: Zimmermann *et al.* (Hrsg.), ICJ-Commentary, Art. 92, Rn. 92; *van Hoof*, Rethinking Sources, S. 80. Das Konsenserfordernis wurde zudem in der völkerrechtlichen Rechsprechung mehrfach ausdrücklich bestätigt. Siehe nur PCIJ, *S.S. „Lotus" (France v. Turkey)*, Judgment of 7 September 1927, PCIJ Reports Series A, No 10 (1927), S. 5 (18); ICJ, *Reservations to the Convention on the*

2. *Entwicklungsbeispiele für die Unterminierung des Konsensprinzips*

Das vielen Bereichen des Völkerrechts zugrunde liegende Konsensprinzip sieht sich allerdings seit geraumer Zeit erheblicher Kritik ausgesetzt,[142] obwohl es nie in seiner strengsten Ausprägung angewendet wurde.[143] Durch den Prozess der Globalisierung und die daraus resultierenden Interdependenzen von staatlichen aber auch vermehrt nicht-staatlichen Akteuren geht das ehemals souveränitätsgeprägte Völkerrecht allmählich in ein System integrierten Gemeinschaftsrechts über.[144] In vielen Bereichen – wie beispielsweise im Umweltvölkerrecht, im Kartellrecht und in der Terrorismusbekämpfung[145] – lassen sich Entwicklungen festmachen, die verdeutlichen, dass die Setzung von Völkerrecht nicht mehr auf einer strengen Ausprägung des Konsensprinzips als Ausdruck staatlicher Souveränität beruht.[146] Aufgrund dessen und angesichts der zunehmenden globalen Herausforderungen steht eine uneingeschränkte Geltung des Konsensprinzips einer Regelung von Gemeinschaftsinteressen zusehends im Wege.[147]

Prevention and Punishment of the Crime of Genocide, Advisory Opinion of 28 May 1951, ICJ Reports 1951, S. 15 (21); ICJ, *North Sea Continental Shelf Cases (Federal Republic of Germany v. Netherlands)*, Judgement of 20 February 1969, ICJ Reports 1969, S. 3 (29).

142 Vgl. *Krisch*, AJIL 108 (2014), S. 1 (1) m. w. N. Zweifelnd *Charney*, AJIL 87 (1993), 529 (534): „The role of state consent […] is limited, at best." Zur Entwicklung und Notwendigkeit einer Relativierung des Konsensprinzips siehe auch *Herdegen*, ZaöRV 64 (2004), S. 571 (579 ff.).

143 Vgl. *Krisch*, AJIL 108 (2014), S. 1 (2); *Hall*, EJIL 12 (2001), S. 269 (284 ff.).

144 Vgl. *von Bogdandy/Rau*, Lotus, The, in: Wolfrum (Hrsg.), MPEPIL (online, Stand: Juni 2006): „More importantly, with the adoption of the United Nations Charter in 1945, the subsequent acceptance of international human rights standards and of further 'non-State values' on the international plane (Community Interest), as well as the general development of factual and legal interdependence (Globalization), the cohesive bonds between the members of the international system have been strengthened over the last decades, the 'Lotus world' of sovereign and independent States thus having given way to a more integrated international system (International Community)." Siehe dazu auch *Funke*, Konstitutionalisierung, in: Schöbener (Hrsg.), Völkerrecht, S. 251 (253).

145 Vgl. dazu *Krisch*, AJIL 108 (2014), S. 1 ff.

146 Siehe dazu die Untersuchung von *Tomuschat*, RdC 241 (1993), S. 195 ff. Vgl. *Funke*, Konstitutionalisierung, in: Schöbener (Hrsg.), Völkerrecht, S. 251 (253).

147 Vgl. *Simma*, RdC 250 (1994), S. 217 (324 f.); *Hingst*, Auswirkungen der Globalisierung, S. 199; *Krisch*, AJIL 108 (2014), S. 1 (3); *Guzman*, VJIL 52 (2012), S. 747 ff. (749); *Herdegen*, Völkerrecht, § 3, Rn. 8 ff. Siehe demgegenüber aber *Hollis*, Berk. J.

Im Folgenden soll daher untersucht werden, inwieweit sich das Konsensprinzip auf der Ebene der Völkerrechtsquellen abgeschwächt hat.

a) Völkergewohnheitsrecht

Die Unterminierung des Konsensprinzips wird zunächst anhand des Völkergewohnheitsrechtss dargestellt. Es zeigt sich, dass dessen Entstehung teilweise ohne oder gegen den Willen des Einzelstaates erfolgen kann.

aa) Traditionelle Entstehungsvoraussetzungen des Völkergewohnheitsrechts

Nach der herrschenden Auffassung[148] beruht das Völkergewohnheitsrecht auf zwei konstitutiven Elementen (Zwei-Elemente-Lehre): einer entsprechenden Übung (*consuetudo*) und, als komplementäres subjektives Element, der Anerkennung dieser Übung als Recht (*opinio iuris sive necessitatis*).[149] Dies ergibt sich aus dem Wortlaut des Art. 38 Abs. 1 lit. b) IGH-Statut sowie aus den entsprechenden Ausführungen in der nationalen[150] und internationalen Rechtsprechungspraxis.[151]

bb) Verhältnis und Notwendigkeit der zwei Elemente

Die traditionelle Konzeption des Völkergewohnheitsrechts, die Bedeutung seiner konstitutiven Elemente und deren Verhältnis zueinander sind jedoch umstritten.[152] Während die überwiegende Ansicht das objektive Element der Übung als unabdingbare Voraussetzung für die Bildung von Gewohnheitsrecht ansieht,[153]

Int'l L. 23 (2005), S. 137 (172 f.), der allein die exklusive „treaty-making-power" der Staaten in Frage stellt.

148 Vgl. *Vitzthum*, in: ders./Proelß (Hrsg.), Völkerrecht, S. 51; *von Heinegg*, in: Ipsen (Hrsg.), Völkerrecht, § 17, Rn. 2; *Stein/von Buttlar/Kotzur*, Völkerrecht, Rn. 124; *Bleckmann*, Aufgaben einer Methodenlehre, S. 19; *van Hoof*, Rethinking Sources, S. 87.

149 Vgl. *von Heinegg*, in: Ipsen (Hrsg.), Völkerrecht, § 17, Rn. 2.

150 Vgl. BVerfGE 15, 25 (35); 46, 342 (367); 92, 277 (320); 95, 96 (129).

151 Vgl. ICJ, *North Sea Continental Shelf Cases (Federal Republic of Germany v. Netherlands)*, Judgement of 20 February 1969, ICJ Reports 1969, S. 3 (44, para. 77); ICJ, *Case Concerning the Military and Paramilitary Activities in and against Nicaragua (Nicaragua v. United States of America)*, Judgement of 27 June 1986, ICJ Reports 1986, S. 14 (97 f.).

152 Siehe dazu *Baker*, EJIL 21 (2010), S. 173 ff.; *Kammerhofer*, EJIL 15 (2004), S. 523 ff.; *Mendelson*, BYIL 75 (1995), S. 177 ff.; *Verdross*, ZaöRV 29 (1969), S. 635 (636 ff.).

153 Vgl. ICJ, *Case Concerning the Military and Paramilitary Activities in and against Nicaragua (Nicaragua v. United States of America)*, Judgement of 27 June 1986, ICJ

stellen die verschiedenen Spielarten der voluntaristischen Lehre für die Entstehung von Völkergewohnheitsrecht schwerpunktmäßig auf den Willen der Staaten ab.[154] Das objektive Element der Übung wird hingegen auf den Nachweis für die Rechtsüberzeugung reduziert.[155] Demgegenüber sehen andere Ansätze das objektive Element der Staatenpraxis als ausreichend an und verzichten, insbesondere aufgrund der schwierigen Nachweisbarkeit,[156] auf die Feststellung einer Rechtsüberzeugung.[157]

Sieht man jedoch nur das subjektive Element als erforderlich an, ist eine Abgrenzung zum (ungeschriebenen) völkerrechtlichen Vertrag kaum möglich.[158] Zudem lässt dieser Ansatz den induktiven[159] Charakter des Entstehungsprozesses unberücksichtigt. Im Unterschied zum formalen Entstehungsprozess des Völkervertragsrechts erfolgt die Herleitung einer allgemeinen Norm des

---

Reports 1986, S. 14 (97 f.); ICJ, *Case Concerning Continental Shelf (Libyan Arab Jamahiriya v. Malta)*, Judgement of 3 June 1985, ICJ Reports 1985, S. 13 (29 f.); *Vitzthum*, in: ders./Proelß (Hrsg.), Völkerrecht, S. 51.

154 Vgl. *Verdross*, ZaöRV 29 (1969), S. 635 (636 f.); *von Heinegg*, in: Ipsen (Hrsg.), Völkerrecht, § 17, Rn. 13; *Mendelson*, RdC 272 (1999), S. 155 (253 f.). Teilweise wird im Völkergewohnheitsrecht zugleich eine stillschweigende Vereinbarung (*pactum tacitum*) gesehen. So bspw. *Anzilotti*, Völkerrecht, S. 53. Siehe auch *Cheng*, IJIL 5 (1965), S. 23 (36 f.): „Consequently, international law has in reality only one constitutive element, the *opinio juris*." Allerdings hilft die von Cheng entwickelte Figur des *instant customary law* ohne eindeutige Staatenpraxis nicht weiter, da ohne diese eine Rechtsüberzeugung unmöglich nachweisbar ist. Darüber hinaus setzt die Entstehung von Gewohnheitsrecht begriffsnotwendig ein bestimmtes Verhalten über einen gewissen Zeitraum hinweg voraus, vgl. *Petersen*, AVR 46 (2008), S. 502 (505).

155 Vgl. *van Hoof*, Rethinking Sources, S. 85 f.; *Fastenrath*, Lücken im Völkerrecht, S. 99 f.

156 Vgl. *Shaw*, International Law, S. 63; *Stein/von Buttlar/Kotzur*, Völkerrecht, Rn. 131. Allerdings kann aus der Schwierigkeit des Nachweises der *opinio iuris* nicht geschlossen werden, dass es eines solchen subjektiven Elements nicht bedarf. Es muss vielmehr zwischen dem Nachweis und den Entstehungsvoraussetzungen des existierenden Gewohnheitsrechts bzw. dem Vorliegen der jeweiligen Elemente unterschieden werden. So bspw. *Vitzthum*, in: ders./Proelß (Hrsg.), Völkerrecht, S. 51; *Bocek*, Die völkerrechtlichen Wirkungen, S. 51; *Yee*, GYIL 43 (2000), S. 227 (231).

157 Vgl. *Kopelmanas*, BYIL 18 (1937), S. 127 (127 ff., 151); *Mendelson*, RdC 272 (1999), S. 155 (246 ff.); *Kelsen*, RITD Nouvelle Série 1 (1939), S. 253 (262 ff.); *Guggenheim*, Traité de Droit, Bd. I, 1953, S. 46 ff. Kelsen und Guggenheim haben diese Auffassung jedoch in späteren Abhandlungen aufgegeben: Vgl. *Guggenheim*, Traité de droit, Bd. I, 2. Aufl. 1967, S. 101 ff.; *Kelsen/Tucker*, Principles, S. 440.

158 Vgl. *Koskenniemi*, From apology to utopia, S. 361; *Bocek*, Die völkerrechtlichen Wirkungen, S. 48.

159 Vgl. *Petersen*, AVR 46 (2008), S. 502 (503).

Völkergewohnheitsrechts aus der Betrachtung einer Vielzahl bestehender tatsächlicher Gewohnheiten und einzelner Sachverhalte.[160] Demgegenüber verfängt auch der Verzicht auf die Notwendigkeit der Rechtsüberzeugung nicht. Anderenfalls könnte nicht danach unterschieden werden, ob die festgestellte Praxis auf rechtsverbindlicher Übung, *Courtoisie*, rein moralischen oder politischen Beweggründen beruht.[161]

Im Ergebnis kann die Entstehung von Völkergewohnheitsrecht nur über Aggregation beider Elemente, Rechtsüberzeugung und Staatenpraxis, konstatiert werden.

cc) Durchbrechungen der konsensualen Struktur des Völkergewohnheitsrechts

Bei kursorischer Betrachtung steht das Völkergewohnheitsrecht in seiner traditionellen Ausgestaltung im Einklang mit dem Konsensprinzip. Zwar ist nicht die aktive, von universeller Rechtsüberzeugung getragene Übung aller Staaten für die Entstehung von Völkergewohnheitsrecht notwendig.[162] Jedoch wird darin regelmäßig keine Durchbrechung des Konsensprinzips gesehen, da bei den Staaten, die weder an der Entstehung von Völkergewohnheitsrecht beteiligt sind noch dieser widersprechen, eine stillschweigende Zustimmung vermutet wird.[163]

(1) Fiktionalität des Konsenses durch stillschweigende Zustimmung (*acquiescence*)

Die Rückführung des Völkergewohnheitsrechts auf den Konsens der Staaten mithilfe der Konstruktion einer stillschweigenden Zustimmung (*acquiescence*) hat allerdings zunehmend „fiktive Züge".[164] Die Defizite dieser Vorgehensweise resultieren auch aus dem fehlenden formalen Entstehungsprozess des

---

160 Vgl. *Bocek*, Die völkerrechtlichen Wirkungen, S. 48; *Payandeh*, Internationales Gemeinschaftsrecht, S. 263 f.

161 Vgl. *von Heinegg*, in: Ipsen (Hrsg.), Völkerrecht, § 17, Rn. 12; *van Hoof*, Rethinking Sources, S. 86; *Kunz*, AJIL 47 (1953), S. 662 (665).

162 Vgl. *Stein/von Buttlar/Kotzur*, Völkerrecht, Rn. 130 f.

163 Vgl. *Hillgruber*, JöR 54 (2006), S. 57 (82); *Stein/von Buttlar/Kotzur*, Völkerrecht, Rn. 137 ff.; *Folz*, Der Staat 3 (1963), S. 319 (328 f.); a. A. *Guzman*, VJIL 52 (2012), S. 747 (775 f.).

164 *Herdegen*, ZaöRV 64 (2004), S. 571 (579). Vgl. *ders.*, Völkerrecht, § 3, Rn. 9; *Fastenrath*, Lücken im Völkerrecht, S. 98 f. Siehe dazu ausführlich *Payandeh*, Internationales Gemeinschaftsrecht, S. 291 ff.

Gewohnheitsrechts.[165] So sind die exakten Anknüpfungspunkte für die Feststellung von *consuetudo* und *opinio iuris* bis heute ungeklärt und die Anforderungen, die an das Vorliegen der beiden Elemente gestellt werden, abhängig vom jeweiligen Einzelfall.[166]

Darüber hinaus wird für die Etablierung einer gewohnheitsrechtlichen Norm nicht mehr durchgängig an einer Feststellung von Staatenpraxis oder Rechtsüberzeugung festgehalten.[167] Der induktive Normentstehungsprozess wird in der Völkerrechtspraxis weiter supprimiert.[168] Vielmehr werden über einen deduktiven, „von den Grundwerten der internationalen Gemeinschaft geleiteten Prozess"[169] Regeln aus einem existierenden Bestand des Völkergewohnheitsrechts oder verstärkt auch anderen politischen und rechtlichen Quellen abgeleitet.[170] Damit erfolgt der Entstehungsprozess nicht mehr auf Grundlage staatlicher Zustimmung, sondern aufgrund eines subjektiven Vorverständnisses unter Berücksichtigung bestehender Wertvorstellungen.[171]

(2) Bindung von Neustaaten an Völkergewohnheitsrecht

Die defizitäre Rückführung auf den Staatswillen zeigt sich weiterhin anhand der Bindung von Neustaaten an existierendes Völkergewohnheitsrecht. So wird teilweise in der Aufnahme von zwischenstaatlichen Beziehungen ohne Vorbehalte die Zustimmung des Neustaates gesehen, die bereits bestehenden Regeln des Völkerrechts anzuerkennen.[172] Oder aber es wird eine automatische Bindung an

---

165 Vgl. *Kleinlein*, Konstitutionalisierung, S. 474; *Kelly*, VJIL 40 (2000), S. 449 (475).

166 Vgl. *von Heinegg*, in: Ipsen (Hrsg.), Völkerrecht, § 17, Rn. 4 ff.

167 Siehe dazu *Kelly*, VJIL 40 (2000), S. 449 (484 ff.); *Baker*, EJIL 21 (2010), S. 173 (173 ff.).

168 Vgl. *Herdegen*, Völkerrecht, § 16, Rn. 10, mit ausdrücklichem Verweis auf die Rechtsprechung des IGH; ICJ, *Case concerning Continental Shelf (Libyan Arab Jamahiriya v. Malta)*, Judgement of 3 June 1985, ICJ Reports 1985, S. 13 (29 f.); ICJ, *Arrest Warrant of 11 April 2000 (Democratic Republic of Congo v. Belgium)*, Judgement of 14 February 2002, ICJ Reports 2002, S. 3 (20 ff.). Grundlegend dazu *Bleckmann*, ZaöRV 37 (1977), S. 504 (505 ff.); *Worster*, Geo. J. Int'l L. 45 (2014), S. 445 (445 ff.).

169 *Rensmann*, ZaöRV 68 (2008), S. 111 (115).

170 Vgl. *Herdegen*, Völkerrecht, § 16, Rn. 10; *Payandeh*, Internationales Gemeinschaftsrecht, S. 294; *Petersen*, AVR 46 (2008), S. 502 (503 f.). Kritisch dazu *Kelly*, VJIL 40 (2000), S. 449 (475 ff., 484 ff.). Siehe auch *Charney*, AJIL 87 (1993), S. 529 (543 ff.), der statt der zwei Elemente des Völkergewohnheitsrechts verstärkt auf die Praxis der multilateralen Foren (z. B. Generalversammlung und Sicherheitsrat) abstellt.

171 Vgl. *Payandeh*, Internationales Gemeinschaftsrecht, S. 294 f.

172 So bspw. *Tunkin/Schweisfurth*, Völkerrechtstheorie, S. 159.

die vorgefundene Rechtsordnung mit Eintritt in die internationale Gemeinschaft angenommen.[173] Dass der Neustaat auf die Aufnahme in die internationale Gemeinschaft angewiesen ist – und damit regelmäßig keine Wahlmöglichkeit hat, sich einzelner Regelungen zu verweigern –, wird gänzlich ausgeklammert.[174] Daneben bleibt außer Betracht, dass selbst für die bestehenden Staaten eine Zustimmung durch Schweigen nur dann angenommen werden darf, wenn bei gutem Glauben eine andere Auslegung des Schweigens nicht möglich ist.[175] Es müssten daher im Wege einer hypothetischen Betrachtung zumindest jene Normen des Völkergewohnheitsrechts für den Neustaat außer Betracht bleiben, bei denen sein Stillschweigen – selbst bei Möglichkeit einer Teilnahme am Entstehungsprozess – mangels Betroffenheit keine Zustimmung beinhaltet.

Die herrschende Vorgehensweise mag unter praktischen und politischen Gesichtspunkten gerechtfertigt sein, im Ergebnis begründet sie aber dennoch eine Durchbrechung des Konsensprinzips.[176]

(3) Die Figur des *persistent objector*

Widersprüchlich in Bezug auf den Konsens ist auch die Handhabung der Figur des *persistent objector*.[177] Danach können Staaten die Bindung an eine in der Entstehung begriffene Norm des Völkergewohnheitsrechts durch Protest verhindern. Es wird versucht, die Entstehung im Wege einer Pflicht zum Widerspruch indirekt wieder auf das Konsensprinzip zurückzuführen. Nicht erklärt werden kann jedoch, wieso Neustaaten ein solches Recht zum Protest nicht zukommen soll. Diese hatten niemals die Möglichkeit, dem Entstehungsprozess beizuwohnen.[178] An die Art und Weise des Protestes werden jedoch hohe Anforderungen

173 Die dogmatischen Begründungsansätze sind vielfältig: Vgl. *Rudolf*, AVR 17 (1977/78), S. 1 (28 m. w. N.); *Mullerson*, AJIL 83 (1989), S. 494 (504); *Lauterpacht/Oppenheim*, International Law, Bd. I, 8. Aufl. 1955, S. 18. Eine umfassende Darstellung der verschiedenen Ansätze findet sich bei *Payandeh*, Internationales Gemeinschaftsrecht, S. 284 ff.

174 Vgl. *Payandeh*, Internationales Gemeinschaftsrecht, S. 293.

175 Vgl. *Vitzthum*, in: ders/Proelß (Hrsg.), Völkerrecht, S. 51 f.

176 So im Ergebnis auch *Payandeh*, Internationales Gemeinschaftsrecht, S. 293 f. Vgl. zudem *Kelsen*, Das Problem der Souveränität, S. 226: „Das Schulbeispiel einer unzulässigen Fiktion!" A. A. *Hillgruber*, JöR 54 (2006), S. 57 (82 f.).

177 Vgl. zur Rechtsfigur ICJ, *Colombian-Peruvian asylum case (Colombia v. Peru)*, Judgement of 20 November 1950, ICJ Reports 1950, S. 266 (277 f.); ICJ, *Fisheries (United Kingdom v. Norway)*, Judgement of 18 December 1951, ICJ Reports 1951, S. 116 (131).

178 Vgl. *Stein/von Buttlar/Kotzur*, Völkerrecht, Rn. 137.

gestellt, einmaliger Widerspruch reicht nicht aus.[179] Daneben zeichnet sich in der völkerrechtlichen Literatur die Tendenz ab, die Figur des *persistent objector* einzuschränken.[180] Aufgrund der großen Anzahl der Staaten ist es zudem kaum möglich, das völkerrechtlich relevante Verhalten zu verfolgen,[181] um rechtzeitig die Entstehung einer neuen gewohnheitsrechtlichen Regelung über Protest zu vermeiden.[182] Es ist außerdem unklar und praktisch unmöglich festzustellen, ab welchem genauen Zeitpunkt das Vorliegen von Gewohnheitsrecht angenommen werden kann.[183] Dann kann aber auch kaum festgelegt werden, bis wann sich der Staat gegen die Bindungswirkung dieser (neuen) Regelung aussprechen muss.[184]

(4) *ius cogens*

Eine Einschränkung des Konsensprinzips erfolgt weiterhin durch die Anerkennung eines *ius cogens*.[185] Dass einzelne Staaten einer zwingenden Norm des Völkerrechts nicht zugestimmt haben, ist sowohl für deren Neubegründung als auch für die Wirkung gegenüber den Staaten, die offen opponierten, unschädlich.[186]

---

179 Siehe dazu *Stein/von Buttlar/Kotzur*, Völkerrecht, Rn. 138 ff.

180 Siehe *Mendelson*, RdC 272 (1999), S. 155 (240 ff.); *Lau*, CJIL 6 (2005), S. 495 (495 ff.).

181 Vgl. *Petersen*, AVR 46 (2008), S. 502 (502). Das gilt erst recht, wenn man für die Übung auch die Praxis der Internationalen Organisationen miteinbezieht. So z. B. *von Arnauld*, Völkerrecht, Rn. 251.

182 Vgl. *Charney/Danilenko*, in: Damrosch *et al.* (Hrsg.), Beyond Confrontation, International Law for the Post-Cold War Era, S. 23 (37). Siehe auch *Shaw*, International Law, S. 64 f., der darauf hinweist, dass fehlender Protest politische Gründe haben könne, ohne dass damit eine rechtliche Aussage beabsichtigt sei. Ähnlich *Guzman*, VJIL 52 (2012), S. 747 (776).

183 Vgl. *Charney*, AJIL 87 (1993), S. 529 (538 f.).

184 Vgl. *Charney*, AJIL 87 (1993), S. 529 (538 f.).

185 So auch *Struwe*, Rechtliche Bindungswirkung des Vertrages über die Nichtverbreitung von Kernwaffen, S. 128. Siehe zum zwingenden Völkerrecht umfassend *Rozakis*, The concept of jus cogens in the law of treaties; *Kadelbach*, Zwingendes Völkerrecht. Vgl. dazu, aus welcher Rechtsquelle *ius cogens* hergeleitet werden kann: *Orakhelashvili*, Peremptory Norms, S. 104 ff.; *Paulus*, Internationale Gemeinschaft, S. 347 (Fn. 77 m. w. N.).

186 Vgl. *Payandeh*, Internationales Gemeinschaftsrecht, S. 357; *Paulus*, Internationale Gemeinschaft, S. 343 ff., 361; *Orakhelashvili*, Peremptory Norms, S. 107 f.; *Rozakis*, The concept of jus cogens, S. 78; *Guzman*, VJIL 52 (2012), S. 747 (777); *Shelton*, AJIL 100 (2006), S. 291 (304 f.); *Kokott*, ZaöRV 64 (2004), S. 517 (522); *Nettesheim*, JZ 2002 S. 569 (576); *Simma*, RdC 250 (1994), S. 217 (292); *Charney*, AJIL 87 (1993), S. 529 (542); *Tomuschat*, RdC 241 (1993), S. 195 (307); *Parker/Nylon*, HICLR 12 (1989), S. 411 (418); *Gaja*, RdC 172 (1981), S. 271 (283). A. A *Kadelbach*,

Eine zwingende Vorschrift des Völkerrechts liegt nach Art. 53 S. 2 Wiener Vertragsrechtskonvention (WVK)[187] dann vor, wenn eine Regel des Völkerrechts von der Gesamtheit der internationalen Staatengemeinschaft als eine Norm akzeptiert und anerkannt wird, von der keine Abweichung möglich ist. Eine genaue Aufzählung der als *ius cogens* zu qualifizierenden Normen enthält die WVK hingegen nicht. Welche Vorschriften als zwingendes Völkerrecht anzusehen sind, ist im Einzelnen nicht abschließend geklärt und wurde zur weiteren Ausgestaltung durch die Staatenpraxis und internationale Gerichtsbarkeit bewusst offengelassen.[188] Das Aggressionsverbot, das Verbot von Völkermord, Sklaverei, Piraterie sowie fundamentale Menschenrechte und Normen des humanitären Völkerrechts[189] sind heute aber als zwingende Vorschriften des Völkerrechts anerkannt.[190]

Der Konsens der Staaten wird zudem durch die in Art. 53 S. 1 WVK angeordnete Rechtsfolge eingeschränkt. Die intertemporale Wirkung des Art. 64 WVK verstärkt diese Abschwächung weiter. Dieser ordnet ausdrücklich die Nichtigkeit eines bestehenden völkerrechtlichen Vertrages ab dem Moment an, in dem dieser im Widerspruch zu einer neuen zwingenden Norm des allgemeinen

---

Zwingendes Völkerrecht, S. 194 ff.; *van Hoof*, Rethinking Sources, S. 159 ff.; *Knauff*, ZaöRV 68 (2008), S. 453 (465); *Hillgruber*, JöR 54 (2006), S. 57 (84 f.). Nach dieser Auffassung liegt *ius cogens* ein zweistufiger Prozess zugrunde. Die Entstehung der ursprünglichen dispositiven Norm müsse auf Grundlage der in Art. 38 IGH-Statut normierten Rechtsquellenlehre und damit aufgrund von Konsens erfolgen. Eine Durchbrechung sei demnach erst auf zweiter Stufe, in der Entstehung einer zwingenden Norm festzustellen, da der Wortlaut des Art. 53 WVK, „norm accepted and recognized by the international community of States as a whole", nicht die Zustimmung aller Staaten voraussetze, vgl. *de Hoogh*, Obligations Erga Omnes, S. 45; *Akehurst*, BYIL 47 (1975), S. 273 (285). Siehe ausführlich zur Diskussion *Kleinlein*, Konstitutionalisierung, S. 343 ff.; *Hannikainen*, Peremptory Norms, S. 210 ff. Kritisch im Hinblick auf das Paradoxon der Zweistufigkeit ist *Neuhold*, BDGVR 28 (1988), S. 51 (63). Teilweise wird auch bei *ius cogens* die Möglichkeit angenommen, durch Widerspruch die Bindungswirkung einer Vorschrift des zwingenden Völkerrechts zu vermeiden, so bspw. *Charney*, BYIL 56 (1985), S. 1 (19, Fn. 81); *Danilenko*, EJIL 2 (1991), S. 42 (56 f.). Kritisch hingegen *Stein*, Harv. Int'l L. J. 26 (1985), S. 457 (481).

187 Vienna Convention on the Law of Treaties of 23 May 1969, UNTS 1155, S. 331, deutsche Fassung BGBl. 1985 II, S. 927.

188 Vgl. *von Heinegg*, in: Ipsen (Hrsg.), Völkerrecht, § 16, Rn. 36, 41, 51 ff.

189 Vgl. ICJ, *Corfu Channel Case (UK v Albania)*, Judgement of 9 April 1949, ICJ Reports 1949, S. 4 (22): „elementary considerations of humanity".

190 Vgl. *von Heinegg*, in: Ipsen (Hrsg.), Völkerrecht, § 16, Rn. 59; *Kadelbach*, Zwingendes Völkerrecht, S. 42 ff., 343 f.

Völkerrechts steht.[191] Die konsensuale Selbstbindung der Staaten wird somit *ex nunc* dann aufgehoben, wenn der Vertrag insgesamt gegen zwingendes Völkerrecht verstößt.[192]

(5) Zwischenergebnis

Der Entstehungsprozess der Gewohnheitsrechtsbildung kann nicht durchgängig auf den Konsens der Staaten zurückgeführt werden.

b) Völkervertragsrecht

Weiterhin hat sich im Völkervertragsrecht die Bedeutung des Konsensprinzips gewandelt. Die traditionellen Vertragsabschluss-, Vertragsänderungs- und Sekundärrechtsetzungsverfahren wurden im Laufe der Zeit modifiziert. Diese Entwicklung wird im Folgenden anhand ausgewählter Beispiele nachgezeichnet.

aa) Vertragsschlussverfahren

Dass das Konsensprinzip auch immanenter Bestandteil des Völkervertragsrechts ist,[193] ergibt sich sowohl aus Art. 38 Abs. 1 lit a) IGH-Statut, der voraussetzt,

---

191 Demgegenüber hat Art. 64 WVK keine retroaktive Wirkung, vgl. den Wortlaut „becomes void". Siehe dazu *Schmalenbach*, in: Dörr/ders. (Hrsg.), VCLT-Commentary, Art. 64, Rn. 14. Verstoßen nur Teile des Vertrags gegen *ius cogens*, kann über eine Anwendung des Art. 44 Abs. 2 und 3 WVK eine Änderung des Vertrags durch nachträglich entstandenes Völkerrecht erfolgen, sodass die Nichtigkeit auf einzelne Vertragsbestimmungen beschränkt wird, vgl. *Dahm/Delbrück/Wolfrum*, Völkerrecht, Bd. I/3, S. 675.

192 Eine weitere Schwächung des Konsensprinzips kann auch in der Anerkennung von Verpflichtungen *erga omnes* gesehen werden, vgl. *Vitzthum*, in: ders./Proelß (Hrsg.), Völkerrecht, S. 45 (Fn. 285). Siehe dazu dazu auch *Hingst*, Auswirkungen der Globalisierung, S. 197 f. Vgl. ausführlich zum Diskussionsstand *Paulus*, Internationale Gemeinschaft, S. 381 ff. m. w. N. Im Unterschied zu *ius cogens* geht es nicht um (zwingende) Normen des Völkerrechts, sondern um die bestimmten Normen innewohnende, verpflichtende Erfüllungsstruktur, die gegenüber allen Staaten gilt. Ob die Staaten unter Umständen nicht an der Schaffung der völkerrechtlichen Norm beteiligt sind, ist nach teilweise vertretener Auffassung unerheblich und eine universelle Akzeptanz nicht notwendig. So z. B. *Ragazzi*, Obligations Erga Omnes, S. 17; *Delbrück*, IJGLS 4 (1997), S. 277 (289 f.). Zum Verhältnis von *ius cogens* und *erga omnes* siehe *von Arnauld*, Völkerrecht, Rn. 291 ff.; *de Hoogh*, Austrian J. Publ. Int. L. 42 (1991), S. 183 ff.

193 Vgl. *Helfer*, Univ. of Illinois L. Rev. 1 (2008), S. 71 (72); *Henkin*, RdC 216 (1989), S. 9 (46 f.).

dass ein Staat die jeweilige Vertragsnorm anerkannt hat, als auch aus den Regelungen der Wiener Vertragsrechtskonvention. Die Willensfreiheit der Staaten wird durch die Vertragsfreiheit geschützt, sodass es der freien Entscheidung der Staaten obliegt, „ob und mit wem sie Verhandlungen mit dem Ziel des Vertragsschlusses aufnehmen".[194] Eine Ausnahme besteht nur in den Fällen, in denen sich ein Staat aufgrund eines Vorvertrages zur Aufnahme von Vertragsverhandlungen (*pactum de negotiando*) oder durch eine vorgelagerte Vereinbarung zum Abschluss eines Vertrages (*pactum de contrahendo*) verpflichtet hat.[195] Der sich daran anschließende formale Bindungsprozess eines konsensualen Vertragsschlusses nach Art. 11 ff. WVK gewährleistet die souveräne Staatengleichheit. Er sorgt weiterhin dafür, dass sich die Inhalte der völkerrechtlichen Verträge im Einklang mit dem innerstaatlichen Recht der Staaten verschränken[196] und hält die Vertragsparteien dazu an, die vertraglichen Regelungen auch einzuhalten.[197]

(1) Die Annahme des Vertragstextes nach Art. 9 WVK

Die souveränitätswahrende Konzeption des Vertragsrechts spiegelt sich auch in Art. 9 WVK wider. Dieser sieht in Absatz 1 – als Regelfall – zunächst die Zustimmung aller an dem Vertragstext beteiligten Völkerrechtssubjekte vor (Einstimmigkeitsprinzip). Der traditionelle Prozess multilateraler Vertragsabschlüsse ist allerdings sehr starr und langwierig[198] und führt zu einer Aufnahme inhaltsleerer Regelungen in die Verträge.[199] So ist zu beobachten, dass, je mehr Parteien an Vertragsverhandlungen beteiligt sind, desto höher die Wahrscheinlichkeit wird, dass nur ineffektive Vertragsregelungen zustande kommen.[200] Dies resultiert aus den Zugeständnissen zwischen den Verhandlungsstaaten, die notwendig sind, um überhaupt Konsens über Vertragsinhalte zu erreichen.[201]

---

194 *Dahm/Delbrück/Wolfrum*, Völkerrecht, Bd. I/3, S. 546.

195 Vgl. dazu *Beyerlin*, ZaöRV 36 (1976), S. 407 ff.

196 So bspw. *Helfer*, Univ. of Illinois L. Rev. 1 (2008), S. 71 (73).

197 Vgl. *Guzman*, VJIL 52 (2012), S. 747 (752).

198 Vgl. *Bianchi*, EJIL 17 (2006), S. 881 (888); *Palmer*, AJIL 86 (1992), S. 259 (259); *Schachter*, AJIL 88 (1994), S. 1 (4).

199 Vgl. *Rosand*, Fordham Int'l L. J. 28 (2005), S. 542 (575 f.); *Guzman*, VJIL 52 (2012), S. 747 (751). Siehe auch *Hoyt*, The Unanimity Rule, S. 246, der aufgrund einer Analyse der internationalen Vertragspraxis davon ausgeht, dass das Einstimmigkeitsprinzip nie durchgängig angewendet wurde.

200 So bspw. *Bianchi*, EJIL 17 (2006), S. 881 (888); *Helfer*, Univ. of Illinois L. Rev. 1 (2008), S. 71 (73).

201 Vgl. *Bianchi*, EJIL 17 (2006), S. 881 (888).

Auf den Gründungskonferenzen der Vereinten Nationen und verschiedener internationaler Sonderorganisationen wurde daher erstmals das Mehrheitsprinzip angewendet und teilweise in den jeweiligen Satzungen verankert.[202] Diese Praxis hat ihren positiv-rechtlichen Niederschlag in Art. 9 Abs. 2 WVK gefunden. Dieser sieht die Möglichkeit vor, dass der Vertragstext auf einer internationalen Konferenz abweichend von Abs. 1 auch von zwei Dritteln der anwesenden abstimmenden Staaten angenommen werden kann, sofern sie nicht mit der gleichen Mehrheit die Anwendung einer anderen Regel beschließen.[203] Die vertragliche Normierung des Mehrheitsprinzips führte mithin zu einer Abkehr vom bis zum Ende des Zweiten Weltkrieges vorherrschenden Einstimmigkeitsprinzip. Letzteres wird vornehmlich nur noch bei Verträgen mit einer begrenzten Anzahl von Vertragspartnern oder bilateralen Verträgen angewendet.[204]

(2) Etablierung des *Consensus-Verfahrens*

Im weiteren Verlauf wurde das Verfahren der Vertragsverhandlungen durch das sogenannte *Consensus-Verfahren* weiterentwickelt. Dieses wird inzwischen über die Annahme von multilateralen Vertragstexten hinaus zur Beschlussfassung angewendet.

(a) Begriff des *Consensus*

Nach der Legaldefinition in Art. 161 Abs. 8 lit. e UNCLOS wird unter *Consensus* das „Fehlen jedes förmlichen Einspruchs" verstanden. Danach ist nicht

---

202 Vgl. *von Heinegg*, in. Ipsen (Hrsg.), Völkerrecht, § 11, Rn. 11; *Ley*, Opposition im Völkerrecht, S. 37; *Sohn*, AJIL 69 (1975), S. 310 (311).

203 Art. 9 Abs. 2 lagen Erwägungen der International Law Commission zugrunde, die durch eine positiv-rechtliche Normierung des Mehrheitsbeschlusses die Interessen von Teilnehmern stärken wollte, die auf einer multilateralen Konferenz eine Minderheit repräsentierten, vgl. *von Heinegg*, in: Ipsen (Hrsg.), Völkerrecht, § 11, Rn. 12. Siehe auch die Debatte der International Law Commission zur Einführung des Art. 9 Abs. 2 WVK, YILC 1966 II, S. 194 f. Ob die Einführung aber zu einer Stärkung der Minderheitsinteressen führte, bleibt indes fraglich, da politisch wichtige Entscheidungen im Rahmen informeller Verhandlungen und Gespräche der Abstimmung vorausgehen, vgl. *Zemanek*, in: Macdonald/Johnston (Hrsg.), Structure and Process of International Law, S. 857 (860). Die Tatsache, dass den überstimmten Minderheiten die Mehrheitsmeinung aufgedrängt wird, kann aber auch insbesondere dazu führen, dass diese den jeweiligen Vertrag eben nicht ratifizieren, so bspw. *Schiele*, International Environmental Regimes, S. 234. Siehe zu den Grenzen der Mehrheitsregel *Thiele*, Regeln und Verfahren der Entscheidungsfindung, S. 350 ff.

204 Vgl. *von Heinegg*, in: Ipsen (Hrsg.) Völkerrecht, § 11, Rn. 10.

mehr – wie noch beim Einstimmigkeitsverfahren – die ausdrückliche Zustimmung aller am Rechtsetzungsprozess beteiligten Völkerrechtssubjekte erforderlich.[205] Das Fehlen ausdrücklicher Gegenstimmen reicht aus. *Consensus-* und Einstimmigkeitsverfahren unterscheiden sich formal nicht voneinander, da in beiden Fällen keine Entscheidung gegen den Widerstand eines Staates erfolgen kann.[206] Der Unterschied zwischen beiden Verfahren macht sich allerdings daran fest, dass im *Consensus-Verfahren* die positive Zustimmung des Staates unterstellt wird. Es muss nicht die Zustimmung, sondern die Ablehnung aktiv vorgebracht werden.[207] Die Übereinstimmung der Verfahrensbeteiligten muss nur im Zeitpunkt der konsensualen Entscheidung vorliegen. Eine förmliche Abstimmung findet nicht statt.[208] Stellt der Verhandlungsleiter den Konsens der Teilnehmer fest, gilt die Vereinbarung als angenommen.[209] Fährt der Verhandlungsleiter trotz ausdrücklichen Widerspruchs einer Partei mit der Abstimmung fort, muss diese die Ablehnung erneut vorbringen und auch nach Beschlussfassung erneut zum Ausdruck bringen.[210] Das Verfahren wurde erstmals im

---

205 Vgl. *von Heinegg*, in: Ipsen (Hrsg.) Völkerrecht, § 11, Rn. 13. Siehe auch die Advisory Opinion 1/2008 des East African Court of Justice, abrufbar unter http://www.eac.int/index.php?option=com _docman&task=doc_ download&gid=264&Itemid=163 (zuletzt besucht am 30. März 2018).

206 Vgl. *Ley*, Opposition im Völkerrecht, S. 38; *Schermers/Blokker*, Int. Institutional Law, S. 540 f.

207 Vgl. *Ley*, Opposition im Völkerrecht, S. 38.

208 Vgl. *von Heinegg*, in: Ipsen (Hrsg.), Völkerrecht, § 11, Rn. 13; *Suy*, Consensus, in: Bernhardt (Hrsg.), EPIL, Bd. IV, S. 759 (759).

209 Vgl. *Sperduti*, IYIL 2 (1976), S. 33 (33); *Zemanek*, in: Macdonald/Johnston (Hrsg.), Structure and Process of International Law, S. 857 (874); *Hingst*, Auswirkungen der Globalisierung, S. 164; *Payandeh*, Internationales Gemeinschaftsrecht, S. 191; *von Heinegg*, in: Ipsen (Hrsg.), Völkerrecht, § 11, Rn. 13. Inzwischen wird nicht nur auf eine förmliche Abstimmung, sondern sogar auf die ausdrückliche Feststellung des Konsenses verzichtet („adoption without a vote"), vgl. *Klein/Schmahl*, in: Vitzthum/Proelß (Hrsg.), Völkerrecht, S. 304.

210 Vgl. *Schiele*, International Environmental Regimes, S. 235 m. w. N. Allerdings wird inzwischen teilweise auch ein *Consensus-Minus-One-Verfahren* angewendet. Eine Gegenstimme führt dabei nicht mehr zur Ablehnung der beabsichtigten Regelung. Siehe bspw. die durch die Association of Southeast Asian Nations (ASEAN) etablierte sog. *Five-Minus-One-Regel*, die mit steigender Anzahl der Mitglieder nun als *ASEAN-Minus-X-Formel* bekannt ist, vgl. ASEAN integration in service, S. 18, abrufbar unter http://www.asean.org/archive/Publication-Integration-in-Services.pdf (zuletzt besucht am 30. März 2018). Vgl. ausführlich *Severino*, ASEAN Community, S. 31 f. Zur ASEAN allgemein vgl. *Kurus*, Asian Survey 33 (1993), S. 819 ff. Auch

Weltraumausschuss der Vereinten Nationen angewendet[211] und wird inzwischen auch bei politisch heiklen Beschlüssen der UN-Generalversammlung eingesetzt.[212] Auch das UN-Seerechtsübereinkommen der Vereinten Nationen wurde auf Grundlage des *Consensus-Verfahrens* beschlossen.[213]

In der Folge wurde dieses ebenso für die Beschlussfassung in die *United Nations Framework Convention on Climate Change* (*UNFCCC*) für alle wesentlichen

---

die OSZE-Regeln der Streitbeilegung beinhalten die Möglichkeit des *Consensus-Minus-One*, vgl. *Wenig*, Möglichkeiten und Grenzen der Streitbeilegung, S. 203 ff.; *Ackermann*, OSCE Yearbook 15 (2009), S. 249 ff.; *Bloed*, The Conference on Security and Co-operation in Europe, S. 20 ff.; *Peters*, in: Haftendorn *et al.* (Hrsg.), Imperfect Unions, S. 195 (210 ff.). Zur Entwicklung des *Consensus-Minus-One* in der UNFCCC siehe *Werksman*, ZaöRV 36 (1996), S. 750 (771); *Ott*, Umweltregime, S. 149; *French/Rajamani*, JEL 25 (2013), S. 437 (448 ff.). Der Feststellungsbeschluss des Europäischen Rates nach Art. 7 Abs. 2 EU ergeht ebenfalls ohne Berücksichtigung der Stimme des betroffenen Staates. Obwohl die Abstimmung einem *Consensus-Minus-One-Verfahren* ähnelt, besteht doch ein entscheidender Unterschied: Der Europäische Rat beschließt einstimmig. Die Aussetzung des Stimmrechts (Art. 354 AEUV) ist notwendig, weil der betroffene Mitgliedstaat anderenfalls über ein Veto verfügen würde und damit den Fortgang des Sanktionsverfahrens blockieren könnte, vgl. *Schorkopf*, in Grabitz/Hilf/Nettesheim (Hrsg.), Recht der EU, Art. 7 EUV, Rn. 38.

211 UNGA, Committee on the Peaceful Uses of Outer Space of 8 December 1964, UN Doc A/AC.105/PV.2.

212 Vgl. *Hingst*, Auswirkungen der Globalisierung, S. 164. Siehe z. B. UNGA, Friendly Relations Declaration, UNGA Res. 2625 (XX) (24 October 1970); UNGA, Definition of Aggression, UNGA Res. 3314 (XXIX) (14 December 1974); UNGA, International Convention on the Taking of Hostages, GA Res 34/146 (17 December 1973). Siehe auch *Cassan*, AFDI 20 (1974), S. 456 ff.

213 Bei den Verhandlungen wurde aber nicht ausschließlich das *Consensus-Verfahren* angewendet, sondern sie wurden nach der Maßgabe des *Package-deal-Prinzips* geführt. Dabei werden die Regelungsgegenstände derart miteinander verknüpft, dass Konsens nur hinsichtlich ihrer Gesamtheit festgestellt werden kann, vgl. *von Heinegg*, in: Ipsen (Hrsg.), Völkerrecht, § 11, Rn. 13; *Dahm/Delbrück/Wolfrum*, Völkerrecht, Bd. I/3, S. 533. Siehe auch *Buzan*, AJIL 75 (1981), S. 324 ff.; *Jaenicke*, ZaöRV 38 (1978), S. 438 (445 ff.).

Entscheidungen als Standardverfahren eingeführt[214] und in einer Vielzahl von Verträgen aufgenommen.[215]

(b) Vor- und Nachteile des Verfahrensansatzes

Gegen das *Consensus-Verfahren* wird häufig vorgebracht, dass zwischen den Verhandlungsparteien nur eine Einigung auf den „kleinsten gemeinsamen Nenner" erfolge,[216] lediglich Kernbereiche des Verhandlungsstandes angenommen würden und die Differenzen im Randbereich hingegen erhalten blieben.[217] So seien die verabschiedeten Formulierungen meist allgemein gehalten und ließen (bewusst) wesentliche Fragen unbeantwortet.[218] Weiterhin erfolgten die Beratungen der Verhandlungsparteien vermehrt in einem informellen Rahmen, was die Transparenz der Entscheidungsfindung beeinträchtige.[219] Die genannten Kritikpunkte sind jedoch nicht das Ergebnis des *Consensus-Verfahrens* an sich, sondern resultieren aus den – bei multilateralen Vertragskonferenzen bestehenden – gegensätzlichen Interessen der Staaten.[220] Zudem ist es den Staaten teilweise möglich, formelle Vorbehalte oder interpretative Erklärungen zu bestimmten Beschlüssen vorzubringen, die im Verfahren der stillschweigenden Zustimmung

---

214 Vgl. *Yamin/Depledge*, International climate change regime, S. 442. Siehe auch *Schiele*, International Environmental Regimes, S. 234 ff., die die Bedeutung des *Consensus-Verfahrens* für die Sicherstellung der konstitutionellen Fortentwicklung des Klimaregimes hervorhebt.

215 Vgl. *Schermers/Blokker*, Int. Institutional Law, S. 538 m. w. N. Die Regelungen des WTO-Streitverfahrens normieren demgegenüber in Bezug auf das Dispute Settlement Body (DSB) ein „negatives" *Consensus-Verfahren*. So bedarf es einer im Konsens getroffenen Ablehnungsentscheidung, um den Verfahrensablauf zu stoppen, vgl. Art. 6.1 DSU; 16 Abs. 4 DSU; 17 Abs. 14 DSU; 21 Abs. 6 DSU; 22 Abs. 6 DSU. Siehe zu diesem Verfahren *Krajewski*, Wirtschaftsvölkerrecht, Rn. 267. Vgl. zum *Consensus-Verfahren* und seiner „umgekehrten" Ausprägung in der WTO *Schöbener/Herbst/Perkams*, Internationales Wirtschaftsrecht, Kap. 2, Rn. 44, Kap. 2, Rn. 56, Kap. 3, Rn. 301.

216 Vgl. *Suy*, Consensus, in: Bernhardt (Hrsg.), EPIL, Bd. I, S. 759 (759); *Rajamani*, ICLQ 60 (2011), S. 499 (518); *Thiele*, Regeln und Verfahren der Entscheidungsfindung, S. 283.

217 Vgl. *von Heinegg*, in: Ipsen (Hrsg.), Völkerrecht, § 11, Rn. 13; *Ballreich*, FS für Hermann Mosler, S. 1 (11).

218 Vgl. *Hingst*, Auswirkungen der Globalisierung, S. 167.

219 Vgl. *Rajamani*, ICLQ 60 (2011), S. 499 (518). Siehe dazu auch *Woods*, Global Governance 5 (1999), S. 39 ff.

220 Vgl. *Hingst*, Auswirkungen der Globalisierung, S. 166 f.; *Payandeh*, Internationales Gemeinschaftsrecht, S. 192 f.

(d. h. im *Consensus-Verfahren*) gefasst werden.[221] Dies lässt das individuelle Verhalten der Staaten als solidarisch erscheinen und stärkt die Akzeptanz bei der weiteren Umsetzung der beschlossenen Maßnahmen.[222] Die Kombination des *Consensus-Mechanismus* mit Vorbehalten ermöglicht den Mitgliedstaaten zudem ein hohes Maß an Flexibilität, ob, wie und in welchem Umfang die verabschiedeten Regelungen umgesetzt werden.[223]

Das *Consensus-Verfahren* ist mithin ein „Verfahrenstrick",[224] der eine flexiblere, dynamischere Beschlussfassung ermöglicht und es den Vertragsparteien erleichtert, gemeinsame Standpunkte zu identifizieren, auch wenn über weitergehende Detailfragen keine gemeinsame Auffassung besteht.[225]

(3) Zwischenergebnis

Bei formal-juristischer Betrachtung führt das *Consensus-Verfahren* nicht zu einer Abweichung vom Konsensprinzip.[226] Dennoch schwächt das veränderte Abstimmungsverfahren dieses ab. Denn Enthaltungen sind regelmäßig einfacher durchzusetzen als eine aktive Zustimmung entgegen der eigenen Überzeugung wie im Einstimmigkeitsverfahren.[227] Die Etablierung des Verfahrens ist zudem Ausdruck eines verfahrensrechtlichen Bedeutungswandels. Es dient nun der Erreichung und Verwirklichung von staatlichen Gemeinschaftsinteressen,[228] sodass nicht mehr primär der Souveränitätsschutz im Mittelpunkt steht.[229] Nicht

221 Siehe bspw. Art. IV. (A) Nr. 6 der Geschäftsordnung der OSZE.

222 Vgl. *Wang*, CJIL 9 (2010), S. 717 (720).

223 Vgl. *Wang*, CJIL 9 (2010), S. 717 (720).

224 *Ballreich*, FS für Hermann Mosler, S. 1 (10).

225 Vgl. *Zemanek*, in: Macdonald/Johnston (Hrsg.), Structure and Process of International Law, S. 857 (875); *Schiele*, International Environmental Regimes, S. 235.

226 So *Payandeh*, Internationales Gemeinschaftsrecht, S. 192; *Ley*, Opposition im Völkerrecht, S. 41.

227 Vgl. *Sohn*, AJIL 69 (1975), S. 310 (353); *Payandeh*, Internationales Gemeinschaftsrecht, S. 193. In eine ähnliche Richtung spricht sich im Zusammenhang mit der Conference of the Parties (COP) im Rahmen des UNFCCC auch Nico Krisch aus, vgl. *Krisch*, AJIL 108 (2014), S. 1 (17): „The Practice of consensus – the default mode of decision making in the COP – is somewhat softer than consent since it counts acquiescence as agreement, but it is typically regarded as unavailable in the face of open objections."

228 Vgl. für den Bereich des Klimarechts *Schiele*, International Environmental Regimes, S. 247: „[I]t appears that the common will of parties as the 'masters of the process' plays a significant role."

229 Vgl. *Ley*, Opposition im Völkerrecht, S. 41.

unterschätzt werden darf auch der politische Druck auf die teilnehmenden Staaten, einen Konsens zu erreichen, da anderenfalls die Beschlussfassung regelmäßig aufgrund eines Mehrheitsbeschlusses erfolgt.[230] Zugleich geht mit erlangtem Konsens ein Druck zur Ratifizierung einher, da die Staaten während des Verfahrens ausreichend Gelegenheit hatten, ihre Vorbehalte und Bedenken vorzubringen.[231] Ein gegensätzliches Verhalten wäre hingegen nach erfolgter Beschlussfassung politisch nur schwer vermittelbar. Zudem würden sich die Staaten nach Feststellung des *Consensus* regelmäßig weiter daran gebunden fühlen, auch wenn die Entscheidung ihrem wirklichen Willen widerspräche.[232] Demnach hilft das Verfahren effektiv bei der Herausbildung eines „common feeling“[233] und beschleunigt die Meinungsbildung der am Beschlussverfahren beteiligten Parteien.[234]

bb) Vertragsänderungs- und Sekundärrechtsetzungsverfahren

Eine Abschwächung des Konsenserfordernisses lässt sich weiterhin anhand der Vertragsänderungs- (1) und Sekundärrechtsetzungsverfahren internationaler Organisationen (2) nachzeichnen.[235]

(1) Vertragsänderungsverfahren nach der WVK

Die Änderung völkerrechtlicher Verträge richtet sich grundsätzlich nach Art. 39 ff. WVK. Ein Vertrag kann demnach nur durch Übereinkunft der Vertragsparteien geändert werden (Art. 39 Abs. 1). Die Änderungsübereinkunft bindet

230 Vgl. *Zemanek*, in: Macdonald/Johnston (Hrsg.), Structure and Process of International Law, S. 857 (863).

231 Vgl. *Hingst*, Auswirkungen der Globalisierung, S. 166 f.; *Ballreich*, FS für Hermann Mosler, S. 1 (10).

232 Vgl. *Ballreich*, FS für Hermann Mosler, S. 1 (10).

233 *Schermers/Blokker*, Int. Institutional Law, S. 535; *Brunnée*, LJIL 15 (2002), S. 1 (40). Vgl. auch *Simma*, RdC 250 (1994), S. 217 (327): „community consciousness“; *Payandeh*, Internationales Gemeinschaftsrecht, S. 194; *Hingst*, Auswirkungen der Globalisierung, S. 165.

234 Vgl. *Ballreich*, FS für Hermann Mosler, S. 1 (2), der auf Seite 21 seines Beitrags allerdings einschränkend anmerkt, dass zwar die Beratungen im Plenum bis zum Erreichen eines Konsenses beschleunigt werden, die anschließenden Beratungen dann aber deutlich zeitraubender seien.

235 Siehe zu den folgenden Erwägungen umfassend *Payandeh*, Internationales Gemeinschaftsrecht, S. 223 ff., 325 ff.; *Hingst*, Auswirkungen der Globalisierung, S. 167 ff.; *Ley*, Opposition im Völkerrecht, S. 35 ff.; *Dahm/Delbrück/Wolfrum*, Völkerrecht, Bd. I/3, S. 661 ff.

lediglich die Staaten, die Vertragspartei des Übereinkommens sind (Art. 40 Abs. 4), sodass kein Staat verpflichtet ist, den Änderungen zuzustimmen.[236] Dem normierten Vertragsänderungsverfahren liegt der Gedanke zugrunde, dass die Abänderung völkerrechtlicher Verträge die Zustimmung und Ratifikation aller Vertragsparteien voraussetzt.[237] In diesem Fall erfolgt das Änderungsverfahren auf Grundlage des traditionellen Konsensprinzips.

Die Vorstellung einer konsensualen Vertragsänderung stößt allerdings an seine Grenzen, wenn es darum geht, bei multilateralen Verträgen mit einer Vielzahl von Vertragsparteien eine Vertragsänderung zu erlangen.[238] Zwar sieht Art. 39 WVK über den Verweis in Art. 9 Abs. 2 WVK die Möglichkeit vor, dass Vertragstexte auch mit Zweidrittelmehrheit angenommen werden können. Jedoch setzt nach Art. 24 WVK das Inkrafttreten wiederum die Annahme aller Vertragsparteien voraus.

In Abkehr von diesem souveränitätszentrierten Verfahren haben sich modifizierte Änderungsverfahren herausgebildet. Diese beruhen nicht mehr durchgängig auf einer strengen Ausprägung des Konsensprinzips,[239] sondern sehen teilweise Mehrheitsentscheide vor.[240] Nach Art. 108 UN-Charta treten beispielsweise Änderungen der Charta gegenüber allen Mitgliedern in Kraft, wenn diese von zwei Dritteln der Mitglieder der Generalversammlung angenommen sowie zwei Dritteln der Mitglieder der Vereinten Nationen inklusive der ständigen Mitglieder des UN-Sicherheitsrats ratifiziert wurden.[241] In ähnlicher Weise statuiert

---

236 *Vitzthum*, in: ders./Proelß (Hrsg.), Völkerrecht, S. 48.

237 Vgl. dahin gehend *Aust*, Modern Treaty Law and Practice, S. 233.

238 Vgl. *Dahm/Delbrück/Wolfrum*, Völkerrecht, Bd. I/3, S. 664; *Aust*, Modern Treaty Law and Practice, S. 235.

239 Vgl. *Tietje*, GYIL 42 (1999), S. 26 (39); *Hingst*, Auswirkungen der Globalisierung, S. 167 ff.

240 Vgl. *Sands/Klein*, Bowett's Law of International Institutions, S. 269 ff. Siehe bspw. Art. 41 Statute of the Council of Europe of May 1949, UNTS 87, S. 103; Art. 18C Statute of the International Atomic Energy Agency, UNTS 276, S. 3, deutsche Fassung BGBl. 1957 II, S. 1357; 1958 II, S. 4. Vgl. die weiteren Beispiele in *Dahm/Delbrück/Wolfrum*, Völkerrecht, Bd. I/3, S. 665.

241 Zwar wird mit Verweis auf die theoretische Möglichkeit der UN-Mitglieder, die Vereinten Nationen zu verlassen, eine Durchbrechung des Konsensprinzips verneint. Allerdings ist der Austritt aufgrund der politischen Abhängigkeiten und der Interdependenz der Staaten untereinander oftmals keine gangbare Option, vgl. *Hingst*, Auswirkungen der Globalisierung, S. 171: „Dies macht eine Loslösung vom Vertrag in vielen Fällen faktisch unmöglich, weil politisch untragbar." Auch kann kein „antizipierter Konsens" in einer Zustimmung der UN-Mitglieder zu Art. 108 UN-Charta

Art. 155 UNCLOS, dass Vertragsänderungen von drei Vierteln der Vertragsstaaten auch gegenüber den verbleibenden Mitgliedern gelten.[242] Demgegenüber fordert Art. 94 lit. a) des Chicagoer Abkommens zur Gründung der Internationalen Zivilluftfahrt-Organisation[243] zwar ebenfalls eine Zweidrittelmehrheit der Versammlung und eine Ratifikation durch zwei Drittel der Mitgliedstaaten. Allerdings treten die Änderungen nur gegenüber den Mitgliedern in Kraft, die diese auch ratifiziert haben, sodass das Konsensprinzip gewahrt bleibt. Vereinzelt sind die Änderungsverfahren aber auch so ausgestaltet, dass sie auf zweiter Ebene dennoch eine Einstimmigkeitsentscheidung bei der Ratifikation des Änderungsabkommens vorsehen[244] oder das Ratifikationserfordernis durch fehlenden aktiven Widerspruch der Vertragsstaaten ersetzen.[245] Art. 16 Abs. 2 (f) (ii) und (iii) des internationalen Übereinkommens zur Verhütung der Meeresverschmutzung durch Schiffe (*MARPOL-Übereinkommen*) sieht demgegenüber zur Änderung im Hinblick auf die Anhänge zu einer Anlage bzw. eine Anlage zum MARPOL-Übereinkommen eine Mischform aus stillschweigender Annahme und *opting out* als erleichtertes Änderungsverfahren vor.[246]

---

gesehen werden, so *Payandeh*, Internationales Gemeinschaftsrecht, S. 225 m. w. N. Siehe auch *Tomuschat*, RdC 241 (1993, IV), S. 195 (266): „[A]nticipatory consent to amendments adopted by majority is therefore a pure legal fiction." A. A. *Charney/Danilenko*, in: Damrosch *et al.* (Hrsg.), Beyond Confrontation, International Law for the Post-Cold War Era, S. 23 (44).

242 Siehe zu weiteren vergleichbaren Regelungen *Verdross/Simma*, Universelles Völkerrecht, § 727.

243 Convention on International Civil Aviation of 7 December 1944, UNTS 15, S. 295, deutsche Fassung BGBl. 1956 II, S. 411.

244 So z. B. Art. 48 EUV. Einstimmigkeits- und Mehrheitsentscheidungen werden dabei in verschiedener Weise kombiniert, vgl. dazu *Hingst*, Auswirkungen der Globalisierung, S. 168. Für einen ausführlichen Überblick über die „Kombinationsverfahren" vgl. *Schermers/Blokker*, Int. Institutional Law, S. 736 ff.

245 Vgl. Art. 313 Abs. 2, Abs. 3 UNCLOS; Art. 32 Abs. 3 Helsinki Convention on the Protection of the Marine Environment of the Baltic Sea Area of 9 April 1992, UNTS 1507, S. 167, deutsche Fassung BGB. 1992 II, S. 502.

246 Vgl. *Tomuschat*, RdC 241 (1993), S. 195 (266 f.), der zudem die Kritik von *Adede*, VJIL 17 (1976–1977), S. 201 (207), wonach das Verfahren gegen den *Pacta-tertiis-Grundsatz* verstoße, zurückweist. Das MARPOL-Verfahren sei nämlich nicht darauf ausgelegt, technische Regelungen zu modernisieren und abzuändern. Die Entscheidungshoheit darüber, ob sie die Änderung annehmen wollen oder nicht, verbleibe bei den Staaten. Vgl. zu den IMO-Verfahren auch *Kirgis*, in: Schachter/Joyner (Hrsg.), United Nations Legal Order, Bd. II, S. 715 (719 ff.). Siehe im Hinblick auf die Wirkung der rechtlich unverbindlichen Empfehlungen auf Grundlage von

Eine Durchbrechung des Konsensprinzips ist demnach dann festzustellen, wenn die Änderungsverfahren Mehrheitsentscheide vorsehen und die Änderungen auch ohne oder gegen den Willen einzelner Vertragsstaaten mit Wirkung gegenüber diesen eintreten.[247]

(2) Sekundärrechtsetzungsverfahren internationaler Organisationen

Daneben lässt sich auch anhand der verschiedenen Sekundärrechtsetzungsverfahren[248] internationaler Organisationen eine Abschwächung konsensualer Vertragsschlüsse nachweisen.[249]

Die weitreichendste Zurückdrängung staatlichen Konsenses ist zunächst bei solchen Sekundärrechtsetzungsakten festzustellen, die für alle Mitgliedstaaten eines völkerrechtlichen Vertrages verbindlich sind. So werden teilweise Entscheidungen im Wege eines Mehrheitsbeschlusses gefasst, ohne dass es für die Wirksamkeit auf eine Ratifikation ankäme,[250] die beschlossene Entscheidung mithin unmittelbare rechtsverbindliche Wirkung für alle Mitglieder entfaltet.[251]

Art. 15 lit. j) der IMO-Satzung auch *Aston*, Sekundärgesetzgebung internationaler Organisationen, S. 155.

247 So im Ergebnis auch *Payandeh*, Internationales Gemeinschaftsrecht, S. 226; *Ley*, Opposition im Völkerrecht, S. 35; *Alexandrowicz*, The law-making functions of the specialised agencies of the United Nations, S. 155; *Tomuschat*, RdC 241 (1993), S. 195 (264): „States can be subjected to a treaty régime without or against their will."

248 Unter Sekundärrechtsetzungsakt werden im Folgenden einseitige, verbindliche abstrakt-generelle Willensäußerungen verstanden, die Ausdruck eines autonomen Willens der Organisation selbst sind. Vgl. ausführlich zu den Merkmalen und dem Begriff des Sekundärrechtsetzungsaktes *Funke*, Umsetzungsrecht, S. 21 ff.; *Payandeh*, Internationales Gemeinschaftsrecht, S. 304 f.; *Aston*, Sekundärgesetzgebung internationaler Organisationen, S. 32 ff.

249 Vgl. *Ley*, Opposition im Völkerrecht, S. 41 ff. m. w. N. Siehe für eine umfassende Übersicht und Analyse der Sekundärrechtsetzung auch *Zacklin*, The Amendment of the Constitutive Instruments of the United Nations and Specialized Agencies.

250 Teilweise wird in der praktischen Anwendung der bestehenden Verfahren sogar die Anzahl der notwendigen Ratifikationen weiter reduziert, sodass Verfahren, die eine Zustimmung einer Mindestanzahl von Staaten vorsahen, in der Beschlusspraxis weiter abgeschwächt wurden, vgl. *Brunnée*, LJIL 15 (2002), S. 1 (31); *Bodansky*, IJGLS 16 (2009), S. 565 (578).

251 Vgl. Art. 27 Abs. 2, Abs. 3 i. V. m. Art 25 UN-Charta; Art. 39 Abs. 2 lit. b) International Covenant on Civil and Political Rights (ICCPR); Art. 20 lit. c) Statute of the Council of Europe of 5 May 1949, Art. 48 lit. c); Art. 22 Abs. 2 S. 2, Abs. 3 Constitution of the Universal Postal Union of 10 July 1964, UNTS 611, S. 7, deutsche Fassung BGBl. 1965 II, S. 1633; Art. 38 Convention on International Civil Aviation

Demgegenüber begründen andere Verfahren die Bindung der Mitgliedstaaten an erlassene Sekundärrechtsakte ebenfalls über einen Mehrheitsentscheid, bieten den Staaten allerdings die Möglichkeit des *opting out*, um sich der Rechtsbindung einseitig zu entziehen.[252] Spiegelbildlich haben andere Rechtsetzungsakte wiederum keine unmittelbare Bindungswirkung, sondern erfordern vielmehr ein *opting in* der Mitgliedstaaten.[253]

---

of 7 December 1944, UNTS 15, S. 295, deutsche Fassung BGBl. 1956 II, S. 411. Ein weiteres Rechtsetzungsverfahren enthält auch das erleichterte Anpassungsverfahren in Art. 2 Ziff. 9 des Montreal-Protokolls zum Wiener Übereinkommen über den Schutz der Ozonschicht, vgl. *Hanschel*, Verhandlungslösungen, S. 121; *Gehring*, YIEL 1 (1990), S. 35 (47 f.). Mit ihm haben die Staaten im Regelungsbereich des Protokolls einen wichtigen Bestandteil ihrer Souveränität abgegeben und eine echte Legislativbefugnis der Vertragsstaatenkonferenz normiert, so bspw. *Hanschel*, Verhandlungslösungen, S. 121; *Caron*, HICLR 14 (1991), S. 755 (767); *Sommer*, ZaöRV 56 (1996), S. 628 (653). A. A. *Schiele*, International Environmental Regimes, S. 221; *Brunnée*, LJIL 15 (2002), S. 1 (22), die anbringen, dass das Verfahren nach Art. 2 Ziff. 9 Montreal-Protokoll auf dem Konsens der Parteien beruht, wonach die normierten Substanzen gänzlich reduziert werden müssten. Somit bestehe zugleich ein Konsens über zukünftige Anpassungen. Ein ähnliches Verfahren enthält Art. 22 Abs. 5 der Rotterdam Convention on the Prior Informed Consent Procedure for Certain Hazardous Chemicals and Pesticides in International Trade of 10 September 1998, UNTS 2244, S. 337, deutsche Fassung BGBl. 2000 II, S. 1058. Nach Abs. 5 lit. c) ist es allerdings den Mitgliedern überlassen, den Zeitpunkt festzulegen, zu dem die Änderungen in Kraft treten. Dies ermöglicht den Mitgliedstaaten einen erheblichen Spielraum bei der zeitlichen Umsetzung.

252 Vgl. *Klein/Schmahl*, in: Vitzthum/Proelß (Hrsg.), Völkerrecht, S. 332; *Fitzmaurice*, NJIL 74 (2005), S. 483 (488 ff.); *Payandeh*, Internationales Gemeinschaftsrecht, S. 327 f.; Art. 54 (1) Convention on International Civil Aviation; Art. 22 Constitution of the World Health Organization of 22 July 1946, UNTS 14, S. 185, deutsche Fassung BGBl. 1974 II, S. 43; Art. 8 lit. b) Convention of the World Meteorological Organization of 11 October 1947, UNTS 77, S. 143, deutsche Fassung BGBl. 1970 II, S. 18; Art. 18 Convention on the Control of Transboundary Movement of Hazardous Wastes and Their Disposal of 22 March 1989, ILM 28 (1989), S. 657. Siehe diese und weitere Beispiele in *Hingst*, Auswirkungen der Globalisierung, S. 169 (Fn. 110).

253 So z. B. Art. 19 Abs. 5 lit. b) Constitution of the International Labour Organization of 28 June 1919, 225 CTS, S. 373. Vgl. auch *Payandeh*, Internationales Gemeinschaftsrecht, S. 328 f., mit einer Vielzahl weiterer Nachweise für vergleichbare Rechtsetzungsverfahren.

Häufig wird in der Etablierung der vereinfachten Verfahren allerdings kein Widerspruch zum Konsensprinzip gesehen.[254] Diese Annahme beruht vielfach auf dem Argument, dass die Sekundärrechtsetzungsverfahren der internationalen Organisationen auf den originären Konsens (*general consent*) der Vertragsstaaten zurückgeführt werden könnten.[255] Die abstrakt-generelle Einwilligung zum Gründungsvertrag umfasse zugleich den Konsens für alle nachfolgenden Sekundärrechtsetzungsakte.[256] Allerdings kann der Versuch, die sekundären Rechtsetzungsakte und Beschlüsse über die Annahme eines „abstract consent“[257] der originären Zustimmung zum Gründungsvertrag zuzuordnen, nicht überzeugen. Denn damit würde die Mitwirkung der Vertragsmitglieder auf den Zeitpunkt des Beitritts zur internationalen Organisation reduziert.[258] Darüber hinaus zeigt sich an der Ausweitung der Rechtsetzungstätigkeit internationaler Organisationen, insbesondere des UN-Sicherheitsrats, dass eine solche Verfahrenserweiterung für die Mitgliedstaaten im Zeitpunkt der ursprünglichen Zustimmung nicht vorhersehbar war.[259] Die Konstruktion einer abstrakten Zustimmung ist somit nicht mehr als eine formaljuristische Fiktion.[260] Das Konsensprinzip bliebe vielmehr nur dann gewahrt, wenn die Ausweitung der verfahrensrechtlichen Sekundärrechtsetzung aufgrund staatlicher Zustimmung erfolgte.[261] Darüber hinaus zeigen die Beispiele der verfahrensrechtlichen Organisationspraxis und die Abschwächung des Ratifikationserfordernisses, dass die Staaten im jeweiligen Einzelfall auch gegen ihren ausdrücklichen Willen an sekundärrechtliche Akte gebunden werden können.[262]

---

254 So bspw. *Hillgruber*, JZ 2002, S. 1072 (1075); *Weil*, AJIL 77 (1983), S. 413 (420); *Seiler*, Der souveräne Verfassungsstaat, S. 219 m. w. N.

255 Vgl. *Ley*, Opposition im Völkerrecht, S. 42; *Palmer*, AJIL 86 (1992), S. 259 (273).

256 Vgl. im Hinblick auf Art. 25 UN-Charta *Hillgruber*, JZ 2002, S. 1072 (1075). Kritisch zu dieser Entwicklung *Fitzmaurice*, NJIL 74 (2005), S. 483 (483 ff., 505).

257 *Detter*, Law Making by International Organizations, S. 322 f.

258 Vgl. *Payandeh*, Internationales Gemeinschaftsrecht, S. 334 f.

259 Vgl. *Payandeh*, Internationales Gemeinschaftsrecht, S. 334 f. Kritisch ist auch *Ley*, Opposition im Völkerrecht, S. 42.

260 Vgl. *Tomuschat*, RdC 241 (1993), S. 195 (326 f.); *Payandeh*, Internationales Gemeinschaftsrecht, S. 293, 335; *Pellet*, AusYBIL 12 (1992), S. 22 (35). Ablehnend auch *Kumm*, EJIL 15 (2004), S. 907 (914).

261 Vgl. *Ley*, Opposition im Völkerrecht, S. 42.

262 Vgl. *Pellet*, AusYBIL 12 (1992), S. 22 (35): „Once a State, by an apparent act of its free will has entered into a treaty or a unilateral commitment, the trap closes; its will is bound and will be freed only through processes in which the will of an individual State will have little or nothing to do.“

(3) Zwischenergebnis

Die Analyse hat demonstriert, dass sich in einigen Bereichen Änderungsverfahren herausgebildet haben, die nicht mehr dem konsensbasierenden Verfahren der WVK entsprechen. Darüber hinaus zeigt sich auch anhand der Sekundärrechtsetzungsverfahren internationaler Organisationen, dass in zentralen Bereichen des Völkerrechts die Beschlussfassung gegen den Willen der Vertragsstaaten erfolgen kann und auch nicht von einer abstrakt-generellen Zustimmung des Staates zum ursprünglichen Verfahren gedeckt ist.[263]

c) Allgemeine Rechtsgrundsätze

Unklar ist die Bedeutung des Konsensprinzips im Zusammenhang mit den allgemeinen Rechtsgrundsätzen in Art. 38 Abs. 1 c) IGH-Statut. Dabei handelt es sich um solche allgemeine Prinzipien von grundlegender Bedeutung, die in den jeweiligen nationalen Rechtssystemen zu finden sind und aufgrund ihrer weltweiten Kohärenz auf zwischenstaatliche Beziehungen übertragen werden können.[264] Allerdings sind der spezifische Inhalt der Rechtsgrundsätze und der Prozess ihrer Feststellung bis heute umstritten.[265]

Bei Analyse der Regelung zeigt sich, dass die allgemeinen Rechtsgrundsätze nur fragmentarisch auf den Staatswillen zurückgeführt werden können. Ein erstes Indiz dafür ist, dass der Konzeption der Norm nach nicht vorausgesetzt wird, dass die entsprechende Regel in allen nationalen Rechtsordnungen vorliegt.[266] Darüber hinaus kann aus der Existenz einer Norm im nationalen Recht nicht zugleich geschlossen werden, dass eine identische Vorschrift auf Ebene des Völkerrechts ebenfalls auf den staatlichen Konsens rückführbar ist.[267] Ließe sich eine Perpetuierung der Rechtsüberzeugung im Hinblick auf ein monistisches Staatsverständnis noch annehmen, ist ein solcher Schluss bei dualistischen

---

263 Vgl. *Aston*, Sekundärgesetzgebung internationaler Organisationen, S. 198; *Hingst*, Auswirkungen der Globalisierung, S. 170 f.

264 Vgl. *Stein/von Buttlar/Kotzur*, Völkerrecht, Rn. 161; *Hobe*, Völkerrecht, S. 217.

265 Vgl. die Ausführungen und Nachweise von *Lutzhöft*, Eine objektiv-rechtliche Gewährleistung der Rundfunkfreiheit, S. 89 ff.; *Hobe*, Völkerrecht, S. 216 f.; *Tomuschat*, RdC 241 (1993), S. 195 (311 ff.).

266 Vgl. *Payandeh*, Internationales Gemeinschaftsrecht, S. 300 f.

267 Vgl. *Charney/Danilenko*, in: Damrosch *et al.* (Hrsg.), Beyond Confrontation, International Law for the Post-Cold War Era, S. 23 (44); *Payandeh*, Internationales Gemeinschaftsrecht, S. 301. A. A. *Hillgruber*, in: Jestaedt/Lepsius (Hrsg.), Rechtswissenschaftstheorie, S. 113 (114).

Modellen nicht zwangsläufig.[268] Geht man nämlich davon aus, dass Völkerrecht und innerstaatliches Recht zwei autonome Rechtsordnungen darstellen, ist nicht ausgeschlossen, dass innerstaatliche und völkerrechtliche Rechtsüberzeugung voneinander abweichen.[269] Gegen die Annahme eines rechtskreisübergreifenden Konsenses spricht zudem, dass sich die Wirkungen der Norm je nach anwendbarem Recht unterscheiden.[270]

Damit wird im Bereich der allgemeinen Rechtsgrundsätze das Konsensprinzip zumindest partiell durchbrochen.[271] Die Auswirkungen auf die Willensfreiheit der Staaten sind im Ergebnis allerdings begrenzt, da die allgemeinen Rechtsgrundsätze gegenüber dem Vertrags- und Gewohnheitsrecht subsidiär sind und primär zur Lückenfüllung sowie als Interpretations- und Auslegungshilfe herangezogen werden.[272]

V. Zusammenfassung

Die in Art. 38 Abs. 1 IGH-Statut enthaltenen Rechtsquellen lassen sich – entgegen ihrer ursprünglichen Konzeption – nicht stringent auf einen Konsens der Staaten zurückführen (2.). Eine Unterminierung staatlicher Zustimmung lässt sich auch im Bereich des Völkergewohnheitsrechts feststellen (2. a)). Auch eine Analyse des Völkervertragsrechts zeigt, dass die konsensualen Anforderungen als Ausdruck staatlicher Souveränität erodieren (2. b)). So zeigen die Fortentwicklungen der Vertragsschluss und -änderungsverfahren, die modifizierten Mechanismen der Sekundärrechtsetzung sowie der teilweise Verzicht auf ein Ratifikationserfordernis, dass sich die Bedeutung der Verfahren gewandelt hat. Diente das Konsensprinzip seiner ursprünglichen Konzeption nach als

---

268 Vgl. *Lutzhöft*, Eine objektiv-rechtliche Gewährleistung der Rundfunkfreiheit, S. 92.

269 Vgl. *Lutzhöft*, Eine objektiv-rechtliche Gewährleistung der Rundfunkfreiheit, S. 92.

270 Vgl. *Charney/Danilenko*, in: Damrosch *et al.* (Hrsg.), Beyond Confrontation, International Law for the Post-Cold War Era, S. 23 (44); *Payandeh*, Internationales Gemeinschaftsrecht, S. 301.

271 Vgl. *Lutzhöft*, Eine objektiv-rechtliche Gewährleistung der Rundfunkfreiheit, S. 92; *Schweisfurth*, Völkerrecht, S. 78. Ähnlich auch *Payandeh*, Internationales Gemeinschaftsrecht, S. 301, der zudem auf die Schwierigkeiten in der Völkerrechtspraxis hinweist, die Existenz allgemeiner Rechtsprinzipien nachzuweisen.

272 So bspw. *Stein/von Buttlar/Kotzur*, Völkerrecht, Rn. 165 f. Siehe auch *Hobe*, Völkerrecht, S. 217, der darauf hinweist, dass die Bedeutung auch deswegen abnehme, da die allgemeinen Rechtsgrundsätze vermehrt völkervertragsrechtlich kodifiziert seien.

Absicherung der souveränen Staatengleichheit,[273] zeigt sich, dass diese nunmehr nicht mehr das primäre Ziel der Vertragsstaaten ist.[274] Vielmehr rückt die effektive Verwirklichung von Gemeinschaftszielen in den Fokus des Staateninteresses, welche nicht mehr auf formal-konsensualen *Treaty-making-Prozessen* beruhen, sondern auf informellen Normen, Prozessen und Institutionen.[275] Auch die allgemeinen Rechtsgrundsätze basieren nicht durchgängig auf staatlicher Zustimmung (2. c)).

B. Die Drittwirkung völkerrechtlicher Verträge

Nachdem der Wandel des Völkerrechts anhand der Abschwächung der staatlichen Souveränität und des Konsensprinzips dargestellt wurde, widmet sich die Untersuchung nun der Maxime *pacta tertiis nec nocent nec prosunt*. Die Frage, ob völkerrechtliche Verträge Wirkung auch gegenüber Drittstaaten[276] entfalten, ist untrennbar mit dem Konsensprinzip verknüpft. Die zuvor illustrierte Abschwächung des Konsensprinzips könnte sich somit fortführen, wenn das Verbot des Vertrags zu Lasten Dritter nicht mehr in seiner traditionellen (strengen) Ausprägung angewendet wird.

Nach einer kurzen Darstellung des *Pacta-tertiis-Grundsatzes* (I.) wird analysiert, ob Ausnahmen von diesem Grundsatz festgestellt werden können (II.).

---

273 Vgl. *Krisch*, AJIL 108 (2014), S. 1 (5) (Fn. 17). Siehe dazu ausführlich *ders.*, in: Byers/Nolte (Hrsg.), United States Hegemony and the Foundations of International Law, S. 135 ff.

274 Aus dem Blickwinkel der internationalen Beziehungen ist die souveräne Staatengleichheit bzw. das Konsenserfordernis nicht mehr als theoretischer Natur, vgl. *Krisch*, EJIL 16 (2005), S. 369 (371): „[I]nt. law is just another tool for the powerful to exert their dominance." Die Finanzierungsmechanismen der internationalen Organisation bergen teilweise die Gefahr hegemonialer Einflussnahme, was dazu führt, dass die – theoretisch abgesicherte – Staatengleichheit *in praxi* derogiert und sich zugunsten der „üblichen Verdächtigen" verschiebt. Siehe dazu auch *Seidl-Hohenveldern/Loibl*, Recht der Internationalen Organisationen, Rn. 1801 ff. Im Hinblick auf die Beeinflussung in WTO, IAEA und IMF siehe *Dreher/Vreeland*, Buying Votes and International Organizations, S. 1 ff., abrufbar unter: http://wwwuser.gwdg.de/~cege/Diskussionspapiere/123 (zuletzt besucht am 30. März 2018); *Milner*, Perspectives on Politics 3 (2005), S. 833 (843); *Abbott/Snidal*, JCR 42 (1998), S. 3 (10): „Such decision structures frequently guarantee disproportionate influence for powerful states."

275 Vgl. *Krisch*, AJIL 108 (2014), S. 1 (35).

276 Unter Drittstaaten werden im Folgenden Staaten verstanden, die einen Vertrag nicht ratifiziert haben und folglich keine Vertragspartei sind. Vgl. Art. 2 Abs. 1 lit. h WVK: „'Third State' means a State not party to the treaty."

Dazu werden die relevanten Regelungen der Wiener Vertragsrechtskonvention betrachtet (1.). Daneben werden jene Fallkonstellationen diskutiert, in welchen bloße Rechtsreflexe gegeben sind (2.) und zudem die verschiedenen theoretischen Begründungsansätze für eine Drittwirkung von Statusverträgen ausgeführt (3.).

I. Der Grundsatz *pacta tertiis nec nocent nec prosunt*

Ausdruck der Souveränität der Staaten[277] und damit des Konsensprinzips ist die bereits im Römischen Recht[278] enthaltene und gewohnheitsrechtlich[279] anerkannte völkerrechtliche Maxime *pacta tertiis nec nocent nec prosunt.*[280] Verträge entfalten ihre Wirkung demnach nur *inter partes*[281] und sind für Drittstaaten eine *res inter alios acta.*[282] Die belastende Drittwirkung völkerrechtlicher Verträge wird damit durch die staatliche Souveränität selbst beschränkt. Denn „wegen des paritären und horizontalen Charakters der Völkergemeinschaft kann ein Staat nicht durch seinen bloßen Willen die Entstehung einer Norm bestimmen, die eine Rechtsverpflichtung zu Lasten eines anderen Subjektes schaffen würde".[283] Diese Annahme lässt sich auch der *Lotus-Entscheidung* des StIGH entnehmen: „The rules of law binding upon States [...] emanate from their own free will".[284] Die internationale Rechtsprechung und Staatenpraxis haben diese traditionelle Auffassung im weiteren Verlauf mehrfach bestätigt.[285]

---

277 Vgl. *von Arnauld*, Völkerrecht, Rn. 211; *Jennings/Watts*, Oppenheim's International Law, Bd. I, § 627. Siehe auch *McNair*, Law of Treaties, S. 309 ff.

278 Vgl. *Roxburgh*, Third States, S. 6; *Schweisfurth*, ZaöRV 45 (1985), S. 653 (653).

279 Vgl. *Dahm/Delbrück/Wolfrum*, Völkerrecht, Bd. I/3, S. 614.

280 Vgl. *Ballreich*, Treaties, Effect on Third States, in: Bernhardt (Hrsg.), EPIL, Bd. IV, S. 945 (945 f.); *Payandeh*, Internationales Gemeinschaftsrecht, S. 208.

281 Vgl. PCIJ, *Certain German Interests in Polish Upper Silesia*, Judgement of 25 May 1926, PCIJ Reports Series A, Nr. 7 (1926), S. 5 (29); *Rozakis*, ZaöRV 35 (1974), S. 1 (4).

282 Vgl. *Dahm/Delbrück/Wolfrum*, Völkerrecht, Bd. I/3, S. 614; *Vitzthum*, in: ders./Proelß (Hrsg.), Völkerrecht, S. 45.

283 *Scrimali*, ZÖR 21 (1941), S. 190 (211).

284 PCIJ, *S.S. „Lotus" (France v. Turkey)*, Judgement of 7 September 1927, PCIJ Reports Series A, No 10 (1927), S. 5 (18).

285 Vgl. ICJ, *Case Concerning the Aerial Incident of July 27th 1995 (Israel v. Bulgaria)*, Judgement of 26 May 1959, ICJ Reports 1959, S. 127 (143); ICJ, *North Continental Shelf Cases (Federal Republic of Germany v. Denmark)*, Judgement of 20 February 1969, ICJ Reports 1969, S. 3 (25); *Dahm/Delbrück/Wolfrum*, Völkerrecht Bd. I/3, S. 614 f. m. w. N.; *Tomuschat*, BDGVR 28 (1988), S. 9 (9 f.).

II. Ausnahmen vom Drittwirkungsverbot im Völkerrecht?

Ausgehend von der traditionellen Auffassung erscheint eine Ausnahme vom Drittwirkungsverbot zunächst ausgeschlossen. Der Regelungsgehalt der *Pacta-tertiis-Maxime* ist zwar seit jeher klar definiert, er ist aber aufgrund seiner Implikationen auf die staatliche Souveränität äußerst umstritten. Die Unklarheiten resultieren dabei weniger aus dem Prinzip selbst, als vielmehr aus der Frage, ob und in welchem Umfang Ausnahmen vom Drittwirkungsverbot zugelassen werden.[286] In Ermangelung eines zentralen Legislativorgans im Völkerrecht wird zunehmend eine Ausweitung verschiedener Völkerrechtsverträge über die Mitglieder hinaus diskutiert.[287] Dies resultiert auch aus der Tatsache, dass sich globale Gemeinschaftsinteressen der Staaten herausgebildet haben, die nur effektiv durchgesetzt werden können, indem multilaterale Regime auch auf Nichtvertragsparteien ausgeweitet werden.[288] Es ist daher zu untersuchen, inwieweit vertragliche Drittwirkungen im Völkervertragsrecht feststellbar sind.[289]

1. Art. 34 - 38 WVK

Staaten können grundsätzlich auch nach Maßgabe der Wiener Vertragsrechtskonvention nicht gegen ihren Willen vertraglich gebunden werden (Art. 34 WVK).[290] In der *International Law Commission* bestand bereits bei den Diskussionen zur Konzeption der Wiener Vertragsrechtskonvention Einigkeit darüber, dass ein Vertrag zu Lasten Dritter keine Pflichten für Nichtmitgliedstaaten

---

286 Vgl. *Sinclair*, Vienna Convention on the Law of Treaties, S. 98 f.

287 Vgl. *Tomuschat*, BDGVR 28 (1988), S. 9 (11); *Ziemer*, Das gemeinsame Interesse, S. 199.

288 Vgl. *Dahm/Delbrück/Wolfrum*, Völkerrecht, Bd. I/3, S. 613 f.; *Jennings/Watts*, Oppenheim's International Law, Bd. I, § 627; *Simma*, RdC 250 (1994), S. 217 (323).

289 Aufgrund des Schwerpunkts dieser Arbeit auf der UN-Charta ist eine vollständige Darstellung der verschiedenen Praxisbeispiele nicht möglich. Die Untersuchung beschränkt sich daher auf die traditionellen Fallkonstellationen, in denen vertragliche Drittwirkungen diskutiert werden. Vgl. für weitergehende Analysen *Hingst*, Auswirkungen der Globalisierung, S. 243 ff. Im Hinblick auf das Fish Stocks Agreement siehe *Ziemer*, Das gemeinsame Interesse, S. 187 ff. Zum Rom-Statut: *Stahn*, ZaöRV 60 (2000), S. 631 (642 ff.). Zum Vertrag über die Nichtverbreitung von Kernwaffen: *Struwe*, Rechtliche Bindungswirkung des Vertrages über die Nichtverbreitung von Kernwaffen. Umfassend auch *Kleinlein*, Konstitutionalisierung, S. 430 ff.

290 Vgl. zu den diskutierten Ausnahmen vom Drittwirkungsverbot der WVK *Chinkin*, Third Parties in International Law, S. 35 f.

begründen solle.[291] Etwas anderes sieht die WVK nur dann vor, wenn sie nach Maßgabe von Art. 35 WVK (Vertrag zu Lasten von Drittstaaten) oder Art. 36 WVK (Vertrag zugunsten von Drittstaaten) zugestimmt haben. Nach Art. 35 WVK wird „ein Drittstaat nur dann durch eine Vertragsbestimmung verpflichtet, wenn die Vertragsparteien beabsichtigen, durch die Vertragsbestimmungen eine Verpflichtung zu begründen, und der Drittstaat diese Verpflichtung ausdrücklich in Schriftform annimmt."[292] Daran zeigt sich die Bestätigung des Souveränitäts- und Konsensprinzips sowie des Grundsatzes aus Art. 34 WVK in der Wiener Vertragsrechtskonvention selbst.[293]

Im Gegensatz zum Vertrag zu Lasten Dritter normiert Art. 36 Abs. 1 WVK bei Verträgen zugunsten Dritter eine Reaktionspflicht des Drittstaates, da eine Zustimmung des begünstigten Drittstaates – auch durch stillschweigende Ausübung[294] – vermutet wird, sofern dieser nicht einen gegenteiligen Willen äußert.[295] Im Falle der Ausübung zuerkannter Rechte hat er die hierfür in dem Vertrag niedergelegten oder im Einklang mit ihm aufgestellten Bedingungen einzuhalten (Art. 36 Abs. 2 WVK). An dieser Konstruktion zeigt sich eine erste Abschwächung des Konsenserfordernisses. Die Reaktionspflicht des Drittstaates steht nicht im Einklang mit dem *Pacta-tertiis-Grundsatz*.[296] Zwar geht die vorherrschende Ansicht davon aus, dass die aus dem Vertrag zugunsten eines Drittstaates resultierenden Vorteile für diesen überwiegen[297] und dieser zudem immer die Möglichkeit habe, die zuerkannten Rechte nicht auszuüben.[298] Dies kann jedoch nicht darüber hinwegtäuschen, dass unabhängig vom Willen des Drittstaates Rechtswirkungen für ihn begründet werden und die Rechte insofern

291 Vgl. *von Heinegg*, in: Ipsen (Hrsg.), Völkerrecht, § 13, Rn. 26. Ähnlich auch *Schweisfurth*, ZaöRV 45 (1985), S. 653 (664), der die strenge Ausprägung des Konsensprinzips in den Art. 34–38 WVK herausstellt. Siehe zudem die Ausführungen der ILC, YILC 1966 Volume II, S. 227.

292 Siehe in diesem Zusammenhang auch PCIJ, *Free Zones of Upper Savoy and the District of Gex (France v. Switzerland)*, Judgement of 7 June 1932, PCIJ Series A/B, No 46 (1932), S. 96 (147 f.).

293 Vgl. *Schweisfurth*, ZaöRV 45 (1985), S. 653 (664); *Elias*, The Modern Law of Treaties, S. 67.

294 Vgl. *Rozakis*, ZaöRV 35 (1974), S. 1 (18 f.).

295 Vgl. *Dahm/Delbrück/Wolfrum*, Völkerrecht, Bd. I/3, S. 616.

296 So bspw. *Dahm/Delbrück/Wolfrum*, Völkerrecht, Bd. I/3, S. 616; *Payandeh*, Internationales Gemeinschaftsrecht, S. 209. Siehe auch *Hingst*, Auswirkungen der Globalisierung, S. 177 f., die eine Ausnahme zum Drittwirkungsverbot annimmt.

297 Vgl. *Dahm/Delbrück/Wolfrum*, Völkerrecht, Bd. I/3, S. 616.

298 Vgl. *von Heinegg*, in: Ipsen (Hrsg.), Völkerrecht, § 13, Rn. 25.

seiner weiteren Einwirkungsmöglichkeit entzogen sind, als er diese nach Maßgabe von Abs. 2 nur nach den im jeweiligen Vertrag aufgestellten Bedingungen ausüben kann.[299]

2. *Reflexwirkungen völkerrechtlicher Verträge*

Auch Verfügungsverträge und Realverfügungen, wie Gebietszessionen oder Servitute zwischen zwei oder mehr territorial zuständigen Staaten, entfalten unmittelbar rechtsändernde Wirkung. Sie müssen auch von Drittstaaten berücksichtigt werden, sofern die Verträge nicht geltendem Völkerrecht zuwiderlaufen und insbesondere nicht unter Verstoß gegen das Gewaltverbot zustande gekommen sind.[300] Für die Drittstaaten besteht allerdings nur die Pflicht, die Vereinbarung zu respektieren. Weitergehende, eigenständige Pflichten resultieren daraus hingegen nicht.[301] Die Wirkung rein dinglicher Rechtsänderungen beruht zudem nicht auf der Vereinbarung selbst, sondern richtet sich nach dem Völkergewohnheitsrecht.[302]

Eine vergleichbare Wertung ergibt sich bei institutionellen Verträgen. Dabei handelt es sich um solche Abkommen, die eine internationale Organisation begründen. Wird dieser nach dem Gründungsvertrag oder der Satzung eigenständige Rechtspersönlichkeit verliehen, ist diese Rechtsstellung von allen Staaten anzuerkennen.[303] Weitergehende positive Verpflichtungen über den Kreis der Gründungsmitglieder hinaus folgen daraus jedoch auch hier nicht.[304]

In beiden Fällen ist keine vertragliche Drittwirkung gegeben, da die jeweiligen Verträge allein als Rechtsreflex dazu führen, dass Drittstaaten die Regelungen

---

299 *Dahm/Delbrück/Wolfrum*, Völkerrecht, Bd. I/3, S. 616. Kritisch dazu auch *Payandeh*, Internationales Gemeinschaftsrecht, S. 209 f.

300 Vgl. *Tomuschat*, BDGVR 28 (1988), S. 9 (12); *Hingst*, Auswirkungen der Globalisierung, S. 178; *Klein*, Statusverträge, S. 184 ff.

301 Vgl. *Tomuschat*, BDGVR 28 (1988), S. 9 (13); *von Arnauld*, Völkerrecht, Rn. 212; *Hingst*, Auswirkungen der Globalisierung, S. 178.

302 So bspw. *Tomuschat*, BDGVR 28 (1988), S. 9 (13). A. A. *von der Heydte*, Völkerrecht, Bd. I, S. 74 f., der zwar ebenfalls eine unmittelbare Drittwirkung aus dem Vertrag selbst ablehnt, aber dennoch auf den durch den Vertrag begründeten Rechtszustand abstellt. Kritisch dazu *Dahm/Delbrück/Wolfrum*, Völkerrecht, Bd. I/3, S. 620 (Fn. 43).

303 Vgl. *Hobe*, Völkerrecht, S. 185; ICJ, *Reparation for Injuries Suffered in the Service of the United Nations*, Advisory Opinion of 11 April 1949, ICJ Reports 1949, S. 174 (185); *Osteneck*, Umsetzung von UN-Wirtschaftssanktionen, S. 299.

304 Vgl. *Ziemer*, Das gemeinsame Interesse, S. 201; *Hingst*, Auswirkungen der Globalisierung, S. 178.

zu respektieren haben, für diese jedoch keine echten Rechte oder Pflichten begründen.[305]

3. *Statusverträge (objektive Regime)*

Eine Drittwirkung wird überdies im Hinblick auf objektive Regime oder Statusverträge diskutiert. Diese multilateralen Abkommen regeln die „Rechtsstellung eines Staates, eines Gebietes oder einer internationalen Verkehrsstraße als eine für alle verbindliche Ordnung."[306] Sie zeichnen sich durch zwei Merkmale aus: Zum einen haben sie einen spezifischen Territorialbezug, zum anderen dienen sie der Verwirklichung oder dem Schutz eines Allgemeininteresses.[307]

a) *Statusverträge in der Völkerrechtspraxis*

Zu den objektiven Regimen zählen beispielsweise Abkommen zur Demilitarisierung von Gebietsteilen, die Internationalisierung von Wasserstraßen, Zessions- und Grenzverträge, Umweltabkommen, Verträge über die Errichtung freier Städte sowie die Festlegung dauernder Neutralität.[308] Als klassischer Fall eines Statusvertrags wird überdies immer wieder die Ålandkonvention von 1856[309] genannt. Weitere Beispiele aus jüngerer Zeit sind der Vertrag von Tlatelolco von

---

305 Vgl. *Ziemer*, Das gemeinsame Interesse, S. 201. Siehe in diesem Zusammenhang auch *Schweisfurth*, ZaöRV 45 (1985), S. 653 (655 ff.).

306 *Hobe*, Völkerrecht, S. 185. Vgl. auch *Dahm*, Völkerrecht, Bd. I, S. 24 f.

307 Vgl. *Klein*, Statusverträge, S. 52 ff.; *Kleinlein*, Konstitutionalisierung, S. 452 m. w. N. Ähnlich auch *Dahm*, Völkerrecht, S. 23 f.

308 Vgl. *Schweisfurth*, ZaöRV 45 (1985), S. 653 (665); *Dahm/Delbrück/Wolfrum*, Völkerrecht, Bd. I/3, S. 621 ff.; PCIJ, *Case of the S.S. „Wimbledon"*, Judgement of 17 August 1923, PCIJ Series A, No 1 (1923), S. 16 (22). Vgl. ausführlich zu dieser Entscheidung *Klein*, Statusverträge, S. 6 ff.; *Kleinlein*, Konstitutionalisierung, S. 455 f.; *Fitzmaurice*, Max Planck UNYB 6 (2002), S. 37 (86 f.).

309 Convention on the Demilitarization of the Åland Islands of 30 March 1856, abgedruckt bei *Martens*, NRG XV, S. 788.

1967,[310] der Meeresbodenvertrag von 1971,[311] der Weltraumvertrag von 1967 zur Demilitarisierung des Weltraums[312] sowie der Antarktisvertrag von 1959.[313]

b) Dogmatische Begründungsansätze für eine Drittwirkung

Die Tatsache, dass die Völkerrechtspraxis viele vergleichbare Beispiele enthält, sagt allein noch nichts über die dogmatische Begründung einer Drittwirkung der Statusverträge aus. Eine gewisse Skepsis ist nicht unbegründet. Der WVK lässt sich eine Regelung dazu nämlich nicht entnehmen. Im Verlauf der wissenschaftlichen Diskussionen haben sich verschiedene Ansätze zur Begründung einer Drittwirkung herausgebildet. Die Argumentationen der verschiedenen Ansichten überschneiden sich dabei teilweise, sodass sie sich nicht immer klar voneinander abgrenzen lassen.[314]

aa) Zustimmung durch Drittstaat notwendig (Konsens-Ansatz)

Fitzmaurice leitet im Zusammenhang mit internationalisierten Wasserstraßen eine Bindungswirkung gegenüber Drittstaaten aus der konkludenten Nutzung der Wasserwege für eigene Zwecke ab.[315] Nach dem Konsens-Ansatz ist danach

---

310 Treaty for the Prohibition of Nuclear Weapons in Latin America and the Caribbean of 14 February 1967, UNTS 634, S. 281.

311 Treaty on the Prohibition of the Emplacement of Nuclear Weapons and Other Weapons of Mass Destruction on the Seabed and the Ocean Floor and in the Subsoil Thereof of 11 February 1971, UNTS 955, S. 115, deutsche Fassung BGBl. 1972-II, S. 325.

312 Treaty on Principles Governing the Activities of States in the Exploration and Use of Outer Space, Including the Moon and Other Celestial Bodies of 27 January 1967, UNTS 610, S. 205, deutsche Fassung BGBl. 1969-II, S. 1967.

313 Antarctic Treaty of 1 December 1959, UNTS 402, S. 71, deutsche Fassung BGBl. 1978-II, S. 1517. Im Hinblick auf den Antarktisvertrag ist allerdings umstritten, ob dieser als objektives Regime anzusehen ist, vgl. *Klein*, Statusverträge, S. 118 ff. Kritisch auch *Tomuschat*, RdC 241 (1993), S. 195 (245 ff.).

314 *Fitzmaurice*, Max Planck UNYB 6 (2002), S. 37 (70 f.), teilt die verschiedenen Ansätze in zwei verschiedene Haupttheorien ein (Zustimmungstheorien und öffentlich-rechtliche Theorien). Demgegenüber unterscheidet Simma drei verschiedene Ansätze, nämlich Ausnahme zum *Pacta-tertiis-Grundsatz*, öffentlich-rechtliche Theorie und Konsens-Ansatz, vgl. *Simma*, RdC 250 (1994), S. 217 (359 ff.); *ders.*, Cornell Int'l L. J. 19 (1986), S. 189 (192 ff.). Siehe auch den sich daran anlehnenden Aufbau durch *Hingst*, Auswirkungen der Globalisierung, S. 185 ff., die diese Einteilung über die Statusverträge hinaus verwendet.

315 Vgl. YBILC 1960 II, S. 77, 87, 93.

für eine Bindung auch der Drittstaaten an Statusverträge deren Zustimmung notwendig.[316] Diese manifestiere sich darin, dass Vertragsvorschriften entweder gewohnheitsrechtlich, aufgrund historischer Konsolidierung, ausdrücklich oder stillschweigend durch die Nichtvertragsstaaten anerkannt würden, oder wenn der Widerspruch eines Drittstaates gegen den *Estoppel-Grundsatz* verstoßen würde.[317]

bb) Ausnahme vom *Pacta-tertiis-Grundsatz* (Ausnahme-Ansatz)

Der *Fitzmaurice* nachfolgende Sonderberichterstatter bei der ILC, *Waldock*, sieht in den Rechtswirkungen von Statusverträgen gar eine Ausnahme zum *Pacta-tertiis-Grundsatz* (*Ausnahme-Ansatz*).[318] Bei den Vorarbeiten zur Kodifikation des Völkervertragsrechts schlug er vor, den Begriff des *objective regimes* als gesonderten Artikel in die WVK aufzunehmen.[319] Als konstitutive Voraussetzungen für die Entstehung objektiver Regime entwickelte er zwei Kriterien: Erstens müssten die Vertragsparteien eindeutig ihre Absicht zum Ausdruck gebracht haben, allgemeine Rechte und Pflichten im allgemeinen Interesse hinsichtlich eines klar abgrenzbaren geographischen Raumes schaffen zu wollen. Zweitens müssten die Vertragsparteien die Gebietshoheit über das betreffende Territorium besitzen oder zumindest stillschweigend den regimebegründenden Vorschriften zugestimmt haben.[320] Damit wird eine Drittwirkung aus dem Vertrag selbst abgeleitet. Allerdings wird auch bei diesem Ansatz nicht gänzlich auf eine Zustimmung der Drittstaaten verzichtet, da für eine Bindungswirkung der ausdrückliche Konsens der Territorialstaaten gefordert wird.[321] Die Zustimmung der Drittstaaten zum Vertragsregime wird allerdings vermutet, sofern diese einer Bindung in einem gewissen Zeitrahmen nicht widersprechen.[322] Damit beruht

---

316 Ein weiterer Befürworter der Konsenstheorie ist auch *Cahier*, RdC 143 (1974), S. 589 (660–679). Vgl. die weiteren Nachweise in *Wolfrum*, Internationalisierung staatsfreier Räume, S. 96 (Fn. 253).

317 Vgl. *Simma*, RdC 250 (1994), S. 221 (362); *ders.*, Cornell Int'l L. J. 19 (1986), S. 189 (202 ff.).

318 Auch in Art. 2 Ziff. 6 UN-Charta wird teilweise eine Ausnahme zum *Pacta-tertiis-Grundsatz* gesehen. Vgl. *Hingst*, Auswirkungen der Globalisierung, S. 185 f. Eine ausführliche Darstellung und Analyse zur Drittwirkung der UN-Charta erfolgt gesondert im 2. Teil B.

319 Vgl. UN Doc. A/CN.4/167, YBILC 1964 II, S. 5 (26 ff.).

320 Vgl. UN Doc. A/CN.4/167, YBILC 1964 II, S. 5 (33).

321 Vgl. UN Doc. A/CN.4/167, YBILC 1964 II, S. 5 (26 f.).

322 Vgl. UN Doc. A/CN.4/167, YBILC 1964 II, S. 5 (26 f.).

auch nach diesem Ansatz die Drittwirkung nicht allein auf der Verwirklichung von Allgemeininteressen, sondern ebenfalls auf dem Konsensprinzip.

Die Ansätze von *Waldock* und *Fitzmaurice* haben allerdings keinen Einzug in die WVK gefunden. Die Mitglieder der ILC befürchteten, eine Aufnahme objektiver Regime in die WVK könne dazu führen, dass eine kleine Gruppe mächtiger Staaten verbindliche Regelungen zu Lasten schwächerer Staaten durchsetzt.[323]

cc) Drittwirkung aufgrund eines Gemeinwohlinteresses (öffentlich-rechtlicher Ansatz)

Ein anderer Ansatz liegt der öffentlich-rechtlichen Theorie (*Public law approach*) zugrunde. Diese löst sich für die Begründung der Drittwirkung von einem konkreten territorialen Bezug.[324] Allerdings fordert auch dieser Ansatz einen „degree of acceptance and durability extending beyond the actual contracting parties“[325] und zieht zur Begründung für eine „quasi-legislative“[326] Befugnis somit ebenfalls konsensuale Elemente heran. Eine Bindungswirkung über die Mitglieder hinaus entstehe aber erst mit Zeitablauf, wenn kein Widerspruch geäußert werde.[327]

Zu einem vergleichbaren Ergebnis kommt *Klein*, dessen Ansatz wohl zwischen der öffentlich-rechtlichen Theorie und den Konsens-Ansätzen einzuordnen ist.[328] Dieser sieht ebenfalls die Verfolgung von Gemeinschaftsinteressen als konstitutives Merkmal für ein Vertragsregime mit universeller Wirkung an, fordert aber zugleich eine (positive) Akzeptanz durch die Drittstaaten. Damit basiert auch seine Konstruktion der Drittwirkung auf dem Konsensprinzip.[329] Allerdings wird nach dieser Auffassung aus den im Statusvertrag normierten Gemeinwohlbelangen eine Obliegenheit der Drittstaaten abgeleitet, einen

---

323 Vgl. YBILC 1964 I, S. 96 ff. Siehe auch *Tomuschat*, RdC 241 (1993), S. 195 (245).

324 Vgl. *McNair*, Law of Treaties, S. 259; *Kleinlein*, Konstitutionalisierung, S. 458.

325 ICJ, *International Status of South West Africa*, Advisory Opinion of 11 July 1950, Separate Opinion of Judge Lord McNair, ICJ Reports 1950, S. 146 (153).

326 *Hingst*, Auswirkungen der Globalisierung, S. 188; *Kleinlein*, Konstitutionalisierung, S. 458.

327 Vgl. *McNair*, Law of Treaties, S. 259. Die Zustimmung aller Staaten hält McNair aber wohl nicht für erforderlich, vgl. *Hingst*, Auswirkungen der Globalisierung, S. 189.

328 So bspw. durch *Kleinlein*, Konstitutionalisierung, S. 459. Demgegenüber aber als *public law approach* eingeordnet durch *Simma*, Cornell Int'l L. J. 19 (1986), S. 189 (198) sowie daran anschließend durch *Hingst*, Auswirkungen der Globalisierung, S. 191.

329 Vgl. *Payande*h, Internationales Gemeinschaftsrecht, S. 221: „Damit bleibt das Konsensprinzip unangetastet: Ein objektives Regime entsteht nur mit der Zustimmung der nicht am Vertragsschluss beteiligten Staaten.“

etwaigen Widerspruch gegen die Befugnis zur Definition von Gemeinwohlinteressen zu äußern.[330] Unterbleibt dieser, führe dies „zum Verlust des Rechts, an der Definition des Allgemeininteresses zu partizipieren".[331]

dd) Zwischenergebnis

Eine überzeugende dogmatische Begründung der Drittwirkung auch gegen den Willen der Drittstaaten lässt sich aus den verschiedenen Theorien zur Wirkung von Statusverträgen nicht herleiten.[332] Eine Bindung erfolgt nur dann, wenn diese entweder keinen Widerspruch erhoben haben oder innerhalb eines geforderten Zeitablaufs die Bindungswirkung stillschweigend anerkennen oder die Zustimmung vermutet wird.[333] Indem aber für die Begründung der Drittwirkung sekundär auf das Konsensprinzip zurückgegriffen wird,[334] sind Statusverträge weniger eine Ausnahme von Art. 34–38, als vielmehr eine Bestätigung der darin normierten Grundsätze.[335] Die bisher entwickelten Ansätze und Kriterien sind darüber hinaus zu unbestimmt, sodass sich keine zusammenhängende Staatenpraxis entwickeln konnte[336] und mithin auch eine gewohnheitsrechtliche Geltung objektiver Regime ausscheidet.[337]

---

330 *Klein*, Statusverträge, S. 210 ff.

331 *Klein*, Statusverträge, S. 212 f. Vgl. auch *Mosler*, RdC 140 (1974) S. 1 (235 f.). Kritisch *Payandeh*, Internationales Gemeinschaftsrecht, S. 221, der eine solche Konstruktion als nicht mit dem Konsensprinzip vereinbar ansieht.

332 Vgl. *Ziemer*, Das gemeinsame Interesse, S. 215 f.; *Kleinlein*, Konstitutionalisierung, S. 460 f.; zweifelnd *Payandeh*, Internationales Gemeinschaftsrecht, S. 221. Für *Cahier*, RdC 143 (1974), S. 589 (677), sind objektive Regime daher „surtout une création de la doctrine." Die völkerrechtliche Literatur geht mehrheitlich von der Möglichkeit einer Drittwirkung aus. Vgl. *Doehring*, Völkerrecht, Rn. 348; *Peters*, Völkerrecht, Kap. 5, Rn. 107.

333 Vgl. *Cahier*, RdC 143 (1974), S. 589 (660–679); *Hingst*, Auswirkungen der Globalisierung, S. 187 ff.; *Wolfrum*, Internationalisierung staatsfreier Räume, S. 407 m. w. N.

334 *Hingst*, Auswirkungen der Globalisierung, S. 192; *Kleinlein*, Konstitutionalisierung, S. 460.

335 So geht auch Schweisfurth davon aus, dass die Art. 35–38 WVK, obwohl diese keine ausdrückliche Regelung der objektiven Regime umfassen, ebenfalls eine Regelung der Statusverträge enthalten, vgl. *Schweisfurth*, ZaöRV 45 (1985), S. 653 (665 f.). Siehe auch *Elias*, The Modern Law of Treaties, S. 67.

336 So bspw. *Matz*, Wege zur Koordinierung, S. 259.

337 Vgl. *Kleinlein*, Konstitutionalisierung, S. 460. Siehe auch *Struwe*, Rechtliche Bindungswirkung des Vertrages über die Nichtverbreitung von Kernwaffen, S. 135.

III. Zusammenfassung

Wie obige Analyse gezeigt hat, geht die WVK davon aus, dass Staaten vertraglich nicht gegen ihren Willen gebunden werden können (1.). Eine Abschwächung dieses Grundsatzes sieht Art. 36 WVK allein bei Verträgen zugunsten Dritter vor. Im Zusammenhang mit Verfügungs- und institutionellen Verträgen sind lediglich Rechtsreflexe, jedoch keine vertraglichen Drittwirkungen gegeben (2.). Auch den Diskussionen zur Drittwirkung von Statusverträgen lässt sich kein einheitliches Bild entnehmen, da die verschiedenen Ansätze in unterschiedlicher Ausgestaltung zumindest sekundär durchweg an einem Konsenserfordernis festhalten, sodass keine Bindung gegen den Willen des Drittstaates erfolgt (3.).

C. Ergebnis zum ersten Teil: Souveränitätswandel und Abschwächung des Konsensprinzips

Im ersten Teil der vorliegenden Abhandlung wurde aufgezeigt, dass sich in zentralen Bereichen des Völkerrechts Strukturveränderungen manifestieren. Der Bedeutungsgehalt der völkerrechtlichen Souveränität als originäre Grundfeste zwischenstaatlicher Beziehungen hat sich stufenweise relativiert.[338] Paradigmatisch dafür steht der Prozess der Konstitutionalisierung des Völkerrechts im Wege einer sektoral-fiduziarisch verstandenen Souveränität im Bereich des Menschenrechtsschutzes[339] und der Souveränität über natürliche Ressourcen[340] sowie einer Zurückdrängung der konsensualen völkerrechtlichen Binnenstruktur in der Völkerrechtspraxis.[341] Die Aufweichung des Konsensprinzips hat allerdings nicht zur Herausbildung eines allgemeinen Völkerrechtssatzes geführt, der besagt, dass vertragsfremde Drittstaaten gegen ihren Willen an eine völkerrechtliche Vertragsnorm gebunden werden können.[342]

Vor dem Hintergrund dieser allgemeingültigen Untersuchungsergebnisse stellt sich die Frage nach den Einflüssen der herausgearbeiteten strukturellen Veränderungen auf die UN-Charta. So wird im Hinblick auf die Satzung der Vereinten Nationen nicht selten eine universelle vertragliche Drittwirkung auch gegenüber ihren Nichtmitgliedern vertreten. Es ist zu prüfen, ob die UN-Charta

338 Siehe oben 1. Teil A. I.
339 Siehe oben 1. Teil A. II.
340 Siehe oben 1. Teil A. III.
341 Siehe oben 1. Teil A. IV.
342 Siehe oben 1. Teil B. I.-III.

aufgrund ihres exponierten Stellenwertes und ihrer genuinen Konzeption nach eine Sonderstellung einnimmt, wodurch sie über den Kreis der rein faktischen, quasi-universellen Mitgliedschaft[343] hinaus auch für UN-Nichtmitglieder rechtliche Bedeutung entfaltet.

343 Vgl. *Fassbender*, The United Nations Charter as a Constitution, S. 78. Seit dem 14. Juli 2011 sind 193 Staaten Mitglied der Vereinten Nationen, aktuelle Anzahl der Mitglieder abrufbar unter http://www.un.org/en/members/growth.shtml (zuletzt besucht am 30. März 2018).

Zweiter Teil: Die rechtliche Bindung der Nichtmitglieder der Vereinten Nationen an die Grundsätze der UN-Charta und die Beschlüsse des UN-Sicherheitsrats nach Kap. VII

Neben den verschiedenen dargestellten theoretischen Begründungsansätzen, die eine Drittwirkung für einzelne Bereiche des Völkervertragsrechts postulieren, kommt einer etwaigen Drittwirkung der UN-Charta für die vorliegende Abhandlung besondere Bedeutung zu. Diesem Aspekt ist daher ein gesondertes Kapitel gewidmet.

A. Einführung in den Problembereich

Die Frage, ob auch Drittstaaten an die Grundsätze der Charta und die Beschlüsse des UN-Sicherheitsrats gebunden sind, steht seit der Gründung der Vereinten Nationen im Mittelpunkt kontroverser Diskussionen.[344] Zwar ist die Unterscheidung zwischen Mitgliedern und Nichtmitgliedern in der UN-Charta aufgrund der nahezu universellen Mitgliedschaft in den Vereinten Nationen vornehmlich theoretischer Natur.[345] Dass der Diskurs nicht an Bedeutung verloren hat, zeigen jedoch die Möglichkeit des Ausschlusses und des Austritts von UN-Mitgliedern sowie die Entstehung neuer Staaten in den vergangenen Jahren.[346] Aus diesen Entwicklungen lassen sich entscheidende Schlüsse für eine Einordnung der UN-Charta als Verfassung bzw. als Vertrag mit universeller Geltung ableiten.

Im Rahmen der folgenden Untersuchung soll daher geklärt werden, ob die UN-Charta Drittwirkung auch gegenüber den Nichtmitgliedern der Vereinten Nationen entfaltet (B.). Dazu wird zunächst der Frage nachgegangen, ob sich eine

344 Vgl. *Payandeh*, Internationales Gemeinschaftsrecht, S. 210. Siehe zudem die umfassende Darstellung in *Soder*, Nichtmitglieder, S. 112 ff.

345 Vgl. *Talmon*, in: Simma/Khan/Nolte/Paulus (Hrsg.), Charter of the UN, Bd. I, Art. 2 (6), Rn. 10.

346 Siehe zu den unterschiedlichen Kategorien der Nichtmitgliedschaft die Beispiele von *Talmon*, in: Simma/Khan/Nolte/Paulus (Hrsg.), Charter of the UN, Bd. I, Art. 2 (6), Rn. 13.

Drittwirkung unmittelbar aus der Konzeption der UN-Charta ableiten lässt (I.). Dann wird geprüft, ob sich eine Drittwirkung der UN-Charta aus einer Mitgliedschaft in den UN-Sonderorganisationen (II.) oder aufgrund der *objective personality* der Vereinten Nationen ergibt (III.). Im Anschluss wird analysiert, inwieweit die UN-Charta Elemente enthält, die ihre Einordnung als universelle Verfassungsordnung aller Staaten rechtfertigen (IV.). Abschließend wird ergründet, ob Kapitel VII UN-Charta als *universal system of collective security* aufgrund einer völkergewohnheitsrechtlichen Geltung mittelbare Drittwirkung entfaltet (C.).

B. Drittwirkung der UN-Charta gegenüber Nichtmitgliedern

I. Drittwirkung aus der Konzeption der UN-Charta

Eine Drittwirkung der UN-Charta könnte sich zunächst aus der Konzeption der Charta selbst ergeben.

1. Art. 2 Ziff. 6 UN-Charta

Ausgangspunkt der Diskussion um eine Verpflichtung von Nichtmitgliedern ist Art. 2 Ziff. 6 UN-Charta.[347] Darin heißt es:

> (6) The Organization shall ensure that states which are not Members of the United Nations act in accordance with these Principles so far as may be necessary for the maintenance of international peace and security.

Es handelt sich um eine der wenigen Vorschriften, die genauere Aussagen über das Verhältnis von Nichtmitgliedstaaten zu den Vereinten Nationen enthalten.[348] Die Norm steht in einem Spannungsverhältnis zum *Pacta-tertiis-Grundsatz*,

347 Vgl. *Hingst*, Auswirkungen der Globalisierung, S. 183 ff.; *Paulus*, Internationale Gemeinschaft, S. 311 ff.; *Kleinlein*, Konstitutionalisierung, S. 442 ff. Eine umfassende Analyse zu Art. 2 Ziff. 6 UN-Charta findet sich bei *Talmon*, in: Simma/Khan/Nolte/Paulus (Hrsg.), Charter of the UN, Bd. I, Art. 2 (6), Rn. 1 ff.

348 Regelungen im Hinblick auf die Nichtmitgliedstaaten enthalten zudem die Artikel 11 Abs. 2, 32, 35 Abs. 2, 50, 93 Abs. 2, 100 Abs. 2 UN-Charta. Vgl. dazu *Soder*, Nichtmitglieder, S. 165 ff.

wonach die UN-Charta als völkerrechtlicher Vertrag[349] grundsätzlich keine Drittwirkung entfaltet.[350]

a) *Materiell-rechtliche Bindungswirkung gegenüber Nichtmitgliedern der Vereinten Nationen*

Ob Art. 2 Ziff. 6 UN-Charta eine unmittelbare materiell-rechtliche Bindung der Nichtmitgliedstaaten an die Grundsätze der UN-Charta begründet, ist in der Völkerrechtswissenschaft umstritten.[351] Dies resultiert daraus, dass der genaue Inhalt der Vorschrift nicht eindeutig ist, sie mithin auch so ausgelegt werden kann, dass diese nur UN-Mitglieder verpflichtet.[352] Für die Begründung einer Drittwirkung werden regelmäßig der besondere Charakter der UN-Charta und die Bedeutung und Zuständigkeit der Organisation für den Erhalt des Weltfriedens und die internationale Sicherheit angeführt.[353] Teilweise wird Art. 2 Ziff. 6 UN-Charta revolutionäre Bedeutung zugeschrieben, die eine Bindung der Nichtmitgliedstaaten an die Grundsätze der UN-Charta rechtfertige.[354]

---

349 So zumindest die herrschende Meinung, vgl. *Paulus*, Internationale Gemeinschaft, S. 306; *Simma*, RdC 250 (1994), S. 217 (259); *Martens*, Der Staat 7 (1968), S. 431 (434 ff.); *Schneider*, VN und Sonderrecht, S. 71.

350 Vgl. *Bindschedler*, ZaöRV 28 (1968), S. 1 (5 f.); *Hörmann*, AVR 44 (2006), S. 267 (273); *Kleinlein*, Konstitutionalisierung, S. 445. A. A. *Soder*, Nichtmitglieder, S. 238, der vehement vertritt („bedauernswerter Mangel an Phantasie"), dass aufgrund der besonderen Stellung der UN-Charta der Grundsatz *res inter alios acta* keine Anwendung finden dürfe.

351 Für eine Drittwirkung: *Brownlie*, Principles, S. 689; *Kelsen*, Law of the UN, S. 85 f.; *de Aréchaga*, Derecho Constitucional de las Naciones Unidas, S. 65 ff.; *Cavaré*, RdC 80 (1952), S. 191 (216 f.). Gegen eine Drittwirkung: *Liivoja*, ICLQ 57 (2008), S. 583 (595 f.); *Klein/Schmahl*, in: Vitzthum/Proelß (Hrsg.), Völkerrecht, S. 285; *Frowein*, RdC 248 (1994), S. 345 (357); *Hörmann*, AVR 44 (2006), S. 267 (272 f.); *Bindschedler*, ZaöRV 28 (1968), S. 1 (5); *Kammerhofer*, LJIL 23 (2010), S. 723 (733 ff.); *Schweisfurth*, ZaöRV 45 (1985), S. 653 (667); *Hsueh*, Les Etats non membres, S. 84; *Katzarov*, AVR 3 (1951), S. 1 (17); *Bentwich/Martin*, Commentary on the Charter, S. 16; *Jessup*, A Modern Law of Nations, S. 135; *Schneider*, VN und Nichtmitglieder, S. 71; *Ross*, Constitution of the UN, S. 31 ff.; *Schweigman*, Security Council, S. 195.

352 Vgl. *Kleinlein*, Konstitutionalisierung, S. 442.

353 Vgl. *Brownlie*, Principles, S. 689; *Köck*, FS für Karl Zemanek, S. 69 (80 ff.). Ähnlich, im Ergebnis aber ablehnend: *Martens*, Der Staat 7 (1968), S. 431 (433 f.).

354 Vgl. *Kelsen*, Law of the UN, S. 110; Verdross, CI 2 (1947), S. 439 (445). Zustimmend: *Brownlie*, Principles, S. 689; ICJ, *Case Concerning the Military and Paramilitary Activities in and against Nicaragua (Nicaragua v. United States of America)*, Dissenting Opinion of Judge Sir Robert Jennings, ICJ Reports 1986, S. 14 (531 f.). Die Idee einer

Andere verstehen die Vorschrift als Kompromiss zwischen dem völkerrechtlichen Konsensprinzip und dem universellen Charakter der Vereinten Nationen[355] oder sehen in der Charta gar eine Ausnahme vom Verbot der Drittwirkung.[356]

aa) Bedeutung des Art. 2 Ziff. 6 UN-Charta

Die UN-Charta besitzt aufgrund ihrer friedenssichernden Zielsetzung unzweifelhaft einen herausragenden Stellenwert innerhalb des Völkervertragsrechts.[357] Aus der Betonung der besonderen Bedeutung allein oder der Zuerkennung einer revolutionären Wirkung des Art. 2 Ziff. 6 UN-Charta kann jedoch noch keine dogmatisch-rechtlich fundierte Begründung für eine Bindung der Nichtmitglieder hergeleitet werden. Es bedarf weiterer Untersuchungen, ob eine Drittwirkung der UN-Charta besteht.

(1) Wortlaut

Gegen eine Bindungswirkung der UN-Charta für Nichtmitglieder spricht der Wortlaut von Art. 2 Ziff. 6 UN-Charta. Dieser lässt erkennen, dass allein den Vereinten Nationen mit ihren Organen die Verpflichtung auferlegt werden sollte, dafür Sorge zu tragen, dass UN-Nichtmitglieder sich an die Prinzipien der UN-Charta halten.[358] Eine unmittelbare Verpflichtung der Nichtmitgliedstaaten selbst kann daraus hingegen nicht abgeleitet werden.[359]

---

revolutionären Wirkung von Art. 2 Ziff. 6 UN-Charta konnte sich nicht durchsetzen und wird in der Völkerrechtswissenschaft durchweg kritisiert. Das Argument einer revolutionären Wirkung vertausche insbesondere Ursache und Wirkung. „Die UN-Charta bindet nicht Dritte, weil sie revolutionär ist, sondern wäre revolutionär, wenn sie Dritte binden würde.“ So *Kleinlein*, Konstitutionalisierung, S. 446; *Forteau*, in: Chemain/Pellet (Hrsg.), La Charta des Nations Unies, contitution mondiale?, S. 121 (140). Siehe auch die Kritik von *Scheuner*, FS für Carl Bilfinger, S. 371 (381).

355 Vgl. *Falk*, International Society, S. 202; *Martens*, Der Staat 7 (1968), S. 431 (433 f.).

356 Vgl. *Jennings/Watts*, Oppenheim's International Law, Bd. I, § 627.

357 Vgl. *Katzarov*, AVR 3 (1951), S. 1 (16). Siehe in diesem Zusammenhang auch *Osteneck*, Umsetzung von UN-Wirtschaftssanktionen, S. 293 m. w. N.

358 Vgl. *Tomuschat*, RdC 241 (1993), S. 195 (252); *Goodrich/Hambro/Simons*, Charter of the UN, S. 58 f.; *Schweisfurth*, ZaöRV 45 (1985), S. 653 (667).

359 Vgl. *Widdows*, ICLQ 27 (1978), S. 459 (460); *Paulus*, Internationale Gemeinschaft, S. 311 f.; a. A, *Soder*, Nichtmitglieder, S. 142 f. *Vitzthum*, in: Simma (Hrsg.), Charter of the UN, Bd. I, 2. Aufl. 2002, Art. 2 (6), Rn. 8, meint, dass die englische Fassung („shall ensure that“) und die französische Übersetzung („fait en sorte que“) ein jeweils unterschiedliches Verständnis der Vorschrift implizierten. Aufgrund der

(2) Systematik der UN-Charta

Bedenken gegen eine Drittwirkung ergeben sich auch unter systematischen Gesichtspunkten. Die Charta sieht in Art. 6 die Möglichkeit vor, Mitglieder, die beständig gegen die UN-Charta verstoßen, durch die Generalversammlung und nach Empfehlung des UN-Sicherheitsrats auszuschließen. Demgegenüber lässt sich der UN-Charta keine ausdrückliche Regelung des Rechts zum Austritt entnehmen. Die Stellungnahmen des Ausschusses I/2 der Konferenz von San Francisco enthalten allerdings Hinweise auf die Möglichkeit eines Rückzuges durch die Mitgliedstaaten.[360] Wenn das Fernbleiben aus der Organisation ausdrücklich vorgesehen ist, wäre es widersprüchlich, die Nichtmitglieder denselben Regelungen zu unterwerfen wie die Mitglieder.[361]

(3) Entstehungsgeschichte

Ein uneinheitliches Bild zeigt sich bei Betrachtung der *travaux préparatoires* der Charta und der vereinzelten Stellungnahmen während der Verhandlungen in Dumberton Oaks und San Francisco. Vereinzelt lassen sich darin Anklänge an eine intendierte Bindung der Nichtmitgliedstaaten entnehmen.[362] Die Dokumente der Vorarbeiten zur Gründung der Vereinten Nationen können aber auch so verstanden werden, dass allein eine Verpflichtung der Mitgliedstaaten beabsichtigt gewesen war.[363] Insbesondere von den Vertretern Lateinamerikas wurden nämlich schon zu diesem frühen Zeitpunkt Zweifel angemeldet, ob eine

verschiedenen Ansichten zur Entstehungsgeschichte der Vorschrift sei den sprachlichen Unterschieden aber keine besondere Bedeutung beizumessen.

360 Zwar wurde der Austritt an spezifische Voraussetzungen geknüpft (z. B. Scheitern der Ziele der UN oder Satzungsänderung). Diese sind allerdings nicht abschließend und werden lediglich als „allgemeine Richtlinie der Auslegung" verstanden, vgl. *Scheuner*, FS für Carl Bilfinger, S. 371 (377 f.). Vgl. auch *Gentile*, CI 6 (1951), S. 464 (464 ff.). Siehe demgegenüber *Kelsen*, Law of the UN, S. 75 f., der die Möglichkeit eines Ausscheidens über seine Interpretation des Art. 2 Ziff. 6 UN-Charta gänzlich verneint, da die UN-Charta als „general international law" anzusehen sei. Kritisch: *Kunz*, AJIL 47 (1947), S. 119 (124).

361 Vgl. *Falk*, International Society, S. 207; *Thürer*, AVR 30 (1992), S. 63 (72); *Kleinlein*, Konstitutionalisierung, S. 445.

362 Vgl. UNCIO VI, S. 349 (355); *Kleinlein*, Konstitutionalisierung, S. 444; *Soder*, Nichtmitglieder, S. 143 f.; *Martens*, Der Staat 7 (1968), S. 431 (433); *Russell*, History of the UN, S. 437 f.

363 So bspw. *Russell*, History of the UN, S. 437; *Hsueh*, Les Etats non membres, S. 84; *Widdows*, ICLQ 27 (1978), S. 459 (460); *Payandeh*, Internationales Gemeinschaftsrecht, S. 211.

Wirkung der UN-Charta auch gegenüber Nichtmitgliedern mit den völkerrechtlichen Grundsätzen in Einklang zu bringen sei.[364] Zur Auflösung dieses Konflikts schlugen sie eine automatische Mitgliedschaft in den Vereinten Nationen mit völkerrechtlicher Anerkennung der Staaten vor.[365] Dieser Ansatz hätte zumindest für den Anwendungsbereich der UN-Charta die Drittwirkungsproblematik gelöst. Allerdings haben die Anregungen keinen Niederschlag in der UN-Charta gefunden.

Hilfreich für eine Inhaltsbestimmung des Art. 2 Ziff. 6 UN-Charta könnte auch die Vorgängerregelung des Art. 17 der Völkerbundsatzung[366] (VBS) sein.[367]

---

364 Vgl. UNCIO III, S. 189 (193 f.) (Venezuela); UNCIO VI, S. 342 (348) (Uruguay); *Talmon*, in: Simma/Khan/Nolte/Paulus (Hrsg.), Charter of the UN, Bd. I, Art. 2 (6), Rn. 18; *Soder*, Nichtmitglieder, S. 143.

365 Vgl. UNCIO III, S. 232 (237) (Brasilien); UNCIO III, S. 189 (194); *Vitzthum*, in: Simma (Hrsg.), Charta der Vereinten Nationen, Art. 2 (6), Rn. 6. Siehe dazu auch *Talmon*, in: Simma/Khan/Nolte/Paulus (Hrsg.), Charter of the UN, Bd. I, Art. 2 (6), Rn. 18; *Kelsen*, Law of the UN, S. 75; *Goodrich/Hambro/Simons*, Charter of the UN, S. 74; *Russell*, History of the UN, S. 843 f. *Martens*, Der Staat 7 (1968), S. 431 (433), spricht in diesem Zusammenhang von einer Zwangsmitgliedschaft.

366 Art. 17 VBS (RGBl. 1919, S. 717 (735, 737): „(1) Bei Streitigkeiten zwischen einem Bundesmitglied und einem Nichtmitglied oder zwischen Staaten, die Nichtmitglieder sind, werden der Staat oder die Staaten, die Nichtmitglieder sind, aufgefordert, sich für die Beilegung der Streitfrage den den Bundesmitgliedern obliegenden Verpflichtungen zu unterwerfen, und zwar unter den vom Rat für gerecht erachteten Bedingungen. Wird dieser Aufforderung Folge geleistet, so gelangen unter Vorbehalt der Änderungen, die der Rat für erforderlich erachtet, die Bestimmungen der Artikel 12 bis 16 zur Anwendung.
(2) Zugleich mit dem Erlass dieser Aufforderung eröffnet der Rat eine Untersuchung über die Einzelheiten der Streitfrage und schlägt die Schritte vor, die er in dem besonderen Falle für die besten und wirksamsten hält.
(3) Lehnt der so aufgeforderte Staat es ab, die Verpflichtungen eines Bundesmitglieds für die Beilegung der Streitfrage auf sich zu nehmen, und schreitet er zum Krieg gegen ein Bundesmitglied, so finden die Bestimmungen des Artikels 16 auf ihn Anwendung.
(4) Weigern sich beide Parteien, auf die Aufforderung hin, die Verpflichtungen eines Bundesmitglieds für die Beilegung der Streitfrage auf sich zu nehmen, so kann der Rat alle zur Vermeidung von Feindseligkeiten und zur Schlichtung des Streites geeigneten Maßnahmen ergreifen und Vorschläge machen."

367 Vgl. dazu *Soder*, Nichtmitglieder, S. 200 ff.; *Mahiou*, in: Cot/Pellet/Forteau (Hrsg.), La Charte des Nations Unies, S. 475 f.

Auch wenn sich beide Vorschriften grundlegend unterscheiden,[368] kann Art. 17 VBS durchaus als Blaupause für eine erstmalige vertragliche Regelung des Umgangs mit Nichtmitgliedern herangezogen werden.[369] Aufgrund der geringen Mitgliederzahl hatte der Umgang mit den Nichtmitgliedern dort eine weitaus höhere Relevanz.[370] Art. 17 Abs. 3 VBS stellt klar, dass Art. 16 VBS nur dann gegenüber Nichtmitgliedern ohne deren Zustimmung angewendet werden kann, wenn diese nach Aufforderung durch den Völkerbundrat die Verpflichtung zur Streitbeilegung ablehnen und einen kriegerischen Akt gegen ein Mitglied des Völkerbundes vollziehen.[371] Art. 17 VBS enthält damit eine wesentlich komplexere Regelung als Art. 2 Ziff. 6 UN-Charta[372] und unterscheidet sich von Letzterem in einem wesentlichen Punkt:[373] Sieht Art. 17 VBS noch die Mitwirkung des Nichtmitgliedstaates vor, verzichtet Art. 2 Ziff. 6 UN-Charta auf jedwede Zustimmung des jeweiligen Nichtmitglieds.[374] Allerdings stellte der StIGH in seiner *Eastern Carelia Advisory Opinion* fest, dass eine vertragliche Drittwirkung der Völkerbundsatzung nicht bestand.[375] Somit ging dieser davon aus, dass der Gedanke einer Verpflichtung gegenüber Nichtmitgliedern noch keinen Einzug in das Völkerrecht gefunden hatte.[376]

---

368 Vgl. *Verdross*, CI 2 (1947), S. 439 (441); *Talmon*, in: Simma/Khan/Nolte/Paulus (Hrsg.), Charter of the UN, Bd. I, Art. 2 (6), Rn. 14.

369 Vgl. zu Art. 17 VBS ausführlich *Morpurgo*, RDI 3 (1925), S. 177 ff. Siehe auch *Weinberg*, Völkerbund und Nichtmitgliedstaaten, S. 32 ff.

370 Vgl. *Scheuner*, FS für Carl Bilfinger, S. 371 (373).

371 Vgl. *Martens*, Der Staat 7 (1968), S. 431 (436); *Soder*, Nichtmitglieder, S. 203. Teilweise wurde allerdings auch bei Art. 17 VBS die Zustimmung des betroffenen Nichtmitgliedstaates gefordert, vgl. hierzu die Nachweise bei *Falk*, International Society, S. 199. A. A. *Ninčić*, The Problem of Sovereignty in the Charter and in the Practice of the United Nations, S. 299 f. m. w. N.

372 Vgl. *Kleinlein*, Konstitutionalisierung, S. 443.

373 Vgl. *Vitzthum*, in: Simma (Hrsg.), Charta der Vereinten Nationen, Art. 2 (6), Rn. 4; *Goodrich/Hambro/Simons*, Charter of the UN, S. 58.

374 Vgl. *Vitzthum*, in: Simma (Hrsg.), Charta der Vereinten Nationen, Art. 2 (6), Rn. 4. Allein Art. 17 Abs. 4 VBS ähnelt Art. 2 Ziff. 6 UN-Charta, da er den Rat dazu berechtigt, auch in Konflikte zwischen zwei Nichtmitgliedstaaten einzugreifen, vgl. *Talmon*, in: Simma/Khan/Nolte/Paulus (Hrsg.), Charter of the UN, Bd. I, Art. 2 (6), Rn. 15.

375 Vgl. PCIJ, *Status of Eastern Carelia*, Advisory Opinion, PCIJ Series B, Nr. 5 (1923), S. 6 (27): „States not member of the League […] are not bound by the Covenant."

376 Vgl. *Vitzthum*, in: Simma (Hrsg.), Charter of the UN, Bd. I, 2. Aufl. 2002, Art. 2 (6), Rn. 5.

(4) Zwischenergebnis

Nach obiger Analyse lassen sich weder aus Wortlaut und Systematik noch aus der Entstehungsgeschichte der UN-Charta nachhaltige Argumente für eine Drittwirkung der Vorschrift herleiten.

bb) Reichweite der Verweisung in Art. 2 Ziff. 6 UN-Charta

Einen Schwerpunkt der Auseinandersetzung um eine Drittwirkung bildet insbesondere die Reichweite der Verweisung des Art. 2 Ziff. 6 UN-Charta auf die weiteren Grundsätze des Art. 2 UN-Charta.[377]

(1) Inhaltliche Reichweite

Teilweise wird die Auffassung vertreten, dass sich Art. 2 Ziff. 6 UN-Charta auf alle Prinzipien in den Ziffern 1 bis 5 bezieht.[378] Demgegenüber wollen andere die Verweisung auf das Prinzip in Ziff. 5 beschränken.[379] Da die Ziffern 1 und 2 allerdings allein die interne Organisation betreffen bzw. sich ausdrücklich nur an Mitgliedstaaten richten, ist die Verweisung in Art. 2 Ziff. 6 UN-Charta *in praxi* auf die Absätze 3 bis 5 beschränkt.[380] Ihre Bedeutung hat sich im Übrigen insoweit reduziert, als die ersten vier Absätze des Art. 2 UN-Charta gewohnheitsrechtlich anerkannt sind und Abs. 4 *ius cogens* reflektiert.[381]

Problematisch ist somit allein die Frage, ob eine Verpflichtung der Nichtmitgliedstaaten nach Art. 2 Ziff. 5 UN-Charta besteht. Leisten UN-Nichtmitglieder einem Staat Beistand, gegen den die Vereinten Nationen Vorbeugungs- oder Zwangsmaßnahmen ergreifen, liegt darin regelmäßig zugleich

377 Vgl. *Kleinlein*, Konstitutionalisierung, S. 444; *Talmon*, in: Simma/Khan/Nolte/Paulus (Hrsg.), Charter of the UN, Bd. I, Art. 2 (6), Rn. 33 m. w. N.; *Martens*, Der Staat 7 (1968), S. 431 (434).

378 Vgl. *Schachter*, BYIL 25 (1948), S. 91 (116); *Hsueh*, Les Etats non membres, S. 79; *Falk*, International Society, S. 205 f.; *Fassbender*, The United Nations Charter as a Constitution, S. 111. Siehe auch *Lalive*, BYIL 24 (1947), S. 72 (85), der den Verweis ausdrücklich auf Art. 1 und Art. 2 UN-Charta bezogen wissen will. Über die Einbeziehung von Ziff. 2 in die Verweisung wären demnach alle Verpflichtungen der UN-Charta auch für die Nichtmitglieder verbindlich. Kritisch dazu, *Kunz*, AJIL 41 (1947), S. 119 (124).

379 Vgl. *Salomon*, Le préambule de la Charte, S. 180 f.

380 Vgl. *Ross*, Constitution of the UN, S. 33; *Martens*, Der Staat 7 (1968), S. 431 (434); *Soder*, Nichtmitglieder, S. 145 f.

381 Vgl. *Talmon*, in: Simma/Khan/Nolte/Paulus (Hrsg.), Charter of the UN, Bd. I, Art. 2 (6), Rn. 6 f.

eine (sanktionierte) Beihilfehandlung zum Völkerrechtsdelikt i. S. v. Art. 16 *Draft Articles of State Responsibility for Internationally Wrongful Acts* (*Draft Articles*).[382] Die *Draft Articles* sind zwar nicht bindend, spiegeln aber weitgehend bestehendes Völkergewohnheitsrecht wider.[383] Ein Zwang, die genannten Beistandshandlungen zu unterlassen, erfolgt damit allein aufgrund einer Bindung an einen außerhalb der Charta liegenden Rechtssatz des Völkergewohnheitsrechts.[384]

(2) Differenzierung nach Art der Rechtsquelle

Neben der inhaltlichen Reichweite der Verweisung auf die Grundsätze in Art. 2 UN-Charta ist danach zu unterscheiden, welche Rechtsquelle einschlägig ist.[385] Geht man von einer völkergewohnheitsrechtlichen Geltung der in Art. 2 Ziff. 3–5 UN-Charta normierten Prinzipien aus, entstehen im Hinblick auf eine etwaige Verfahrensherrschaft des UN-Sicherheitsrats zugleich Beschränkungen, die aus dem Verhältnis des Völkervertragsrechts zum Völkergewohnheitsrecht resultieren.[386] Dies zeigt sich insbesondere anhand des allgemeinen Gewaltverbots in Art. 2 Ziff. 4 UN-Charta, dessen gewohnheitsrechtlicher Inhalt von der vertraglichen Bedeutung in der Charta abweichen kann.[387] Wenn sich aber die Inhalte der Vertragsregelungen der UN-Charta und des Gewohnheitsrechts unterscheiden, muss dies auch für den Umfang der auf Grundlage von Resolutionen nach Kapitel VII ergangenen Verpflichtungen gegenüber Mitglied- und Nichtmitgliedstaaten

---

382 Vgl. *Talmon*, in: Simma/Khan/Nolte/Paulus (Hrsg.), Charter of the UN, Bd. I, Art. 2 (6), Rn. 7. Siehe auch *Klein*, FS für Hans-Jürgen Schlochauer, S. 425 (433 ff.), der die Reichweite des Tatbestandes kritisch anmerkt.

383 Vgl. *Verhoeven*, Droit International Public, S. 612.

384 Vgl. zu Art. 2 Ziff. 5 UN-Charta auch ICJ, *Legal Consequences of the Construction of a Wall in the Occupied Palestinian Territory, Advisory Opinion*, ICJ Reports 2004, S. 136, (199, para. 156). Der IGH verwies dort auf eine Ziff. 5 entsprechende Verpflichtung aus dem 5. Grundsatz, Absatz 2 der *Friendly Relations Declaration*. *Kleinlein*, Konstitutionalisierung, S. 444 (Fn. 62), weist in diesem Zusammenhang allerdings darauf hin, dass es unsicher sei, ob sich der IGH der dortigen Schlussfolgerung wirklich bewusst war. Dagegen spreche die fehlende Begründung. Ablehnend im Hinblick auf eine gewohnheitsrechtliche Geltung von Art. 2 Ziff. 5 sind auch *Stein/von Buttlar/Kotzur*, Völkerrecht, Rn. 905.

385 Vgl. *Stein/von Buttlar/Kotzur*, Völkerrecht, Rn. 905.

386 Vgl. *Stein/von Buttlar/Kotzur*, Völkerrecht, Rn. 905 f.

387 Vgl. ICJ, *Case Concerning the Military and Paramilitary Activities in and against Nicaragua (Nicaragua v. United States of America)*, Judgement of 27 June 1986, ICJ Reports 1986, S. 14 (93 ff., para. 175, 181).

gelten.[388] Voraussetzung dafür ist allerdings, dass überhaupt eine Verfahrensherrschaft des UN-Sicherheitsrats gegenüber UN-Nichtmitgliedern besteht.

b) Zwischenergebnis

Eine unmittelbare Bindung der Nichtmitgliedstaaten an die materiell-rechtlichen Grundsätze in Art. 2 UN-Charta lässt sich aus Ziff. 6 heraus nicht begründen. Eine mittelbare Drittwirkung[389] der Charta-Bestimmungen ist nur dann anzunehmen, wenn diese zugleich als Bestandteil des Völkergewohnheitsrechts anzusehen sind.[390] Die Bindungswirkung resultiert dann jedoch einzig aus der dem Völkergewohnheitsrecht immanenten „‚primären Rechtskraft' [...] des Konsenses",[391] nicht aber auf einer vertraglichen Drittwirkung des Art. 2 Ziff. 6 UN-Charta als Ausnahme zum Grundsatz *pacta tertiis nec nocent nec prosunt*.[392]

2. Verfahrensherrschaft des UN-Sicherheitsrats gegenüber Nichtmitgliedern der Vereinten Nationen

Die Bindung von UN-Nichtmitgliedern an die Grundsätze der UN-Charta ist eng mit der Frage verknüpft, ob diese durch den UN-Sicherheitsrat verpflichtet werden können. In diesem Zusammenhang ist aber zwischen der dargestellten materiell-rechtlichen Bindung der Nichtmitgliedstaaten an die in Art. 2 UN-Charta angesprochenen Prinzipien und der Frage zu differenzieren, ob eine Verfahrensherrschaft des UN-Sicherheitsrats nach Kapitel VII auch

---

388 Vgl. *Fink*, Friedenssicherung, Bd. 1, S. 65. *Stein/von Buttlar/Kotzur*, Völkerrecht, Rn. 906, weisen in diesem Zusammenhang auf den Widerspruch hin, dass der UN-Sicherheitsrat bei seinen Resolutionen nach Kapitel VII UN-Charta nicht einen Verstoß gegen die Grundsätze in Art. 2 UN-Charta prüft, sondern die Voraussetzungen des Art. 39 UN-Charta. Ein Rückgriff auf das gewohnheitsrechtlich anerkannte zwischenstaatliche Gewaltverbot sei demnach nur bei zwischenstaatlichen bewaffneten Konflikten möglich, nicht aber bei Friedensbedrohungen, die aus inneren Vorgängen der Staaten resultieren.

389 Vgl. dazu allgemein *Tomuschat*, BDGVR 28 (1988), S. 9 (16); *ders.*, RdC 241 (1993), S. 195 (257).

390 Vgl. *Fink*, Friedenssicherung, Bd. 2, S. 908 f.; *Vitzthum*, in: Simma (Hrsg.), Charta der Vereinten Nationen, Art. 2 (6), Rn. 19; *Martens*, Der Staat 7 (1968), S. 431 (440).

391 *Hillgruber*, in: Müller-Graff/Roth (Hrsg.), Recht und Rechtswissenschaft, S. 117 (125).

392 Vgl. *Osteneck*, Umsetzung von UN-Wirtschaftssanktionen, S. 302; *Fink*, Friedenssicherung, Bd. 2, S. 907; *Vitzthum*, in: Simma (Hrsg.), Charta der Vereinten Nationen, Art. 2 (6), Rn. 17. Siehe dahin gehend auch *Cahier*, in: Cassese (Hrsg.), Current Problems of International Law, S. 81 (97); *Gowlland-Debbas*, Collective responses, S. 531.

gegenüber Nichtmitgliedstaaten besteht.[393] Die Bindung an die Prinzipien des Art. 2 UN-Charta führt nicht zugleich zu einer Bindung der Nichtmitglieder an die Beschlüsse des UN-Sicherheitsrats.[394] Eine solche Verfahrensherrschaft des UN-Sicherheitsrats wäre nur dann anzunehmen, wenn sich eine solche aus der UN-Charta ableiten ließe.

a) Verfahrensherrschaft aus der Systematik der UN-Charta?

Der UN-Sicherheitsrat trägt gemäß Art. 24 UN-Charta die Hauptverantwortung für die Wahrung des Weltfriedens und der internationalen Sicherheit. Zur kollektiven Friedenssicherung ist er nach Maßgabe von Kapitel VI dazu berechtigt, Empfehlungen für eine friedliche Streitbeilegung abzugeben. Kapitel VII befugt den Sicherheitsrat zudem sogar, verpflichtende Zwangsmaßnahmen zu beschließen, die auch die Anwendung militärischer Gewalt einschließen können.

Über Art. 25 UN-Charta i. V. m Art. 48 Abs. 1 UN-Charta wird den „Mitgliedstaaten der Vereinten Nationen die Pflicht, die Entscheidungen des UN-Sicherheitsrats anzunehmen und durchzuführen, mit besonderen Bestimmungen auferlegt."[395] Eine solche Verpflichtung ergibt sich somit selbst für die Mitglieder nicht schon aus Art. 2 Ziff. 5 und Ziff. 6 UN-Charta; anderenfalls wären die weiteren Regelungen obsolet.[396]

Gegen eine Verpflichtung von Nichtmitgliedstaaten – wie vom UN-Sicherheitsrat unter Hinweis auf Art. 2 Ziff. 6 UN-Charta vorgenommen – spricht zudem das Verfahren in Kapitel VI.[397] Nach Maßgabe von Art. 35 Abs. 2 UN-Charta haben Nichtmitglieder die Möglichkeit, in den Fällen, in denen sie an Konflikten beteiligt sind, diese dem UN-Sicherheitsrat zu unterbreiten. Die Verfahrensherrschaft des UN-Sicherheitsrats nach Kapitel VI UN-Charta erfährt

---

393 So auch *Stein/von Buttlar/Kotzur*, Völkerrecht, Rn. 900; *Fink*, Friedenssicherung, Bd. 2, S. 907; *Goodrich/Hambro*, Charter of the UN, 2. Aufl. 1949, S. 109. Nicht eindeutig differenziert wird durch *Tomuschat*, BDGVR 28 (1988), S. 9 (15).

394 Vgl. *Hillgruber*, in: Müller-Graff/Roth (Hrsg.), Recht und Rechtswissenschaft, S. 117 (124); *Hannikainen*, Peremptory Norms, S. 223; *Thürer*, AVR 30 (1992), S. 63 (72); a. A. tendenziell *Kelsen*, Law of the UN, S. 107.

395 *von Schenck*, ZaöRV 29 (1969), S. 257 (275). Art. 25 UN-Charta reflektiert seinem Wortlaut nach („The Members [...] agree") zudem die Freiwilligkeit der Umsetzung selbst durch die Mitglieder und unterstreicht damit den vertraglichen Charakter des Umsetzungsprozesses. Vgl. dazu auch *Katzarov*, AVR 3 (1951/1952), S. 1 (20); *Vitzthum*, in: Simma (Hrsg.), Charta der Vereinten Nationen, Art. 2 (6), Rn. 20.

396 Vgl. *von Schenck*, ZaöRV 29 (1969), S. 257 (275).

397 Vgl. *Fink*, Friedenssicherung, Bd. 2, S. 907.

damit nur dann eine Ausdehnung auf Nichtmitglieder, wenn diese zustimmen.[398] Wenn dies bereits für das Verfahren der friedlichen Streitbeilegung in Kapitel VI UN-Charta gilt – wo der Wille der Nichtmitglieder ausdrücklich Berücksichtigung findet –, muss dies *a fortiori* für das viel intensivere Verfahren nach Kapitel VII UN-Charta gelten.[399] Zudem enthält die UN-Charta keine Verpflichtung der Mitglieder, zugunsten von Nichtmitgliedern nach Kapitel VII tätig zu werden. Im Umkehrschluss kann daher auch keine Bindung der Nichtmitglieder an die Maßnahmen nach Kapitel VII gefordert werden.[400]

Die Beschlüsse des UN-Sicherheitsrats sind darüber hinaus – wie jüngst auch die Entwicklungen in Syrien zeigen[401] – weniger Ergebnis einer objektiven Würdigung der Rechtslage, als vielmehr Ausdruck politischer Interessen.[402] Damit würde sich jedoch die rechtliche Handlungsfreiheit der Nichtmitglieder den Machtinteressen der ständigen Mitglieder unterordnen.[403] Dies wiegt umso schwerer, als die Nichtmitglieder keine Möglichkeit haben, den Entscheidungs-

398 Siehe auch *Chinkin*, Third Parties in International Law, S. 108.

399 Vgl. *Fink*, Friedenssicherung, Bd. 2, S. 907 f.; *Stein/von Buttlar/Kotzur*, Völkerrecht, Rn. 901.

400 Vgl. *de Wet*, Chapter VII powers, S. 98. Im Übrigen spricht gegen eine Verfahrensherrschaft gegenüber den Nichtmitgliedern wiederum die Möglichkeit des Austritts aus der UNO. Diese verdeutlicht, dass die Option bestehen muss, auf diesem Wege die Bindung der Verfahrensherrschaft durch den UN-Sicherheitsrat zu beenden, vgl. *Stein/von Buttlar/Kotzur*, Völkerrecht, Rn. 901.

401 Mit Ausbruch des Bürgerkrieges in Syrien als Folge des Arabischen Frühlings initiierte der Generalsekretär der Vereinten Nationen, Kofi Annan, 2012 eine Waffenruhe. Zur Überwachung dieser wurde mit Resolution 2043 vom 21. April 2012 die United Nations Supervision Mission in Syria (UNSMIS) beschlossen. Mit Entscheidung des UN-Sicherheitsrats vom 16. August 2012 wurde die Mission beendet. In der Folge wurden mehrere Resolutionen in den UN-Sicherheitsrat eingebracht, um die gewaltsamen Auseinandersetzungen zwischen dem Assad-Regime und der syrischen Opposition zu beenden. Diese wurden jedoch wiederholt durch Russland und China blockiert. Vgl. UN Doc S/2014/348 of 22 May 2014; UN Doc S/2012/538 of 19 July 2012; UN Doc S/2012/77 of 4 February 2012; UN Doc S/2011/612 of 4 October 2011. Erst mit Resolution 2254 (UN Doc S/RES/2254 of 18 December 2015) einigten sich die Mitglieder des UN-Sicherheitsrats erstmalig auf einen Fahrplan zur Wiederherstellung des Friedens in Syrien.

402 So z. B. schon *Wehberg*, AVR 2 (1950), S. 259 (285 f.); *von Schenck*, ZaöRV 29 (1969), S. 257 (273).

403 Vgl. *Vitzthum*, in: Simma (Hrsg.), Charta der Vereinten Nationen, Art. 2 (6), Rn. 21. Siehe dazu auch *Martens*, Der Staat 7 (1968), S. 431 (442); *von Schenck*, ZaöRV 29 (1969), S. 257 (273).

prozess, der den Handlungen des UN-Sicherheitsrats vorausgeht, nachhaltig zu beeinflussen.[404]

Mangels Verfahrensherrschaft des UN-Sicherheitsrats lässt sich somit keine „Pflicht zur positiven Beistandsleistung"[405] der Nichtmitgliedstaaten bei Sanktionen nach Maßgabe von Kapitel VII UN-Charta ableiten.[406]

b) *Erweiterte Verfahrensherrschaft des UN-Sicherheitsrats aus Art. 93 ff. UN-Charta?*

Nach Art. 93 Abs. 2 UN-Charta können auch UN-Nichtmitgliedstaaten dem IGH-Statut beitreten. Ausweislich Art. 94 Abs. 2 UN-Charta kann der UN-Sicherheitsrat – für den Fall, dass die unterlegene Partei den Verpflichtungen aus einem Urteil nicht nachkommt – Empfehlungen abgeben und Maßnahmen beschließen. Daraus wird vereinzelt ein erweiterter, über Kapitel VII hinausgehender Kompetenztitel des UN-Sicherheitsrats hergeleitet, sodass in der Folge auch ein Nichtmitgliedstaat zur Mitwirkung an den Maßnahmen des UN-Sicherheitsrats verpflichtet wäre.[407] Gegen eine kompetenzerweiternde Auslegung sprechen allerdings die Entstehungsgeschichte der Vorschrift[408] sowie eine systematische Zusammenschau von Kapitel V und XIV der UN-Charta.[409] Überdies werden weder die Voraussetzungen noch der Umfang der Maßnahmen des UN-Sicherheitsrats spezifiziert, sodass die Vorschrift allein einen deklaratorischen Hinweis

---

404 Vgl. *Vitzthum,* in: Simma (Hrsg.), Charta der Vereinten Nationen, Art. 2 (6), Rn. 20. Siehe demgegenüber *Scheuner,* FS für Carl Bilfinger, S. 371 (386 ff.), der nach den unterschiedlichen Möglichkeiten der Mitwirkung von Nichtmitgliedstaaten in den Verfahren nach Art. 11 Abs. 2 UN-Charta (Generalversammlung) und Art. 35 Abs. UN-Charta (UN-Sicherheitsrat) differenziert. Vgl. dazu auch *Frowein,* EA 7 (1970), S. 256 (261); *Cahier,* in: Cassese (Hrsg.), Current Problems of International Law, S. 81 (97).

405 *Vitzthum,* in: Simma (Hrsg.), Charta der Vereinten Nationen, Art. 2 (6) Rn. 20.

406 Vgl. *Klein,* AVR 30 (1992), S. 101 (112); *von Schenck,* ZaöRV 29 (1969), S. 257 (272 ff.).

407 Vgl. *Ross,* Constitution of the UN, S. 102 f. Siehe auch die Diskussion in *Kelsen,* Law of the UN, S. 542 f. Siehe zum Ganzen *Scheuner,* FS für Carl Bilfinger, S. 371 (388 f.).

408 Vgl. die Nachweise in *Kelsen,* Law of the UN, S. 542 ff.

409 Ersteres regelt die Kompetenzen des UN-Sicherheitsrats, während Kapitel XIV Regelungen zum Internationalen Gerichtshof enthält. Im Übrigen stellt der vorangehende Art. 93 Abs. 2 UN-Charta klar, dass mit der Unterwerfung unter das IGH-Statut keine Mitgliedschaft in den Vereinten Nationen verbunden ist. Es wäre paradox, über einen Rückgriff auf Art. 94 Abs. 2 UN-Charta eine Verpflichtung des UN-Nichtmitgliedstaates herzuleiten.

auf die gegebenen Kompetenzen des UN-Sicherheitsrats enthält.[410] Art. 94 Abs. 2 UN-Charta hat somit lediglich die Bedeutung einer Verfahrensvorschrift, die sicherstellt, dass das Urteil des Gerichtshofs nach Abs. 1 ausgeführt wird; eine Verpflichtung, an den Sanktionen des UN-Sicherheitsrats mitzuwirken, besteht hingegen nicht.[411]

c) Art. 2 Ziff. 6 UN-Charta als verfahrensrechtliche Bündnisklausel?

Vereinzelt wird Art. 2 Ziff. 6 UN-Charta der Charakter einer Bündnisklausel, vergleichbar mit Art. 5 NATO-Vertrag, zugeschrieben.[412] Die Nichtmitglieder verletzten zwar keine Pflicht, wenn sie sich nicht entsprechend der Vorgaben verhielten, sie müssten aber mit gemeinschaftlichen Aktionen der Vereinten Nationen und ihrer Mitgliedstaaten rechnen.[413]

Gegen eine Einordnung der Vorschrift als Bündnisklausel spricht jedoch, dass die UN-Charta ihrer Konzeption nach nicht auf den Verteidigungsfall ausgelegt ist. So sind Maßnahmen nach Kapitel VII der UN-Charta – vorbehaltlich des Vetorechts der ständigen Mitglieder aus Art. 27 Abs. 3 UN-Charta – nur dann möglich, wenn der UN-Sicherheitsrat nach Art. 39 eine Bedrohung, einen Friedensbruch oder eine Angriffshandlung feststellt.[414]

Im Unterschied dazu erfolgt die Feststellung des Bündnisfalls im Nordatlantikrat unter gleichberechtigter Teilnahme aller Mitglieder bei der Entscheidungsfindung, vgl. Art. 9 NATO-Vertrag.[415] Während Art. 5 NATO-Vertrag als Schwelle für eine solidarische Verteidigungsreaktion zudem einen bewaffneten Angriff

---

410 Vgl. *Scheuner*, FS für Carl Bilfinger, S. 371 (389).

411 Vgl. *Scheuner*, FS für Carl Bilfinger, S. 371 (389) m. w. N.

412 Vgl. North Atlantic Treaty of 4 April 1949, 34 UNTS 1949, S. 243 ff., deutsche Fassung BGBl. 1955 II S. 289; *Vitzthum,* in: Simma (Hrsg.), Charter of the UN, Bd. I, 2. Aufl. 2002, Art. 2 (6), Rn. 23. Vgl. auch *Hillgruber*, in: Müller-Graff/Roth (Hrsg.), Recht und Rechtswissenschaft, S. 117 (124): „Er [Art 2. Ziff. 6 UN-Charta] schafft nur eine entsprechende Bündnisverpflichtung unter den Mitgliedstaaten."

413 Damit wird keine rechtliche Drittwirkung begründet. Es besteht nur eine Obliegenheit der Nichtmitglieder, den Prinzipien der UN-Charta zu entsprechen. Vgl. *Vitzthum,* in: Simma (Hrsg.), Charter of the UN, Bd. I, 2. Aufl. 2002, Art. 2 (6), Rn. 23 f.; *Osteneck*, Umsetzung von UN-Wirtschaftssanktionen, S. 305.

414 Vgl. in diesem Zusammenhang die Kritik von *Scupin*, in: Strupp/Schlochauer, Wörterbuch des Völkerrechts, Bd. 1, S. 723 (730): „[Die] institutionelle Normativierung einer faktischen Hegemonie der Großmächte steht der Verwirklichung des im Übrigen in der Satzung verfolgten Solidaritätsgedankens der Mitglieder entgegen."

415 Vgl. zur Organstruktur des NATO-Rats *Köck/Fischer*, Das Recht der Internationalen Organisationen, S. 403.

vorsieht, lässt sich Art. 2 Ziff. 6 UN-Charta weder eine solche Voraussetzung noch eine Sanktionierung im Falle eines staatlichen Fehlverhaltens entnehmen.[416]

II. Drittwirkung aufgrund einer Mitgliedschaft in UN-Sonderorganisationen

Eine indirekte Bindung an die Grundsätze aus Art. 2 UN-Charta und eine Verpflichtung zu einer Teilnahme an Maßnahmen des UN-Sicherheitsrats nach Kapitel VII könnte sich aus einer Mitgliedschaft der UN-Nichtmitglieder in den Sonderorganisationen ergeben.[417] Vereinzelte Resolutionen von Generalversammlung und UN-Sicherheitsrat enthalten Aufforderungen an die UN-Sonderorganisationen, Sanktionsmaßnahmen zu unterstützen.[418]

Zwar richten sich die Rechte und Pflichten der Mitglieder der Sonderorganisationen allein nach der für die jeweilige Organisation geltenden Satzung.[419] Teilweise wird jedoch das jeweilige Satzungsrecht mit den Grundsätzen der Vereinten Nationen gekoppelt.[420] Die aufgrund von Art. 63 Abs. 1 UN-Charta geschlossenen Abkommen zwischen den Vereinten Nationen und ihren Sonderorganisationen enthalten zudem regelmäßig Klauseln, welche eine Pflicht zur Unterstützung des UN-Sicherheitsrats vorsehen.[421] Die Reichweite ist allerdings umstritten: Während vereinzelt angenommen wird, dass diese nur die jeweilige

---

416 Vgl. im Hinblick auf Art. 2 Ziff. 6 UN-Charta *Talmon*, in: Simma/Khan/Nolte/Paulus (Hrsg.), Charter of the UN, Bd. I, Art. 2 (6), Rn. 28. Ähnlich *Cahier*, in: Cassese (Hrsg.), Current Problems of International Law, S. 81 (97).

417 Vgl. ausführlich *Vitzthum*, in: Simma (Hrsg.), Charter of the UN, Bd. I, Art. 2 (6) Rn. 16 f.

418 Vgl. GA Res 2054 (XX) (15 December 1965), UN Doc A/RES/2054(XX)[A-B], para. 10; UNSC RES 1054 (26 April 1996), UN Doc A/RES/1054, para. 5.

419 Vgl. *Vitzthum*, in: Simma (Hrsg.), Charter of the UN, Bd. I, 2. Aufl. 2002, Art. 2 (6), Rn. 17; *Scheuner*, FS für Carl Bilfinger, S. 371 (395).

420 Vgl. *Vitzthum*, in: Simma (Hrsg.), Charter of the UN, Bd. I, 2. Aufl. 2002, Art. 2 (6), Rn. 17. Art. 2 Abs. 5 UNESCO-Satzung sieht zum Beispiel vor, dass mit Ausschluss eines Staates aus den Vereinten Nationen zugleich die Mitgliedschaft in der Sonderorganisation endet.

421 Vgl. *Vitzthum*, in: Simma (Hrsg.), Charter of the UN, Bd. I, Art. 2 (6) Rn. 17; *Bindschedler*, Customary International Law, in: Bernhardt (Hrsg.), EPIL, Bd. II, S. 1289 (1307). Vgl. auch Agreement between the UN and ICAO, Art. 7, UNYB 1946–1947 S. 741 (742); Agreement between the UN and ICAO, Art. 8, UNYB 1946–1947, S. 717 (718).

Organisation selbst binden und nicht ihre einzelnen Mitgliedstaaten,[422] nehmen andere eine indirekte Bindung auch der einzelnen Mitglieder an.[423] Ein konträres Bild zeigt die Praxis der Sonderorganisationen, insbesondere von ICAO und Weltbank, die sich zeitweise weigerten, Resolutionen der Generalversammlung umzusetzen.[424]

Eine grundsätzliche Verpflichtung der Nichtmitglieder der Vereinten Nationen an die Charta-Grundsätze und an die Teilnahme an Maßnahmen des UN-Sicherheitsrats lässt sich demnach aus der Mitgliedschaft in einer UN-Sonderorganisation nicht feststellen.[425]

III. Drittwirkung aufgrund *objective personality* der Vereinten Nationen

Eine Drittwirkung der UN-Charta könnte sich auf Grundlage der Ausführungen des IGH in seiner *Reparation for Injuries Advisory Opinion*[426] ergeben. In dieser stellte der IGH fest, dass den Vereinten Nationen eine objektive Rechtspersönlichkeit gegenüber allen Staaten zukomme.[427] Der Gerichtshof begründet dies über eine am Zweck der Vereinten Nationen orientierte funktionale Auslegung,[428] wonach die Charta unter anderem der Erfüllung bedeutender politischer Aufgaben zur Wahrung des Weltfriedens und der Sicherheit, der Völkerverständigung sowie der internationalen Zusammenarbeit in wirtschaftlichen,

---

422 Vgl. *Martens*, Der Staat 7 (1968), S. 431 (444). Kritisch dazu *Vitzthum*, in: Simma (Hrsg.), Charter of the UN, Bd. I, 2. Aufl. 2002, Art. 2 (6), Rn. 17 (Fn. 45), der darauf hinweist, dass eine solche Annahme der Kooperationspflicht zwischen der UNO und ihren Sonderorganisationen nicht gerecht wird. Die Bedeutung der Zusammenarbeit zwischen UN und Sonderorganisationen betont auch *Hsueh*, Les Etats non membres, S. 118.

423 Vgl. *Scheuner*, FS für Carl Bilfinger, S. 371 (395 f.), der zwischen militärischen Maßnahmen und wirtschaftlichen Zwangsmitteln nach Art. 41 UN-Charta differenziert.

424 Vgl. *Seidl-Hohenveldern/Loibl*, Recht der Internationalen Organisationen, Rn. 0820, mit ausführlichen Beispielen.

425 Vgl. *Martens*, Der Staat 7 (1968), S. 431 (444). So auch *Vitzthum*, in: Simma (Hrsg.), Charter of the UN, Bd. I, 2. Aufl. 2002, Art. 2 (6), Rn. 17, der aber eine solche je nach Ausgestaltung des internen Rechts der Sonderorganisationen nicht gänzlich ausschließt.

426 ICJ, *Reparation for Injuries Suffered in the Service of the United Nations*, Advisory Opinion of 11 April 1949, ICJ Reports 1949, S. 174 ff.

427 ICJ, *Reparation for Injuries Suffered in the Service of the United Nations*, Advisory Opinion of 11 April 1949, ICJ Reports 1949, S. 174 (185).

428 Vgl. *Dahm/Delbrück/Wolfrum*, Völkerrecht, Bd. I/2, S. 218.

sozialen und kulturellen Bereichen diene.[429] Aus der Anerkennung der objektiven Rechtspersönlichkeit der Vereinten Nationen folgt allerdings nicht, dass bestimmte Vorschriften der UN-Charta auch für Nichtmitglieder verpflichtende universelle Drittwirkung entfalten.[430] Die Zuerkennung einer *objective personality* der Vereinten Nationen führt lediglich dazu, dass Staaten diese akzeptieren müssen,[431] trifft aber keine Aussage im Hinblick auf die Befugnis der Vereinten Nationen, auch Drittstaaten gegenüber verbindlich zu handeln.[432]

Eine Drittwirkung der UN-Charta aufgrund der objektiven Rechtspersönlichkeit der Vereinten Nationen ist mithin nicht gegeben.

IV. Die Diskussionen zur UN-Charta als universelle „Weltverfassung"

Eine Bindung der Nichtmitgliedstaaten an die Prinzipien der UN-Charta wäre dann anzunehmen, wenn die Charta als Verfassung aller Staaten einzuordnen wäre.

1. Dogmatische Begründungsansätze

Nach der in der völkerrechtlichen Literatur vertretenen Theorie der „institutionalisierten Staatengemeinschaft"[433] entfaltet die UN-Charta universelle Geltung als Verfassung der internationalen Gemeinschaft.[434] Die objektive Völkerrechtspersönlichkeit der Vereinten Nationen wird nach dieser konstitutionalistischen

---

429 ICJ, *Reparation for Injuries Suffered in the Service of the United Nations*, Advisory Opinion of 11 April 1949, ICJ Reports 1949, S. 174 (179).

430 Vgl. *Klein*, Statusverträge, S. 45 f. (Fn. 1); *Osteneck*, Umsetzung von UN-Wirtschaftssanktionen, S. 299; *Widdows*, ICLQ 27 (1978), S. 459 (461). Kritisch auch *Schweisfurth*, ZaöRV 45 (1985), S. 653 (667); a. A. *Köck*, FS für Karl Zemanek, S. 69 (85 f.).

431 Vgl. *Klein*, Statusverträge, S. 46; *Kleinlein*, Konstitutionalisierung, S. 463; *Osteneck*, Umsetzung von UN-Wirtschaftssanktionen, S. 299 m. w. N. Auch eine Einordnung als Statusvertrag führt nicht zu einer Bindung der Nichtmitglieder, da dort ebenfalls auf den Konsens der Nichtmitglieder abgestellt wird. Dazu und zur Frage der Drittwirkung von institutionellen Verträgen allgemein siehe 1. Teil Kap. B II. 3.

432 Vgl. *Brownlie*, Principles, S. 690; *Klein*, Statusverträge, S. 200. Siehe auch *Talmon*, in: Simma/Khan/Nolte/Paulus (Hrsg.), Charta der Vereinten Nationen, Bd. I, Art. 2 (6), Rn. 70 „Such a view would have established the UN as a world legislature and thus would have revolutionized international law."

433 *Paulus*, Internationale Gemeinschaft, S. 293.

434 Vgl. dazu *Simma*, RdC 250 (1994), S. 217 (256 ff.); *Fassbender*, UN Security Council Reform, S. 89 ff., 114: „constitutional quality"; *Frowein*, RdC 248 (1994), S. 345

Sichtweise „um eine objektive Verfahrensherrschaft bei der Wahrung des Weltfriedens und der internationalen Sicherheit ergänzt.“[435] Im Rahmen dessen haben sich verschiedene Begründungsansätze herauskristallisiert, die versuchen, eine Drittwirkung der UN-Charta herzuleiten.[436] Die Einordnung der UN-Charta als Verfassung muss jedoch kritisch hinterfragt werden. Im Folgenden wird daher erörtert, inwieweit der UN-Charta Charakteristika entnommen werden können, die eine konstitutionelle Einordnung begründen (a)). Anschließend wird untersucht, ob die Drittwirkungsproblematik mit einer funktionalen Interpretation der souveränen Staatengleichheit aufgelöst werden kann (b)).

a) Constitutional characteristics *der UN-Charta*

Gemeinsamer Anknüpfungspunkt der verschiedenen verfassungsrechtlichen Lesarten ist die Übertragung staatlicher Verfassungselemente auf die Charta. So wird die UN-Charta häufig mit dem Argument als Verfassung qualifiziert, dass diese Strukturen enthalte, die nationalen Verfassungen nicht unähnlich seien (*constitutional characteristics*).[437] Die UN-Charta inkorporiere alle Voraussetzungen für

---

(357): „constitution of the world community“; *MacDonald*, in: ders./Johnston (Hrsg.), Towards World Constitutionalism, S. 853 ff.; *Waldock*, RdC 106 (1962), S. 1 (20 ff.); *Kokott*, ZaöRV 64 (2004), S. 517 (520): „am Beispiel der Verfassung der Weltgemeinschaft, der Charta der Vereinten Nationen“; tendenziell auch *Habermas*, Der gespaltene Westen, S. 113 (159). Ablehnend bzw. für eine Beschränkung des Verfassungscharakters der UN-Charta auf die Vereinten Nationen: *Arangio-Ruiz*, EJIL 8 (1997), S. 1 ff.; *Weil*, AJIL 77 (1983), S. 413 (425); *Arato*, IJCL 10 (2012), S. 627 (633 ff.). Zurückhaltend äußern sich *Dupuy*, Max Planck UNYB 1 (1997), S. 1 (33): „the world constitution, already realised and still to come“; *Schrijver*, Max Planck UNYB 10 (2006), S. 1 (34): „a sort of international constitution“. Im Ergebnis ablehnend: *Paulus*, Internationale Gemeinschaft, S. 318. Explizit gegen den Verfassungscharakter der UN-Charta: *Hillgruber*, JöR 54 (2006), S. 57 (81).

435 *von Arnauld*, Völkerrecht, Rn. 1066.

436 Vgl. *Schwöbel*, Global constitutionalism, S. 29 ff.; *Kleinlein*, Konstitutionalisierung, S. 446 f. m. w. N.; *Falk*, International Society, S. 217 ff. Teilweise erfolgt die Qualifizierung als Verfassung, um der Formulierung in Art. 2 Ziff. 6 UN-Charta Rechnung zu tragen oder um die Praxis des UN-Sicherheitsrats, auch Nichtmitglieder zu verpflichten, erklären zu können, vgl. *Fassbender*, CJTL 36 (1998), S. 529 (593); *Tomuschat*, AVR 33 (1995), S. 1 (17).

437 Vgl. *de Wet*, Chapter VII powers, S. 94 ff.; *Fassbender*, UN Security Council Reform, S. 89 ff.; *Franck*, FS für Tono Eitel, S. 95 ff. Siehe demgegenüber *Petersmann*, FS für Günther Jaenicke, S. 313 (329 ff.), der nicht auf staatliche Verfassungselemente abstellt, sondern Reformanleihen der Wirtschaftsorganisationen aus IWF und WTO auf die Vereinten Nationen überträgt. Vgl. auch *Simma*, RdC 250 (1994), S. 217

eine universelle Anwendbarkeit gegenüber allen Staaten.[438] Die Präambel und das Kapitel I der UN-Charta zeigten, dass nach Ende des Zweiten Weltkrieges mit Gründung der Vereinten Nationen nicht bloß eine internationale Organisation von gewöhnlichem Ausmaß gegründet, sondern vielmehr eine neue Weltordnung geschaffen werden sollte, die sich insbesondere durch Friedenssicherung und weltweite Sicherheit auszeichnet.[439] Die Wahl der Formulierung *Charter* an Stelle von *Covenant* betone zudem den konstitutionellen Charakter des Abkommens.[440]

Unklar bleibt allerdings, welcher Verfassungstypus als Musterbeispiel auf die Charta übertragen werden soll. Während teilweise auf den von *Max Weber* entwickelten Verfassungstyp abgestellt wird,[441] rekurrieren andere wiederum auf den auf *John Locke* zurückgehenden *social contract*[442] oder unterscheiden in Anlehnung an *Georg Jellinek* zwischen einer Verfassung im formellen und materiellen Sinne.[443] Es werden Merkmale herangezogen, die sich in identischer oder ähnlicher Form in allen nationalen Verfassungstexten wiederfinden und somit als Kernbestand nationaler Verfassungen angesehen werden.[444]

aa) Normativer Charakter der UN-Charta

Im Hinblick auf die Ähnlichkeit der UN-Charta mit nationalen Verfassungen wird insbesondere der normative Charakter der Satzung angeführt. Art. 1 und 2

(251 ff.); *Dupuy*, Max Planck UNYB 1 (1997), S. 1 ff. Zurückhaltender hingegen *Paulus*, Internationale Gemeinschaft, S. 318. Siehe zum konstitutionellen Charakter der einzelnen Charta-Regelungen *Macdonald*, AusYBIL 20 (1999), S. 205 ff.

438 Vgl. *Fassbender*, UN Security Council Reform, S. 114.

439 Vgl. *Fassbender*, UN Security Council Reform, S. 98.

440 Vgl. *Wolfrum*, in: Simma (Hrsg.), Charter of the UN, 2. Aufl. 2002, Bd. I, Preamble, Rn. 2. Auch die Besonderheit, dass in der Präambel erstmalig das Volk in den Mittelpunkt eines Vertragswerks gestellt werde, spreche für einen konstitutionellen Charakter der Charta, vgl. *Macdonald*, AusYBIL 20 (1999), S. 205 (206).

441 Vgl. *Fassbender*, UN Security Council Reform, S. 95, 114.

442 Vgl. *Franck*, FS für Tono Eitel, S. 95 (95).

443 Vgl. *Paulus*, Internationale Gemeinschaft, S. 297; *Dupuy*, Max Planck UNYB 1 (1997), S. 1 (3).

444 Vgl. *de Wet*, Chapter VII powers, S. 94. Siehe in diesem Zusammenhang auch *Diggelmann/Altwicker*, ZaöRV, S. 623 (632 ff.), die im Hinblick auf die Terminologie der Konstitutionalisierung in der Völkerrechtswissenschaft drei Strategien ausmachen, mit denen versucht wird, die Übertragung verfassungsrechtlicher Strukturen auf internationaler Ebene zu legitimieren (*Semantic Strategy*, *Correspondence Strategy* und *Ethical-pragmatic Strategy*).

UN-Charta enthielten die für alle Staaten geltenden Werte und Ziele.[445] Die Verfahren seien überdies darauf ausgelegt, die Zusammenarbeit der Staaten untereinander zu verbessern.[446] Die offene Formulierung der normierten Prinzipien erlaube es zudem, die weitere Ausgestaltung und Konkretisierung des Normgehalts durch die Entscheidungen und Maßnahmen der Organe der Vereinten Nationen vorzunehmen.[447] Die Begründer der Vereinten Nationen hätten sich bewusst darauf beschränkt, die wesentlichen anerkannten Grundsätze des Völkerrechts textlich festzuhalten.[448]

Die genauere Betrachtung der UN-Charta hinterlässt allerdings einen zwiespältigen Eindruck, da ein normativer Regelungsgehalt der Charta-Vorschriften nicht durchgängig feststellbar ist.[449] Die UN-Charta unterscheidet sich von nationalen Verfassungen im formellen Sinne darüber hinaus insofern, als sich im internationalen Recht (zwingende) gewohnheitsrechtliche Regelungen entwickeln können, ohne Niederschlag in der Charta gefunden zu haben.[450] Zwar ist die verfassungsrechtliche Ordnung nicht zwangsläufig auf ein einzelnes Verfassungsdokument beschränkt.[451] Doch selbst wenn man die Charta aufgrund ihres normativen Gehalts als ethische und rechtliche Matrix für die Entstehung von zwingendem Völkerrecht ansieht,[452] löst dies nicht die Widersprüche auf, die sich aus der parallelen Existenz der Charta-Vorschriften und inhaltlich nahezu identischen Regelungen des außerhalb der Charta stehenden Völkerrechts ergeben.[453]

---

445 Vgl. *Dupuy*, Max Planck UNYB 1 (1997), S. 1 (3); *Simma*, RdC 250 (1994), S. 217 (258).

446 Vgl. *de Wet*, Chapter VII powers, S. 95.

447 Vgl. *de Wet*, Chapter VII powers, S. 95.

448 Vgl. *de Wet*, Chapter VII powers, S. 95.

449 Vgl. *Kleinlein*, Konstitutionalisierung, S. 422 f. A. A. *Fassbender*, The United Nations Charter as a Constitution, S. 116: „The UN Charter is a normative constitution."

450 Vgl. *de Wet*, Chapter VII powers, S. 96. Vgl. zur Parallelität von Vertrags- und Gewohnheitsrecht im Zusammenhang mit der Reichweite der Verfahrensherrschaft des UN-Sicherheitsrats 2. Teil B. I. 1. a) bb) (2).

451 Vgl. *Tomuschat*, RdC 241 (1993), S. 195 (217).

452 So bspw. *Dupuy*, Max Planck UNYB 1 (1997), S. 1 (31).

453 Vgl. *Paulus*, Internationale Gemeinschaft, S. 298 (Fn. 62); *Dupuy*, Max Planck UNYB 1 (1997), S. 1 (15). A. A. *Tomuschat*, RdC 241 (1993), S. 195 (217) und *de Wet*, Chapter VII powers, S. 96. Diese sehen eine solche Regelungsparallelität für den konstitutionellen Charakter der Charta als unschädlich an, da Charta-Recht und neues, außerhalb der Charta stehendes Recht miteinander verflochten seien.

bb) Dynamische Ausgestaltung und Interpretation der UN-Charta

Von Vertretern der Verfassungsthese wird weiterhin die dynamische Natur der UN-Charta als Argument für ihren Verfassungscharakter angebracht. So wird die Auffassung vertreten, dass die UN-Charta als „living instrument"[454] konzipiert sei, sodass sie fortlaufend mit den gesellschaftlichen Entwicklungen Schritt halten könne[455] und nach ihrem Inkrafttreten mithin ein Eigenleben führe.[456] Folgt man dieser Auffassung, nähert sich die UN-Charta tatsächlich einer Verfassung an, da sich eine solche gerade dadurch auszeichnet, dass „ihr Fundament zwar auch in einem einvernehmlichen vertraglichen Gründungsakt liegen kann, die Vertragspartner jedoch ab Gründung nicht mehr ‚Herren der Verträge' sind".[457]

Um der dynamischen Fortentwicklung Rechnung zu tragen, komme zudem die Anwendung der Auslegungsregeln der Wiener Vertragsrechtskonvention in Betracht. Da die darin enthaltenen Regelungen gewohnheitsrechtlich anerkannt seien, fänden die Vorschriften der WVK auch für die Interpretation der UN-Charta Anwendung.[458] Ausgangspunkt jeder Vertragsauslegung ist nach Art. 31 Abs. 1 WVK zunächst die Wortlautbedeutung als Ausdruck des Parteiwillens im Zeitpunkt des Vertragsschlusses.[459] Damit besteht jedoch insbesondere bei Verfassungsnormen die Gefahr einer starren Ausrichtung am historischen Parteiwillen, die es den Vertragsparteien nicht ermöglicht, ihre Vorstellung über

---

454 *Fassbender*, UN Security Council Reform, S. 130 f.; *ders.*, CJTL 36 (1998), S. 529 (594 ff.). Siehe auch *Engel*, ICLQ 16 (1967), S. 865 (865 ff.).

455 Vgl. *de Wet*, Chapter VII powers, S. 100; *Schachter*, YLJ 60 (1951), S. 189 (193).

456 Vgl. *Fassbender*, CJTL 36 (1998), S. 529 (597); *Tomuschat*, RdC 241 (1993), S. 195 (251): „[E]very candidate submits to an entire system which is in constant movement, not unlike a national constitution whose original texture will be unavoidably modified by thick layers of political practice and jurisprudence."

457 *Janik*, Bindung internationaler Organisationen, S. 316. Vgl. im Hinblick auf die EU *Abromeit/Hitzel-Cassagnes*, ELJ 5 (1999), S. 23 (25 ff.).

458 Vgl. *de Wet*, Chapter VII powers, S. 101, die die Charta außerdem über eine Anwendung von Art. 5 WVK als Verfassung qualifiziert. Kritisch zu einer sprachlichen Gleichsetzung von „constituent" und „constitution" *Arangio-Ruiz*, RdC 137 (1972-III), S. 419 (709 f.). Nach Art. 4 UN-Charta sind Vorschriften der WVK *ratione temporis* nicht auf die Verträge anwendbar, die nach ihrem Inkrafttreten geschlossen wurden. Die wichtigsten Regelungen der WVK waren allerdings zum Zeitpunkt ihres Inkrafttretens im Jahre 1969 als Gewohnheitsrecht anerkannt, sodass diese auch auf ältere Verträge – und damit auch die UN-Charta – anwendbar sind, vgl. *von Arnauld*, Völkerrecht, Rn. 196.

459 Vgl. *Stein/von Buttlar/Kotzur*, Völkerrecht, Rn. 83; *Dahm/Delbrück/Wolfrum*, Völkerrecht, Bd. I/3, S. 640 f.

Ziel und Zweck des Vertrags fortzuentwickeln.[460] Um der besonderen Bedeutung der Charta und ihrer Dynamik gerecht zu werden, ist daher inzwischen eine evolutiv-dynamische Auslegung anerkannt.[461] Diese ist nicht mehr statisch auf die Bedeutung des Parteiwillens im Zeitpunkt des Vertragsschlusses beschränkt, sondern berücksichtigt die spätere Übung bei Anwendung des Vertrages. Sie erlaubt es, Veränderungen in den Wertvorstellungen sowie veränderte technologische und ökonomische Rahmenbedingungen zu berücksichtigen und die Wirkung der Charta auch unter diesen veränderten Bedingungen zu erhalten.[462]

cc) Gewaltenteilung in der UN-Charta

Zu einer Nagelprobe der verfassungsrechtlichen Lesart kommt es, wenn es um die Feststellung klar getrennter Exekutiv-, Legislativ- und Judikativfunktionen im System der Vereinten Nationen geht; werden diese doch als essentieller Bestandteil[463] einer modernen demokratischen Verfassung angesehen und über die verfassungsrechtlichen Lesarten regelmäßig in der UN-Charta festgestellt. Während teilweise Anlagen eines Systems von *checks and balances* gesehen werden,[464] erkennen andere in der Charta eine imperfekte,[465] allenfalls rudimentäre[466]

---

460 Vgl. *Verdross/Simma*, Universelles Völkerrecht, § 782; *Doehring*, Völkerrecht, Rn. 394; *Bernhardt*, GYIL 42 (1999), S. 11 (12, 16).

461 Vgl. *Dahm/Delbrück/Wolfrum*, Völkerrecht, Bd. I/3, S. 649; *Kapaun*, Gezielte Tötung, S. 70.

462 Vgl. *Dahm/Delbrück/Wolfrum*, Völkerrecht, Bd. I/3, S. 649; *Doehring*, Völkerrecht, Rn. 394. Vgl. auch ICJ, *Legality of the Threat or Use of Nuclear Weapons*, Advisory Opinion of 8 July 1996, ICJ Reports 1996, S. 226 ff. Bereits im Jahr 1970 hatte der IGH in seiner *Namibia Advisory Opinion* die Organpraxis als Interpretationshilfe für die durch die Mitglieder anerkannten Verpflichtungen der UN-Charta anerkannt, vgl. ICJ, *Legal Consequences for States of the Continued Presence of South Africa in Namibia (South West Africa) Notwithstanding Security Council Resolution 276 (1970)*, Advisory Opinion of 21 June 1971, ICJ Reports 1971, S. 16 (31, para. 53).

463 Vgl. *de Wet*, Chapter VII powers, S. 109; *Tomuschat*, RdC 241 (1993), S. 195 (216). Dahin gehend auch *Lorinser*, Bindende Resolutionen des UN-Sicherheitsrats, S. 98.

464 Vgl. *Fassbender*, The United Nations Charter as a Constitution, S. 100; *Gading*, Der Schutz grundlegender Menschenrechte, S. 55 ff. A. A. *Dupuy*, Max Planck UNYB 1 (1997), S. 1 (27); *Lorinser*, Bindende Resolutionen des UN-Sicherheitsrats, S. 107; *Reisman*, AJIL 83 (1993), S. 83 (83 f.), der aber im Vetorecht der ständigen Mitglieder ein funktionales Äquivalent zu einem System von *checks and balances* sieht.

465 Vgl. *White*, Law of international organisations, S. 22.

466 Vgl. *de Wet*, Chapter VII powers, S. 116; *Fassbender*, FS für Bruno Simma, S. 443 (460).

Gewaltententeilung, oder sprechen der Charta eine mit nationalen Verfassungen vergleichbare Gewaltentrennung gänzlich ab.[467]

Vor diesem Hintergrund ist zu untersuchen, ob sich ein stringentes System der Gewaltenteilung in der Charta feststellen lässt. Im Zuge dessen wird analysiert, ob sich ein solches aus der Verschränkung des Sicherheitsrats als Exekutivorgan mit dem IGH als Organ der Judikative ergibt ((1)). Daneben ist die Frage, ob überhaupt eine Legislativbefugnis von Generalversammlung ((2)) und Sicherheitsrat ((3)) in der UN-Charta verortet ist, von besonderer Relevanz.

(1) Keine effektive gerichtliche Kontrolle der Resolutionen des UN-Sicherheitsrats durch den IGH

Die defizitäre Gewaltenteilung zeigt sich ganz besonders anhand der Frage nach den normativen Grenzen der Entscheidungen des UN-Sicherheitsrats und ihrer Kontrolle.[468] Die Möglichkeit einer Organklage, mit der Handlungen der UN-Organe unmittelbar überprüft werden könnten, existiert nicht.[469] Akte der Organe, d. h. auch die des UN-Sicherheitsrats, können nur inzident durch den IGH überprüft werden, wenn ein Staat eine Verletzung seiner Rechte durch den Sicherheitsrat gegenüber einem anderen Staat geltend macht, der sein Verhalten auf diese Resolution gestützt hat.[470] Das Gutachtenverfahren gewährleistet ebenfalls

467 Vgl. *Marschang*, KJ 26 (1993), S. 62 (73). Siehe auch *Lorinser*, Bindende Resolutionen des UN-Sicherheitsrats, S. 105 ff., die die Möglichkeit der Gewaltenteilung der UN-Charta gänzlich in Frage stellt, da die politischen Organe der Vereinten Nationen keine vergleichbaren staatlichen Aufgaben beinhalteten und insbesondere nicht auf eine Beschränkung einer Staatsgewalt abzielten. Kritisch auch: ICJ, *Case concerning Questions of Interpretation and Application of the 1971 Montreal Convention arising from the Aerial Incident at Lockerbie (Libyan Arab Jamahiriya v. United States of America)*, Provisional Measures, Order of 14 April of 1992, ICJ Reports 1992, Dissenting Opinion of Judge Weeramantry, S. 50 (55).

468 Vgl. *Klein/Schmahl*, in: Vitzthum/Proelß (Hrsg.), Völkerrecht, S. 313. Siehe umfassend dazu *Lorinser*, Bindende Resolutionen des UN-Sicherheitsrats, S. 82 ff.

469 Vgl. *Stein/von Buttlar/Kotzur*, Völkerrecht, Rn. 885. Siehe dazu auch ICJ, *Legal Consequences for States of the Continued Presence of South Africa in Namibia (South West Africa) Notwithstanding Security Council Resolution 276 (1970)*, Advisory Opinion of 21 June 1971, ICJ Reports 1971, S. 16 (45, para. 89): „Undoubtedly, the Court does not possess powers of judicial review or appeal in respect of the decisions taken by the United Nations organs concerned.“

470 Vgl. ICJ, *Case Concerning Questions of Interpretation and Application of the 1971 Montreal Convention arising from the Aerial Incident at Lockerbie (Libyan Arab Jamahiriya v. United States of America)*, Provisional Measures, Order of 14 April 1992,

keine effektive organisationsinterne Rechtskontrolle. Zum einen kann der IGH nur durch andere Organe oder Sonderorganisationen angerufen werden, zum anderen ist das gutachterliche Ergebnis nicht verbindlich. Letztendlich wird die Frage der Rechtskontrolle auf die Ebene der Mitgliedstaaten und damit auf die nationalstaatlichen oder supranationalen Judikativorgane verlagert.[471] Dies führt nicht nur zu komplizierten Abgrenzungsfragen im Verhältnis des UN-Rechts zu anderen Rechtsordnungen,[472] sondern spricht auch gegen eine Einordnung der Charta als singuläre Verfassung. Auch wenn sich die Verlagerung aufgrund der fehlenden Organklagemöglichkeit nur als Reflex darstellt, zeigt dies dennoch sehr deutlich, dass die Charta dem Anspruch, alle Elemente einer Verfassung in sich zu vereinen, nicht gerecht werden kann.[473]

(2) Legislativbefugnis der UN-Generalversammlung?

Nach Art. 10 UN-Charta kann sich die Generalversammlung nur mit Fragen und Angelegenheiten befassen, die in den Zuständigkeitsbereich der Vereinten Nationen fallen. Art. 11 stellt zwar ausdrücklich fest, dass dazu auch Angelegenheiten der Friedenssicherung gehören. Außer in einzelnen Bereichen organisationsinterner Entscheidungen[474] beschränkt sich die Kompetenz der

---

ICJ Reports 1992, S. 114 ff. Die Überprüfung des IGH beschränkt sich aber auf evidente Rechtsverstöße, vgl. *Stein/von Buttlar/Kotzur*, Völkerrecht, Rn. 886. Siehe zur Lockerbie-Entscheidung des IGH ausführlich: *Gowlland-Debbas*, AJIL 88 (1994), S. 643 ff.; *Franck*, AJIL 86 (1992), S. 519 ff.; *Stein*, AVR 31 (1993), S. 206 ff.

471 Vgl. *Klein/Schmahl*, in: Vitzthum/Proelß (Hrsg.), Völkerrecht, S. 314. Siehe zu den Wechselwirkungen von nationalen und internationalen Rechtsregeln sowie den daraus resultierenden Implikationen auf den Konstitutionalisierungsprozess *Knauff*, ZaöRV 68 (2008), S. 453 (482 ff.).

472 Vgl. *Klein/Schmahl*, in: Vitzthum/Proelß (Hrsg.), Völkerrecht, S. 314; EuG, Urt. v. 21.9.2005, *Kadi v Council and Commission*, T-315/01; EuGH, Urt. v. 3.9.2008, *Kadi and Al Barakaat International Foundation*, Verbundene Rs. C-402/05 P und C-415/05 P, I-6351, Rn. 269 ff.; EuGH, Urt. v. 18.7.2013, Rs. C-584/10 P; C-593/10 P und C-595/10 P, Case T-85/09. Siehe instruktiv und umfassend dazu *Djawadi*, Individualsanktionen des UN-Sicherheitsrats, S. 116 ff.; 369 ff.; *Kokott/Sobotta*, EJIL 23 (2012), S. 1015 (1015 ff.).

473 A. A *de Wet*, Chapter VII powers, S. 111 f.; *Fassbender*, The United Nations Charter as a Constitution, S. 100. Diese vertreten die Auffassung, dass die unvollkommene Ausprägung einer Einordnung der UN-Charta als Verfassung nicht entgegenstehe, da sich eine solche auch erst nach und nach entwickeln könne und ihr Fehlen nicht zwangsläufig gegen eine Einordnung als Verfassung spreche.

474 Bei genauer Betrachtung stellt man allerdings fest, dass die Entscheidungskompetenzen der UN-Generalversammlung bei organisationinternen Belangen, insbesondere

Generalversammlung ausweislich Art. 13 UN-Charta aber auf die Abgabe von Empfehlungen (*recommendations*). Zwar kommt den Empfehlungen der UN-Generalversammlung bei der Fortbildung des Völkerrechts und der Herausbildung von Völkergewohnheitsrecht besondere Bedeutung zu.[475] Jedoch behelfen sich auch die Ansätze, die eine quasi-legislative Wirkung der Empfehlungen der Generalversammlung begründen,[476] mit einem Rückgriff auf einen außerhalb der Resolutionen liegenden zwischenstaatlichen Konsens.[477] Eine unmittelbar aus den Empfehlungen ableitbare Bindungswirkung besteht demgegenüber nicht.[478] Die UN-Generalversammlung scheidet demnach als Legislativorgan aus.[479]

(3) Legislativbefugnis des UN-Sicherheitsrats?

Der UN-Sicherheitsrat hat seine Kompetenzen zunehmend ausgeweitet. Beschränkte er seine Feststellungen zunächst auf konkrete Fälle der Friedensbedrohung, zeugt sein Vorgehen in jüngster Zeit vom Gegenteil. Seine Maßnahmen beziehen sich nicht länger auf konkret-individuelle Einzelfälle, sondern haben

---

auf Grundlage von Art. 17 UN-Charta, sehr beschränkt sind. Bevor die Generalversammlung über Budgetfragen abstimmt, muss die Abstimmungsvorlage zuerst das *Advisory Committee on Administrative and Budgetary Questions* durchlaufen. Dieses besteht mehrheitlich aus den größten Beitragszahlern und fällt seine Entscheidungen im *Consensus-Verfahren*. Die größten Nettozahler sind die USA (22 %), Japan (9,7 %), Deutschland (6,4 %), Frankreich (4,9 %) und Großbritannien und Nordirland (4,5 %), vgl. *Herdegen*, Völkerrecht, § 40, Rn. 14. Damit sind es wiederum die Mitglieder des UN-Sicherheitsrats, die den ohnehin eng beschriebenen Kompetenzbereich der UN-Generalversammlung weiter beschneiden, vgl. *Hurd*, International Organizations, S. 109.

475 Vgl. *Vitzthum*, in: ders./Proelß (Hrsg.), Völkerrecht, S. 57; *Higgins*, The Development of International Law, S. 5 ff.; *von Grünigen*, FS für Rudolf Bindschedler, S. 187 (194 f.).

476 So z. B. *Falk*, AJIL 60 (1966), S. 782 ff.

477 Vgl. *Payandeh*, Internationales Gemeinschaftsrecht, S. 307; *Tomuschat*, ZaöRV 36 (1976), S. 444 (485).

478 Vgl. im Hinblick auf die Deklarationen der UN-Generalversammlung im Zusammenhang mit der Terrorismusbekämpfung: *Slaughter/Burke-White*, Harv. Int'l L. J. 43 (2002), S. 1 (11). Kritisch: *von Arnauld*, Völkerrecht, Rn. 148.

479 Vgl. *Klein/Schmahl*, in: dies./Proelß (Hrsg.), Völkerrecht, S. 295; *Tomuschat*, AVR 33 (1995), S. 1 (12). Ein entsprechender Vorschlag der Philippinen, die Generalversammlung mit Legislativbefugnis auszustatten, konnte sich nicht durchsetzen. Vgl. UNCIO III, S. 535 (536 f.); *Fremuth/Griebel*, NJIL 76 (2007), S. 339 (349).

verstärkt abstrakt-generellen Inhalt und damit legislativen Charakter.[480] Dies zeigt sich insbesondere an den Resolutionen 1373[481] sowie 1540.[482] Auch die Etablierung internationaler *Ad-hoc-Kriegsverbrechertribunale* für das ehemalige Jugoslawien[483] und Ruanda[484] auf Grundlage von Resolutionen des UN-Sicherheitsrats zeugen von erweiterten Handlungsbefugnissen.[485] Zudem sanktionierte er wiederholt Individuen und andere nichtstaatliche Akteure.[486] Die Feststellung von verschiedenen Aufgaben in Organunion des UN-Sicherheitsrats kann gegen eine Einordnung der UN-Charta als Verfassung angeführt werden, wenn sich eine solche Kompetenzausweitung nicht aus der Charta selbst ergibt und sich auch nicht auf den Konsens der Vertragsmitglieder zurückführen lässt.[487]

Gegen eine legislative Kompetenz des UN-Sicherheitsrats sprechen die Systematik der UN-Charta, insbesondere die Verschränkung der Vorschriften in Kapitel VII, sowie ein Vergleich mit der UN-Generalversammlung.[488] Nach Art. 39 UN-Charta hängen die Maßnahmen davon ab, ob der UN-Sicherheitsrat eine Bedrohung, einen Bruch des Friedens oder eine Angriffshandlung festgestellt hat. Der Wortlaut der Vorschrift indiziert den Einzelfallcharakter des

---

480 Vgl. zur Diskussion *Fremuth/Griebel*, NJIL 76 (2007), S. 339 ff.; *Rosand*, Fordham Int'l L. J. 28 (2005), S. 542 ff.; *Talmon*, AJIL 99 (2005), S. 175 ff.; *Payandeh*, Internationales Gemeinschaftsrecht, S. 313 ff. m. w. N.

481 UNSC Res 1373 (28 September 2001), UN Doc S/RES/1373.

482 UNSC Res 1540 (28 April 2004), UN Doc S/RES/1540.

483 UNSC Res 827 (25 May 1993), UN Doc S/RES/827.

484 UNSC Res 955 (8 November 1994), UN Doc S/RES/955.

485 Vgl. dazu *Uerpmann*, JZ 2001, S. 565 (567); *Kirgis*, AJIL 89 (1995) S. 506 (522 ff.).

486 Vgl. zum Beispiel UNSC Res 1267 (15 October 1999), UN Doc S/RES/1267; UNSC Res 1306 (5 July 2000), UN Doc S/RES/1306; UNSC Res 1333 (19 December 2000), UN Doc S/RES/1333; UNSC Res 1564 (18 September 2004), UN Doc S/RES/1564; UNSC Res 1970 (26 February 2011), UN Doc S/RES/1970. Siehe dazu ausführlich: *Birkhäuser*, Sanktionen des UN-Sicherheitsrats gegen Individuen, 2007.

487 Gegen die Annahme einer Legislativbefugnis: *Arangio-Ruiz*, RDI 83 (2000) S. 609 (628 ff.); *Fremuth/Griebel*, NJIL 76 (2007), S. 339 ff.; *Payandeh*, Internationales Gemeinschaftsrecht, S. 319 ff.; *Happold*, LJIL 16 (2003), S. 593 (609 f.); *Joyner*, LJIL 20 (2007), S. 489 (515 ff.). Demgegenüber für eine rechtmäßige Kompetenzerweiterung: *Wagner*, ZaöRV 63 (2003), S. 879 ff.; *Szasz*, AJIL 96 (2002), S. 901 ff.; *Wolfrum*, FS für Jost Delbrück, S. 865 (872 ff.); *Djawadi*, Individualsanktionen des UN-Sicherheitsrats, S. 190 ff.; *Struwe*, Rechtliche Bindungswirkung des Vertrages über die Nichtverbreitung von Kernwaffen, S. 78 ff., 96.

488 Vgl. *Payandeh*, Internationales Gemeinschaftsrecht, S. 320 ff.

jeweils festzustellenden Tatbestands.[489] Diese Annahme wird auch durch die systematische Zusammenschau mit Art. 41 und 42 UN-Charta gestützt. Obwohl die in Art. 41 enthaltene Aufzählung nicht abschließend ist,[490] verweist die Vorschrift beispielhaft auf konkrete Einzelfälle.[491] Art. 42 muss bereits deswegen eine konkret-individuelle Situation voraussetzen, weil der UN-Sicherheitsrat dazu befugt wird, mit spezifischen Militäraktionen zu reagieren.[492] Damit sprechen das Zusammenspiel der Vorschriften und die Kapitel VII immanente Verweisungsstruktur gegen eine Legislativbefugnis. Diese Annahme wird durch die *travaux préparatoires* zur Charta und durch Kapitel VI gestützt.[493] Daneben kann überdies der weite Interpretationsspielraum des UN-Sicherheitsrats in Kapitel VII keine neuen Kompetenzen begründen.[494] Dieser besteht nur im Rahmen der von der UN-Charta gesetzten Schranken.

Auch unter Zuhilfenahme der evolutiv-dynamischen Auslegung nach Art. 31 Abs. 3 (b) WVK lässt sich kein anderes Ergebnis herleiten.[495] Die zulässige Grenze einer derartigen Auslegung wird überschritten, da diese die klar intendierte Kompetenz des UN-Sicherheitsrats abändert.[496] Anderenfalls besteht die Gefahr,

---

489 Vgl. *Fremuth/Griebel*, NJIL 76 (2007), S. 339 (350); *Zimmermann/Elberling*, VN 52 (2004), S. 71 (72). A. A. *Payandeh*, Internationales Gemeinschaftsrecht, S. 320, der annimmt, dass die Formulierung „Bedrohung des Friedens" in Art. 39 UN-Charta sowohl eine abstrakte als auch eine konkrete Bedrohung umfassen könne. Siehe auch *Wolfrum*, FS für Jost Delbrück, S. 865 (874); *Djawadi*, Individualsanktionen des UN-Sicherheitsrats, S. 191.

490 Vgl. *Aston*, ZaöRV 62 (2002), S. 257 (280 f.); *Friedrich*, Max Planck UNYB 9 (2005), S. 225 (234).

491 Vgl. *Fremuth/Griebel*, NJIL 76 (2007), S. 339 (350).

492 Vgl. *Fremuth/Griebel*, NJIL 76 (2007), S. 339 (350).

493 Vgl. *Payandeh*, Internationales Gemeinschaftsrecht, S. 320 ff. Die vorbereitenden Maßnahmen der friedlichen Streitbeilegung stellen auf konkrete Streitigkeiten ab. Es wäre insofern systemwidrig, wenn der UN-Sicherheitsrat im Anschluss an einen konkreten Streitfall seine Kompetenzen nun auf eine abstrakt-generelle Grundlage stellen würde.

494 Vgl. *Fremuth/Griebel*, NJIL 76 (2007), S. 339 (351).

495 Vgl. *Zimmermann/Elberling*, VN 52 (2004), S. 71 (75). A. A. *Rosand*, Fordham Int'l L. J. 28 (2005), S. 542 (569 ff.). Siehe zur evolutiv-dynamischen Auslegung 2. Teil B. IV. 1. a) bb).

496 So auch *Zimmermann/Elberling*, VN 52 (2004), S. 71 (75); *Fremuth/Griebel*, NJIL 76 (2007), S. 339 (352 f.). Vgl. *Doehring*, Völkerrecht, Rn. 396: „Eine [gegen die ausdrücklich gezogenen Grenzen] verstoßende Kompetenzanmaßung ist vertraglich auch bei extensiver Auslegung nicht mehr gedeckt." Siehe auch ICJ, *Certain Expenses of the United Nations (Article 17, paragraph 2, of the Charter)*, Advisory Opinion of

dass dem UN-Sicherheitsrat über den Rückgriff auf die evolutiv-dynamische Auslegung eine ursprünglich nicht zugedachte Kompetenz-Kompetenz im vertikalen Verhältnis zu den UN-Mitgliedstaaten zugesprochen wird.[497] Dies und die fehlende effektive gerichtliche Kontrollmöglichkeit liefe dem Gedanken einer Gewaltenteilung gerade entgegen.[498] Eine Kompetenzerweiterung kommt daher nur über Art. 108 und Art. 109 UN-Charta in Betracht.

Im Vergleich mit nationalstaatlichen Verfassungsorganen bestehen schlussendlich funktionale Defizite der UN-Organe, da insbesondere das Verfahren im UN-Sicherheitsrat nicht den Anforderungen, die auf nationaler Ebene an ein Rechtsetzungsorgan gestellt werden, entspricht.[499] Der Sicherheitsrat verfügt nicht über den für die Ausarbeitung von Legislativakten notwendigen Verwaltungsunterbau.[500] Für die Mitgliedstaaten besteht keine Möglichkeit, sich an der Rechtsetzung zu beteiligten. Die abstrakt-generellen Regelungen beruhen allein auf der Entscheidung der Mitglieder des UN-Sicherheitsrats unter dem Vorbehalt eines Vetos durch die fünf ständigen Mitglieder. Die fehlende Legitimation wird durch das intransparente Verfahren noch verstärkt,[501] sodass die Gefahr besteht, dass sich die Defizite im Bereich des legislativen Handelns zugleich negativ auf den Willen der Mitglieder zur Durchsetzung niederschlagen.[502]

(4) Zwischenergebnis

Nach der vorangehenden Untersuchung kann ein System der Gewaltenteilung in der UN-Charta nicht konstatiert werden. Eine effektive Möglichkeit der unmittelbaren Überprüfung von Maßnahmen des UN-Sicherheitsrats besteht nicht.

---

20 July 1962, ICJ Reports 1962, Separate Opinion Judge Spender, S. 182 (197): „In any case, their right to interpret the Charter gives them no power to alter it."

497 Vgl. *Fremuth/Griebel*, NJIL 76 (2007), S. 339 (352 f.).

498 Vgl. *Fremuth/Griebel*, NJIL 76 (2007), S. 339 (353). Siehe in diesem Zusammenhang auch *Zimmermann/Elberling*, VN 52 (2004), S. 71 (75).

499 Vgl. *Stein/von Buttlar/Kotzur*, Völkerrecht, Rn. 896. Siehe auch *Doehring*, Max Planck UNYB 1 (1997), S. 91 (96 ff.), der darauf hinweist, dass die UN-Organe keine mit nationalstaatlichen Organen vergleichbaren Kompetenzen enthalten. Der UN-Sicherheitsrat habe insbesondere keine Möglichkeit, die Mitgliedstaaten dazu anzuhalten, seine Resolutionen aktiv auszuführen; diese zeichne nationale Regierungen jedoch aus.

500 Vgl. *Fremuth/Griebel*, NJIL 76 (2007), S. 339 (359).

501 Vgl. *Fremuth/Griebel*, NJIL 76 (2007), S. 339 (359). Siehe dazu auch *Kirgis*, AJIL 89 (1995) S. 506 (518 f.).

502 Vgl. *Payandeh*, Internationales Gemeinschaftsrecht, S. 324; *Marschik*, in: MacDonald/Johnston (Hrsg.), Towards World Constitutionalism, S. 457 (492).

Weder haben Generalversammlung und Sicherheitsrat klar getrennte Aufgabenbereiche[503] noch haben sie Legislativbefugnisse.

Die autonome Kompetenzerweiterung durch den UN-Sicherheitsrat ist auch nicht auf den ursprünglichen Konsens der UN-Mitglieder rückführbar, da dessen Aktivitäten nach der Intention der Satzungsgeber auf die konkreten Fälle der Friedensbedrohung beschränkt sein sollten.[504] Für die Mitglieder war eine solche Ausdehnung weder vorhersehbar noch hätten sie dieser – vor dem Hintergrund der weitreichenden Beschränkung ihrer staatlichen Souveränität – ohne vertraglich zugesicherte effektive Kontrollmöglichkeiten und durchgreifende Mitwirkungsrechte zugestimmt.[505]

dd) Vorrangstellung und erschwerte Abänderbarkeit der UN-Charta

Ein wesentliches Argument der verfassungsrechtlichen Lesarten der UN-Charta ist zudem, dass diese im Gefüge eines normenhierarchischen Verständnisses des Völkerrechts aufgrund von Art. 103 UN-Charta[506] einen „höheren Rang" einnehme.[507] Daneben wird Art. 108 UN-Charta als Ausdruck einer *technically unlimited power*, den Mitgliedern der UN-Charta rechtlich verbindliche Vorgaben zu machen, und somit als Argument für eine Einordnung der Charta als Verfassung herangezogen.[508]

---

503 Vgl. ICJ, *Certain Expenses of the United Nations (Article 17, paragraph 2, of the Charter)*, Advisory Opinion of 20 July 1962, ICJ Reports 1962, S. 151 (163): „The Charter makes it abundantly clear, however, that the General Assembly is also to be concerned with international peace and security."

504 Vgl. *Fremuth/Griebel*, NJIL 76 (2007), S. 339 (355); *Payandeh*, Internationales Gemeinschaftsrecht, S. 312; *Arangio-Ruiz*, RDI 83 (2000), S. 609 (688); a. A. *Hillgruber*, JöR 54 (2006), S. 57 (82).

505 Vgl. *Fremuth/Griebel*, NJIL 76 (2007), S. 339 (354 ff.); *Arangio-Ruiz*, EJIL 1 (1997), S. 1 (28).

506 Art. 103 UN-Charta: „In the event of a conflict between the obligations of the Members of the United Nations under the present Charter and their obligations under any other international agreement, their obligations under the present Charter shall prevail."

507 Vgl. *Simma*, RdC 250 (1994), S. 217 (261 f.); *Paulus*, Internationale Gemeinschaft, S. 308 f.; *Verhoeven*, RdC 334 (2008), S. 9 (336): „certainement un élément clef d'un dispositif ‚constitutionnel' embryonnaire"; *Franck*, FS für Tono Eitel, S. 95 (98 f.).

508 Vgl. *Ross*, Constitution of the UN, S. 37. Dafür spreche zudem, dass für die Mitglieder keine Möglichkeit bestehe, Vorbehalte einzulegen, vgl. *Franck*, FS für Tono Eitel, S. 95 (98). Siehe auch *Paulus*, Internationale Gemeinschaft, S. 309 ff., der im Vergleich zu nationalen Verfassungen in Art. 108, 109 Abs. 2 UN-Charta eine erleichterte

Art. 103 UN-Charta wird zwar über den Wortlaut hinaus auch auf Verträge zwischen UN-Mitgliedern und -Nichtmitgliedern angewendet.[509] Ein grundsätzlicher Anwendungsvorrang der UN-Charta vor dem Völkergewohnheitsrecht und den allgemeinen Rechtsgrundsätzen – und damit über das Völkervertragsrecht hinaus – wird allerdings nicht angeordnet.[510] Gegen eine Hierarchisierungsfunktion spricht weiter, dass Art. 103 UN-Charta lediglich stipuliert, dass die Vertragsnormen, die im Widerspruch zur Satzung stehen, während eines Konflikts zurücktreten.[511] Eine spezifische Rechtsfolge für die Fälle, in denen satzungswidrige Verträge vorliegen, enthält dieser jedoch nicht.[512] *Raison d'être* der Regelung ist damit allein die Sicherstellung der vorrangigen Anwendung der UN-Charta und ihrer vertraglichen Verpflichtungen in Normkonfliktfällen.[513]

Änderungsmöglichkeit über die Zweidrittelmehrheit annimmt. Demgegenüber sei bei Art. 40 Abs. 4 WVK die Zustimmung aller Parteien zur Vertragsänderung notwendig. Im Ergebnis nimmt aber auch Paulus an, dass das erleichterte Verfahren nach Art. 108 f. UN-Charta den Verfassungscharakter der Charta stärke, da ein Austrittsrecht nahezu ausgeschlossen sei.

509 Vgl. *Paulus/Leiß*, in: Simma/Khan/Nolte/Paulus (Hrsg.), Charter of the UN, Bd. II, Art. 103, Rn. 53 ff.; *Macdonald*, Can. Y. B. Int'l L. 25 (1987), S. 115 (120 ff.); *Paulus*, Internationale Gemeinschaft, S. 309; *Matz*, Wege zur Koordinierung, S. 254.

510 Vgl. *Liivoja*, ICLQ 57 (2008), S. 583 (602 ff.); *Kleinlein*, Konstitutionalisierung, S. 412 f.; *Dupuy*, Max Planck UNYB 1 (1997), S. 1 (13). Siehe umfassend *Matz*, Wege zur Koordinierung, S. 249 ff. A. A. *Bernhardt*, in: Simma (Hrsg.), Charter of the UN, Bd. II, 2. Aufl. 2002, Art 103, Rn. 21.

511 So die h. M.: *Bentwich/Martin*, Commentary on the Charter, S. 179 f.; *Zemanek*, RCADI 266 (1997), S. 9 (230); *Paulus/Leiß*, in: Simma/Khan/Nolte/Paulus (Hrsg.), Charter of the UN, Bd. II, Art. 103, Rn. 77 m. w. N. Siehe auch YILC, 1958 Vol. II, S. 43. Vgl. demgegenüber die Nachweise durch *Osteneck*, Umsetzung von UN-Wirtschaftssanktionen, S. 323 (Fn. 1170), welche von der Nichtigkeit der der Charta widersprechenden Verpflichtungen ausgehen.

512 Vgl. *Paulus/Leiß*, in: Simma/Khan/Nolte/Paulus (Hrsg.), Charter of the UN, Bd. II, Art. 103, Rn. 75 ff. m. w. N.; *Paulus*, Internationale Gemeinschaft, S. 309; *Matz*, Wege zur Koordinierung, S. 254. Damit unterscheidet sich Art. 103 UN-Charta vom *ius cogens*. Verstößt ein völkerrechtlicher Vertrag mit seinem Inhalt gegen eine Vorschrift des zwingenden Völkerrechts, ist der Vertrag vollumfänglich nichtig, vgl. *von Heinegg*, in: *Ipsen* (Hrsg.), Völkerrecht, § 16, Rn. 46; *Dixon*, International Law, S. 77.

513 Vgl. *Bernhardt*, in: Simma (Hrsg.), Charta der Vereinten Nationen, Bd. II, Art. 103, Rn. 6; *Czaplinski/Danilenko*, NYIL 21 (1990), S. 3 (16 f.); *Matz*, Wege zur Koordinierung, S. 254. Damit statuiert die Vorschrift in Bezug auf die UN-Charta zu anderen Verträgen eine Ausnahme von der Regel, dass im Konfliktfall die spätere

Über Art. 103 UN-Charta lässt sich somit keine konstitutionelle Einordnung der Charta herleiten.[514]

b) Funktionale Interpretation der souveränen Staatengleichheit

Um die Drittwirkungsproblematik aufzulösen, wird darüber hinaus eine funktionale Interpretation der souveränen Staatengleichheit vorgeschlagen. Da heutzutage ein absolutes Verständnis von Souveränität nicht mehr angenommen werde,[515] unterliege auch die souveräne Staatengleichheit einer dynamischen Entwicklung.[516] Die auf diesen Grundsatz rückführbare *Pacta-tertiis-Maxime* stehe einer universellen Anwendung der UN-Charta als Verfassung somit nicht mehr entgegen. Ein modifiziertes Verständnis der souveränen Staatengleichheit kommt nach diesem Ansatz in den Regelungen zur kollektiven Friedenssicherung zum Ausdruck, wonach die UN-Charta hinsichtlich ihrer Nichtmitglieder als Vertrag zugunsten Dritter anzusehen sei.[517] Indem die Nichtmitglieder in den Schutz der Friedenssicherungsmechanismen der UN-Charta einbezogen sind, müssten sie im Umkehrschluss auch an die UN-Charta als solche gebunden sein. Eine andere Wertung stehe nicht im Einklang mit dem Grundsatz der souveränen Staatengleichheit, welcher aber in den Regelungen zur kollektiven

---

Bestimmung der früheren vorgeht, *lex posterior derogat legi priori*, § 30 Abs. 1, Abs. 2 WVK, vgl. *Paulus*, Internationale Gemeinschaft, S. 308.

514 Vgl. *Paulus*, Internationale Gemeinschaft, S. 309; *Paulus/Leiß*, in: Simma/Khan/Nolte/Paulus (Hrsg.), Charter of the UN, Bd. II, Art. 103, Rn. 55 ff. Die Ansätze, die trotz des entgegenstehenden Wortlauts eine Nichtigkeit der kollidierenden Normen im Konfliktfall – und damit eine Vorrangstellung – begründen, setzen vielmehr eine verfassungsrechtliche Einordnung der UN-Charta voraus. Vgl. dazu ausführlich *Kleinlein*, Konstitutionalisierung, S. 411 ff., 423. Teilweise wird auch Art. 103 UN-Charta herangezogen, um die UN-Charta in ihrer Gesamtheit als *ius cogens* zu qualifizieren, vgl. *Schwelb*, AJIL 61 (1967), S. 946 (958 f.). Siehe auch *Fassbender*, CJTL 36 (1998), S. 529 (590), der aufgrund seiner konstitutionellen Lesart der Charter Art. 103 UN-Charta in seiner Wirkung mit *ius cogens* gleichstellt. Allerdings lässt sich eine Einordnung der UN-Charta als zwingendes Völkerrecht weder aus den Grundsätzen und Zielen der UN-Charta noch über Art. 103 UN-Charta herleiten. Siehe dazu umfassend *Osteneck*, Umsetzung von UN-Wirtschaftssanktionen S. 296 ff.

515 Vgl. dazu 1. Teil A. I. Siehe auch *Hobe*, Völkerrecht, S. 290 f.: „sovereignty under law".

516 Vgl. *Fassbender*, UN Security Council Reform, S. 109.

517 Vgl. *Fassbender*, UN Security Council Reform, S. 112.

Friedenssicherung der UN-Charta zum Ausdruck komme und über diese konkretisiert werde.[518]

Die Wandlung hin zu einem dynamischen Souveränitätsbegriff kann jedoch noch nicht zu einer Abkehr von Art. 34 WVK führen. Anderenfalls könnten Staaten durch die einseitige Zuerkennung einer vertraglichen Rechtsposition, gegen ihren Willen und ohne Vertragspartei zu sein, an den Vertrag und dessen Inhalte gebunden werden. Das erscheint umso bedenklicher, wenn man diesen Ansatz im Entwicklungszusammenhang der ausgeweiteten Sanktionspraxis des UN-Sicherheitsrats betrachtet.[519] Unklar bleibt zudem, wieso sich ein verändertes Verständnis der souveränen Staatengleichheit nur auf die Nichtmitglieder auswirken soll. Eine Verpflichtung der UN-Mitglieder, zugunsten der Nichtmitglieder auf Grundlage von Kapitel VII tätig zu werden, besteht nicht.[520] Zudem profitieren die ständigen Mitglieder des UN-Sicherheitsrats von Kapitel VII UN-Charta, ohne dass die darin enthaltenen Maßnahmen gegen sie selbst gerichtet werden können.[521]

2. *Zwischenergebnis*

Eine Qualifizierung der UN-Charta als Verfassung mit universeller Wirkung lässt sich durch die Beschreibung nationalstaatlicher Verfassungselemente in der Charta nicht begründen.[522] Dies resultiert aus den unterschiedlichen Verfassungsbegriffen auf nationaler Ebene und dem hiervon abweichenden Begriffsverständnis im Völkerrecht.[523] Es ist zudem widersprüchlich, die besondere Stellung der UN-Charta in Analogie zum nationalstaatlichen Verfassungsbegriff (auch) mit dem weiten Interpretationsspielraum des Sicherheitsrats aus Art. 39 herzuleiten.[524] Denn auf nationalstaatlicher Ebene „liegt die Funktion

---

518 Vgl. *Fassbender*, UN Security Council Reform, S. 112.

519 Allerdings schlägt auch Fassbender eine Modifikation des Vetorechts vor, vgl. *Fassbender*, UN Security Council Reform, S. 207 ff., 277 ff.

520 Vgl. *de Wet*, Chapter VII powers, S. 98.

521 Vgl. *Kammerhofer*, LJIL 23 (2010), S. 723 (734).

522 Vgl. *Payandeh*, Internationales Gemeinschaftsrecht, S. 51; *Tomuschat*, RdC 281 (1999), S. 9 (88).

523 Vgl. *Payandeh*, Internationales Gemeinschaftsrecht, S. 49 f. Siehe zu den verschiedenen Begriffen: *Schwöbel*, Global constitutionalism, S. 29; *Bodansky*, IJGLS 16 (2009), S. 565 ff., der der Frage nachgeht, ob sich eine „International Environmental Constitution" herausgebildet hat.

524 Vgl. *Payandeh*, Internationales Gemeinschaftsrecht, S. 50.

der Verfassung primär in der Begrenzung hoheitlicher Gewalt“[525] und nicht in deren Ausweitung.[526]

Überdies kann auch die Heranziehung der gelebten Vertragspraxis im Rahmen der evolutiv-dynamischen Auslegung nur eine erweiternde Auslegung im Rahmen des bestehenden Vertragswerks, nicht aber eine tatsächliche Änderung der Vertragsvorschriften begründen.[527] Gegen die verschiedenen Ansätze der konstitutionellen Lesart bestehen darüber hinaus methodische Bedenken, da diese Annahmen aus dem nationalen Recht deskriptiv auf die UN-Charta übertragen, damit von einem Verfassungscharakter dieser ausgehen, und daraus Schlüsse für die Charta ableiten.[528]

Wenn für die Begründung einer Drittwirkung der UN-Charta zudem vereinzelt auf ein modifiziertes Verständnis der souveränen Staatengleichheit abgestellt wird[529] – und damit nicht auf Art. 2 Ziff. 6 UN-Charta –, ist es genau genommen die Satzung selbst, die eine Privilegierung der Nichtmitglieder überhaupt erst möglich macht.[530] Aus dem positiv geltenden Völkerrecht heraus lässt sich eine Einordnung der UN-Charta als Verfassung somit nicht begründen.[531] Die Gründungsstaaten wären selbst bei Annahme einer Verfassungsähnlichkeit der UN-Charta aufgrund der völkervertragsrechtlichen Grundlage der Charta nicht

525 *Payandeh*, Internationales Gemeinschaftsrecht, S. 50 f.

526 Vgl. *Paulus*, Internationale Gemeinschaft, S. 295; *de Wet*, ICLQ 55 (2006), S. 51 (53).

527 Vgl. *Sinclair*, Vienna Convention on the Law of Treaties, S. 138. Ähnlich *Henninger*, Menschenrechte und Frieden, S. 216: „Auch die evolutionäre oder dynamische Auslegung ist eben ‚nur‘ Auslegung und inkorporiert keine normativen Elemente.“ Kritisch zur dynamischen Auslegung auch *Fastenrath*, Lücken im Völkerrecht, S. 193 f. Zu den Grenzen einer evolutiven Auslegung vgl. *Doehring*, Völkerrecht, Rn. 395 f. Siehe auch ICJ, *Interpretation of Peace Treaties with Bulgaria, Hungary and Romania (2nd phase)*, Advisory Opinion of 18 July 1950, ICJ Reports 1950, S. 221 (229): „It is the duty of the Court to interpret the Treaties, not to revise them.“

528 Eindeutige Kritik daran durch *Talmon*, in: Simma/Khan/Nolte/Paulus (Hrsg.), Charter of the UN, Bd. I, Art. 2 (6), Rn. 73; *Paulus/Leiß*, in: Simma/Khan/Nolte/Paulus (Hrsg.), Charter of the UN, Bd. II, Art. 103, Rn. 55: „This argument, however, puts the cart before the horse, because it is based on the general acceptance of this constitutional view in the international community, which is doubtful at best.“ Vgl. auch *Kammerhofer*, LJIL 23 (2010), S. 723 ff.; *Kleinlein*, Konstitutionalisierung, S. 447; *Arangio-Ruiz*, EJIL 8 (1997), S. 1 (18).

529 Vgl. *Fassbender*, UN Security Council Reform, S. 113.

530 Vgl. *Kammerhofer*, LJIL 23 (2010), S. 723 (734 f.).

531 Vgl. *Funke*, Konstitutionalisierung, in: Schöbener (Hrsg.), Völkerrecht, S. 251 (252); *Talmon*, in: Simma/Khan/Nolte/Paulus (Hrsg.), Charter of the UN, Bd. I, Art. 2 (6), Rn. 73; *Klein/Schmahl*, in: Vitzthum/Proelß (Hrsg.), Völkerrecht, S. 285.

dazu befugt gewesen, Normen mit Wirkung gegenüber Dritten festzusetzen.[532] Sie ist und bleibt damit ein multilateraler Vertrag nur der UN-Mitglieder, nicht aber der Staatengemeinschaft in ihrer Gesamtheit.[533]

V. Zusammenfassung

Eine unmittelbare vertragliche Drittwirkung der Grundsätze in Art. 2 UN-Charta gegenüber den Nichtmitgliedern der Vereinten Nationen auf Grundlage von Art. 2 Ziff. 6 UN-Charta besteht nicht (I. 1.). Nur insofern die Grundsätze gewohnheitsrechtlich anerkannt sind, entfalten diese Wirkung auch für die Nichtmitglieder. Die Bindung der Nichtmitglieder beruht dann jedoch auf der Grundlage des Gewohnheitsrechts, nicht aber auf der UN-Charta selbst.[534] Darüber hinaus lässt sich auch keine Verfahrensherrschaft des UN-Sicherheitsrats gegenüber den Nichtmitgliedern herleiten (I. 2.). Eine grundsätzliche Bindung an die Charta-Prinzipien und die Beschlüsse des UN-Sicherheitsrats ergibt sich für die UN-Nichtmitglieder auch nicht aus einer Mitgliedschaft in den UN-Sonderorganisationen (II.). Daneben führt auch die objektive Rechtspersönlichkeit der Vereinten Nationen nicht zu einer Drittwirkung (III.). Auch die These, wonach die UN-Charta als „Weltverfassung" universelle Drittwirkung entfaltet, findet keine Stütze im positiven Völkerrecht (IV.).

---

532 Vgl. *Hörmann*, AVR 44 (2006), S. 267 (272 f.).

533 Vgl. *Hillgruber*, JöR 54 (2006), S. 57 (81); *Weil*, AJIL 77 (1983), S. 413 (425); *Funke*, Konstitutionalisierung, in: Schöbener (Hrsg.), Völkerrecht, S. 251 (252); *Osteneck*, Umsetzung von UN-Wirtschaftssanktionen, S. 306 f. Siehe auch ICJ, *Reparation for Injuries Suffered in the Service of the United Nations*, Advisory Opinion of 11 April 1949, ICJ Reports 1949, S. 174 (178 f.); ICJ, *Conditions of Admission of a State to Membership in the United Nations (Article 4 of the Charter)*, Advisory Opinion of 28 May 1948, ICJ Reports 1948, Individual Opinion of Judge Alvarez, S. 57 (68): „L'actuelle Organisation des Nations unies [...] n'est donc qu'une institution à l'intérieur de ladite société internationale universelle."

534 Vgl. allgemein *Jennings/Watts*, Oppenheim's International Law, Bd. I, § 626 (Fn. 8): „In this situation it is not so much the treaty rule which is binding, but rather the customary rule, which has found convenient expression in the term of the treaty."

C. Mittelbare Drittwirkung von Kap. VII UN-Charta als völkergewohnheitsrechtlich anerkanntes *universal system of collective security*

Nachdem dargestellt wurde, dass eine unmittelbare Drittwirkung der UN-Charta nicht gegeben ist, verbleibt dennoch Raum für die These, dass Kapitel VII der UN-Charta über eine außerhalb der Charta liegende Norm des Völkergewohnheitsrechts mittelbar universelle Drittwirkung entfaltet. Voraussetzung dafür wäre, dass die Sanktionspraxis (1.) und die Reaktion der Nichtmitglieder (2.) eine völkergewohnheitsrechtliche Ausweitung des Sanktionsregimes nahelegen.

I. Sanktionspraxis des UN-Sicherheitsrats

Seit über 40 Jahren adressiert der UN-Sicherheitsrat seine Resolutionen nach Kapitel VII UN-Charta an alle Staaten.[535] Dies könnte als ein erster Hinweis darauf gewertet werden, dass Kapitel VII UN-Charta Einzug in das Völkergewohnheitsrecht gefunden hat und impliziert, dass mithin Nichtmitglieder wie Mitglieder an die Entscheidungen des UN-Sicherheitsrats gebunden sind.[536] So ging auch der IGH in seiner *Advisory Opinion* im *Namibia-Fall* tendenziell davon aus, dass alle Staaten der Resolution 276 Folge zu leisten hatten.[537] Die

535 Siehe zu dieser Entwicklung ausführlich und mit einer Vielzahl von Beispielen *Talmon*, in: Simma/Khan/Nolte/Paulus (Hrsg.), Charta der Vereinten Nationen, Bd. I, Art. 2 (6), Rn. 44 ff. Ab dem Jahr 2003 differenzierte der UN-Sicherheitsrat sprachlich teilweise wieder zwischen „member States" und „all States". Vgl. UNSC 1483 (22 May 2003), UN Doc S/RES/1483; UNSC Res 1718 (14 October 2006), UN Doc S/RES/1718; UNSC 1973 (17 March 2011), UN Doc S/RES/1973. Dies kann nach der Ansicht Talmons aber nicht als Hinweis darauf gewertet werden, dass der Sicherheitsrat keine Bindungswirkung gegenüber Nichtmitgliedern mehr annehme.

536 Vgl. *de Wet*, Chapter VII powers, S. 97.

537 Vgl. ICJ, *Legal Consequences for States of the Continued Presence of South Africa in Namibia (South West Africa) Notwithstanding Security Council Resolution 276 (1970)*, Advisory Opinion of 21 June 1971, ICJ Reports 1971, S. 16 (56, para. 126). Zwar unterschied der Gerichtshof zwischen Verpflichtungen der UN-Mitglieder nach Art. 25 und Verpflichtungen der Nichtmitglieder auf Grundlage des allgemeinen Völkerrechts. Allerdings führte der Gerichtshof in seiner Entscheidung auch aus, dass bestimmte Entscheidungen des UN-Sicherheitsrats gegenüber allen Staaten gelten und auch Nichtmitgliedstaaten im Einklang mit diesen Entscheidungen handeln müssten. Siehe in diesem Zusammenhang auch ICJ, *Accordance with International Law of the Unilateral Declaration of Independence in Respect of Kosovo*, Advisory Opinion of 22 July 2010, ICJ Reports 2010, S. 403 ff. Aus dieser wird vereinzelt geschlossen, dass

Ausführungen des Gerichtshofs lassen sich jedoch nicht verallgemeinern und als eine grundsätzliche Bindung der Nichtmitglieder an die Resolutionen des UN-Sicherheitsrats verstehen.

Entscheidend für die Annahme einer völkergewohnheitsrechtlichen Anerkennung des Sanktionsregimes der UN-Charta ist zunächst die Sanktionspraxis des UN-Sicherheitsrats. In der Folge wird zwischen der Verpflichtung der Nichtmitglieder zur Teilnahme an Sanktionen gegenüber Drittstaaten (1.) und solchen Maßnahmen des Sicherheitsrats differenziert, die sich direkt gegen (vermeintliche) Nichtmitglieder richten (2.).

1. Verpflichtung zur Umsetzung von Sanktionen

Der Sanktionspraxis des Sicherheitsrats lassen sich eine Fülle von Resolutionen entnehmen, die ausdrücklich auch Nichtmitgliedstaaten dazu aufrufen, bei Zwangsmaßnahmen gegen Drittstaaten Beistand zu leisten.[538]

a) SR Res. 418 – Südafrika

In seiner Resolution 418[539] vom 4.11.1977 nahm der UN-Sicherheitsrat einen Resolutionsentwurf an, der ausdrücklich auf Kapitel VII UN-Charta basierte.

Maßnahmen des UN-Sicherheitsrats gegenüber Nichtmitgliedstaaten Bindungswirkung entfalten, vgl. *Talmon*, in: Simma/Khan/Nolte/Paulus (Hrsg.), Charter of the UN, Bd. I, Art. 2 (6), Rn. 67. Allerdings lässt sich den Ausführungen des IGH keine eindeutige Aussage dazu entnehmen. Zwar führte das Gericht in para. 116 aus: „[I] t has not been uncommom for the Security Council to make demands on actors other than United Nations Member States and intergovernmental organizations." Daraus lässt jedoch nicht schließen, dass das Gericht selbst grundsätzlich von einer Bindungswirkung auch für Nichtmitgliedstaaten ausgeht. Zum einen wird keine Aussage darüber getroffen, ob ein solches Vorgehen des UN-Sicherheitsrats rechtmäßig ist. Zum anderen könnte man aus der Formulierung „actors other than UN Member States" auch schließen, dass das Gericht nur nichtstaatliche Akteure meinte. In para. 85 verweist der IGH auf Art. 24, 25 sowie Kapitel VII der UN-Charta. Dies spricht dafür, dass der IGH UN-Mitglieder vor Augen hatte, da die Beschlüsse des UN-Sicherheitsrats nur für diese bindende Wirkung entfalten. Dafür sprechen wohl auch die der Advisory Opinion zugrunde liegenden Umstände. Eine eindeutige Aussage wurde aber wohl (bewusst) vermieden, vgl. Öberg, AJIL 105 (2010), S. 81 (85).

538 Eine ausführliche Darstellung der Resolutionspraxis des UN-Sicherheitsrats ist im Rahmen dieser Untersuchung nicht möglich. Die Entwicklungslinien der Resolutionspraxis des UN-Sicherheitsrats werden daher nur ausschnittweise dargestellt. Für eine umfassende Darstellung vgl. *Fink*, Friedenssicherung, Bd. 1, S. 41 ff.

539 UNSC Res 418 (4 November 1977), UN Doc A/RES/418, paras. 2, 5.

Er fordert darin – seine bisherige Unterscheidung[540] zwischen Mitgliedern und Nichtmitgliedern aufgebend – auch letztere dazu auf, in Übereinstimmung mit den Sanktionen und Inhalten der Sicherheitsrats-Resolution zu handeln. So heißt es in Nr. 5 des Resolutionstextes:

> The Security Council [...] Calls upon *all States, including States non-members* of the United Nations, to act strictly in accordance with the provisions of the present resolution[541]

Damit wurden erstmals explizit auch Nichtmitglieder in einer Resolution des Sicherheitsrats benannt.[542] Hintergrund der Resolution war, dass sowohl die innerstaatliche Apartheidspolitik Südafrikas als auch die militärische Bedrohung für die Nachbarstaaten als Friedensbedrohung angesehen wurden.[543] So unterschiedlich die Begründungen für ein Vorgehen gegen Südafrika auch waren, wurde doch mehrheitlich auf Zwangsmaßnahmen nach Kapitel VII UN-Charta rekurriert.

b) SR Res. 661 – Irak/Kuwait

Die Resolution 661[544] vom 6.8.1990 erging als Reaktion auf den Einmarsch des Iraks in Kuwait. Der Sicherheitsrat bestätigte darin das Recht zur Selbstverteidigung Kuwaits auf Grundlage von Art. 51 UN-Charta und verhängte Wirtschaftssanktionen in Form eines vollumfänglichen Embargos gegen den Irak. Auch diese Resolution enthielt eine ausdrückliche Aufforderung an die Nichtmitglieder der Vereinten Nationen, den Inhalten der Resolution Folge zu leisten.

---

540 Vgl. bspw. UNSC Res 232 (16 December 1966), UN Doc S/RES/232; UNSC Res 253 (29 May 1968), UN Doc S/RES/253; UNSC Res 409 (27 May 1977), UN Doc S/RES/409. Siehe auch *Talmon*, in: Simma/Khan/Nolte/Paulus (Hrsg.), Charta der Vereinten Nationen, Bd. I, Art. 2 (6), Rn. 46 m. w. N.

541 Kursivschreibung durch den Autor hinzugefügt.

542 Vgl. *Talmon*, in: Simma/Khan/Nolte/Paulus (Hrsg.), Charta der Vereinten Nationen, Bd. I, Art. 2 (6). Rn. 46. Siehe zum Verständnis der Formulierung „calls upon“ als rechtliche Verpflichtung *Widdows*, ICLQ 27 (1978), S. 459 (462); *Fink*, Friedenssicherung, Bd. 2, S. 906.

543 Vgl. zu den Hintergründen *Fink*, Friedenssicherung, Bd. 1, S. 408 ff. m. w. N.; *Lailach*, Die Wahrung des Weltfriedens, S. 67 ff.

544 UNSC Res 661 (6 August 1990), UN Doc A/RES/661, paras. 3, 5.

c) *SR Res. 1747 – Iran*

Auch die Resolution 1747[545] des Sicherheitsrats vom 24.3.2007 basierte auf Kapitel VII der UN-Charta und sah Zwangsmaßnahmen gegen den Iran vor, da dieser den Verpflichtungen aus dem Atomwaffensperrvertrag nicht nachgekommen war. Zwar betonte der Sicherheitsrat in dieser Resolution die Notwendigkeit einer diplomatischen Lösung, behielt sich aber auch nichtmilitärische Zwangsmaßnahmen nach Art. 41 UN-Charta vor. Der Sicherheitsrat wendete sich wiederum an alle Staaten, ohne zwischen Mitgliedern und Nichtmitgliedern zu differenzieren.

d) *SR Res. 1973 – Libyen*

Am 17.3.2011 verabschiedete der UN-Sicherheitsrat die Resolution 1973.[546] Damit reagierte er auf die sich zunehmend verschlechternde Situation in Libyen. Er verurteilte darin die schweren Menschenrechtsverstöße während des andauernden Konflikts und implementierte Regelungen zum Einfrieren von Vermögenswerten und zur Einführung einer Flugverbotszone. So heißt es unter anderem:

> The Security Council […] decides that *all States* shall deny permission to any aircraft registered in the Libyan Arab Jamahiriya or owned or operated by Libyan nationals or companies to take off from, land in or overfly their territory[547]

e) *Zwischenergebnis*

Obwohl eine rechtliche Pflicht der Nichtmitgliedstaaten zur Umsetzung der Resolutionen nach der Konzeption der UN-Charta, insbesondere von Kapitel VII, nicht besteht,[548] zeigen die obigen Beispiele, dass der UN-Sicherheitsrat seit der Resolution 418 für sich in Anspruch nimmt, unterschiedslos sowohl Mitglieder als auch Nichtmitglieder der Vereinten Nationen zur Unterstützung von Aktionen nach Maßgabe von Kapitel VII gegen Drittstaaten zu verpflichten. Die Ausführungen des IGH in seiner *Advisory Opinion* im Namibia-Fall[549] geben einen weiteren Hinweis auf das gewachsene Selbstverständnis des UN-Sicherheitsrats, auch Nichtmitglieder in seinen Resolutionen miteinzubeziehen.

---

545 UNSC Res 1747 (24 March 2007), UN Doc A/RES/1747.

546 UNSC Res 1973 (17 March 2011), UN Doc A/RES/1973.

547 Kursivschreibung durch den Autor hinzugefügt.

548 Vgl. oben 2. Teil B.

549 Vgl. ICJ, *Legal Consequences for States of the Continued Presence of South Africa in Namibia (South West Africa) Notwithstanding Security Council Resolution 276 (1970)*, Advisory Opinion of 21 June 1971, ICJ Reports 1971, S. 16 (16 ff.).

2. *Nichtmitgliedstaaten als Adressaten von Zwangsmaßnahmen nach Kap. VII UN-Charta*

Von der Frage einer Verpflichtung der Nichtmitglieder zu positiven Beistandshandlungen ist der Fall zu unterscheiden, in dem der UN-Sicherheitsrat Maßnahmen direkt an Nichtmitglieder adressiert. Bis heute sind nur wenige Fälle diskutiert worden, die teilweise als Beispiel für eine Sanktionspraxis des Sicherheitsrats gegenüber Nichtmitgliedern herangezogen wurden.

a) SR Res. 7 – Spanien

Als Ausgangspunkt der Tradition und des Selbstverständnisses des Sicherheitsrats, Nichtmitglieder unmittelbar zu sanktionieren, kann die Resolution 7[550] vom 26.6.1946 angesehen werden. In dieser beschloss der Sicherheitsrat, die Ereignisse aufgrund der Diktatur des Franco-Regimes in Spanien weiter zu beobachten und behielt sich weitere Maßnahmen zum Schutz der internationalen Sicherheit und Ordnung vor.[551] Da Spanien erst 1955 Mitglied der Vereinten Nationen wurde, handelt es sich um die erstmalige Diskussion der Adressierung eines Nichtmitglieds durch den Sicherheitsrat. Der Sicherheitsrat selbst ging damals davon aus, dass ihn Art. 2 Ziff. 6 UN-Charta dazu ermächtigt, Maßnahmen auch gegen Nichtmitglieder durchzuführen oder diese zu verpflichten.[552]

b) SR Res. 232 – Rhodesien

Am 11.11.1956 erklärte der rhodesische Ministerpräsident Ian Smith einseitig die Unabhängigkeit des bis dahin Großbritannien zugehörigen Gebiets. Infolgedessen erließ der UN-Sicherheitsrat eine Vielzahl von Resolutionen, in denen er unter anderem dazu aufrief, das neue Regime in Rhodesien nicht anzuerkennen und die wirtschaftlichen Beziehungen abzubrechen. Mit der Resolution 232[553] vom 16.12.1966 verhängte der UN-Sicherheitsrat Wirtschaftssanktionen gegen

---

550 UNSC Res 7 (26 June 1946), UN Doc A/RES/7.

551 Vgl. ausführlich zu den Hintergründen und Diskussionen des Beschlusses *Fink*, Friedenssicherung, Bd. 1, S. 49 ff.

552 Vgl. *Fink*, Friedenssicherung, Bd. 1, S. 67; *Kempen/Hillgruber*, Völkerrecht, § 36, Rn. 26.

553 UNSC Res 232 (16 December 1966), UN Doc A/RES/232. Die Resolution wird an dieser Stelle im Zusammenhang mit der unmittelbaren Sanktionierung von Nichtmitgliedern diskutiert. Inhaltlich wendete sich diese zwar auch an Nichtmitglieder, differenzierte im Hinblick auf ihre Verpflichtungswirkung nach Art. 25 UN-Charta jedoch eindeutig zwischen UN-Mitgliedern („Decides“) und -Nichtmitgliedern („Urges“).

das damalige UN-Nichtmitglied Rhodesien. Die Sanktionen werden daher vereinzelt als Vorgehen gegen einen Nichtmitgliedstaat angesehen.[554] Allerdings stand Rhodesien zum damaligen Zeitpunkt nach wie vor unter britischer Verwaltung, sodass die Zustimmung Großbritanniens das Vorgehen des UN-Sicherheitsrats zumindest rechtfertigte.[555] Da Großbritannien zudem die Bemühungen zur Wiedererlangung des Staatsgebietes nicht eingestellt hatte, kam Rhodesien keine eigenständige Staatsqualität zu.[556] Ein eindeutiges Beispiel für das Vorgehen des UN-Sicherheitsrats gegen einen Nichtmitgliedstaat ist der Fall Rhodesien daher nicht.

c) SR Res. 757 – Jugoslawien

Ebenso uneindeutig gestaltet sich die Einordnung der Sanktionen des UN-Sicherheitsrats gegenüber der Bundesrepublik Jugoslawien (BRJ), bestehend aus Serbien und Montenegro, im Jahre 1992,[557] da diese nicht automatisch die Mitgliedschaft der Sozialistischen Bundesrepublik Jugoslawien fortführte.[558] Dies wurde auch durch die Generalversammlung[559] und den Internationalen Gerichtshof[560] bestätigt. Die BRJ wurde vielmehr im Jahr 2000 als Neumitglied in die Vereinten Nationen aufgenommen.[561]

Unklar bleibt jedoch, welchen Status die BRJ im Zeitraum 1992 bis zu ihrer Neuaufnahme im Jahr 2000 hatte.[562] Das zeigt sich anhand des Auftretens und der Behandlung der BRJ in der Praxis der Generalversammlung. So wurden die

554 Vgl. *Leben*, AFDI 28 (1982), S. 9 (28); a. A. *Ress*, Handelsembargo, S. 72 f.; *Frowein*, in: Simma (Hrsg.), Charta der Vereinten Nationen, Art. 40, Rn. 38 m. w. N.

555 Vgl. *Osteneck*, Umsetzung von UN-Wirtschaftssanktionen, S. 38; *Ress*, Handelsembargo, S. 72 f.; *Frowein*, in: Simma (Hrsg.), Charta der Vereinten Nationen, Art. 40, Rn. 38.

556 Vgl. *Zemanek*, ZaöRV 28 (1968), S. 16 (24 f.); *Ress*, Handelsembargo, S. 73. Siehe auch *McDougal/Reisman*, AJIL 62 (1968), S. 1 (17).

557 Vgl. UNSC Res S/Res/757 (30 May 1992), UN Doc S/Res/757.

558 Vgl. UNSC Res S/Res/777 (19 September 1999), UN Doc S/Res/777.

559 Vgl. UNGA Res 47/1 (22 September 1992), UN Doc A/Res/47/1: „[…] that the Federal Republic of Yugoslavia (Serbia and Montenegro) should apply for membership in the United Nations and that it shall not participate in the work of the General Assembly […]".

560 Vgl. ICJ, *Legality of Use of Force (Serbia and Montenegro v. Belgium)*, (Preliminary Objections), Judgement of 15 December 2004, ICJ Reports 2004, S. 279 ff.

561 Vgl. UNSC Res 1326 (31 October 2000), UN Doc S/RES/1326.

562 Vgl. ICJ, *Case Concerning Application of the Convention on the Prevention and Punishment of the Crime and Genocide (Bosnia and Herzegovina v. Serbia and Montenegro)*,

Delegierten weder von den Versammlungen ausgeschlossen, noch wurde ihnen die Akkreditierung entzogen.[563] Im Ergebnis wurde diese völlig unklare Position als eine *De-facto-Mitgliedschaft*[564] oder eine *Sui-generis-Stellung*[565] eingeordnet, die Ähnlichkeiten mit der Suspendierung der Mitgliedschaftsrechte aufweist.[566] Von einem eindeutigen Vorgehen des Sicherheitsrats gegen ein Nichtmitglied kann vor dem Hintergrund der ungewissen Einordnung zum damaligen Zeitpunkt nicht die Rede sein.[567]

d) Zwischenergebnis

Eine konsistente Praxis des UN-Sicherheitsrats, auch Nichtmitgliedstaaten unmittelbar zu sanktionieren, lässt sich aus den dargestellten Fällen nicht ableiten. Das Vorgehen muss vielmehr vor dem Hintergrund des jeweiligen Einzelfalls beurteilt werden, sodass daraus keine allgemeinen Schlüsse für die Sanktionspraxis gezogen werden können.

II. Drittwirkung der UN-Charta in der Praxis der Nichtmitglieder

Die Reaktionen der ehemaligen Nichtmitglieder auf die Praxis des UN-Sicherheitsrats sind ebenfalls uneinheitlich. Nicht immer kann dem Verhalten der damaligen Nichtmitglieder eine ausdrückliche Aussage entnommen werden. Ein erster vager Hinweis zugunsten einer akzeptierten Drittwirkung findet sich in den Reaktionen der Nichtmitglieder auf die Anfrage des UN-Sicherheitsrats im

---

Judgement of 26 February 2007, ICJ Reports 2007, S. 43 (98, para 131); *Oellers-Frahm*, VN 4 (2005), S. 154 (155); *Forster*, Nation Building, S. 122.

563 Vgl. *Osteneck*, Umsetzung von UN-Wirtschaftssanktionen, S. 38.

564 Vgl. *Bring*, AJIL 87 (1993), S. 244 (245).

565 Vgl. *Krisch*, in: Simma/Khan/Nolte/Paulus (Hrsg.), Charter of the UN, Bd. I, Art. 39, Rn. 66; *Malone*, AJIL 87 (1993), S. 246 (248).

566 Vgl. *Osteneck*, Umsetzung von UN-Wirtschaftssanktionen, S. 39. Siehe dazu *Blum*, AJIL 87 (1993), S. 240 (248 f.); *ders.*, AJIL 101 (2007), S. 800 ff.

567 Vgl. *Osteneck*, Umsetzung von UN-Wirtschaftssanktionen, S. 38. A. A. *Fink*, Friedenssicherung, S. 680, der davon ausgeht, dass zum Zeitpunkt des Erlasses der S/Res/757 (1992) vom 30. Mai 1992 in den Fällen von Serbien und Montenegro eine eindeutige Nichtmitgliedschaft gegeben war. Vgl. in diesem Zusammenhang auch die Ausführungen des ICTY, *Prosecutor v. Milan Milutinovic, Case-No IT-99-37-PT*, Decision on Motion Challenging Jurisdiction, Judgement of 6 May 2003, para. 62, wonach Resolutionen auf Grundlage von Kapitel VII der UN-Charta gegenüber den Staaten der ehemaligen Sozialistischen Republik Jugoslawiens unabhängig davon Bindungswirkung entfalteten, ob die Staaten zum Zeitpunkt des Erlasses Mitglieder in den Vereinten Nationen waren oder nicht.

Zusammenhang mit der Resolution 50 vom 29.5.1948.[568] Die damaligen Nichtmitglieder Italien, Schweiz und Österreich erklärten, dass sie die Resolution umsetzen würden.[569]

Außerhalb der Vereinten Nationen stehen zudem die Cook-Inseln,[570] welche jedoch Maßnahmen aus Resolution 1371[571] in nationales Recht umsetzten.[572] Auch Südkorea implementierte bis zur Aufnahme in die Vereinten Nationen im Jahre 1991 die Resolutionen des UN-Sicherheitsrats, ohne sich unter Hinweis auf eine autonome Nachvollziehung von einer Bindungswirkung des UN-Sanktionsregimes auszunehmen.[573] Aus dem Verhalten des ehemaligen Nichtmitgliedstaates Ost-Timor im Zeitraum zwischen Unabhängigkeit und Aufnahme in die Vereinten Nationen lässt sich hingegen keine Erkenntnis ableiten, da das Staatsgebiet Ost-Timors unter *legitimate authority* der Vereinten Nationen stand und diesem Vorgehen zustimmte.[574]

Im Folgenden erfolgt eine kurze Darstellung des Verhaltens der ehemaligen Nichtmitgliedstaaten Bundesrepublik Deutschland und Schweiz sowie Taiwans in Bezug auf die Maßnahmen des UN-Sicherheitsrats im Zeitraum ihrer Nichtmitgliedschaft.

1. Bundesrepublik Deutschland

Die Bundesrepublik Deutschland beteiligte sich schon vor ihrem Beitritt zu den Vereinten Nationen im Jahr 1973 an den Maßnahmen des Sicherheitsrats.[575] Dies zeigt etwa die Unterstützung der Sanktionen des Sicherheitsrats gegenüber Rhodesien und Südafrika. So schloss sich die Bundesrepublik Deutschland

---

568 Vgl. UNSC Res 50 (29 May 1948), UN Doc S/RES/50.

569 Siehe UN Docs S/855 (23 June 1948), S. 2 (Italy), S. 3 (Hungary), S. 6–7 (Switzerland) und S/855/Add.3 (9 July 1948), S. 1 (Austria). Vgl. dazu *Talmon*, in: Simma/Khan/Nolte/Paulus (Hrsg.), Charter of the UN, Bd. I, Art. 2 (6), Rn. 56.

570 Siehe ILO, International Labour Conference, Provisional Record, 104th Session, Geneva, June 2015, S. 2: „Since the Cook Islands is not at present a Member of the United Nations (UN), its admission to membership of the International Labour Organization is governed by article 1."

571 UNSC Res 1371 (26 September 2001), UN Doc S/RES/1371.

572 Vgl. detailliert *Talmon*, in: Simma/Khan/Nolte/Paulus (Hrsg.), Charter of the UN, Art. 2 Ziff. 6, Rn. 63.

573 Vgl. *Talmon*, in: Simma/Khan/Nolte/Paulus (Hrsg.), Charter of the UN, Bd. I, Art. 2 Ziff. 6, Rn. 58.

574 Vgl. *de Wet*, Chapter VII powers, S. 319; *Krisch*, in: Simma/Khan/Nolte/Paulus (Hrsg.), Charter of the UN, Bd. I, Art. 39, Rn. 66.

575 Vgl. *Beyerlin/Strasser*, ZaöRV 35 (1975), S. 768 (806).

vollumfänglich der Resolution 232 des UN-Sicherheitsrats an.[576] Daneben informierte sie den UN-Sicherheitsrat im weiteren Verlauf über die Umsetzung der durch ihn beschlossenen Maßnahmen[577] und betonte, dass die Umsetzung der Beschlüsse des UN-Sicherheitsrats erfolge, obwohl die Bundesrepublik Deutschland kein Mitglied der Vereinten Nationen sei.[578] Diese Aussage wurde vereinzelt so aufgefasst, dass die Bundesrepublik selbst nicht von einer Verpflichtung ausging, an Sanktionsmaßnahmen teilzunehmen.[579] Diese Einschätzung legen auch die Aussagen des damaligen Bundeswirtschaftsministers Karl Schiller nahe. So befürchtete die Bundesregierung erhebliche Störungen der auswärtigen Beziehungen der Bundesrepublik sowie eine schwere Schädigung der deutschen Position gegenüber den Vereinten Nationen,[580] sodass die Unterstützung der Sanktionen aus politischen Beweggründen (Vermeidung politischer und wirtschaftlicher Isolierung) erfolgte. Zwar verpflichtete sich die Bundesrepublik Deutschland im Rahmen des Deutschlandvertrages, ihre Politik im Einklang mit den Prinzipien aus Art. 2 der Satzung der Vereinten Nationen auszurichten.[581] Daraus resultierte jedoch nicht zugleich die Verpflichtung, die Sanktionen des Sicherheitsrats nach Kapitel VII UN-Charta zu unterstützen.[582]

2. *Schweiz*

Hilfreich ist auch eine Analyse des Verhaltens der Schweiz vor Eintritt in die Vereinten Nationen 2002. Zwar lag der Schwerpunkt der Diskussionen dort auf dem Verhältnis der Sanktionen des Sicherheitsrats zum Neutralitätsstatus der Schweiz.[583] Diese machte aber mehrfach deutlich, dass sie sich nicht an die Grundsätze der UN-Charta gebunden fühlte. Im Rahmen der Embargomaßnahmen

---

576 Vgl. *von Schenck*, ZaöRV 29 (1969), S. 257 (268).

577 Vgl. UN Doc A/AC.115/L.143 (13 October 1965), S. 20, zitiert nach *Talmon*, in: Simma/Khan/Nolte/Paulus (Hrsg.), Charter of the UN, Bd. I, Art. 2 (6), Rn. 57; UN Doc S/7181 (4 March 1966); S/7181/Add.1 (18 May 1966); UN Doc S/10852/Add.1, Annexes I, II.

578 Vgl. *Talmon*, in: Simma/Khan/Nolte/Paulus (Hrsg.), Charter of the UN, Bd. I, Art. 2 (6), Rn. 57; UN Doc S/7781 (21 February 1967), Annex 2, S. 20.

579 Vgl. *McNeill*, Cornell Int'l L. J. 9 (1975/1976), S. 1 (10). Im Ergebnis so auch *Klein*, Statusverträge, S. 203.

580 Vgl. *von Schenck*, ZaöRV 29 (1969), S. 257 (268).

581 Vertrag über die Beziehungen zwischen der Bundesrepublik Deutschland und den Drei Mächten, abgedruckt in BGBl. 1955-II, S. 303 ff.

582 Vgl. *von Schenck*, ZaöRV 29 (1969), S. 257 (276 f.).

583 *Ross*, Neutrality and International sanctions, S. 157 ff.

des Sicherheitsrats im Rhodesien-Konflikt betonte die Schweiz ausdrücklich ihr autonomes und freiwilliges Handeln im Rahmen eines *courant normal*, unabhängig von den Sanktionen des UN-Sicherheitsrats. Auch im Golfkrieg und bei den Maßnahmen gegen das Taliban-Regime in Afghanistan befolgte die Schweiz diese zwar vollumfänglich, stellte zugleich jedoch klar, dass die Unterstützung und Umsetzung allein aufgrund autonomer und freiwilliger Entscheidung erfolge und keine Rechtspflicht zum Handeln vorliege (Grundsatz des autonomen Nachvollzugs).[584] Das Verhalten der Schweiz ist daher ein gutes Beispiel dafür, wie aus der Perspektive eines Nichtmitglieds eine Bindungswirkung der Resolutionen des Sicherheitsrats abgelehnt wird.[585]

3. *Taiwan*

Interessant ist auch das Verhalten Taiwans. Zwar hat sich Taiwan bis heute nicht ausdrücklich für unabhängig erklärt, faktisch sind allerdings die Voraussetzungen der Staatlichkeit gegeben.[586] Seit dem Jahr 2007 bemüht sich Taiwan aktiv

---

584 Vgl. in diesem Zusammenhang S/Ac.31/1997/28 (18 December 1997): „The Permanent Observer of Switzerland to the United Nations [...] has the honour to inform [...] that Switzerland intends to apply, *on an autonomous basis*, the measures referred to in paragraph 4 of Security Council resolution 1127 (1997) of 28 August 1997" (Kursivschreibung durch den Autor hinzugefügt). Eine vergleichbare Argumentation erfolgte im Hinblick auf die Befolgung der UNSC Res 1267 (15 October 1999), UN Doc S/RES/1267; UNSC Res 661 (6 August 1990), UN Doc S/RES/661; UN Doc S/21585 (22 August 1990). Vgl. dazu *Zemanek*, Austrian J. Publ. Int. L. 42 (1991), S. 277 (285); *Vitzthum*, in: Simma (Hrsg.), Charter of the UN, Bd. I, 2. Aufl. 2002, Art. 2 (6), Rn. 13 m. w. N.

585 Dies ist aber keineswegs unumstritten. Einige Autoren gehen aufgrund des allgemeinen Völkerrechts von einer Verpflichtung der Schweiz aus, den Maßnahmen des UN-Sicherheitsrats Folge zu leisten. Vgl. dazu *Schindler*, SZIER 2 (1992), S. 435 (458 ff.); *Tomuschat*, RdC 241 (1993), S. 195 (256 f.). Siehe jüngst auch *Talmon*, in: Simma/Khan/Nolte/Paulus (Hrsg.), Charter of the UN, Bd. I, Art. 2 (6), Rn. 62, der argumentiert, es sei widersprüchlich, wenn sich die Schweiz auf Entscheidungen des UN-Sicherheitsrats verlasse, die ohne diese illegal seien, gleichzeitig aber eine Bindungswirkung der Sanktionen ablehne. A. A. *Thürer*, AVR 30 (1992), S. 63 ff.; *Hannikainen*, Peremptory Norms, S. 223.

586 So auch *Stahn*, Der Staat 40 (2001), S. 73 (88 ff.). A. A., das Staatselement des Staatsgebietes ablehnend *Talmon*, CJIL 8 (2009), S. 135 (136, 141, 159). Für eine Einordnung Taiwans als *De-facto-Regime*: *Schladebach/Bärmann*, NZV 2006, S. 294 (298).

um die Aufnahme in die Vereinten Nationen. Die UN-Mitgliedschaft Taiwans endete 1971 aufgrund von Resolution 2758[587] der Generalversammlung.

Seit den 1990er Jahren macht Taiwan deutlich, dass es das Vorgehen der Vereinten Nationen und die Sanktionen des UN-Sicherheitsrats auch als Nichtmitglied unterstützt. Unmittelbar nach Verabschiedung der UN-Chemiewaffenkonvention im Jahre 1992 erklärte die taiwanische Regierung, das Ziel und den Zweck der Konvention zu unterstützen und verdeutlicht, dass Taiwan auch als Nichtmitglied beabsichtigte, die Konvention einzuhalten und umzusetzen.[588] Im Kosovokonflikt im Jahr 1999 unterstützte Taiwan die Maßnahmen der Verhandlungskonferenz in Paris zur Entschärfung der Kosovokrise.[589] Weiterhin wurden – die eigene UN-Nichtmitgliedschaft betonend – die Antiterror-Maßnahmen der Resolution 1373 in Reaktion auf die terroristischen Anschläge in den Vereinigten Staaten von Amerika im Jahr 2001 umgesetzt.[590] Im Jahr 2006 unterstützte Taiwan zudem die

587 UNGA Res 2758 (XXVI) (25 October 1971), A/RES/2758 (XXVI): „*The General Assembly*, […] *Decides* to restore all its rights to the People's Republic of China and to recognize the representatives of its Government as the only legitimate representatives of China to the United Nations, and to expel forthwith the representatives of Chiang Kai-shek from the place which they unlawfully occupy at the United Nations and in all the organizations related to it."

588 Vgl. die Pressemitteilung des taiwanischen Außenministeriums vom 27.8.2002, abrufbar unter http://www.mofa.gov.tw/News_Content_M_2.aspx?n=5028B03CED127255&sms=5ED24855AD8E6C58&s=D95029CFDBBE3345 (zuletzt besucht am 30. März 2018).

589 Vgl. die Pressemitteilung des taiwanischen Außenministeriums vom 29.3.1999, abrufbar unter http://www.mofa.gov.tw/News_Content.aspx?n=5028B03CED127255&sms=5ED24855AD8E6C58&s=5B64E132608F16B8 (zuletzt besucht am 30. März 2018).

590 Vgl. die Pressemitteilung des taiwanischen Außenministeriums vom 29.3.2002, Anti-terrorist Actions Taken by the Republic of China in Accordance with UN Security Council Resolution 1373 (2001), abrufbar unter http://www.mofa.gov.tw/en/News_Content3.aspx?n=4BAF9BD5400A05D9&sms=BA5E856472F10901&s=D0773DFB23DA2859 (zuletzt besucht am 30. März 2018).

Sicherheitsratsresolution 1718[591] gegen Nordkorea[592] und die Friedensbemühungen der Vereinten Nationen im Iran-Konflikt.[593]

4. *Zwischenergebnis*

Die Reaktionen in der Staatenpraxis sprechen gegen eine gewohnheitsrechtliche Ausweitung von Kapitel VII auf die UN-Nichtmitglieder, da insbesondere die Bundesrepublik Deutschland und die Schweiz ihre Autonomie bei der Umsetzung der Resolutionen des UN-Sicherheitsrats betonten.[594]

---

591 UNSC Res 1718 (14 October 2006), UN Doc. S/RES/1718.

592 So die Pressemitteilung des taiwanischen Außenministeriums vom 24.10.2006, The government of the Republic of China (Taiwan) welcomes and supports the UN Resolution 1718 (2006), abrufbar unter http://www.mofa.gov.tw/en/News_Content.aspx?n=539A9A50A5F8AF9E&sms=37B41539382B84BA&s=617C7E85ED5C2809 (zuletzt besucht am 30. März 2018).

593 So die Pressemitteilung des taiwanischen Außenministeriums vom 2.6.2006, The Republic of China (Taiwan) is pleased to see the Iranian nuclear challenge be resolved peacefully, abrufbar unter http://www.mofa.gov.tw/En/News_Content.aspx?n=1EADDCFD4C6EC567&sms=5B9044CF1188EE23&s=D3A9BF27E67EE96E (zuletzt besucht am 30. März 2018). Vgl. auch Pressemitteilung des taiwanischen Außenministeriums vom 2.12.2013, abrufbar unter http://www.mofa.gov.tw/Mobile/News_Content.aspx?s=D88EDFD0C4B7DDFA (zuletzt besucht am 30. März 2018).

594 Daneben geht auch die Rechtsprechung innerhalb der Europäischen Union davon aus, dass letztere nicht unmittelbar an die UN-Charta gebunden ist. Vgl. EuG, *Ahmed Ali Yusuf et al v. Rat u. Kommission*, Rs. T-306/01, Slg. 2005, S. II-3533, Rn. 242 ff.: „Dagegen ergibt sich aus der Rechtsprechung […], dass die Gemeinschaft als solche, anders als ihre Mitgliedstaaten, nicht unmittelbar durch die Charta der Vereinten Nationen gebunden ist und dass für sie daher keine allgemeine völkerrechtliche Verpflichtung besteht, die Resolutionen des UN-Sicherheitsrats gemäß Artikel 25 der Charta anzunehmen und durchzuführen. Der Grund dafür besteht darin, dass die Gemeinschaft weder Mitglied der UNO noch Adressatin der Resolutionen des UN-Sicherheitsrats, noch Nachfolgerin in die Rechte und Pflichten ihrer Mitgliedstaaten im Sinne des Völkerrechts ist." Siehe demgegenüber ICTY, *Prosecutor v. Milan Milutinovic, Case-No IT-99-37-PT*, Decision on Motion Challenging Jurisdiction, Judgement of 6 May 2003, para. 62.

III. Stellungnahme zur völkergewohnheitsrechtlichen Geltung von Kap. VII UN-Charta

Nach Art. 38 WVK sind Vertragsbestimmungen, sofern diese als Satz des Völkergewohnheitsrechts gelten, auch für Drittstaaten verbindlich.[595] Allerdings ist unklar, ob für dessen Herausbildung eine Akzeptanz durch die Mehrheit der (Vertrags-)Staaten vorauszusetzen ist, oder aber eine der außerhalb des Vertrages stehenden Drittstaaten.[596] In Literatur und Rechtsprechung wird sowohl auf die Praxis der Vertragsparteien[597] als auch auf die Praxis der nicht am Vertrag beteiligten Staaten[598] abgestellt.[599] Der Internationale Gerichtshof zog jedoch Vertragsvorschriften vereinzelt deduktiv als Beweis für die konstitutiven Elemente des Gewohnheitsrechts heran,[600] sodass sich Vertrags- und Gewohnheitsrecht

---

595 Es ist inzwischen allgemein anerkannt, dass völkerrechtliche Verträge Gewohnheitsrecht kodifizieren und zur Herausbildung beitragen können. Vgl. *Klein*, Statusverträge, S. 155 ff. m. w. N.; *Fitzmaurice*, Max Planck UNYB 6 (2002), S. 37 (58). Siehe in diesem Zusammenhang auch ICJ, *Gabcíkovo-Nagymaros Project (Hungary/ Slovakia)*, Judgement of 25 September 1997, ICJ Reports 1997, S. 7 (38); ICJ, *North Sea Continental Shelf*, Judgement of 20 February 1969, ICJ Reports 1969, S. 3 (39).

596 Vgl. *Fitzmaurice*, Max Planck UNYB 6 (2002), S. 37 (62). Der genaue Prozess der Gewohnheitsrechtsbildung wurde bewusst offengelassen. Art. 38 WVK sollte als „general reservation" die Möglichkeit der Entstehung von Gewohnheitsrecht aus vertraglichen Vorschriften darlegen. Siehe dazu *Villiger*, in: Dörr/Schmalenbach (Hrsg.), VCLT-Commentary, Art. 38, Rn. 9.

597 Vgl. *Müllerson*, FS für Eric Suy, S. 161 (170); *Szasz*, in: Joyner (Hrsg.), United Nations and International Law, S. 27 (31); a. A. ICJ, *Military and Paramilitary Activities in and against Nicaragua (Nicaragua v. United States of America)*, Judgement of 27 June 1986, Dissenting Opinion of Judge Robert Jennings, ICJ Reports 1986, S. 528 (531).

598 Vgl. *von Heinegg*, in: Ipsen (Hrsg), Völkerrecht, § 17, Rn. 22; *Villiger*, VCLT-Commentary, Art. 38 Rn. 5: „These constituent elements of customary law [state practice and opinio juris] can be found in particular where *non-parties*, even without express reference to the treaty rule continuously apply inter se or vis-à-vis the parties the substance of the treaty rule qua customary law (or qua emerging customary law)." (Kursivschreibung durch den Autor hinzugefügt).

599 So auch *Payandeh*, Internationales Gemeinschaftsrecht, S. 264 ff. m. w. N., der auch ausführt, dass für die Entstehung von Völkergewohnheitsrecht aus einem völkerrechtlichen Vertrag zwei Anknüpfungspunkte in Betracht kommen: Der Vertragsschluss selbst sowie die dem Vertragsschluss nachgelagerte, aus der Vertragsdurchführung resultierende Übung. Ähnliches gelte für die Feststellung der opinio iuris.

600 Vgl. *Tomuschat*, RdC 241 (1993), S. 195 (259); ICJ, *Case Concerning the Military and Paramilitary Activities in and against Nicaragua (Nicaragua v. United States of America)*, Judgement of 27 June 1986, ICJ Reports 1986, S. 14 (93 ff.). Kritisch zu

zunehmend annähern.[601] Staaten könnten eine vertragliche Bindung demnach nicht (mehr) durch ein bloßes Unterlassen der Ratifikation vermeiden, sondern müssten zumindest positiv widersprechen.[602] Allerdings ist für die Nichtvertragsstaaten der Vertrag eine *res inter alios acta*, sodass es insofern widersprüchlich ist, diese in den Entstehungsprozess miteinzubeziehen.[603] Aus Sicht der vertragsfernen Staaten besteht überhaupt keine Notwendigkeit, durch Protest die Entstehung einer gewohnheitsrechtlichen Norm zu vermeiden.[604] Darüber hinaus muss der Rechtsbindungswille der Vertragspartei im Zeitpunkt des Vertragsschlusses vorliegen.[605] Es ist somit denkbar, dass die völkervertragsrechtliche Regelung Bindungswirkung entfaltet, obwohl diese nicht mehr mit dem aktuellen Staatswillen übereinstimmt.[606] Dann kann jedoch zumindest in der vertraglichen Regelung nicht die Manifestation einer *opinio iuris* gesehen werden.

Rekurriert man für eine völkergewohnheitsrechtliche Ausweitung von Kapitel VII UN-Charta auf die Reaktionen der Nichtmitglieder, ist eine Ausnahme zum *Pacta-tertiis-Grundsatz* jedoch nicht feststellbar. Dies zeigt sich insbesondere am Verhalten der damaligen Nichtmitglieder Schweiz und Bundesrepublik Deutschland.[607] Da zudem selbst eine vertragliche Bindung der Nichtmitglieder an die Beschlüsse des UN-Sicherheitsrats nur dann besteht, wenn sich diese der Verfahrensherrschaft ausdrücklich unterworfen haben, wäre auch eine völkergewohnheitsrechtliche Bindung nur anzunehmen, wenn

dieser Entwicklung: Dissenting Opinion of Judge Sir Robert Jennings, ICJ Reports 1986, S. 528 (532 ff.); *Weil*, AJIL 77 (1983), S. 413 (434 f.); *D'Amato*, AJIL 81 (1987), S. 101 (101 ff.).

601 Siehe zu dieser Entwicklung *Tomuschat*, RdC 241 (1993), S. 195 (257 ff.).

602 Vgl. *Jennings*, SchwJIR 37 (1981), S. 59 (62): „[A] State which wishes not to be bound by such a rule will usually need not only not to ratify but positively to reject."

603 Vgl. *Payandeh*, Internationales Gemeinschaftsrecht, S. 293. A. A. *Hingst*, Auswirkungen der Globalisierung, S. 182.

604 *Payandeh*, Internationales Gemeinschaftsrecht, S. 293.

605 Vgl dazu *Kelsen*, Principles, S. 317: „A treaty is a manifested accord of the will of two or more states."

606 Vgl. in diese Richtung *Charney*, AJIL 87 (1993), S. 529 (534 f.), der den Ursprung der Vertragspflichten auf den allgemeinen Grundsatz *pacta sunt servanda* zurückführt.

607 Vgl. *de Wet*, Chapter VII powers, S. 98; *Kleinlein*, Konstitutionalisierung, S. 449; *McNeill*, Cornell Int'l L. J. 9 (1975) S. 1 (10). Siehe zur Analyse der Reaktionen beider Staaten oben 2. Teil C. II. 1. und 2.

aus dem Verhalten des jeweiligen Nichtmitglieds zweifelsfrei geschlossen werden kann, dass dieses der Verbindlichkeit der Maßnahmen zustimmt.[608]

Auch aus der Anknüpfung an den Grundsatz *acquiescence* ist keine Bindung der Nichtmitglieder begründbar,[609] da dieser ein qualifiziertes Stillschweigen erfordert.[610] Raum für eine Bindung verbleibt demnach nur in den Fällen, in denen nach den Umständen des Einzelfalls eine Reaktion des Staates zu erwarten wäre.[611] Bei den Maßnahmen des UN-Sicherheitsrats haben die Nichtmitglieder aber stets die Freiwilligkeit ihrer Nachvollziehung unabhängig von einer Mitgliedschaft in den Vereinten Nationen betont.[612]

Demgegenüber könnten die Praxis des Sicherheitsrats, alle Staaten zu adressieren, und die stillschweigende Akzeptanz dieser Praxis durch die Mehrheit der UN-Mitglieder durchaus ein Indiz dafür sein, dass dessen Vorgehen auf einer gemeinsamen Rechtsüberzeugung der Staatengemeinschaft beruht. Allerdings hat die obige Analyse gezeigt, dass die Sanktionspraxis uneinheitlich ist. Darüber hinaus muss im Hinblick auf den Willensbildungsprozess die Organpraxis des Sicherheitsrats von der Praxis der Mitglieder unterschieden werden,[613] da dieser

608 Vgl. *Fink*, Friedenssicherung, Bd. 1, S. 67. Siehe auch *Stein/von Buttlar/Kotzur*, Völkerrecht, Rn. 907, die darauf verweisen, dass eine solche Zustimmung regelmäßig dann anzunehmen sei, wenn ein Nichtmitgliedstaat die Aufnahme in die UNO anstrebt. Die Feststellung, ob die freiwillige Umsetzung und Unterstützung der Maßnahmen des UN-Sicherheitsrats aufgrund einer beabsichtigten Aufnahme in den „Zirkel" der UN-Mitglieder oder aber allein aufgrund strategischer bzw. außenpolitischer Gründen erfolgt, ist allerdings kaum möglich.

609 A. A. *Baxter*, RdC 129 (1970), S. 25 (71), der auf die Resolutionen der Generalversammlung abstellt. Vgl. auch *Verdross*, AJIL 60 (1966), S. 55 (62), im Hinblick auf Maßnahmen aufgrund von Art. 39 UN-Charta gegen Nichtmitglieder. Ähnlich, im Ergebnis aber ablehnend *Fassbender*, UN Security Council Reform, S. 109, dem zufolge durch die stillschweigende Akzeptanz der wesentlichen Prinzipien der UN-Charta zugleich die Instrumente zur Implementierung – und damit auch Kapitel VII – anerkannt werden könnten, da beide untrennbar miteinander verbunden seien.

610 Vgl. *Breutz*, Der Protest im Völkerrecht, S. 145; *Müller/Cottier*, Acquiescence, in: Bernhardt (Hrsg.), EPIL, Bd. I, S. 14 (14).

611 Vgl. *Müller/Cottier*, Acquiescence, in: Bernhardt (Hrsg.), EPIL, Bd. I, S. 14 (14); *Hobe*, Völkerrecht, S. 82; ICJ, *Fisheries (United Kingdom v. Norway)*, Judgement of 18 December 1951, ICJ Reports 1951, S. 116 (138 f.).

612 Demnach kommt auch keine Einordnung der UN-Charta als *objective régime* in Betracht, da für dessen Begründung ebenfalls der Konsens der Nichtmitglieder erforderlich ist. Vgl. dazu 1. Teil B. II. 3.

613 Vgl. im Hinblick auf die Interpretation der UN-Charta *Skubiszewski*, FS für Hermann Mosler, S. 891 (896 f.).

lediglich den übereinstimmenden Willen der Mitglieder des UN-Sicherheitsrats im Wege eines Mehrheitsbeschlusses, nicht aber zwangsläufig den Willen der Staatengemeinschaft repräsentiert.[614] Das Abstimmungsverhalten innerhalb des UN-Sicherheitsrats ist zudem von politischen Erwägungen geprägt, sodass die Beschlüsse des UN-Sicherheitsrats nicht in jedem Fall die tatsächliche Rechtsauffassung der UN-Mitglieder widerspiegeln.[615]

Trotz der Betonung der Freiwilligkeit durch die Nichtmitglieder haben die Mitglieder ferner nie ausdrücklich festgestellt, dass dennoch von einer Verbindlichkeit der Sanktionen auszugehen sei.[616] Es erscheint widersprüchlich, wenn der UN-Sicherheitsrat (politisch) zwar für sich in Anspruch nimmt, Nichtmitglieder zu adressieren, im Einzelfall jedoch nicht zum Ausdruck bringt, dass er von einer (echten) Rechtsbindung ausgeht. Auch die Tatsache, dass die Mitglieder der Vereinten Nationen gegenüber den Adressierungen von Nichtmitgliedern nicht (offen) opponierten, kann kein qualifiziertes Schweigen begründen, da aus Sicht der UN-Mitglieder kein Anlass zur Äußerung bestand. Für diese machte es keinen Unterschied, ob ein Nichtmitglied die Maßnahmen aufgrund angenommener Bindungswirkung oder eines autonomen Nachvollzugs umsetzte.

Eine mittelbare Bindung der Nichtmitglieder an Kapitel VII als gewohnheitsrechtlich anerkanntes *universal collective security system* besteht damit nicht.[617]

---

614 Vgl. dahin gehend *Herdegen*, FS für Rudolf Bernhardt, S. 103 (112); *Klein*, in: Bieber/Ress (Hrsg.), Die Dynamik des Europäischen Gemeinschaftsrechts, S. 101 (104); *Keber*, Der Begriff des Terrorismus, S. 177 (Fn. 933). Die wohl vorherrschende Ansicht ist zudem der Auffassung, dass allein staatliche Praxis als völkergewohnheitsrechtlich relevante Übung aufzufassen ist, nicht jedoch Resolutionen. Vgl. im Hinblick auf die Resolutionen der Generalversammlung *Verdross*, ZaöRV 26 (1966), S. 690 (693 f.). A. A. *Mendelson*, RdC 272 (1999), S. 155 (201).

615 In diese Richtung tendierend *Martens*, Der Staat 7 (1968), S. 431 (442 f.). *Keber*, Der Begriff des Terrorismus, S. 177 (Fn. 933); *Payandeh*, ZaöRV 66 (2006), S. 41 (45). Siehe auch *Bienk-Koolman*, Befugnis des Sicherheitsrats S. 174 f. Den Resolutionen kommt aber Indizwirkung im Hinblick auf eine *opinio iuris* zu.

616 So *McNeill*, Cornell Int'l L. J. 9 (1975) S. 1 (10): „The Security Council appears to have acquiesced in these particular instances to the views of the States not members, since the views of the Swiss and Federal Republic Governments were not refuted." Vgl. auch *Krisch*, in: Simma/Khan/Nolte/Paulus (Hrsg.), Charter of the UN, Bd. I, Art. 39, Rn. 66.

617 So u. a. *Kleinlein*, Konstitutionalisierung, S. 449. Vgl. ebenso, wenn auch nicht ausdrücklich zum Gewohnheitsrecht, *Hillgruber*, in: Müller-Graff/Roth (Hrsg.), Recht und Rechtswissenschaft, S. 117 (124): „Die sich darüber [über die fehlende Verfahrensherrschaft], zuletzt gegenüber der Bundesrepublik Jugoslawien, hinwegsetzende Praxis des UN-Sicherheitsrats ist null und nichtig." Zweifelnd auch *Paulus/Leiß*,

IV. Zusammenfassung

Kapitel VII UN-Charta entfaltet aufgrund eines fehlenden rechtlich belastbaren Nachweises sowohl einer Völkerrechtspraxis als auch einer entsprechenden Rechtsüberzeugung keine mittelbare Drittwirkung als völkergewohnheitsrechtlich akzeptiertes System kollektiver Sicherheit.

D. Ergebnis zum zweiten Teil: keine rechtliche Drittwirkung der UN-Charta

Die Analyse der UN-Charta im Hinblick auf ihre rechtliche Bedeutung gegenüber Nichtmitgliedstaaten hat gezeigt, dass eine Drittwirkung auch unter Berücksichtigung der sich wandelnden völkerrechtlichen Strukturelemente nicht konstatiert werden kann.

Es wurde dargelegt, dass sich aus der Konzeption der UN-Charta, insbesondere aus Art. 2 Ziff. 6 UN-Charta, keine materiell-rechtliche Drittwirkung der Charta-Grundsätze herleiten lässt.[618] Eine materiell-rechtliche Bindung ist vielmehr nur dann anzunehmen, wenn eine Charta-Regelung entsprechenden Niederschlag im Völkergewohnheitsrecht gefunden hat. Die Bindung resultiert dann jedoch aus einer außerhalb der Charta liegenden, nicht zwangsläufig mit der entsprechenden Charta-Regelung kongruierenden Norm des Völkergewohnheitsrechts.[619] Daneben zeigt eine Untersuchung der UN-Charta, dass eine Verfahrensherrschaft des UN-Sicherheitsrats gegenüber den UN-Nichtmitgliedern ebenfalls nicht besteht.[620]

Eine Drittwirkung der UN-Charta ergibt sich auch nicht aus der Mitgliedschaft in UN-Sonderorganisationen[621] oder unter Zugrundelegung einer objektiven Rechtspersönlichkeit der Vereinten Nationen.[622] Eine universelle Wirkung der UN-Charta über eine universalistisch ausgerichtete konstitutionelle Lesart

in: Simma/Khan/Nolte/Paulus (Hrsg.), Charter of the UN, Bd. II, Art. 103, Rn. 55; a. A. *Talmon*, in: Simma/Khan/Nolte/Paulus (Hrsg.), Charter of the UN, Bd. I, Art. 2 (6), Rn. 74 f.; *Tzanakopoulos*, Disobeying the SC, S. 78 m. w. N., der die Auffassung vertritt, es bestehe eine gewohnheitsrechtliche „Blankettverpflichtung" aller Staaten, dass ihr Verhalten keine Bedrohung des Friedens nach sich zieht.

618 Siehe oben 2. Teil B. I. 1.

619 Siehe oben 2. Teil B. I. 1. a) bb).

620 Siehe oben 2. Teil B. I. 2.

621 Siehe oben 2. Teil B. II.

622 Siehe oben 2. Teil B. III.

der UN-Charta kann auf Grundlage des geltenden Rechtsquellenverständnisses ebenfalls nicht als im Völkerrecht verankert angesehen werden.[623]

Daneben ist auch kein Satz des Völkergewohnheitsrechts festzustellen, wonach Kapitel VII als universelles Friedenssicherungssystem mittelbare Drittwirkung gegenüber den UN-Nichtmitgliedern entfaltet.[624] Eine für die Herausbildung einer solchen Norm des Völkergewohnheitsrechts notwendige kongruente Staatenpraxis und eine Rechtsüberzeugung sind nicht nachweisbar.[625] Sanktionen des UN-Sicherheitsrats, die Nichtmitglieder dazu aufrufen, im Rahmen von Zwangsmaßnahmen Beistand zu leisten, oder sich unmittelbar gegen einen Nichtmitgliedstaat richten, sind auch mangels entsprechender gewohnheitsrechtlicher Verfahrensherrschaft unter rechtlichen Gesichtspunkten für Nichtmitglieder ohne Belang.[626]

E. Fazit und Konkretisierung der bisherigen Untersuchungsergebnisse

Der erste Teil der vorliegenden Arbeit hat expliziert, dass das Völkerrecht einen dynamischen Strukturwandel durchlaufen hat. Die damit einhergehende Abschwächung staatlicher Souveränität und die Zurückdrängung des Konsensprinzips haben jedoch bisher nicht dazu geführt, dass Staaten gegen ihren Willen an eine völkerrechtliche Vertragsnorm gebunden werden können.[627] Konträr zu diesem Untersuchungsergebnis hat der zweite Teil der Arbeit verdeutlicht, dass der UN-Sicherheitsrat dennoch davon ausgeht, auch gegenüber UN-Nichtmitgliedern, das heißt vertragsfremden Staaten, verbindlich handeln zu können.[628] Es wurde dargelegt, dass eine solche Annahme auf Grundlage des geltenden Rechtsquellenverständnisses keine Entsprechung im gegenwärtigen Völkerrecht findet.[629]

Bemerkenswert ist, dass – trotz fehlender völkerrechtlicher Verankerung – dem Vorgehen des UN-Sicherheitsrats, auch Nichtmitglieder zu adressieren, insgesamt wenig Beachtung geschenkt wird. Dies ist zum einen der Tatsache geschuldet, dass gegenwärtig eine Quasi-Universalität der Vereinten Nationen

623 Siehe oben 2. Teil B. IV.
624 Siehe oben 2. Teil C.
625 Siehe oben 2. Teil C. II.
626 Siehe oben 2. Teil C. III.
627 Siehe oben 1. Teil A. und B.
628 Siehe oben 2. Teil C.
629 Siehe oben 2. Teil B und C.

besteht, und zum anderen die Handlungen des UN-Sicherheitsrats ein nicht zu unterschätzendes politisches Druckmittel darstellen. Diese, allein auf faktischen Beweggründen basierenden Realitäten führen jedoch nicht zu einem Handeln auf völkerrechtlicher Grundlage.

Angesichts des Stellenwertes der UN-Charta und der Handlungen des UN-Sicherheitsrats sowie der zunehmend auch innerstaatlichen Auswirkungen des Völkerrechts bedarf es der Entwicklung von Lösungsmöglichkeiten für eine zukünftig universelle Anwendbarkeit der UN-Charta, möchten die Vereinten Nationen ihrer Bedeutung als weltumspannende völkerrechtliche Organisation langfristig gerecht werden.

Dritter Teil: UN-Mitgliedschaft und Staatenentstehung: Aufnahme in die Vereinten Nationen als Kollektivanerkennung und Kompensation fehlender Charta-Drittwirkung

Auf Grundlage des geltenden Rechtsquellenverständnisses entfaltet die UN-Charta keine rechtliche Drittwirkung. Anknüpfungspunkt für eine Ausweitung des vertraglichen Anwendungsbereichs der Satzung könnte jedoch das Aufnahmeverfahren nach Art. 4 UN-Charta sein. Die Aufnahme als UN-Mitglied setzt die Staatsqualität des Neumitglieds voraus. Ein verändertes völkerrechtliches Verständnis der Staatlichkeit wirkt sich somit auch auf das Aufnahmeverfahren nach Art. 4 UN-Charta aus. Wäre die Anerkennung nach gegenwärtigem Völkerrechtsverständnis Voraussetzung für die Staatlichkeit und begründete die Aufnahme des Neumitglieds eine konstitutive Anerkennung, wäre die fehlende Drittwirkung der UN-Charta nicht länger entscheidend. Das Defizit der fehlenden Drittwirkung würde durch die Notwendigkeit der UN-Mitgliedschaft kompensiert. Somit wird nicht die vertragliche Wirkung der UN-Charta über den Kreis ihrer Mitglieder hinaus extendiert. Vielmehr erfolgt eine stetige Erweiterung der Anzahl der Mitglieder, indem die Angehörigkeit zu den Vereinten Nationen als Voraussetzung der Staatlichkeit angesehen wird und somit prospektiv eine universelle Mitgliedschaft gewährleistet.

Vor diesem Hintergrund erfolgt in einem ersten Schritt eine Darstellung der völkerrechtlichen Anerkennung von Staaten im Kontext des völkerrechtlichen Strukturwandels (A.) Nach einer kurzen Einführung in den Problembereich (I.) werden Begriff und Rechtsnatur der Anerkennung (II. 1.), deren historische Entwicklung (II. 2), ihre Erscheinungsformen und Inhalte (II. 3.) sowie die Möglichkeit einer bedingten Anerkennung (II. 4.) erörtert. Im Anschluss daran werden die inhaltlichen Anerkennungsvoraussetzungen diskutiert (III.). Im Rahmen dessen werden die Kriterien der Staatlichkeit ausgeführt und prospektive Entwicklungen der Staatselemente in Zeiten der Digitalisierung untersucht (1.). Nach Ausführung des Instruments der Nichtanerkennung (2.) folgt eine ausführliche Untersuchung der Anerkennungsdogmatik (3.). Im Zuge dessen wird die neuere Staatenpraxis[630] einer eingehenden Analyse unterzogen und geprüft, ob die These einer konstitutiven Wirkung der Anerkennung durch diese reflektiert wird und inwieweit die Vorgänge der Staatenentstehung den Einflüssen der Anerkennung unterliegen. Auf Grundlage der im Teil A. gewonnenen Erkenntnisse widmet sich die Arbeit in einem zweiten Schritt dem Aufnahmeverfahren nach Art. 4 UN-Charta, insbesondere der Frage, ob durch dieses eine kollektive Anerkennung vermittelt wird (B.).

A. Die Entwicklung der völkerrechtlichen Anerkennung im Kontext des völkerrechtlichen Strukturwandels

Um sich der Frage nach der Bedeutung der Aufnahme in die Vereinten Nationen für die Staatsqualität von Neustaaten und der damit verbundenen prospektiven Sicherstellung einer universellen UN-Mitgliedschaft anzunähern, wird zunächst eine allgemeine Übersicht über die Entwicklung des völkerrechtlichen Anerkennungsinstrumentariums gegeben. So hat sich mit der Fortentwicklung des Völkerrechts auch die Tragweite der Staatenanerkennung gewandelt, die eine Einordnung des Aufnahmeverfahrens nach Art. 4 UN-Charta als institutionalisiertes Anerkennungsverfahren nahelegt.

I. Einführung in den Problembereich

Der Begriff der Anerkennung wird im Völkerrecht für verschiedene Vorgänge verwendet.[631] Die Wirkungen der Anerkennung und das Zusammenspiel von rechtlichen und politischen Beweggründen rücken immer wieder in den Fokus der Völkerrechtswissenschaft. In keinem anderen Bereich des Völkerrechts erscheinen Politik und Recht so miteinander verflochten.[632] Die Bedeutung der Anerkennung wird dabei als Resultat der „imperfekten Natur des Völkerrechts"[633] angesehen. Die zunehmende Zurückdrängung einzelstaatlicher Souveränität

630 Siehe zur älteren Anerkennungspraxis *Fabry*, Recognizing States, S. 23 ff.

631 Vgl. *Berber*, Völkerrecht, Bd. I, S. 228; *Stein/von Buttlar/Kotzur*, Völkerrecht, Rn. 320. Beispiele: Anerkennung als Staat oder Regierung, Anerkennung von Aufständischen als Kriegsführende, Anerkennung von Grenzen.

632 Vgl. *Ryngaert/Sobrie*, LJIL 24 (2011), S. 467 (489): „State recognition is a process in which the spheres of law and politics are closely intertwined". Siehe auch *Epping*, in: Ipsen (Hrsg.), Völkerrecht, § 5, Rn. 173.

633 *Hilpold*, AVR 31 (1993), S. 387 (388). Vgl. auch *Frowein*, Recognition, in: Bernhardt (Hrsg.), EPIL, Bd. IV, S. 33 (33).

zugunsten der Verwirklichung von Gemeinschaftsinteressen fordert das Instrument der Anerkennung jedoch weiter heraus.

So zeigt sich in der jüngeren Staatenpraxis und im Kontext der Evolution des Völkerrechts,[634] dass das Instrument der Staatenanerkennung verstärkt als Steuerungsinstrument für Staatsentstehungsvorgänge genutzt wird.[635] Gleichzeitig zeichnet sich die Tendenz hin zu einer konstitutiven Wirkung der Anerkennung ab.[636] Der kontemporäre Bedeutungsgehalt des Instruments erschöpft sich allerdings nicht in der Fragestellung nach seiner Rechtswirkung. Die Verschiebungen im Völkerrecht und das gewandelte Souveränitätsverständnis ziehen Implikationen im Hinblick auf die Staatenanerkennung nach sich. So führt die rechtliche Verdichtung der internationalen Beziehungen und die Herausbildung gemeinsamer Wertvorstellungen gleichzeitig dazu, dass das Instrument über seine ursprüngliche Konzeption hinaus Bedeutung als Werkzeug zur Friedenssicherung und zur Verwirklichung von gemeinsamen Werten und Interessen der Staatengemeinschaft erlangt.[637]

II. Die Anerkennung von Staaten im Völkerrecht

Im Folgenden werden zunächst Begriff und Rechtsnatur der Anerkennung erläutert (1.). Nach einem kurzen Überblick über die historischen Wurzeln der Anerkennung (2.) werden sodann Erscheinungsform und Inhalt des Rechtsinstruments dargestellt (3.).[638] Abschließend widmet sich die Untersuchung der Frage der bedingten Anerkennung (4.).

---

634 Auf die veränderten Umstände des Völkerrechts verweist z. B. *Menon*, NJIL 59 (1990), S. 247 (263).

635 So bereits *Dugard*, Recognition, S. 123 ff. Vgl. auch *Hillgruber*, EJIL 9 (1998), S. 491 (491 ff.); *Saxer*, Steuerung der Selbstbestimmung, S. 703 ff.

636 Vgl. *Saxer*, Steuerung der Selbstbestimmung, S. 729; *Rich*, EJIL 4 (1993), S. 36 (64 f.). Zurückhaltend *Hobe*, Völkerrecht, S. 79. A. A. *Schäfer*, FS für Georg Bock, S. 187 (199 ff.).

637 Vgl. *Saxer*, Steuerung der Selbstbestimmung, S. 704, 734 f. Siehe auch *Olaizola*, PSJ Int'l Affairs 1 (2012), S. 60 (60, 72), die anmerkt, dass die gegenwärtige Handhabung der Staatenanerkennung der Erreichung von internationalem Frieden und Gerechtigkeit entgegenstehe.

638 Die Rechtswirkungen der Anerkennung werden an dieser Stelle ausgeklammert und im Rahmen der Voraussetzungen der Anerkennung (3. Teil III. 3) diskutiert.

1. Begriff und Rechtsnatur

Die Anerkennung ist eine einseitige, empfangs- aber nicht annahmebedürftige völkerrechtliche Willenserklärung eines Staates.[639] Sie ist damit ein selbstständiger einseitiger Rechtsakt,[640] der mit Kenntnisnahme durch den Adressaten wirksam wird.[641] Durch diesen wird ein umstrittener faktischer Zustand außer Streit gestellt oder in einem bestimmten Sinne als rechtlich bindend fixiert, sodass Einwendungen nicht mehr vorgebracht werden können.[642] Die Anerkennung sorgt mithin für Rechtssicherheit und Rechtsfrieden zwischen den Parteien.[643] Sie ist nach allgemeiner Auffassung objektbezogen, d. h. akzessorisch zur Existenz des Staates, sodass mit dessen Untergang *ipso jure* die Rechtswirkungen der Anerkennung entfallen.[644] Weiterhin ist die Anerkennung grundsätzlich unwiderruflich,[645] anderenfalls setzt sich der Anerkennende dem Einwand eines *venire contra factum proprium* aus.[646]

---

639 Vgl. *Epping*, in: Ipsen (Hrsg.), Völkerrecht, § 5, Rn. 161; *Simmler*, in: Seidl-Hohenveldern (Hrsg.), Vereinte Nationen, Menschenrechte und Sicherheitspolitik, S. 75 (78); *Breuer*, Anerkennung, in: Schöbener (Hrsg.), Völkerrecht, S. 28 (29). Siehe demgegenüber für eine Annahmebedürftigkeit der Anerkennung *Kleist*, Die völkerrechtliche Anerkennung, S. 66.

640 Vgl. *Breuer*, Anerkennung, in: Schöbener (Hrsg.), Völkerrecht, S. 28 (29). A. A. *Arendt*, Die Anerkennung in der Staatenpraxis, S. 96, 120, wonach die Anerkennung von Staaten als wechselseitiger Akt und somit gegenseitiger Vertrag aufzufassen sei. Ähnlich auch *Anzilotti*, Völkerrecht, S. 119. Eine Anerkennung kann zwar durchaus im Wege eines „Anerkennungsvertrages“ erfolgen, vgl. *Guggenheim*, Lehrbuch des Völkerrechts, Bd. I, S. 185. Dies ändert jedoch nichts daran, dass die darin enthaltene Erklärung des anerkennenden Staates eine einseitige Erklärung darstellt, vgl. *Epping*, in: Ipsen (Hrsg.), Völkerrecht, § 5, Rn. 161.

641 Vgl. *Loudwin*, Die konkludente Anerkennung, S. 23.

642 Vgl. *Geiger*, GG und Völkerrecht, S. 42; *Stein/von Buttlar/Kotzur*, Völkerrecht, Rn. 320; *Berber*, Völkerrecht, Bd. I, S. 233.

643 Vgl. *Simmler*, in: Seidl-Hohenveldern (Hrsg.), Vereinte Nationen, Menschenrechte und Sicherheitspolitik, S. 75 (77); *Epping*, in: Ipsen (Hrsg.), Völkerrecht, § 5, Rn. 160.

644 Vgl. *Breuer*, Anerkennung, in: Schöbener (Hrsg.), Völkerrecht, S. 28 (30); *Epping*, in: Ipsen (Hrsg.), Völkerrecht, § 5, Rn. 164.

645 Vgl. *Stein/von Buttlar/Kotzur*, Völkerrecht, Rn. 320. Siehe auch Art. 6 S. 2 Montevideo-Konvention: „Recognition is unconditional and *irrevocable.*“ (Kursivschreibung durch den Autor hinzugefügt). Allerdings soll in eindeutigen Fällen des Untergangs aus Klarstellungsgründen ein Widerruf möglich sein, so bspw. *Epping*, in: Ipsen (Hrsg.), Völkerrecht, § 5, Rn. 164.

646 Vgl. *Epping*, in: Ipsen (Hrsg.), Völkerrecht, § 5, Rn. 164.

2. Historische Entwicklung

Obwohl die Anerkennung eng mit dem Aufkommen des modernen Flächenstaates verknüpft ist,[647] lässt sich der Ursprung dieses Rechtsinstituts bis in das Mittelalter nachvollziehen.[648] Dort war die Anerkennung eines Regenten durch den Papst von besonderer Relevanz, hing von dieser doch die Aufnahme in die Gemeinschaft der christlichen Nationen ab.[649] Als historisch erster Fall der Anerkennung im Sinne des modernen Völkerrechts wird die Anerkennung der Vereinigten Niederlande nach der Unabhängigkeitserklärung im Jahre 1581 angesehen.[650] Bis Mitte des 18. Jahrhunderts kam der Anerkennung im Zusammenhang mit der Staatlichkeit allerdings keine eigenständige Bedeutung zu. Souveränität im Sinne einer territorialbezogenen Herrschaftsgewalt (*suprema potestas*) setzte nach damaligem Verständnis nicht die Anerkennung durch andere Staaten voraus.[651] Doch schon gegen Ende desselben Jahrhunderts etablierte sich die Unterscheidung zwischen anerkannten und nicht anerkannten Staaten.[652] Die „Heilige Allianz" der europäischen Großmächte, welche im Rahmen des Wiener Kongresses entstand, nutzte die Anerkennung als „machtpolitisches Instrument".[653] In der Epoche des eurozentrischen Völkerrechts (*ius publicum europaeum*) war mit der Anerkennung die Aufnahme in den privilegierten Kreis ausgewählter Nationen verbunden,[654] deren Rechte und Pflichten nur im Verhältnis der Staaten untereinander galten.[655] Insoweit übernahm das europäische Großmächtekonzert die im Mittelalter noch päpstliche Kompetenz der Anerkennung, indem es mit dieser die Aufnahme in eine sich nach außen

647 Vgl. *Hilpold*, AVR 31 (1993), S. 387 (389).

648 Vgl. *Hillgenberg*, FS für Christian Tomuschat, S. 947 (948); *Hilpold*, AVR 31 (1993), S. 387 (389); *Brierly*, The law of nations, S. 2 ff.

649 Vgl. *Menon*, NJIL 59 (1990), S. 247 (247); *Hilpold*, AVR 31 (1993), S. 387 (389); *Blix*, RdC 130 (1970), S. 587 (604).

650 Vgl. *Frowein*, Recognition, in: Bernhardt (Hrsg.), EPIL, Bd. IV, S. 33 (34); *Hilpold*, AVR 31 (1993), S. 387 (389). Siehe dazu auch Vgl. *Hillgruber*, Die Aufnahme neuer Staaten, S. 1 f.

651 Vgl. *Crawford*, Creation, S. 12. Siehe dazu auch *Alexandrowicz*; BYIL 34 (1958), S. 176 (176 ff.).

652 Vgl. *Balekjian*, Die Effektivität und die Stellung nichtanerkannter Staaten, S. 3.

653 *Hilpold*, AVR 31 (1993), S. 387 (390). Siehe zur Anerkennungspraxis in dieser Zeit *Hillgruber*, Die Aufnahme neuer Staaten, S. 54 ff., 394 ff.

654 Vgl. *Breuer*, Anerkennung, in: Schöbener (Hrsg.), Völkerrecht, S. 28 (30).

655 Vgl. *Hilpold*, AVR 31 (1993), S. 387 (390).

abgrenzende europäische Völkerrechtsordnung verband.[656] Während des Dekolonisierungsprozesses spielte die Anerkennung aufgrund des Einvernehmens mit den ehemaligen Kolonialstaaten keine große Rolle.[657] Im weiteren Entwicklungsverlauf hat die Bedeutung der Anerkennung jedoch wieder zugenommen. Das Instrument der Anerkennung wurde aufgewertet und diente nun (wieder) als Druckmittel zur Durchsetzung völkerrechtlicher Ordungsprinzipien.[658] So wurden Anerkennungen neu entstehender Staaten wiederholt von Legitimationsanforderungen abhängig gemacht und zur Beeinflussung der Staatsentstehungsprozesse angewendet.[659]

3. *Erscheinungsformen und Inhalt der Anerkennung*

Im Hinblick auf die Anerkennung ist zwischen der Art und Weise der Willensäußerung (1.) und ihrer inhaltlichen Ausgestaltung (2.) zu unterschieden.

a) Ausdrückliche oder konkludente Anerkennung

Die Anerkennung kann ausdrücklich, zum Beispiel über die Abgabe einer förmlichen Erklärung, oder durch konkludentes Handeln erfolgen.[660] Dies resultiert daraus, dass die Anerkennung als völkerrechtliche Willenserklärung

---

656 Vgl. *Menon*, NJIL 59 (1990), S. 247 (247); *Hilpold*, AVR 31 (1993), S. 387 (390); *Blix*, RdC 130 (1970), S. 587 (605); *Lador-Lederer*, NJIL 27 (1957), S. 64 (69 ff.). Siehe auch *Hillgruber*, Die Aufnahme neuer Staaten, S. 397: „[Die Anerkennungsvoraussetzungen] dienten vielmehr auch […] der Durchsetzung eines 'ordre public européen', d.h. vom allgemeinen Völkerrecht nicht vorgegebener, aber von den europäischen Großmächten zur notwendigen Voraussetzung für die Zugehörigkeit zur europäischen 'Völkerfamilie' erklärter Ordnungsvorstellungen."

657 Vgl. *Hillgruber*, EJIL 9 (1998), S. 491 (504 f.); *ders.*, Die Aufnahme neuer Staaten, S. 743. Siehe zu der zumeist unproblematischen Aufnahme in die Vereinten Nationen in dieser Zeit *Dugard*, Recognition, S. 64; *Hillgenberg*, FS für Christian Tomuschat, S. 947 (948).

658 Vgl. *Oeter*, ZaöRV 52(1992), S. 741 (771); *Simmler*, in: Seidl-Hohenveldern (Hrsg.), Vereinte Nationen, Menschenrechte und Sicherheitspolitik, S. 75 (100 f.).

659 Vgl. *Saxer*, Steuerung der Selbstbestimmung, S. 703 ff.; *Simmler*, in: Seidl-Hohenveldern (Hrsg.), Vereinte Nationen, Menschenrechte und Sicherheitspolitik, S. 75 (101 f.); *Oeter*, ZaöRV 52(1992), S. 741 (772).

660 Vgl. *Epping*, in: Ipsen (Hrsg.), Völkerrecht, § 5, Rn. 165; *Breuer*, Anerkennung, in: Schöbener (Hrsg.), Völkerrecht, S. 28 (29). Siehe umfassend *Loudwin*, Die konkludente Anerkennung, S. 59 ff.

grundsätzlich keiner Formvorgabe unterliegt.[661] Eine konkludente Anerkennung ist allerdings nur dann anzunehmen, wenn sich der Anerkennungswille des Staates in seinen Handlungen klar erkennen lässt.[662] Im Zweifel ist eine restriktive Auslegung angezeigt,[663] ein entsprechender Anerkennungswille mithin abzulehnen.[664] Ein Staat kann dem Anschein einer implizierten Anerkennung zudem durch einen entsprechenden Vorbehalt entgegenwirken.[665]

b) De-jure- und De-facto-Anerkennung

Während die Möglichkeiten einer ausdrücklichen oder konkludenten Anerkennung die Form der Willensäußerung betreffen, berührt die Einteilung in *de jure* und *de facto* die Tragweite des Rechtsinstruments.[666] Beide Anerkennungsarten sind eigenständig und unterscheiden sich qualitativ sowohl hinsichtlich ihres Inhalts als auch ihrer Rechtswirkungen.[667]

Bei der *De-jure-Anerkennung* handelt es sich um eine vollständige und endgültige Anerkennung, die auch im Falle geänderter politischer Umstände grundsätzlich nicht zurückgenommen werden kann.[668] Mit ihr erklärt ein Völkerrechtssubjekt in zweifelsfreien Fällen der Staatsqualität verbindlich,[669] dass der anerkannte Staat den formellen völkerrechtlichen Voraussetzungen entspricht.[670]

---

661 Vgl. *Anzilotti*, Völkerrecht, S. 126; *Dahm/Delbrück/Wolfrum*, Völkerrecht, Bd. I/1, S. 204.

662 Vgl. *Berber*, Völkerrecht, Bd. I, S. 231; *Simmler*, in: Seidl-Hohenveldern (Hrsg.), Vereinte Nationen, Menschenrechte und Sicherheitspolitik, S. 75 (79); *Menon*, NJIL 59 (1990), S. 247 (257 f.); *Stein/von Buttlar/Kotzur*, Völkerrecht, Rn. 320.

663 Vgl. *Epping*, in: Ipsen (Hrsg.), Völkerrecht, § 5, Rn. 165.

664 Vgl. *Simmler*, in: Seidl-Hohenveldern (Hrsg.), Vereinte Nationen, Menschenrechte und Sicherheitspolitik, S. 75 (79).

665 Vgl. *Epping*, in: Ipsen (Hrsg.), Völkerrecht, § 5, Rn. 165.

666 Vgl. *Simmler*, in: Seidl-Hohenveldern (Hrsg.), Vereinte Nationen, Menschenrechte und Sicherheitspolitik, S. 75 (79); *Bindschedler*, BDGVR 4 (1961), S. 1 (5). Beide Anerkennungen können wiederum sowohl ausdrücklich als auch konkludent erfolgen.

667 Vgl. *Epping*, in: Ipsen (Hrsg.), Völkerrecht, § 5, Rn. 170; *Bindschedler*, BDGVR 4 (1961), S. 1 (5); *Zygojannis*, Geburt aus Ruinen, S. 165 f.; a. A. *Brownlie*, Principles, S. 91; *von der Heydte*, FS für Alfred Verdross, S. 129 (140); *O'Connell*, International Law, Bd. I, S. 173 ff.

668 Vgl. *Breuer*, Anerkennung, in: Schöbener (Hrsg.), Völkerrecht, S. 28 (29).

669 Vgl. *Shaw*, International Law, 6. Aufl. 2008, S. 460.

670 Vgl. *Epping*, in: Ipsen (Hrsg.), Völkerrecht, § 5, Rn. 170; *Simmler*, in: Seidl-Hohenveldern (Hrsg.), Vereinte Nationen, Menschenrechte und Sicherheitspolitik, S. 75 (79 f.).

Im Unterschied dazu entfaltet die *De-facto-Anerkennung* nur vorläufige Rechtswirkungen.[671] Sie steht damit unter dem Vorbehalt des Widerrufs.[672] Eine provisorische Anerkennung erfolgt immer dann, wenn noch nicht mit Sicherheit feststeht, ob alle Voraussetzungen der Anerkennung gegeben sind.[673] Schließlich können Staaten mit einer *De-facto-Anerkennung* ihre Ablehnung im Hinblick auf die Art und Weise des Zustandekommens des Anerkennungsgegenstandes zum Ausdruck bringen, wenn sie das Zustandekommen zwar rechtlich nicht sanktionieren wollen, sich aus praktischen oder sonstigen Beweggründen jedoch gehalten sehen, dennoch eine Anerkennung auszusprechen.[674] Insoweit entfaltet die vorläufige Anerkennung eine weitaus geringere Bindungswirkung als die *De-jure-Anerkennung*, da sie Vorbehalte an die zukünftige Erfüllung der noch fehlenden Voraussetzungen stellt.[675] In der Staatenpraxis geht die *De-facto-Anerkennung* der *De-jure-Anerkennung* daher oftmals voraus.

4. *Anerkennung unter „echter" Bedingung / Vorbedingungen der Anerkennung*

Die Anerkennung ist nach überwiegender Ansicht grundsätzlich bedingungsfeindlich.[676] Eine solche Annahme ist in ihrer Absolutheit allerdings missverständlich. Sie ist das Resultat einer sprachlich indifferenten Verwendung der Begrifflichkeiten. Es ist regelmäßig allgemein von einer „bedingten Anerkennung" die Rede. Hinter dieser Terminologie stehen jedoch die zwei voneinander zu trennenden Fälle der Anerkennung unter einer Bedingung im Rechtssinne (sog. „echte" Bedingungen mit aufschiebender bzw. auflösender Wirkung) und einer solchen unter bloßer „Vorbedingung".[677] Diese Differenzierung wird jedoch vereinzelt durchbrochen, wenn Vorbedingungen gleichzeitig eine aufschiebende

---

671 Vgl. *Hobe*, Völkerrecht, S. 76; *Breuer*, Anerkennung, in: Schöbener (Hrsg.), Völkerrecht, S. 28 (29). Siehe auch *Bindschedler*, BDGVR 4 (1961), S. 1 (5).

672 Vgl. *Epping*, in: Ipsen (Hrsg.), Völkerrecht, § 5, Rn. 170 f.

673 Vgl. *Bindschedler*, BDGVR 4 (1961), S. 1 (5). Siehe auch *Zygojannis*, Geburt aus Ruinen, S. 165 m. w. N.

674 Vgl. *Bindschedler*, BDGVR 4 (1961), S. 1 (5); *Frowein*, Recognition, in: Bernhardt (Hrsg.), EPIL, Bd. IV, S. 33 (35); *Epping*, in: Ipsen (Hrsg.), Völkerrecht, § 5, Rn. 170.

675 Vgl. *Epping*, in: Ipsen (Hrsg.), Völkerrecht, § 5, Rn. 170.

676 Vgl. *Breuer*, Anerkennung, in: Schöbener (Hrsg.), Völkerrecht, S. 28 (30); Art. 6 S. 2 Montevideo-Konvention: „Recognition is *unconditional* and irrevocable" (Kursivschreibung durch den Autor hinzugefügt).

677 Vgl. *Simmler*, in: Seidl-Hohenveldern (Hrsg.), Vereinte Nationen, Menschenrechte und Sicherheitspolitik, S. 75 (80 f.).

Wirkung zugesprochen wird.[678] Während teilweise die Möglichkeit einer Anerkennung unter einer „echten“ Bedingung gänzlich abgelehnt wird, unterscheiden andere zwischen Bedingung (*conditio*) und Auflage (*modus*)[679] oder sehen in den ausgesprochenen „Bedingungen“ stets nur Auflagen.[680] Darüber hinaus werden vereinzelt auch Vorbedingungen abgelehnt.[681]

a) Betroffenheit der Anerkennungswirkung als Differenzierungsmerkmal

Entscheidend ist, ob im Einzelfall die Wirkung der Anerkennung betroffen ist. Bei reinen Vorbedingungen handelt es sich meist um Versprechungen oder Verpflichtungen, die der anerkannte Staat als Anreiz für seine Anerkennung oder aus allgemeinem Interesse eingegangen ist.[682] Sie werden mehrheitlich als Auflage eingeordnet, wonach eine „Verpflichtung zur Erfüllung der ‚Bedingung‘ in der Zukunft auferlegt wird.“[683] Akzeptiert der Staat diese Vorbedingungen, zieht dies im Falle der Nichtbeachtung allein seine völkerrechtliche Verantwortlichkeit nach sich; die Wirkungen der Anerkennung als solche bleiben jedoch unberührt.[684]

Demgegenüber tritt bei „echten“ Bedingungen die Wirkung der Anerkennung entweder mit Erfüllung der Bedingung in Kraft (aufschiebende Bedingung) oder entfällt im Falle der Nichterfüllung (auflösende Bedingung).[685]

---

678 So bspw. nun *Epping*, in: Ipsen (Hrsg.), Völkerrecht, § 5, Rn. 162, der auf die Ausführungen von *Zygojannis*, Geburt aus Ruinen, S. 166 f. verweist. Tatsächlich geht diese auf Seite 184 ihrer Abhandlung von einer „echten“ aufschiebenden Bedingung aus.

679 Vgl. *Rivier*, Principes, Bd. I, S. 60 f.

680 So bspw. *Oppenheim/Roxburgh*, International Law, S. 136. Siehe zum Ganzen *Kunz*, Handbuch des Völkerrechts, Bd. 2, S. 96 f. m. w. N.

681 Vgl. *Crawford*, Creation, 1979, S. 323. Kritisch auch *Lauterpacht*, Recognition, S. 364: „However, even when treated as ordinary obligations unrelated to the continued validity of recognition, they are objectionable as being contrary to the true function of recognition.“

682 Vgl. *Lauterpacht*, Recognition, S. 363 f.

683 *Dahm*, Völkerrecht, Bd. I, S. 147. So wird auch Art. 34 des Berliner Abkommens von 1878, mit welchem die Anerkennung der Balkanstaaten mit der „Bedingung“ einer Bekenntnisfreiheit für religiöse Minderheiten verknüpft wurde, als Auflage angesehen, vgl. *Hilpold*, AVR 31 (1993), S. 387 (401); *Lauterpacht*, Recognition, S. 362.

684 Vgl. *Hilpold*, AVR 31 (1993), S. 387 (401); *Lauterpacht*, Recognition, S. 362 f. Siehe dazu den berühmt gewordenen Satz *von Savignys*, System des heutigen römischen Rechts, Bd. III: „Die Bedingung […] suspendiert, zwingt aber nicht; der Modus zwingt, suspendiert aber nicht.“

685 Vgl. *Dahm*, Völkerrecht, Bd. I, S. 146 f.

Wurde bisher die Auffassung vertreten, eine „echte“ bedingte Anerkennung sei in der Völkerrechtspraxis nicht feststellbar,[686] werden die von der Europäischen Gemeinschaft verabschiedeten „Richtlinien für die Anerkennung neuer Staaten in Osteuropa und in der Sowjetunion“[687] inzwischen vereinzelt als Fall einer aufschiebenden Bedingung eingeordnet.[688]

b) Berücksichtigung der Anerkennungsfunktion

Im Hinblick auf die „echte“ bedingte Anerkennung ist die übergeordnete Funktion der Anerkennung zu berücksichtigen. So soll diese insbesondere internationale Rechtssicherheit schaffen.[689] Dem steht eine aufschiebende Bedingung nicht entgegen. Da mit Bedingungseintritt eine endgültige Anerkennung gegeben ist, wird diese ihrer Funktion gerecht. Eine aufschiebend bedingte Anerkennung ermöglicht zudem die Lenkung des Staatsentstehungsprozesses innerhalb eines gewissen Ordnungsrahmens, der die Wertehomogenität der internationalen Staatengemeinschaft sicherstellt.[690]

Ist die Anerkennung jedoch endgültig erfolgt, kann ihr Fortbestehen nicht wieder von der Nichterfüllung einer Resolutivbedingung abhängig gemacht werden.[691] Diese Annahme steht in Wertungsharmonie zur Unterscheidung zwischen *De-jure-* und *De-facto-Anerkennung*. Während erstere aufgrund des völkerrechtlichen Interesses an der Rechtssicherheit endgültig ist, steht nur die *De-facto-Anerkennung* aufgrund ihres vorläufigen Charakters unter dem

686 Vgl. *Simmler*, in: Seidl-Hohenveldern (Hrsg.), Vereinte Nationen, Menschenrechte und Sicherheitspolitik, S. 75 (81); *Verhoeven*, La reconnaissance internationale, S. 649; a. A. *Dahm*, Völkerrecht, S. 147 (Fn. 25); *Lauterpacht*, Recognition, S. 360 (Fn. 4).

687 Declaration on the „Guidelines on the Recognition of New States in Eastern Europe and the Soviet Union“ of 16 December 1991, abgedruckt in: *Türk*, EJIL 4 (1993), S. 66 (72 ff.).

688 So *Zygojannis*, Geburt aus Ruinen, S. 166 f.; 183 f. Vgl. auch *Hilpold*, AVR 31 (1993), S. 387 (402).

689 Vgl. *Zygojannis*, Geburt aus Ruinen, S. 166; *Dahm*, Völkerrecht, Bd. I, S. 147; *Loudwin*, Die konkludente Anerkennung, S. 22.

690 So bspw. *Oeter*, ZaöRV 52 (1992), S. 741 (770 ff.), im Hinblick auf den Bedingungskatalog der EG-Anerkennungsrichtlinien. Allerdings spricht er dabei allgemein von „Bedingung“.

691 Vgl. *Dahm*, Völkerrecht, Bd. I, S. 147.

Vorbehalt des Widerrufs.[692] Insoweit sind nur bei letzterer sowohl resolutive als auch suspensive Bedingungen denkbar.[693]

c) Zwischenergebnis

Die allgemein angenommene Bedingungsfeindlichkeit der Anerkennung bezieht sich allein auf die auflösende Bedingung, nicht aber auf die aufschiebende Bedingung.[694]

III. Die inhaltlichen Voraussetzungen und Rechtswirkungen der Anerkennung

Die inhaltlichen Voraussetzungen und die Wirkung der Staatenanerkennung sind umstritten. Ausgangspunkt ist nach herkömmlicher Auffassung das Vorliegen eines Staates im Sinne der Drei-Elemente-Lehre. Es ist jedoch zu untersuchen, ob die Anerkennung nach heutigem Verständnis eine konstitutive Präsumtion für die Staatlichkeit darstellt.

Um ein Verständnis für die Frage der Rechtswirkungen der Anerkennung zu schaffen, widmet sich die Untersuchung im Folgenden zunächst den tradierten Staatselementen nach der Drei-Elemente-Lehre (1.). Im Rahmen dessen werden die Anforderungen an die Effektivität der Staatsgewalt analysiert. Zudem wird der Frage nachgegangen, inwieweit das Völkerrecht auf die staatliche Binnenstruktur und den Staatsentstehungsprozess abfärbt. Danach werden kurz die Herausforderungen für die Staatlichkeit in Zeiten moderner Kommunikationstechnologie angesprochen. Im Anschluss daran erfolgt eine Darstellung der völkerrechtlichen Pflicht zur Nichtanerkennung (2.). Hiernach werden die völkerrechtliche Anerkennungsdogmatik im Zusammenhang mit den Rechtswirkungen der Anerkennung behandelt und die neueren Entwicklungen in der Staatenpraxis nachgezeichnet (3.).

---

692 Siehe dazu oben 3. Teil A. II. 3.

693 Vgl. *Kunz*, Handbuch des Völkerrechts, Bd. 2, S. 98.

694 So im Ergebnis auch *Dahm/Delbrück/Wolfrum*, Völkerrecht, Bd. I/3, S. 209; *Zygojannis*, Geburt aus Ruinen, S. 167; a. A. *Kunz*, Handbuch des Völkerrechts, Bd. 2, S. 98. Unklar demgegenüber bei *Epping*, in: Ipsen (Hrsg.), Völkerrecht, § 5, Rn. 162 f.: „Die Anerkennung wird mithin erst dann wirksam, wenn die mit ihr verbundene Vorbedingung erfüllt wird (‚aufschiebende Bedingung').“

1. *Vorliegen der traditionellen Staatselemente*

Die völkerrechtliche Staatsqualität richtet sich nach vorherrschender Ansicht nach der Drei-Elemente-Lehre.[695] Danach existiert ein Staat dann, wenn sich ein Staatsvolk auf einem Staatsgebiet unter der Herrschaft einer Staatsgewalt organisiert hat.[696] Nach dieser Theorie sind die drei Merkmale Staatsgebiet, Staatsvolk und Staatsgewalt konstitutiv für die Existenz des Staates.[697]

Trotz der Kritik an ihrer rein faktisch orientierten Ausrichtung,[698] der moralischen Indifferenz[699] und ihrer Zirkularität,[700] wurde die Theorie durch die Völkerrechtslehre und Staatenpraxis weitgehend anerkannt.[701] Daneben haben die Merkmale der Staatlichkeit ihren positiv-rechtlichen Niederschlag in der Montevideo-Konvention über die Rechte und Pflichten von Staaten vom 26.12.1933 gefunden. In deren Art. 1 heißt es:

> The state as a person of international law possesses the following qualifications: a) a permanent population; b) a defined territory; c) a government and d) capacity to enter into relations with other states.[702]

---

695 Vgl. *Kau*, in: Vitzthum/Proelß (Hrsg.), Völkerrecht, S. 161.

696 Entwickelt von *Jellinek*, Allgemeine Staatslehre, S. 395 ff.

697 Vgl. *Stein/von Buttlar/Kotzur*, Völkerrecht, Rn. 250.

698 Vgl. z. B. im Hinblick auf die Montevideo-Kriterien die Kritik durch *Crawford*, in: Goodwin-Gill/Talmon (Hrsg.), The Reality of International Law, S. 95 (113 f.); *Grant*, CJTL 37 (1998/1999), S. 403 ff.

699 Siehe die Fundamentalkritik durch *Holubek*, Allgemeine Staatslehre, S. 12. Vgl. auch *von Hippel*, Mechanisches und moralisches Rechtsdenken, S. 322 ff.; *ders.*, Allgemeine Staatslehre, S. 181: „In Wahrheit aber ist der Staat seinem Wesen nach eine moralische Veranstaltung, die das menschliche Miteinander unter Rechtsgesetzen, nicht aber nur nach Naturgesetzen zu ordnen hat". Vgl. auch *Rich*, EJIL 4 (1993), S. 36 (64).

700 Dass der Drei-Elemente-Lehre ein Zirkelschluss zugrunde liegt, zeigt sich daran, dass nur Gebilde, die bereits Staatsqualität besitzen, Staatsangehörigkeit verleihen und somit ein Staatsvolk schaffen können. Die Theorie definiert den Begriff des Staates somit mithilfe der Teilelemente Staatsvolk, Staatsgebiet und Staatsgewalt. Diese setzen jedoch jeweils selbst die Existenz des erst noch zu definierenden Staates voraus, vgl. *Schöbener/Knauff*, Allgemeine Staatslehre, § 3, Rn. 22; *Kempen/Hillgruber*, Völkerrecht, § 5, Rn. 3.

701 Vgl. *Hobe*, Völkerrecht, S. 71 ff.; *Dahm/Delbrück/Wolfrum*, Völkerrecht, Bd. I/1, S. 127 ff.; *Verdross/Simma*, Universelles Völkerrecht, § 378 ff. Siehe zur deutschen Praxis *Beyerlin/Strasser*, ZaöRV 35 (1975), S. 768 (777 ff.).

702 Convention on the Rights and Duties of States of 26 December 1933, LNTS 165, S. 25.

Die vierte Bedingung (lit. d) hat in der Staatenpraxis keine eigenständige Akzeptanz gefunden, sondern wird als Teil der Staatsgewalt angesehen.[703] Dies folgt daraus, dass die Fähigkeit, Beziehungen zu anderen Staaten aufzunehmen, kein exklusives Recht der Staaten ist.[704] Zudem ist das Kriterium nicht ohne eine bestehende Regierung begreifbar, sodass die Fähigkeit der Beziehungsaufnahme eher Konsequenz als konstitutive Voraussetzung für Staatlichkeit ist.[705] Entscheidend bleiben mithin die drei Elemente, die angesichts ihrer Kontiguität sinnvollerweise nur gemeinsam betrachtet werden können.[706]

a) Staatsgebiet

Ein Staat muss notwendigerweise über eine festgelegte physische Existenz verfügen, die ihn von seinen Nachbarstaaten deutlich abgrenzt.[707] „Das Staatsgebiet ist als territoriales Substrat des Staates eine durch Grenzen gekennzeichnete Zusammenfassung geographischer Räume, innerhalb derer dieselbe Rechtsordnung gilt"[708] und eine effektive und unabhängige Staatsgewalt ausgeübt wird.[709] Das Staatsgebiet erstreckt sich in vertikal-territorialer Hinsicht auf den abgegrenzten Teil der Oberfläche, einschließlich des darunter liegenden, beherrschbaren Erdreichs und auf den über dem Gebiet befindlichen Luftraum.[710]

Trotz der Einordnung des Staates als Gebietskörperschaft ist eine eindeutige oder unbestrittene Grenzziehung nicht erforderlich.[711] Diese Annahme wird durch die Staatenpraxis gestützt, wonach sich die Anerkennung von Entitäten allein auf deren Völkerrechtssubjektivität bezieht, jedoch keine exakte Festlegung der Staatsgrenzen präjudiziert.[712] Eine eindeutige Grenzziehung ist nur für eine Markierung der horizontal-territorialen Dimension des staatlichen

703 Vgl. *von Arnauld*, Völkerrecht, Rn. 72. Kritisch zur Notwendigkeit des Kriteriums *Malanczuk*, International Law, S. 79.

704 Vgl. *Kreijen*, State Failure, S. 21; *Crawford*, BYIL 48 (1976/1977), S. 93 (119).

705 Vgl. *Crawford*, Creation, S. 61; *Kreijen*, State Failure, S. 21.

706 Vgl. *Hobe*, Völkerrecht, S. 72; *Zygojannis*, Geburt aus Ruinen, S. 65.

707 Vgl. *Dixon*, International Law, S. 119.

708 *Vosgerau*, Staat, in: Schöbener (Hrsg.), Völkerrecht, S. 394 (396).

709 Vgl. *Crawford*, Creation, S. 46 ff.

710 Vgl. *Stein/von Buttlar/Kotzur*, Völkerrecht, Rn. 266; *Schöbener/Knauff*, Allgemeine Staatslehre, § 3, Rn. 18; *von Arnauld*, Völkerrecht, Rn. 73 f.

711 Vgl. *von Arnauld*, Völkerrecht, Rn. 73; *Geiger*, GG und Völkerrecht, S. 37; *Verdross/Simma*, Universelles Völkerrecht, § 380; *Stein/von Buttlar/Kotzur*, Völkerrecht, Rn. 269.

712 Vgl. *Kempen/Hillgruber*, Völkerrecht, § 5, Rn. 6.

Kompetenzbereichs notwendig.[713] Ausreichend ist, dass ein wesentliches Kerngebiet feststeht;[714] die Größe des Gebietes ist unerheblich.[715]

b) Staatsvolk

Ein Gebiet, auf dem keine Menschen leben, kann niemals Staat sein.[716] Das Staatsvolk besteht aus einem Zusammenschluss von Menschen, die dem Staat zugehörig sind.[717] Das Bestehen einer heterogenen Gemeinschaft ist ausreichend.[718] Eine Homogenität des Staatsvolks über eine ethnische, kulturelle, sprachliche oder religiöse Verbundenheit wird nicht vorausgesetzt.[719] Teilweise wird das Vorliegen einer bloß faktischen, dauerhaften und stabilen Gemeinschaft für das Bestehen eines Staatsvolk als genügend angesehen.[720] Demgegenüber sieht die Gegenansicht im Kriterium des Staatsvolks einen Rechtsbegriff, sodass die Zugehörigkeit zum Staatsvolk über die Staatsangehörigkeit vermittelt werde.[721] Die Staatsangehörigkeit beschreibe ein öffentlich-rechtliches Rechtsverhältnis, dessen Ausgestaltung sich nach dem nationalen Recht richte.[722] Die Staaten sind in der Verleihung der Staatsbürgerschaft frei, solange zwischen dem Staatsbürger

---

713 Vgl. *Zygojannis*, Geburt aus Ruinen, S. 67; *Dixon*, International Law, S. 119; ICJ, *North Sea Continental Shelf Cases (Federal Republic of Germany v. Netherlands)*, Judgement of 20 February 1969, ICJ Reports 1969, S. 3 (32, para. 46). Etwas anderes soll nur dann gelten, wenn dadurch die Existenz des Staates insgesamt in Frage gestellt wird, vgl. *Kempen/Hillgruber*, Völkerrecht, § 5, Rn. 6.

714 Vgl. *Vosgerau*, Staat, in: Schöbener (Hrsg.), Völkerrecht, S. 394 (396); *Crawford*, Creation, S. 52; *Stein/von Buttlar/Kotzur*, Völkerrecht, Rn. 269; *Verdross/Simma*, Universelles Völkerrecht, § 380.

715 Vgl. *Schöbener/Knauff*, Allgemeine Staatslehre, § 3, Rn. 18; *Geiger*, GG und Völkerrecht, S. 37; *Zygojannis*, Geburt aus Ruinen, S. 67. A. A. *Wengler*, Völkerrecht, Bd. I, S. 187 (Fn. 4).

716 Vgl. *Stein/von Buttlar/Kotzur*, Völkerrecht, Rn. 252.

717 Vgl. *Geiger*, GG und Völkerrecht, S. 37.

718 Vgl. *Zygojannis*, Geburt aus Ruinen, S. 68.

719 Vgl. *Vosgerau*, Staat, in: Schöbener (Hrsg.), Völkerrecht, S. 394 (396); *Kempen/Hillgruber*, Völkerrecht, § 5, Rn. 3.

720 Vgl. *Zygojannis*, Geburt aus Ruinen, S. 68; *Brownlie*, Principles, S. 70 f.; *Crawford*, Creation, S. 52 f.

721 Vgl. *Kempen/Hillgruber*, Völkerrecht, § 5, Rn. 3; *Doehring*, Völkerrecht, Rn. 56; *Heintze*, Friedens-Warte 84 (2009), S. 11 (11); *Folz*, Demokratie und Integration, S. 42; BVerfGE 83, 37 (37 ff., 51).

722 Vgl. *Stein/von Buttlar/Kotzur*, Völkerrecht, Rn. 253.

und seinem Heimatstaat ein ausreichender *genuine link*[723] besteht.[724] Darüber hinaus wird aber ein „gewisses Maß an Zusammengehörigkeitsgefühl" in Form einer „Lebens- und Schicksalsgemeinschaft" der Mehrheit der betreffenden Gruppe gefordert, da ein Staatsvolk sich nicht allein durch die bloße „Summe von Staatsangehörigen" auszeichne.[725] Auf die Zahl der Bevölkerung und deren Siedlungsdichte kommt es dagegen nicht an.[726]

c) Staatsgewalt

Das dritte unabdingbare Element der Staatlichkeit ist die Staatsgewalt. Ihr kommt zentrale Bedeutung zu. Denn erst die sich unmittelbar auf die beiden anderen konstitutiven Merkmale Staatsvolk und Staatsgebiet beziehende dauerhafte, unabhängige Herrschaftsgewalt macht aus einem bevölkerten Territorium einen Staat.[727] Die Staatsgewalt umfasst die zwei Wirkungsrichtungen der Personal- und der Gebiets- oder Territorialhoheit.[728]

Die Staatsgewalt ist zweidimensional. In einer staatsinternen Dimension setzt sie als autonome Ordnungskraft verbindliches Recht auf ihrem Territorium.[729] Sie darf dieses, falls erforderlich, auch unter Anwendung von Zwangsmaßnahmen durchsetzen („innere" oder staatsrechtliche Souveränität).[730] Nach außen hin muss die Staatsgewalt die Fähigkeit besitzen, selbstständig und von anderen Staaten rechtlich unabhängig im Rahmen und nach Maßgabe des Völkerrechts zu handeln („äußere" oder völkerrechtliche Souveränität).[731]

---

723 Siehe dazu *Verdross/Simma*, Universelles Völkerrecht, § 1194 m. w. N.; ICJ, *Nottebohm Case (Liechtenstein v. Guatemala) (Second Phase)*, Judgement of 6 April 1955, ICJ Reports 1955, S. 4 (20 ff.).

724 Vgl. *von Arnauld*, Völkerrecht, Rn. 83.

725 *Vosgerau*, Staat, in: Schöbener (Hrsg.), Völkerrecht, S. 394 (396); *von Arnauld*, Völkerrecht, Rn. 86; *Doehring*, Völkerrecht, Rn. 56.

726 Vgl. *Kempen/Hillgruber*, Völkerrecht, § 5, Rn. 3; *Baer*, Der Zerfall Jugoslawiens, S. 48.

727 Vgl. *Schöbener/Knauff*, Allgemeine Staatslehre, § 3, Rn. 23.

728 Vgl. *Schöbener/Knauff*, Allgemeine Staatslehre, § 3, Rn. 36 ff.; *Stein/von Buttlar/Kotzur*, Völkerrecht, Rn. 283.

729 Vgl. *Schöbener/Knauff*, Allgemeine Staatslehre, § 3, Rn. 24; *Crawford*, Creation, S. 56.

730 Vgl. *Schöbener/Knauff*, Allgemeine Staatslehre, § 3, Rn. 24; *Oeter*, FS für Helmut Steinberger, S. 259 (279).

731 Vgl. *von Arnauld*, Völkerrecht, Rn. 87 ff.; *Schöbener/Knauff*, Allgemeine Staatslehre, § 3, Rn. 35. Dies entspricht den Anforderungen von Art. 1 lit. d) Montevideo-Konvention („capacity to enter into relations with the other states"). Siehe zur Entwicklung des völkerrechtlichen Souveränitätsbegriffs 1. Teil A.

aa) Effektivität der Staatsgewalt

Die Staatsgewalt muss grundsätzlich effektiv sein. Die Existenz eines Staates ist erst dann gegeben, wenn seine Staatsorgane realiter in der Lage sind, ihre Staatsfunktionen nach innen und außen wirksam auszuüben.[732] Sie müssen imstande sein, Staatsgebiet und Staatsvolk tatsächlich und dauerhaft zu kontrollieren,[733] indem sie die innere Ordnung aufrechterhalten sowie die bestehenden völkerrechtlichen Verpflichtungen achten.[734] Eine so verstandene Effektivität stabilisiert die Staatsgewalt und dient zugleich der Durchsetzung des Völkerrechts. Nur eine gefestigte Staatsgewalt bietet Gewähr dafür, dass die völkerrechtlichen Pflichten auf dem betreffenden Territorium erfüllt werden („Rechtsgewährleistu ngsfunktion").[735] Zugleich hat die Forderung nach einer effektiven Staatsgewalt einen friedenswahrenden Zweck, da vermieden wird, dass Staaten in interne Konflikte hineingezogen werden.[736]

Der Effektivitätsgrundsatz wird allerdings teilweise eingeschränkt. Ein Fortbestehen der Staatlichkeit trotz Wegfalls einer effektiven Staatsgewalt wird beispielsweise im Falle einer militärischen Besatzung oder Annexion angenommen.[737]

Zudem wird auch dann nicht auf die Effektivität abgestellt, wenn die Regierungsgewalt ihre Machtausübung in Krisenzeiten aufgrund eines Bürgerkriegs oder Unruhen vorübergehend nicht mehr wirksam ausüben kann (sog. „failed states").[738] Die Staatsgewalt wird in diesen Fällen für eine Übergangszeit fingiert,[739] wenn nicht auszuschließen ist, dass sich – unter Umständen auch erst nach einem Zeitraum von mehreren Jahren – doch wieder eine

---

732 Vgl. *Stein/von Buttlar/Kotzur*, Völkerrecht, Rn. 285; *Vosgerau*, Staat, in: Schöbener (Hrsg.), Völkerrecht, S. 394 (396).

733 Vgl. *Stein/von Buttlar/Kotzur*, Völkerrecht, Rn. 285; *Dahm/Delbrück/Wolfrum*, Völkerrecht, Bd. I/1, S. 129.

734 Vgl. *Stein/von Buttlar/Kotzur*, Völkerrecht, Rn. 285. Siehe auch *Dixon*, International Law, S. 120.

735 *Breuer*, Effektivitätsprinzip, in: Schöbener (Hrsg.), Völkerrecht, S. 69 (71). Vgl. auch *Dahm/Delbrück/Wolfrum*, Völkerrecht, Bd. I/1, S. 129; *Geiger*, GG und Völkerrecht, S. 37; *Kempen/Hillgruber*, Völkerrecht, § 5, Rn. 8; *Schiedermair*, JA 1984, S. 638 (640).

736 Vgl. *Breuer*, Effektivitätsprinzip, in: Schöbener (Hrsg.), Völkerrecht, S. 69 (71).

737 Vgl. *Kempen/Hillgruber*, Völkerrecht, § 5, Rn. 10.

738 Vgl. *Kempen/Hillgruber*, Völkerrecht, § 5, Rn. 9; *Schöbener/Knauff*, Allgemeine Staatslehre, § 3, Rn. 89. Als Beispiele für gescheiterte Staaten werden wiederholt Liberia, Sierra Leone, Somalia und Albanien Mitte der 1990er Jahre genannt.

739 Vgl. *Stein/von Buttlar/Kotzur*, Völkerrecht, Rn. 289.

effektive Herrschaftsgewalt etablieren kann.[740] Dieses Vorgehen der Staatenpraxis ist über die Anwendung des völkerrechtlichen Kontinuitätsgrundsatzes zu rechtfertigen,[741] da anderenfalls für Staatsgebiet und Staatsvolk des gescheiterten Staates die Zuordnung entfiele.[742] Sein Gebiet würde „terra nullius" und wäre der Zugriffsmöglichkeit jener Staaten ausgesetzt, die versuchten, sich das Gebiet anzueignen.[743]

bb) Effektivitätsprinzip und Wertneutralität des Völkerrechts

Die Anwendung des Effektivitätsprinzips ist zugleich Ausdruck des wertneutralen Charakters des Völkerrechts.[744] Diese Blindheit des Völkerrechts für staatsinterne Vorgänge findet ihren Niederschlag zugleich in der völkerrechtlichen Staatsdefinition nach der Drei-Elemente-Lehre. Die Legitimität und Legalität der Herrschaftsmacht sowie die Rechtmäßigkeit des Staatsentstehungsprozesses bleiben aus völkerrechtlicher Sicht für die Betrachtung der Staatsqualität

---

740 Vgl. *Epping*, in: Ipsen (Hrsg.), Völkerrecht, § 5, Rn. 11; *Herdegen*, BDGVR 34 (1996), S. 49 (50). Das Beispiel des Staates Somalia, der seit dem Bürgerkrieg 1991 weitgehend zerfallen ist, zeigt, dass der Schwellenwert sehr hoch angelegt wird. Selbst ein mehrjähriger Krisenzustand soll die Staatlichkeit nicht entfallen lassen. Vielmehr wird versucht, die afrikanische Republik durch die Missionen MISCA und MINUSCA wieder zu stabilisieren, vgl. UNSC Res 2127 (5 December 2013), UN Doc S/RES/2127 und UNSC Res 2149 (10 April 2014), UN Doc S/RES/2149. Siehe auch *Leidenmühler*, Kollabierter Staat, S. 574 ff., 586 der für sog. „failed states" grundsätzlich die Einrichtung transitorischer internationaler Verwaltungsregime zur Wiederherstellung effektiver staatlicher Strukturen vorschlägt.

741 Vgl. *Schöbener/Knauff*, Allgemeine Staatslehre, § 3, Rn. 82, 89. Kritisch *Murswiek*, Der Staat 35 (1996), S. 31 (37).

742 Vgl. *Stein/von Buttlar/Kotzur*, Völkerrecht, Rn. 289.

743 So bspw. *von Arnauld*, Völkerrecht, Rn. 87; *Schöbener/Knauff*, Allgemeine Staatslehre, § 3, Rn. 89; *Kempen/Hillgruber*, Völkerrecht, § 5, Rn. 9. Es wird insbesondere darauf verwiesen, dass die Interessenlage eine andere als bei der Aufnahme eines Neustaates in die Völkerrechtsgemeinschaft sei. Durch den Wegfall der effektiven Herrschaftsmacht entfiele nur die Handlungsfähigkeit, die für eine Inanspruchnahme allerdings nicht notwendig sei, vgl. dazu *Schiedermair*, JA 1984, S. 638 (641). Demgegenüber sieht *Murswiek*, Der Staat 35 (1996), S. 31 (36 ff.), staatliche Interventionen als rechtmäßig an, da der alleinige Grund für die Aufrechterhaltung der Staatlichkeit im Schutz des Selbstbestimmungsrechts liege. Eine solche Annahme verkennt jedoch den friedensstiftenden Charakter des Effektivitätsprinzips, der eine gewaltsame Intervention ausschließt.

744 Vgl. *Breuer*, Effektivitätsprinzip, in: Schöbener (Hrsg.), Völkerrecht, S. 69 (69).

grundsätzlich unberücksichtigt.[745] Die Legitimität eines Staates liege vielmehr in seiner Existenz begründet.[746] Anderenfalls sei zu befürchten, dass die von anderen Staaten als illegitim angesehenen Regierungen die Vorgaben des Völkerrechts nicht befolgten, was einer effektiven Staatsgewalt zuwiderliefe.[747] Die Entstehung des Staates und damit auch der Staatsgewalt wird als ein tatsächlicher, politisch-soziologischer Vorgang angesehen, der allein nach dem Effektivitätsprinzip zu beurteilen sei und keine rechtliche Bewertung umfasse.[748] Diese Einschätzung ist weniger eine Schwäche des trinären Staatsbegriffs, als vielmehr Ergebnis und Fortführung des traditionellen völkerrechtlichen Ordnungszwecks, auch undemokratische Herrschaftssysteme den Vorgaben der Völkerrechtsordnung zu unterwerfen.[749]

cc) Zurückdrängung des Effektivitätsprinzips aufgrund einer Werteaufladung des Völkerrechts

Im Völkerrecht lassen sich jedoch verstärkt Elemente feststellen, die gemeinsame Werte der internationalen Gemeinschaft repräsentieren und das Effektivitätsprinzip zurückdrängen.[750] „Das Völkerrecht steht nicht mehr im Dienst der Staatsräson, sondern des Gemeinwohls der internationalen Gemeinschaft."[751] Zwar sind hinsichtlich der Staatsgewalt von den völkerrechtlichen Anforderungen die staats- und verfassungsrechtlichen Bestimmungen zu unterscheiden.[752] Die äußere Dimension der Staatsgewalt, die völkerrechtliche Souveränität, wird heutzutage jedoch als relativ aufgefasst.[753] Die Staatsgewalt ist nicht dem Willen anderer Staaten unterworfen, hat allerdings das Völkerrecht zu befolgen, an das

745 Vgl. *Epping*, in: Ipsen (Hrsg.), Völkerrecht, § 5, Rn. 175; *Schöbener/Knauff*, Allgemeine Staatslehre, § 3, Rn. 26; *Stein/von Buttlar/Kotzur*, Völkerrecht, Rn. 284.

746 Vgl. *Epping*, in: Ipsen (Hrsg.), Völkerrecht, § 5, Rn. 175; *Anzilotti*, Völkerrecht, S. 125.

747 Vgl. *von Arnauld*, Völkerrecht, Rn. 88.

748 Vgl. *Epping*, in: Ipsen (Hrsg.), Völkerrecht, § 5, Rn. 175. Siehe dazu allgemein *Krieger*, Effektivitätsprinzip.

749 Vgl. *Schöbener/Knauff*, Allgemeine Staatslehre, § 3, Rn. 26; *von Arnauld*, Völkerrecht, Rn. 88.

750 Vgl. *Breuer*, Effektivitätsprinzip, in: Schöbener (Hrsg.), Völkerrecht, S. 69 (69, 72).

751 *Fassbender*, FS für Erik Jayme, Bd. 1, S. 1089 (1093). Vgl. *ders.*, in: Münkler/Fischer (Hrsg.), Gemeinwohl und Gemeinsinn im Recht, S. 231 (231 ff.).

752 Vgl. *Stein/von Buttlar/Kotzur*, Völkerrecht, Rn. 284; *Biehler*, Auswärtige Gewalt, S. 8.

753 Das Verhältnis der Souveränität zur Staatsgewalt ist umstritten. Teilweise wird sie als eigenständiges viertes Element der Staatlichkeit angesehen. Andere setzen beide Begriffe gleich oder sehen die Souveränität als eine Eigenschaft der Staatsgewalt an. Siehe zur Diskussion *Wagner*, Reine Staatslehre, Bd. 1, S. 292 ff. m. w. N.

sie unmittelbar gebunden ist.[754] Staaten sind demnach „befehlsunabhängig, aber nicht ordnungsunabhängig".[755]

Die Verdichtung der völkerrechtlichen Pflichtenstellung des Staates hat jedoch verstärkt substantiellen Einfluss auf die staatliche Binnenstruktur.[756] In einer interdependenten Welt sei Effektivität mithin nicht mehr als strikter, sondern als relativer Standard aufzufassen, der eine subjektive Einschätzung zulasse, ob und wann sich Staatlichkeit soziopolitisch ausgebildet habe.[757] Diese subjektive Bewertung unterliegt maßgeblich den dynamischen Einflüssen des Völkerrechts.

Schon die Akzeptanz eines *ius cogens* im Völkerrecht verdeutlicht, dass materielle Rechtswerte in das bisher wertneutrale Völkerrecht Einzug gehalten haben.[758] Souveränität begründet nicht mehr nur Rechte des Staates, sondern umfasst gleichzeitig Verantwortlichkeiten und Pflichten.[759] Das Völkerrecht statuiert eine Grenze, ab der einer bestimmten Regierungsform jegliche Legitimität abgesprochen wird.[760] Dies wäre dann anzunehmen, wenn die als zwingendes Völkerrecht anerkannten Menschenrechte nachhaltig verletzt wurden. Denn

754 Vgl. *Schöbener/Knauff*, Allgemeine Staatslehre, § 3, Rn. 35; *Verdross/Simma*, Universelles Völkerrecht, § 34 f.

755 *Stein/von Buttlar/Kotzur*, Völkerrecht, Rn. 515. Siehe auch *Heintze*, Territoriale Integrität, S. 81 f.

756 Vgl. *Hillgruber*, ZRph 1/2 (2007), S. 9 (15).

757 So im Hinblick auf die Eignung des Effektivitätsprinzips als Anerkennungskriterium *Saxer*, Steuerung der Selbstbestimmung, S. 707; *Rauschning*, FS für Günther Jaenicke, S. 375 (384 ff.).

758 Vgl. *Breuer*, FS für Eckart Klein, S. 747 (751). Siehe zum *ius cogens* ausführlich 1. Teil A IV. 2. a) cc) (4).

759 Siehe bspw. *Schrijver*, BYIL 70 (1999), S. 65 (95 ff.); *Odendahl*, Die Umweltpflichtigkeit der Souveränität, S. 360 ff.; *Ehm*, Das völkerrechtliche Demokratiegebot, S. 230. Siehe auch ICSS, The Responsibility to Protect, Report of the International Commission on Intervention and State Sovereignty, S. 8: „It is acknowledged that sovereignty implies a dual responsibility: externally – to respect the sovereignty of other states, and internally, to respect the dignity and basic rights of all the people within the state."

760 Vgl. im Hinblick auf ein Demokratiegebot des Völkerrechts *Ehm*, Das völkerrechtliche Demokratiegebot, S. 229 ff., 279, wonach das Interventionsverbot umfassendere Maßnahmen zur Demokratisierung erlaube. Siehe auch *Kokott*, ZaöRV (2004), S. 517 ff.; *Franck*, AJIL, 86 (1992), S. 46 (46 ff., 50 f., 91); *Frowein*, FS für Karl Zemanek, S. 365 (373), der zumindest für den europäischen Geltungsbereich davon ausgeht, dass demokratische Werte Voraussetzung für die Anerkennung seien, sodass dieses Element für die Legitimität eines Staates oder einer Regierung bedeutsam werde. Siehe auch *Caplan*, Europe and the recognition, S. 93. Kritisch demgegenüber *Schachter*, CJTL 36 (1998), S. 7 (19 f.).

nur ein „gewaltenteiliger, die Grundrechte des Einzelnen garantierender Verfassungsstaat" kann einen effektiven Menschenrechtsschutz gewährleisten.[761] Diese Annahme wird durch die Diskussionen zu einer völkerrechtlichen Schutzverantwortung und der damit verbundenen Neukonzeption des Souveränitätsbegriffs bestärkt.[762] Zudem hat obige Untersuchung gezeigt, dass die Staaten teilweise ohne oder gegen ihren Willen an Völkerrecht gebunden werden können.[763] Auch die in mancher Hinsicht bestehende subordinationsrechtliche Stellung der Staaten gegenüber internationalen Organisationen ist kaum mit dem herkömmlichen Souveränitätsverständnis zu vereinbaren.[764]

dd) Zwischenergebnis

Der völkerrechtliche Staatsbegriff wird durch die wertbasierenden Vorgaben des Völkerrechts, welche über das „Scharnier" der äußeren Souveränität als Teil der Staatsgewalt berücksichtigt werden müssen, substantiell beeinflusst. Die Staatseigenschaft kann nicht mehr über ein bloß „mechanisches, quasi ‚geistloses' Aufsummieren der [...] drei Elemente"[765] im Sinne „einer rein faktischen, sozialontologischen Gegebenheit"[766] bestimmt werden. Diese Entwicklung steht dem völkerrechtlichen Effektivitätsgrundsatz jedoch nicht zwangsläufig entgegen. Denn der Einfluss des Völkerrechts führt gleichzeitig dazu, dass die Werte der internationalen Gemeinschaft schon im frühen Zeitpunkt der Staatswerdung Beachtung finden.

d) Staatlichkeit im Zeitalter der Digitalisierung

Die Bedeutung des völkerrechtlichen Staatsbegriffs wird durch die fortschreitende Digitalisierung weiter abgeschwächt. Diese neueren Entwicklungen werden

---

761 *Hillgruber*, ZRph 1/2 (2007), S. 9 (15).

762 Vgl. dazu 1. Teil A. II.

763 Siehe zur Abschwächung des Konsensprinzips 1 Teil Kap. A. IV. Vgl. auch *Fassbender*, APuZ B43 (2004), S. 7 (10).

764 Vgl. *Payandeh*, Internationales Gemeinschaftsrecht, S. 507; *Tomuschat*, RdC 281 (1999), S. 9 (172 ff.). Dies zeigt sich insbesondere an der Ausweitung der Maßnahmen des UN-Sicherheitsrats nach Kapitel VII, der verstärkt auch staatsinterne Konflikte als Friedensbedrohung auffasst. Vgl. zu dieser Entwicklung nur *Krisch*, in: Simma/Khan/Nolte/Paulus (Hrsg.), Charter of the UN, Bd. I, Art. 39, Rn. 19; a. A. *Kempen/Hillgruber*, Völkerrecht, § 5, Rn. 34. Siehe zur Frage der Legislativbefugnis des UN-Sicherheitsrats 2. Teil B. IV. 1. a) cc) (2).

765 *Vosgerau*, Staat, in: Schöbener (Hrsg.), Völkerrecht, S. 394 (395).

766 *Vosgerau*, Staat, in: Schöbener (Hrsg.), Völkerrecht, S. 394 (397).

bisher regelmäßig im Zusammenhang mit Cyberattacken und der Frage des Selbstverteidigungsrechts nach Art. 51 UN-Charta diskutiert.[767] Die zunehmende Vernetzung der globalen Kommunikationsströme wirkt sich jedoch prospektiv auch maßgeblich auf die Elemente der Staatlichkeit aus.

aa) Estlands *Virtual Data Embassy Solution* und digitale Bürgerschaft (*e-residency*)

Die Implikationen der Digitalisierung für die Staatlichkeit werden anhand der IT-Strategie Estlands besonders deutlich. Der baltische Staat, welcher 1991 seine Unabhängigkeit wiedererlangte, ist weltweit führend im Bereich der Digitalisierung von Staats- und Verwaltungsaufgaben (*e-Estonia*).[768] Nachdem Estland im Jahre 2007 ein Gesetz erließ, auf dessen Grundlage ein Kriegsdenkmal aus der Sowjetzeit entfernt wurde, führte dies neben politischen Unruhen zu umfassenden Cyber-Angriffen auf estnische Infrastruktureinrichtungen.[769] Infolgedessen und nachdem aufgrund des Ausbruchs der Ukraine-Krise im Jahr 2014 Sorgen über die territoriale Integrität der baltischen Staaten aufkamen, entwickelte die estnische Regierung in Zusammenarbeit mit dem Unternehmen Microsoft im Rahmen eines Forschungsprojektes eine *Virtual Data Embassy Solution*.[770]

Ziel der Initiative ist es, die Regierungsfunktionen auch dann aufrechtzuerhalten, wenn Estlands Regierung aufgrund einer Annexion oder aufgrund eines

---

767 Vgl. zur Diskussion *Buchan/Tsagourias*, J. Conflict Security L. 17 (2012), S. 18 (18 ff.); *Waxman*, YJIL 36 (2011), S. 421 (421 ff.); *Shackelford*, Berk. J. Int'l L. 24 (2009), S. 192 (192 ff.).

768 So verfügt Estland über eine elektronische ID-Karte, mit der nahezu alle öffentlichen Bereiche und Aufgaben elektronisch genutzt werden können. Dazu gehören Wahlen (*e-Elections*), die Steuererklärung (*e-Tax Board*), Unternehmensgründung (*e-Business*), Bankgeschäfte und Tickets für den öffentlichen Nahverkehr sowie Services im Gesundheits- und Ausbildungsbereich. Eine genaue Übersicht findet sich unter http://estonia.eu/about-estonia/economy-a-it/e-estonia.html (zuletzt besucht am 30. März 2018). Zudem werden alle nationalen Rechtsakte und Gesetze nur noch elektronisch veröffentlicht („Electronic State Gazette").

769 Vgl. The Economist, 7 March 2015, How to back up a country?, abrufbar unter http://www.economist.com/news/technology-quarterly/21645505-protect-itself-attack-estonia-finding-ways-back-up-its-data-how (zuletzt besucht am 30. März 2018).

770 Vgl. dazu Summary Report of the Research Project on Public Cloud Usage for Government, Conducted by Estonian Ministry of Economic Affairs and Communications and Microsoft Corporation (Summary Report), abrufbar unter https://www.mkm.ee/sites/default/files/implementation_of_the_virtual_data _embassy_solution_summary_report.pdf (zuletzt besucht am 30. März 2018).

Cyber-Angriffes nicht mehr in der Lage sein sollte, seine Funktionen tatsächlich weiter auszuüben.[771] Dazu werden alle notwendigen Informationen und Verwaltungsstrukturen sowohl digital innerhalb einer *Public Cloud*[772] als auch physisch auf Servern außerhalb des Landes entweder auf dem Staatsgebiet befreundeter Staaten oder auf Servern in estnischen Auslandsvertretungen gesichert.[773] Darüber hinaus entwickelte Estland als erster Staat eine digitale estnische Bürgerschaft (*e-residency*).[774] Diese erlaubt es Ausländern, über das Internet Unternehmen in Estland zu gründen, Steuererklärungen abzugeben und Bankkonten zu eröffnen. Ein Wahlrecht oder sonstige originäre, den estnischen Staatsbürgern zustehende Rechte sind damit (bisher) allerdings nicht verbunden.[775]

bb) Auswirkungen auf die Drei-Elemente-Lehre

Nach der *Jellinekschen* Lehre definiert sich das Staatsvolk über das Territorium; über dieses werden „die Akteure des Regierens [...] einander zugeordnet."[776] Die Vorstellung eines dreigliedrigen Staatsbegriffs als Bezugsrahmen des Regierens auf fixiertem Raum wird durch die dargestellte digitale Entwicklung allerdings abgeschwächt.[777] Wird heute noch das Bestehen eines zusammenhängenden Kerngebietes gefordert,[778] wäre ein solches nach der estnischen Konzeption in letzter Konsequenz nicht zwingend notwendig. Die Staatsgewalt löst sich somit

---

771 Vgl. Summary Report, S. 1 ff.; The Economist, 7 March 2015, How to back up a country?.

772 Vgl. dazu die Definition der Europäischen Kommission, COM(2012) 529, S. 2: „‚Cloud-Computing' meint in einfachen Worten das Speichern, Verarbeiten und Verwenden von Daten, die sich in entfernten Rechnern befinden und auf die über das Internet zugegriffen wird." Siehe zu dieser neueren Entwicklung aus völkerrechtlicher Sicht *Narayanan*, Chicago J. Int'l L. 12 (2012), S. 783 (783 ff.).

773 Vgl. Summary Report, S. 7.

774 Vgl. https://e-estonia.com/e-residents/about/ (zuletzt besucht am 30. März 2018).

775 Vgl. dazu *Sauerbrey*, Erster Staat schafft digitale Bürgerschaft, Tagesspiegel vom 27.11.2014, abrufbar unter http://www.tagesspiegel.de/politik/estland-erster-staat-schafft-digitale-buergerschaft/11045068.html (zuletzt besucht am 30. März 2018); *Langer*, Zu Besuch in der Zukunft, NZZ vom 27.2.2015, abrufbar unter http://www.nzz.ch/international/europa/zu-besuch-in-der-zukunft-1.18491451 (zuletzt besucht am 30. März 2018).

776 *Draude*, Die Vielfalt des Regierens, S. 211.

777 Vgl. bspw. *Boehme-Neßler*, ZÖR 64 (2009), S. 145 (154 ff.). Siehe dazu aus Governance-Sicht *Draude*, Die Vielfalt des Regierens, S. 211.

778 Vgl. *Stein/von Buttlar/Kotzur*, Völkerrecht, Rn. 269.

von ihrem konkreten Territorialbezug; sie wird vielmehr dezentral und digital vermittelt und mündet in einen elektronisch organisierten Personenverband.[779]

cc) Zwischenergebnis

Der Gedanke einer digitalen Replikation der Staatselemente mag derzeit noch Utopie sein. Es erscheint jedoch nicht ausgeschlossen, dass sich ein Staat zukünftig digital, ohne Rückgriff auf die traditionellen Elemente der Staatlichkeit, konstituiert. Das Vorgehen Estlands könnte dabei ein erstes Anzeichen für einen sich zaghaft entwickelnden Bedeutungswandel der Staatlichkeit darstellen.[780]

2. *Pflicht zur Nichtanerkennung von Völkerrechtsverstößen*

Weitere Anhaltspunkte für eine Zurückdrängung des Effektivitätserfordernisses ergeben sich aus der Nichtanerkennungsdoktrin. Selbst bei Vorliegen der dargestellten Kriterien der Drei-Elemente-Lehre besteht im Einzelfall eine Pflicht, die „effektive soziopolitische Staatlichkeit“[781] nicht zur Kenntnis zu nehmen.[782] So sind Staaten verpflichtet, sich solcher Akte zu enthalten, die dazu beitragen, dass sich ein Völkerrechtsverstoß in einer Staatsgründung perpetuiert. Dieser allgemein als „Pflicht zur Nichtanerkennung“ bezeichnete Grundsatz stellt somit eine Ausnahme vom Effektivitätsprinzip zugunsten des Legalitätsprinzips dar.[783]

Die Pflicht zur Nichtanerkennung illegaler Staatsgründungen ist ein Spezialfall des Verbots gewaltsamer Gebietsveränderungen.[784] Dieses hat seinen

779 Dies zieht weitreichende Folgen im Hinblick auf eine etwaige extraterritoriale Durchsetzung von Staatsgewalt nach sich. Weitergehende Analysen dazu sind im Rahmen dieser Abhandlung jedoch nicht möglich.

780 In diese Richtung ließe sich zumindest die Aussage Taavi Kotkas, IT-Beauftragter der estnischen Regierung, verstehen: „It might end up in a situation where we have a country in the cloud“, zitiert nach *Scrutton/Mardiste*, With an eye on Russia, Estonia seeks security in computing cloud, REUTERS of 4. December 2015, abrufbar unter http://uk.reuters.com/article/uk-estonia-cybersecurity-idUKKBN0TN1BR20151204 (zuletzt besucht am 30. März 2018).

781 *Saxer*, Steuerung der Selbstbestimmung, S. 170.

782 Vgl. *Shaw*, International Law, S. 338; *Vidmar*, ICLQ 61 (2012), S. 361 (381 f.); *Crawford*, Creation, S. 105. Siehe zur Nichtanerkennung allgemein auch *Talmon*, Kollektive Nichtanerkennung; *ders.*, BYIL 75 (2004), S. 101 (101 ff.); *Dugard*, Recognition, S. 24 ff., 81 ff.

783 Vgl. *Breuer*, Gebietserwerb, staatlicher, in: Schöbener (Hrsg.), Völkerrecht, S. 110 (114); *Saxer*, Steuerung der Selbstbestimmung, S. 170.

784 Vgl. *Saxer*, Steuerung der Selbstbestimmung, S. 171. Siehe auch *Heintze*, Territoriale Integrität, S. 133.

Ursprung in der sog. Stimson-Doktrin.[785] Danach verletzt eine gewaltsame Gebietserweiterung die territoriale Integrität des betroffenen Staates und darf nicht anerkannt werden.[786] Das Verbot hat wiederholt Ausdruck in völkerrechtlichen Vertragsregelungen und Resolutionen der UN-Generalversammlung gefunden.[787] So heißt es beispielsweise in der *Friendly Relations Declaration*: „No territorial acquisition resulting from the threat or use of force shall be recognized as legal."[788] Umfasst sind somit auch Situationen, die unter Verstoß gegen das Interventions- und Gewaltverbot entstanden sind.[789] Trotz widersprüchlicher Staatenpraxis[790] ist das Anerkennungsverbot inzwischen auch völkergewohnheitsrechtlich anerkannt[791] und spiegelt sich in der Resolutionspraxis der

---

785 Die Doktrin wurde durch die USA im Hinblick auf die durch Japan eroberte Mandschurei eingeführt, vgl. Erklärung des amerikanischen Außenministers Henry L. Stimson vom 7. Januar 1932, abgedruckt in: AJIL 26 (1932), S. 342 (342). Siehe ausführlich zur Stimson-Doktrin und zu Mandschukuo *Bilfinger*, Die Stimsondoktrin; *Hillgruber*, Die Aufnahme neuer Staaten, S. 359 ff.; *Suzuki*, VJIL 16 (1976), S. 779 (814 ff.); *Talmon*, Kollektive Nichtanerkennung, S. 85 ff.

786 Vgl. *van der Vyver*, Emory Int'l L. Rev. 5 (1991), S. 9 (28 ff.).

787 Bereits im Hinblick auf den *Briand-Kellogg-Pakt* wurde argumentiert, es bestehe eine Pflicht zur Nichtanerkennung territorialer Gebietsveränderungen unter Verletzung des Paktes. Auch der Völkerbund nahm die Doktrin am 11. März 1932 in einer seiner Resolutionen auf, vgl. zur Resolution *Talmon*, Kollektive Nichtanerkennung, S. 98 ff. Allerdings schwächte der Völkerbund die Doktrin später ab, indem er 1938 die Annexion Äthiopiens durch Italien als Angelegenheit der Mitgliedstaaten ansah, vgl. *Heintze*, Territoriale Integrität, S. 133. Neben Art. 2 Abs. 4 UN-Charta hat die Nichtanerkennung darüber hinaus Eingang in die Resolutionen der UN-Generalversammlung gefunden. Vgl. UNGA, Definition of Aggression, Res. 3314 (XXIX) (14 December 1970), Art. 5 para. 3: „No territorial acquisition or special advantage resulting from aggression is or shall be recognized as lawful." Siehe auch Art. 21 Charta der Organisation Amerikanischer Staaten; Prinzip IV der Schlussakte von Helsinki. Auch Art. 41 Abs. 2 der ILC-Artikel über die Staatenverantwortlichkeit ist Ausdruck dieses Grundsatzes, vgl. *Vidmar*, ICLQ 61 (2012), S. 361 (382 m. w. N.).

788 Friendly Relations Declaration, UNGA Res. 2625 (XXV) (24 October 1970).

789 Vgl. *Saxer*, Steuerung der Selbstbestimmung, S. 171; *Klein*, ZaöRV 39 (1979), S. 469 (492). Siehe zur Entwicklung *Turns*, CJIL 2 (2003), S. 105 (105 ff.); *Crawford*, Creation, 1979, S. 120 ff.

790 Vgl. die Beispiele in *Talmon*, Kollektive Nichtanerkennung, S. 338 ff.; *Zygojannis*, Geburt aus Ruinen, S. 164 (Fn. 688).

791 Vgl. *Vidmar*, ICLQ 61 (2012), S. 361 (382); *Breuer*, Gebietserwerb, staatlicher, in: Schöbener (Hrsg.), Völkerrecht, S. 110 (114).

UN-Organe wider.[792] Allerdings hat sich der Anwendungsbereich der Nichtanerkennung verändert. Der Grundsatz dient zunehmend der Durchsetzung völkerrechtlich verankerter Grundwerte.[793] So wird eine Pflicht zur Nichtanerkennung bei Verstößen gegen das Selbstbestimmungsrecht,[794] grundlegende Menschenrechte sowie Normen des *ius cogens*[795] angenommen.[796] Die völkerrechtlichen Grundwerte sollen gerade nicht zur Disposition des Anerkennenden stehen.[797] Bestätigt wird eine solche erweiterte Auffassung durch den IGH in seiner *Kosovo Advisory Opinion*. Danach sei von der Illegalität einer Unabhängigkeitserklärung – und damit auch der Staatsgründung – auszugehen, wenn diese aus einem „unlawful use of force or other egregious violations of norms of general international law, in particular those of peremptory character (*ius cogens*)“[798] resultiere.

---

792 Vgl. nur UNSC Res 541 (18 November 1983) [Turkish Republic of Northern Cyprus]; UNGA Res. 1747 (XVI) (27 June 1962) [Southern Rhodesia]; UNGA Res. 2671F (8 December 1970) [South African Homelands]; UNSC Res 819 (16 April 1993) [Bosnia and Herzegovina]; UNGA Res 68/262 (27 March 2014) [Crimea]. Siehe umfassend zur Analyse der Praxis der Nichtanerkennung *Talmon*, Kollektive Nichtanerkennung, S. 83 ff.

793 Vgl. *Saxer*, Steuerung der Selbstbestimmung, S. 190.

794 Vgl. *Antonopoulos*, NYIL 27 (1996), S. 75 (103 f.); *Crawford*, BYIL 48 (1976/1977), S. 93 (164); *Dugard*, Recognition, S. 97 m. w. N.; *Kempen/Hillgruber*, Völkerrecht, § 5, Rn. 27. Gleichzeitig lässt sich in der Staatenpraxis die Tendenz feststellen, mithilfe der Nichtanerkennung auf Grundlage des Selbstbestimmungsrechts auf die inneren Verhältnisse Einfluss zu nehmen. Vgl. *Saxer*, Steuerung der Selbstbestimmung, S. 184 f., der insbesondere auf die Nichtanerkennung des südafrikanischen Bantustaates verweist. Siehe auch *Fawcett*, BYIL 41 (1965/1966), S. 103 (112 f.); *Raič*, Statehood, S. 138 ff.

795 Vgl. *Kempen/Hillgruber*, Völkerrecht, § 5, Rn. 27; *Epping*, in: Ipsen (Hrsg.), Völkerrecht, § 5, Rn. 172; *Ragazzi*, Obligations Erga Omnes, S. 170; *Gowlland-Debbas*, Collective Responses, S. 288. Kritisch *Talmon*, BYIL 75 (2004), S. 101 (129 ff.). Siehe zum *ius cogens* 1. Teil A IV 2. a) cc) (4).

796 Vgl. *Talmon*, Kollektive Nichtanerkennung, S. 337 f.; *van der Vyver*, Emory Int'l L. Rev. 5 (1991), S. 9 (64 ff.).

797 Vgl. im Hinblick auf die durch *ius cogens* vermittelten Werte des Völkerrechts *Zygojannis*, Geburt aus Ruinen, S. 164; *Wilhelm*, Sezessionsrecht des Volkes, S. 171.

798 ICJ, *Accordance with International Law of the Unilateral Declaration of Independence in Respect of Kosovo*, Advisory Opinion of 22 July 2010, ICJ Reports 2010, S. 403 (437, para. 81).

3. Anerkennung als zusätzliche Voraussetzung der Staatlichkeit?

Nachdem die Abschwächung des Effektivitätsprinzips aufgezeigt wurde, ist in einem nächsten Schritt zu untersuchen, ob und inwieweit sich diese Veränderungen auf das Instrument der Anerkennung auswirken. Dazu werden die Rechtswirkungen der Anerkennung erörtert und analysiert, ob die Anerkennung vor dem Hintergrund der dargestellten Entwicklung Voraussetzung für die Staatlichkeit ist.[799]

a) Rechtswirkungen der Anerkennung

Ob das Vorliegen der drei Staatselemente für die Konstituierung eines Staates im Sinne des Völkerrechtes ausreichend ist (deklaratorische Auffassung) oder ob es über den Dreiklang der traditionellen Kriterien hinaus einer Anerkennung bedarf (konstitutive Auffassung), ist in der Völkerrechtswissenschaft umstritten.[800]

aa) Deklaratorische Theorie

Nach der (noch) herrschenden deklaratorischen Auffassung ist die Existenz eines Staates unabhängig von seiner Anerkennung.[801] Vielmehr ist allein entscheidend, dass der „soziopolitische Prozess der Staatswerdung"[802] abgeschlossen ist, sich mithin ein Staat mit den völkerrechtlichen Merkmalen der Drei-Elemente-Lehre herausgebildet hat.[803] Mit Vorliegen der Staatselemente ist die objektive, gegenüber allen anderen geltende Völkerrechtssubjektivität des Staates samt der daraus resultierenden völkerrechtlichen Rechte und Pflichten automatisch

799 Die Rechtswirkungen der Anerkennungen sind von der formellen Rechtsnatur der Anerkennung zu unterscheiden, vgl. *Hilpold*, AVR 31 (1993), S. 387 (391).

800 Vgl. zum Streitstand *Kreijen*, State Failure, S. 15 ff.; *Wagner*, Reine Staatslehre, Bd. 1, S. 359 ff.; *Crawford*, Creation, S. 19 ff.; *Frowein*, Der Staat 11 (1972), S. 145 (145 ff.). Umfassend zur älteren Literatur *Kunz*, Handbuch des Völkerrechts, Bd. 2, S. 63 ff.

801 Vertreter der deklaratorischen Anerkennungslehre sind: *Stein/von Buttlar/Kotzur*, Völkerrecht, Rn. 323; *Luchterhandt*, AVR 52 (2014), S. 137 (169 f.); *Berber*, Völkerrecht, Bd. I, S. 229; *Epping*, in: Ipsen (Hrsg.), Völkerrecht, § 5, Rn. 174 f.; *Crawford*, Creation, S. 27 f.; *Bindschedler*, BDGVR 4 (1961), S. 1 (11 f.); *Menon*, NJIL 59 (1990), S. 247 (247); *Ross*, Lehrbuch des Völkerrechts, S. 114 f. Einschränkend *Hilpold*, JuS 53 (2013), S. 1081 (1082); *Borgen*, Chicago J. Int'l L. 10 (2009), S. 1 (12); *Rivier*, Principes, Bd. I, S. 57.

802 *Saxer*, Steuerung der Selbstbestimmung, S. 704.

803 Vgl. *Simmler*, in: Seidl-Hohenveldern (Hrsg.), Vereinte Nationen, Menschenrechte und Sicherheitspolitik, S. 75 (85).

gegeben.[804] Die Funktion der Anerkennung beschränkt sich somit auf eine wertneutrale „formelle Feststellung einer konsolidierten Faktenlage".[805] Sie hat lediglich Indizwirkung für das Vorliegen der Staatlichkeit.[806] Nur bei der Aufnahme von diplomatischen Beziehungen soll der Anerkennung konstitutive Wirkung zukommen.[807] Vereinzelt wird die deklaratorische Wirkung allerdings dergestalt modifiziert, dass der Staat zwar im Augenblick seiner Entstehung Völkerrechtssubjektivität innehabe, aber erst mit der Anerkennung handlungsfähig sei.[808]

Entscheidend für die Entstehung des Staates und der Völkerrechtssubjektivität ist allein die Effektivität.[809] Insofern ist die Anerkennung rückwirkend, da sie sich auf die Bestätigung einer im Zeitpunkt der Anerkennung bereits bestehenden „objective legal situation"[810] bezieht.[811] In völkerrechtlichen Verträgen,[812]

---

804 Vgl. *Kempen/Hillgruber*, Völkerrecht, § 5, Rn. 13; *Shaw*, International Law, 6. Aufl. 2008, S. 446; *Talmon*, BYIL 75 (2004), S. 101 (105); *Wagner*, Reine Staatslehre, Bd. 1, S. 366.

805 *Saxer*, Steuerung der Selbstbestimmung, S. 705. Vgl. auch *Stern*, RdC 262 (1996), S. 9 (52 ff.). Der Grund für eine solche Annahme zeigt sich insbesondere, wenn man den historischen Kontext der deklaratorischen Theorie miteinbezieht. Während im 19. Jahrhundert für eine Aufnahme in die Staatengemeinschaft das Einverständnis des Kreises der zivilisierten Nationen maßgeblich war, sollte mit der Dekolonisierung eine Abkehr von der eurozentrischen Vorherrschaft und ihrem Erfordernis der „Zivilisiertheit" erfolgen, die Staatlichkeit mithin allein auf faktischen Beweggründen basieren, vgl. *Leidenmühler*, Kollabierter Staat, S. 135 f.

806 Vgl. *Wagner*, Reine Staatslehre, Bd. 1, S. 367; *Krieger*, Effektivitätsprinzip, S. 87, 180.

807 Vgl. *Saxer*, Steuerung der Selbstbestimmung, S. 705 m. w. N. Teilweise wird in der Anerkennung das implizite Angebot zur Aufnahme diplomatischer Beziehungen gesehen, vgl. *Hilpold*, AVR 31 (1993), S. 387 (398); *Lauterpacht*, Recognition, S. 42 m. w. N. Die Aufnahme diplomatischer Beziehungen ist allerdings trotz der Anerkennung der Staatsqualität nach herkömmlicher Auffassung nicht zwingend, vgl. *Breuer*, Anerkennung, in: Schöbener (Hrsg.), Völkerrecht, S. 28 (31).

808 Vgl. die Nachweise bei *Hilpold*, AVR 31 (1993), S. 387 (399); *Berber*, Völkerrecht, Bd. I, S. 227 f.

809 Vgl. *Stein/von Buttlar/Kotzur*, Völkerrecht, Rn. 323; *Hilpold*, AVR 31 (1993), S. 387 (392); *Saxer*, Steuerung der Selbstbestimmung, S. 705; *Simmler*, in: Seidl-Hohenveldern (Hrsg.), Vereinte Nationen, Menschenrechte und Sicherheitspolitik, S. 75 (77).

810 *Talmon*, BYIL 75 (2004), S. 101 (107).

811 Vgl. *Berber*, Völkerrecht, Bd. I, S. 232; *Olaizola*, PSJ Int'l Affairs 1 (2012), S. 60 (64).

812 Vgl. Art. 3 Montevideo Konvention: „The political existence of the State is independent of recognition by other States."

staatlichen Erklärungen,[813] nationaler und internationaler Rechtsprechung[814] und in der Staatenpraxis wurde die Auffassung mehrfach bestätigt.[815]

Die deklaratorische Theorie steht im Einklang mit dem völkerrechtlichen Effektivitätsprinzip, wonach Legitimationserwägungen bei der Staatsgründung grundsätzlich außer Betracht bleiben.[816] Demnach wäre der Beitritt eines Neustaates zur internationalen Staatengemeinschaft auch dann möglich, wenn er seine Existenz gewaltsam erlangt hat.[817] Dieses Defizit wird von einigen Autoren zu korrigieren versucht, indem zusätzliche Legalitätsanforderungen herangezogen werden.[818]

bb) Konstitutive Theorie

Demgegenüber geht die konstitutive Auffassung davon aus, dass es für die Annahme eines Staates im völkerrechtlichen Sinne zusätzlich zu den drei Staatselementen einer Anerkennung bedarf.[819] Der statusverleihende Akt der

---

813 Vgl. für die Bundesrepublik Deutschland *Stoll*, ZaöRV 56 (1996), S. 998 (1007 f.); *Beyerlin/Strasser*, ZaöRV 35 (1975), S. 768 (777).

814 IGH, *Case Concerning Application of the Convention on the Prevention and Punishment of the Crime and Genocide (Bosnia and Herzegovina v Serbia and Montenegro)*, Judgement of 11 July 1996, ICJ Reports 1996, S. 595 (612 f.). Siehe zu dieser Entscheidung *Vidmar*, ICLQ 61 (2012), S. 361 (372); BVerfGE 36, 1 (22); OVG NRW, NVwZ 1989, S. 790 (791).

815 Vgl. *Worster*, Bost. Univ. Int'l L. J. 27 (2009), S. 115 (124 ff.); *Wagner*, Reine Staatslehre, Bd. 1, S. 366 ff., jeweils m. w. N.

816 Vgl. dazu 3. Teil A. III. 1. c) bb).

817 Vgl. *Saxer*, Steuerung der Selbstbestimmung, S. 705, der in diesem Zusammenhang von von „Selbstintegration" spricht. Siehe auch *Ryngaert/Sobrie*, LJIL 24 (2011), S. 467 (470).

818 Vgl. *Serita*, Kobe Univ. L. Rev. 16 (1982), S. 1 (11); *Crawford*, Creation, S. 98. Siehe auch *Naticchia*, Philosophy and Public Affairs 28 (2000), S. 242 ff.; *Buchanan*, Justice, Legitimacy, and Self-Determination, S. 264 f. Ablehnend im Hinblick auf erweiterte Legalitätskriterien für die Staatlichkeit *Talmon*, BYIL 75 (2004), S. 101 (126); *ders.* Kollektive Nichtanerkennung, S. 258 f.

819 Vertreter der konstitutiven Anerkennungslehre sind beispielsweise: *Oppenheim/Lauterpacht*, International Law, Bd. 1, 1955, S. 125 f.; *Kelsen*, AJIL 35 (1941), S. 605 (608 f.); *Anzilotti*, Cours de Droit International, S. 160 f.; *Kempen/Hillgruber*, Völkerrecht, § 5, Rn. 14 ff.; *Hillgruber*, Die Aufnahme neuer Staaten S. 743; *Takano*, Einführung in das Völkerrecht, Bd. 1, S. 144 f.; *Wilhelm*, Sezessionsrecht des Volkes, S. 175. Siehe auch *Koskenniemi*, Mich J. Int'l L. (1996), S. 455 (469, Fn. 54), der in der modernen Praxis einen „wiederbelebten" konstitutiven Ansatz feststellt.

Anerkennung sei *conditio sine qua non* für die Staatlichkeit.[820] Die Staatenentstehung hängt damit vom Willen der Altstaaten ab.[821] Dieser Ansatz reduziert die Schwierigkeiten bei der Bewertung des Vorliegens der Kriterien für die Staatlichkeit auf die pragmatische Frage, ob der Staatsprätendent von anderen Staaten anerkannt wurde.[822] Der faktische Prozess der Staatenentstehung bleibt demgegenüber außer Betracht.[823]

Innerhalb der konstitutiven Strömung haben sich verschiedene Spielarten herausgebildet.[824] Während in einer strengen Ausprägung eine Anerkennung trotz Vorliegen der Staatselemente zwingend gefordert wird,[825] werden darüber hinaus vermittelnde Auffassungen vertreten, die die Anerkennung in verschiedene Teilakte unterscheiden.[826] So differenzieren insbesondere ältere Ansichten beispielsweise zwischen der Existenz des Staates und dem Eintritt in die Völkerrechtsgemeinschaft, wobei die Anerkennung nur letzteres begründe.[827] Andere unterscheiden zwischen der deklaratorischen Anerkennung der grundlegenden Fakten und im Hinblick auf die konstitutiv festzustellende Völkerrechtssubjektivität.[828] Eine zeitgenössische Ausprägung sieht die Anerkennung demgegenüber als Substitut für fehlende Elemente der Staatlichkeit an.[829]

---

820 Vgl. *Ryngaert/Sobrie*, LJIL 23 (2011), S. 467 (469); *Dugard/Raič*, in: Kohen (Hrsg), Secession, S. 94 (97).

821 Vgl. *Hilpold*, AVR 31 (1993), S. 387 (396); *Lauterpacht*, Recognition, S. 38; *ders.* YLJ 53 (1944), S. 385 (419).

822 Vgl. *Ryngaert/Sobrie*, LJIL 23 (2011), S. 467 (469); *Sloane*, Emory Int'l L. Rev. 16 (2002) S. 107 (116 f.).

823 Vgl. *Hilpold*, AVR 31 (1993), S. 387 (396); *Crawford*, Creation, S. 13 ff.

824 Vgl. *Wagner*, Reine Staatslehre, Bd. 1, S. 369 ff.; *Loudwin*, Konkludente Anerkennung, S. 34 ff., jeweils mit einer Vielzahl weiterer Ansätze.

825 Vgl. *Oppenheim/Lauterpacht*, International Law, Bd. I, S. 125: „A State is, and becomes, an International Person through recognition only and exclusively." Siehe auch *Sander*, ZÖR 1 (1919/1920), S. 132 (156 ff.). Siehe aus jüngerer Zeit OVG Rheinland-Pfalz, Beschluss vom 28.8.2006 – Az. 6 A 10813/06.

826 Siehe zu den verschiedenen vermittelnden Ansichten *Loudwin*, Konkludente Anerkennung, S. 38 ff.; *Hilpold*, AVR 31 (1993), S. 387 (396 ff.); *Wagner*, Reine Staatslehre, Bd. 1, S. 371.

827 Vgl. *Liszt/Fleischmann*, Völkerrecht, S. 91. Dahin gehend unterscheidet wohl auch *Bluntschli*, Völkerrecht, S. 71.

828 Vgl. *van der Vyver*, JTLP 10 (2000), S. 1 (30 ff., 37); *Menzel*, Völkerrecht, S. 139 f.

829 *Hillgruber*, EJIL 9 (1998), S. 491 (493 f.). Kritisch zu dieser Auffassung *Wagner*, Reine Staatslehre, Bd. 1, S. 370 f.

cc) Stellungnahme

Neben der Akzeptanz durch die Staatenpraxis wird zugunsten der deklaratorischen Theorie angeführt, dass diese keine Gefahr einer missbräuchlichen Verwendung nach sich ziehe.[830] Allein eine deklaratorische Auffassung könne zudem eine vorzeitige Anerkennung und damit eine völkerrechtswidrige Intervention in innere Angelegenheiten des Mutterstaates verhindern.[831] Da die deklaratorische Auffassung eine bloße Faktenlage feststellt, werde das der konstitutiven Auffassung inhärente Risiko einer politischen Willkürentscheidung über die Existenz eines Neustaates vermieden.[832] Weiterhin wird eingewendet, ein nicht anerkanntes Herrschaftsgebilde unterliege keinen völkerrechtlichen Verpflichtungen.[833] Bei konstitutiver Auffassung sei es insbesondere weder an das Gewaltverbot gebunden noch stehe es unter Schutz desselben,[834] könne mithin nicht selbst zur Verantwortung gezogen werden.[835] Diesem Einwand kann jedoch die Figur des *De-facto-Regimes* entgegengesetzt werden.[836] Auch diesem werden teilweise die

---

830 Vgl. *Worster*, Bost. Univ. Int'l L. J. 27 (2009), S. 115 (128).

831 Vgl. *Saxer*, Steuerung der Selbstbestimmung, S. 706. Auch nach deklaratorischer Auffassung wird die vorzeitige Anerkennung als Intervention in die inneren Angelegenheiten des Mutterstaates – und damit als illegaler Akt – angesehen. Eine solche ist dann gegeben, wenn sich die traditionellen Kriterien der Drei-Elemente-Lehre im Zeitpunkt der Anerkennung noch nicht herausgebildet haben, vgl. *Raič*, Statehood, S. 82 ff. Siehe auch *Kempen/Hillgruber*, Völkerrecht, § 5, Rn. 28, die darauf hinweisen, dass eine vorzeitige Anerkennung bei deklaratorischer Annahme keine Einmischung in die inneren Angelegenheiten begründen könne. Vgl. zu den neueren Entwicklungen in der Staatenpraxis im Hinblick auf die Vorzeitigkeit der Anerkennung 3. Teil A. III. 3. b).

832 Vgl. *Roth*, Governmental Illegitimacy, S. 128; *Ryngaert/Sobrie*, LJIL 24 (2011), S. 467 (470); *Brownlie*, Principles, S. 87 f. Dieses Manko ist nach *Hilpold*, AVR 31 (1993), S. 387 (397) jedoch nicht das Ergebnis einer logischen Schwäche der konstitutiven Theorie, sondern das Ergebnis völkerrechtlicher Defizite, insbesondere des Fehlens einer zentralen Anerkennungsinstanz.

833 Vgl. *Shaw*, International Law, 6. Aufl. 2008, S. 446.

834 Vgl. *Breuer*, Anerkennung, in: Schöbener (Hrsg.), Völkerrecht, S. 28 (30).

835 Vgl. *Zygojannis*, Geburt aus Ruinen, S. 168. Siehe in diesem Zusammenhang demgegenüber den Ansatz von *Klabbers*, Ius Gentium 11 (2005), S. 35 (37 f.), der eine internationale Rechtspersönlichkeit nicht als Voraussetzung für völkerrechtliche Rechte und Pflichten ansieht.

836 Als solche werden Herrschaftsgebilde bezeichnet, die nicht alle Voraussetzungen der Drei-Elemente-Lehre erfüllen. Der Status als *De-facto-Regime* wird demnach durch völkerrechtliche Anerkennung als Staat beendet, vgl. *Frowein*, De facto Régime, in: Bernhardt (Hrsg.), EPIL, Bd. I, S. 966 (966 f.). Siehe allgemein zu dieser Rechtsfigur

Berechtigungen und Verpflichtungen des Gewaltverbots zugesprochen.[837] Eine belastbare Bestätigung in der Völkerrechtspraxis hat die Figur bisher allerdings nicht gefunden.[838] Verschiedentlich wird überdies die Auffassung vertreten, dass die konstitutive Lehre die Existenz des allerersten Staates nicht erklären könne.[839] Allerdings beschränkt sich diese Argumentation auf eine logische Betrachtung des Anerkennungsinstruments, lässt seinen entwicklungshistorischen Kontext jedoch gänzlich außer Betracht.

(1) Anerkennungsentscheidung als staatliches Werturteil

Der Prozess der Anerkennung beschränkt sich selbst bei der deklaratorischen Auffassung nicht auf eine bloße Feststellung einer objektiven Faktenlage.[840] Im Gegenteil: Die Anerkennung beinhaltet die subjektive Einschätzungsprärogative der Staaten im Wege eines „bewertenden Erkennens" der spezifischen Umstände.[841] Die Staaten entscheiden, ob und wann sie die Kriterien der Staatlichkeit als gegeben ansehen.[842] Anderenfalls stellte sich hinsichtlich der deklaratorischen

---

ders., Das de-facto Regime im Völkerrecht; *van Essen*, Utrecht Law Journal 28 (2012), S. 31 ff. Zu Entwicklung und Diskussionsstand der Völkerrechtswissenschaft siehe umfassend *Wagner*, Reine Staatslehre, Bd. 1, S. 281 ff.

837 Dabei wird teilweise zwischen befriedeten und unbefriedeten *De-facto-Regimen* unterschieden, vgl. *Luchterhandt*, AVR 46 (2008), S. 435 (457, 459, 477); *Schadtle*, Jura 2009, S. 686 (687 f.); *Stahn*, ZaöRV 62 (2002), S. 183 (217). A. A. *Sauer/Wagner*, AVR 45 (2007), S. 53 (62 f.). Siehe auch *Frowein*, De facto Régime, in: Bernhardt (Hrsg.), EPIL, Bd. I, S. 966 (966).

838 Vgl. *Wagner*, Reine Staatslehre, Bd. 1, S. 284; *Talmon*, Kollektive Nichtanerkennung, S. 216. Siehe demgegenüber im Hinblick auf die Diskussion zum De-facto-Status des Talibanregimes *Wolfrum/Philipp*, Max Planck UNYB (2002), S. 559 (584 ff.), die eine Einordnung als *De-facto-Regime* ablehnen, da der militärische Konflikt nicht beendet sei. A. A. *Frowein*, De facto Régime, in: Bernhardt (Hrsg.), EPIL, Bd. I, S. 966 (966), der die Fälle der Deutschen Demokratischen Republik vor 1972, Nordkorea und Vietnam als Praxisbeispiele für *De-facto-Regime* benennt.

839 Vgl. *Wagner*, Reine Staatslehre, Bd. 1, S. 383 f.

840 Vgl. *Saxer*, Steuerung der Selbstbestimmung, S. 707; *Brownlie*, BYIL 53 (1982), S. 197 (204 f.). Vgl. auch *Breuer*, Anerkennung, in: Schöbener (Hrsg.), Völkerrecht, S. 28 (30), der aber im Ergebnis dennoch eine deklaratorische Auffassung befürwortet.

841 *Kempen/Hillgruber*, Völkerrecht, § 5, Rn. 15. Vgl. auch *Saxer*, Steuerung der Selbstbestimmung, S. 707 m. w. N.

842 Vgl. *Kempen/Hillgruber*, Völkerrecht, § 5, Rn. 14 f. Die Staaten rekurrieren auf die Effektivität sowohl, um Rechte und Bestand des ursprünglichen Staates aufrechtzuerhalten, als auch um die Konsolidierung eines soziopolitischen Prozesses der Neustaatenbildung zu begründen. Die Entscheidung enthält somit durchaus

Theorie zwangsläufig die Frage nach ihrem Sinn, da ein Staat als Völkerrechtssubjekt nach dieser Auffassung auch ohne Anerkennung existiert und durch sie nur eine formale Bestätigung erhält.[843] Es ist jedoch gerade die Existenz des Staates, die umstritten ist, sodass der Anerkennungserklärung besondere Bedeutung zukommt.[844] Dabei unterliegt auch die Prüfung der Effektivität als normatives Tatbestandsmerkmal einem Werturteil der Altstaaten.[845] Dies zeigt sich auch anhand der Nichtanerkennungsdoktrin, die die deklaratorische Theorie nicht durchgängig erklären kann.[846] Diese ignoriert die Existenz der faktisch vorliegenden Staatlichkeitskritieren aus Legalitätserwägungen und legt damit eben keine wertneutralen Maßstäbe an die Staatenentstehung an.[847] Die Altstaaten haben mithin die Verfahrensherrschaft über den sich durch die Anerkennung vermittelnden Integrationsvorgang.[848]

---

willensbasierende Elemente, vgl. *Saxer*, Steuerung der Selbstbestimmung, S. 707 f.; *Rauschning*, FS für Günther Jaenicke, S. 375 (394 f.).

843 Vgl. die Nachweise bei *Lauterpacht*, Recognition, S. 4, 42.

844 Vgl. *Hilpold*, AVR 31 (1993), S. 387 (399).

845 Vgl. *Kempen/Hillgruber*, Völkerrecht, § 5, Rn. 14; *Saxer*, Steuerung der Selbstbestimmung, S. 707; *Ryngaert/Sobrie*, LJIL 24 (2011), S. 467 (472 f.).

846 Vgl. *Brownlie*, BYIL 53 (1982), S. 197 (206); *Kempen/Hillgruber*, Völkerrecht, § 5, Rn. 19; *Caplan*, Europe and the Recognition, S. 57. Kritisch ist auch *Talmon*, BYIL 75 (2004), S. 101 (144 ff.; 179 f.), welcher, ausgehend von einer rein faktischen Betrachtung der Staatselemente, der Nichtanerkennung negatorische Wirkung zuspricht. Differenzierend *Vidmar*, ICLQ 61 (2012), S. 361 (385 f.). Vgl. auch *van der Vyver*, Emory Int'l L. Rev. 5 (1991), S. 9 (99), wonach eine Nichtanerkennung zwar nicht ausschließe, dass das Gebilde innerhalb des eigenen Territoriums staatlich agieren könne. Jedoch werde diesem die Möglichkeit, in Beziehung zu anderen Staaten zu treten – und damit die völkerrechtliche Anerkennung als Staat – versagt. Siehe zur Nichtanerkennung oben 3. Teil A. III. 2.

847 Vgl. *Abi-Saab*, in: Gowlland-Debbas (Hrsg.), Collective Responses, Foreword, S. 19; *Brownlie*, BYIL 53 (1982), S. 197 (203 f.). Umstritten ist, ob die Nichtanerkennung als zusätzliche (negative) Voraussetzung der Staatlichkeit oder als Voraussetzung der Anerkennung einzuordnen ist. Siehe dazu die Diskussion bei *Talmon*, BYIL 75 (2004), S. 101 (124 ff.). Allerdings gehen beide Auffassungen im Ergebnis davon aus, dass die Pflicht zur Vorenthaltung der Anerkennung aus Legalitätsgründen erfolgt, sodass beiden Ansichten ein konstitutives Element innewohnt, vgl. *Vidmar*, ICLQ 61 (2012), S. 361 (383 m. w. N.).

848 Vgl. *Kempen/Hillgruber*, Völkerrecht, § 5, Rn. 14.

(2) Konstitutiver Charakter der deklaratorischen Auffassung

Aus der Perspektive des potentiellen Neustaates wird die Anerkennung durchaus als konstitutives Merkmal der Staatlichkeit aufgefasst.[849] So ist den als Neustaat akzeptierten Herrschaftsverbänden häufig daran gelegen, durch möglichst viele Staaten anerkannt zu werden.[850] Insbesondere bei Sezessionsprozessen oder Bürgerkriegen wird zudem vertreten, dass eine Anerkennung Zweifel am Vorliegen eines oder mehrerer Elemente der Staatlichkeit beseitigt.[851] Damit hat auch die deklaratorische Anerkennung im Einzelfall durchaus konstitutive Züge.[852]

(3) Anerkennungswirkung und Interdependenz der Völkerrechtsordnung

Die deklaratorische Ansicht geht von einer dezentralen, koordinationsrechtlichen Konzeption des Völkerrechts aus.[853] Die Interdependenz der Völkerrechtsordnung und die zunehmende staatsübergreifende Vernetzung steht einer Annahme des Staates als bloßes Faktum jedoch verstärkt entgegen.[854] Je deutlicher sich die Verrechtlichung des Völkerrechts und die Herausbildung von gemeinsamen Wertvorstellungen fortsetzt, desto weniger kann die deklaratorische Theorie ihre Prämisse als bestätigender einzelstaatlicher Akt staatlicher Faktizität aufrechterhalten.[855] Die mit diesem Prozess einhergehende Zurückdrängung eines wertneutralen Völkerrechts lässt die Notwendigkeit einer an

---

849 Vgl. *Vosgerau*, Staat, in: Schöbener (Hrsg.), Völkerrecht, S. 394 (398).

850 Vgl. *Seidl-Hohenveldern*, Völkerrecht, Rn. 466.

851 Vgl. *Stein/von Buttlar/Kotzur*, Völkerrecht, Rn. 326, die auf die Gefahr einer vorzeitigen Anerkennung als Intervention in innere Angelegenheiten des Altstaates hinweisen.

852 So bspw. *Hilpold*, AVR 31 (1993), S. 387 (399 f.); *Wilhelm*, Sezessionsrecht des Volkes, S. 113; *Dugard*, Afr. J. Int'l & Comp. L. 5 (1993), S. 163 (174). Vgl. auch *Oeter*, ZaöRV 52 (1992), S. 741 (769). A. A. *Epping*, in: Ipsen (Hrsg.), Völkerrecht, § 5, Rn. 181. Epping zufolge bringt der anerkennende Staat lediglich in seinem Verhältnis zum Anerkannten zum Ausdruck, dass die Staatsmerkmale effektiv gegeben sind. Ein statusverleihender Akt sei mit der Anerkennung jedoch nicht verbunden.

853 Vgl. *Saxer*, Steuerung der Selbstbestimmung, S. 708 f., der darauf hinweist, dass eine solche Annahme im Gegensatz zur Staatenpraxis steht. Siehe dazu auch *Dugard*, Recognition, S. 125 f.

854 Vgl. *Vosgerau*, Staat, in: Schöbener (Hrsg.), Völkerrecht, S. 394 (399).

855 Vgl. *Saxer*, Steuerung der Selbstbestimmung, S. 709. Siehe auch *Oeter*, ZaöRV 52 (2015), S. 741 (768); *Crawford*, Creation, 1979, S. 83 f.; *Frowein*, Das de facto-Regime im Völkerrecht, S. 230.

Effektivitätsgesichtspunkten ausgerichteten Auffassung entfallen.[856] Insofern ist eine konstitutiv wirkende Anerkennung Ausdruck des sich wandelnden Völkerrechts. Die Herausbildung gemeinsamer Werte und die immer weniger auf die Souveränitätswahrung ausgerichtete Rechtserzeugung innerhalb der internationalen Gemeinschaft zeigen,[857] dass es einer koordinierten Kontrollmöglichkeit durch die Altstaaten bedarf, ob die Staatsgründung im Einklang mit geltenden völkerrechtlichen Wertvorstellungen erfolgte.[858] Der Begriff des Staates ist danach zwar nach wie vor nicht strikt rechtlich aufzufassen, bestimmt sich jedoch inzwischen gleichzeitig „durch das Umschlagen sozial-faktischer Umstände in normative Geltung qua Anerkennung" in Form eines „Ineinander-Verwobensein[s] der Seins- und der Sollenskategorie".[859]

(4) Konstitutive Wirkung und Souveränitätswandel

Bei deklaratorischer Auffassung resultiert aus dem Vorliegen der Staatselemente zugleich die Souveränität und die daraus ableitbare Unverletzbarkeit der territorialen Integrität. Damit besteht jedoch ein originäres Interesse der Altstaaten, sich unrechtmäßig verhaltenden Gebilden den Status als Staat zu verweigern.[860] Eine solche Interpretation steht im Einklang mit der neueren Tendenz einer treuhänderisch überlassenen Souveränität und der Werteaufladung des Völkerrechts.[861] So liegt insbesondere im Zusammenhang mit der Schutzverantwortung der Gedanke einer Souveränität als Verantwortung zugrunde.[862] Der Staat trägt die primäre Verantwortung zum Schutz seiner Bürger. Kommt er dieser jedoch nicht nach, geht die Verantwortung auf die internationale Gemeinschaft

---

856 So bspw. auch *Anderson*, Brooklyn J. Int'l L. 41 (2015), S. 1 (98): „No longer are the criteria for statehood based on effectiveness sufficient. Rather, these traditional criteria have now been supplemented, and perhaps even overridden, by the importance of peremptory norms, particularly the right of peoples to self-determination."

857 Siehe dazu die obigen Ausführunten unter 1. Teil A.

858 Siehe dazu *Hillgruber*, EJIL 9 (1998), S. 491 ff.; *van der Vyver*, Emory Int'l L. Rev. 5 (1991), S. 9 (20 ff.) m. w. N.; *Saxer*, Steuerung der Selbstbestimmung, S. 709; *Menon*, NJIL 59 (1990), S. 247 (263 f.).

859 *Vosgerau*, Staat, in: Schöbener (Hrsg.), Völkerrecht, S. 394 (397). Siehe dazu auch *Leidenmühler*, Kollabierter Staat, S. 155 ff.

860 Vgl. *Olaizola*, PSJ Int'l Affairs 1 (2012), S. 60 (65). Anderenfalls führe die Rücksichtnahme auf die Souveränität zur Mittäterschaft der internationalen Gemeinschaft am Unrecht des Herrschaftsgebildes, vgl. *Buchanan*, Philosophy and Public Affairs 28 (1999), S. 46 (58).

861 Siehe zu dieser Entwicklung ausführlich Teil 1. Kap. A. II.

862 Vgl. Teil 1. Kap. A. II.

über.[863] Vor diesem Hintergrund macht es keinen Unterschied, wenn bereits die Zuerkennung der Staatlichkeit von der Einhaltung existierender Grundwerte und einer konstitutiven Anerkennung abhängt.

(5) Relativität der Staatlichkeit

Zugunsten der deklaratorische Sichtweise wird weiter angeführt, dass nur diese die „glaring anomaly“[864] der relativen Staatlichkeit einer konstitutiven Anerkennungslehre vermeide.[865] So sei die Völkerrechtssubjektivität als absolut aufzufassen.[866] Ein Staat könne nicht von dem Teil der anerkennenden Staatengemeinschaft als Staat angesehen werden, von dem nichtanerkennenden Teil jedoch nicht.[867] Es sei zudem unklar, ab welcher Anzahl von Anerkennungen Staatlichkeit anzunehmen wäre.[868] Insbesondere am Beispiel der Europäischen Union zeigt sich jedoch, dass Staatlichkeit nicht mehr im Sinne einer *erga omnes* wirkenden Völkerrechtssubjektivität, sondern vielmehr relativ aufzufassen ist.[869] Während im Verhältnis der EU-Mitgliedstaaten aufgrund der Supranationalität der EU und der Vergemeinschaftung von ehemals staatlichen Kompetenzen die Eigenstaatlichkeit der Mitglieder immer weiter zurückgedrängt wird, stellt sich die Situation gegenüber EU-Nichtmitgliedern mitunter anders dar.[870] Vor

---

863 Vgl. *von Arnauld*, Friedens-Warte 84 (2009), S. 11 (20).

864 *Lauterpacht*, Recognition, S. 67.

865 Vgl. auch *Geiger*, GG und Völkerrecht, S. 42 f.

866 Vgl. *Geiger*, GG und Völkerrecht, S. 43; *Krajewski*, Wirtschaftsvölkerrecht, Rn. 44. Siehe demgegenüber die Diskussion durch *Worster*, Relative Statehood in contemporary international Law (9 July 2016, unveröffentlicht), S. 1 (8 ff.), der aufzeigt, dass internationale Rechtspersönlichkeit und Staatlichkeit im Völkerrecht durchaus relativ aufgefasst werden. Text abrufbar unter http://papers.ssrn.com/sol3/papers.cfm?abstract_id=2807156 (zuletzt besucht am 30. März 2018).

867 Vgl. *Epping*, in: Ipsen (Hrsg.), Völkerrecht, § 5, Rn. 175; *Brierly*, The law of nations, S. 138; *Acquaviva*, Vand. Transnat'l L. (2005), S. 345 (350 f.); a. A. *Kempen/Hillgruber*, Völkerrecht, § 5, Rn. 14; *Hillgruber*, Die Aufnahme neuer Staaten, S. 416; *Saxer*, Steuerung der Selbstbestimmung, S. 709 (Fn. 19); *Kelsen*, AJIL 35 (1941), S. 605 (609): „A state exists legally only in its relations to other states. There is no such thing as absolute existence.“; *Shaw*, International law, S. 143: „Personality is a relative phenomenon varying with the circumstances.“ Siehe zum Ganzen *Worster*, Bost. Univ. Int'l L. J. 27 (2009), S. 115 (128 ff.).

868 Vgl. *Sloane*, Emory Int'l L. Rev. 16 (2002), S. 107 (117); *Brownlie*, Principles, S. 89.

869 Vgl. *Vosgerau*, Staat, in: Schöbener (Hrsg.), Völkerrecht, S. 394 (399).

870 Vgl. *Vosgerau*, Staat, in: Schöbener (Hrsg.), Völkerrecht, S. 394 (399). Siehe in diesem Zusammenhang auch BVerfGE 123, 267 – „Lissabon“.

diesem Hintergrund ist auch die Kritik an der notwendigen Zahl der Anerkennungen einzuordnen. Nicht die Qualität des anerkannten Gebildes ist betroffen, sondern lediglich die „Relativität der Anerkennung“[871] im Verhältnis zum jeweils anerkennenden Staat. Eine solche Annahme findet ihre Stütze sowohl in der Staatenpraxis[872] als auch in der Praxis der internationalen Organisationen.[873] Überdies übernehmen letztere zusehends originär staatliche Aufgaben, wie nicht zuletzt das verstärkt legislative Vorgehen des UN-Sicherheitsrats zeigt.[874] Sie verfügen über Budgets, die die Geldmittel nicht weniger Staaten übersteigen.[875] Berücksichtigt man diese Entwicklungen, ist es nicht länger verständlich, wieso eine relative Völkerrechtssubjektivität internationaler Organisationen zulässig sein soll, bei Staaten hingegen nicht.[876] Eine konstitutive Annahme verstößt auch nicht gegen die souveräne Staatengleichheit,[877] da der anzuerkennende Staatsprätendent nach dieser Auffassung keine Staatsqualität aufweist.[878] Die Zuerkennung von Rechtspersönlichkeit qua Anerkennung setzt auch nicht zwingend die Rechtspersönlichkeit des anzuerkennenden Staates voraus.[879]

(6) Zwischenergebnis

Es zeigt sich, dass sowohl die deklaratorische als auch die konstitutive Auffassung konzeptionelle Schwächen aufweisen und sich nicht immer durchgängig voneinander abgrenzen lassen. In der Staatenpraxis sind Situationen feststellbar, die weder der einen noch der anderen Auffassung zugeordnet werden können.[880]

---

871 *Kempen/Hillgruber*, Völkerrecht, § 5, Rn. 24. Siehe im Hinblick auf die Relativität auch *Devine*, SAYIL 10 (1984), S. 18 (27): „relative international personality“.

872 Vgl. *Kempen/Hillgruber*, Völkerrecht, § 5, Rn. 24; a. A. *Epping*, in: Ipsen (Hrsg.), Völkerrecht, § 5, Rn. 175.

873 Vgl. *Worster*, Bost. Univ. Int'l L. J. 27 (2009), S. 115 (129 f.); *Crawford*, Creation, S. 30.

874 Vgl. dazu 2. Teil B. IV. 1. cc) (3).

875 Vgl. *Worster*, Bost. Univ. Int'l L. J. 27 (2009), S. 115 (130).

876 Vgl. *Worster*, Bost. Univ. Int'l L. J. 27 (2009), S. 115 (130).

877 So aber *Hobe*, Völkerrecht, S. 75; *Acquaviva*, Vand. Transnat'l L. (2005), S. 345 (350); *Epping*, in: Ipsen (Hrsg.), Völkerrecht, § 5, Rn. 175.

878 Vgl. *Wagner*, Reine Staatslehre, Bd. 1, S. 384.

879 Vgl. *Hilpold*, AVR 31 (1993), S. 387 (396 f.), der im Falle der Verhandlungen zwischen Alt- und Neustaat zwischen mehreren Einzelakten unterscheidet. So könne die Zuerkennung von Rechtspersönlichkeit auch im Wege eines einseitigen Rechtsgeschäfts erfolgen. Siehe demgegenüber *Parry/Grant*, Encyclopaedic Dictionary of International Law, S. 325.

880 So bspw. der Fall des Staates Israel. Dieser erfüllt alle Voraussetzungen der Staatlichkeit, wurde aber dennoch nicht von allen arabischen Staaten anerkannt. Gleichzeitig

Dennoch wird deutlich, dass die Anknüpfungspunkte für die deklaratorische Auffassung zunehmend entfallen.

b) Neuere Staatenpraxis

Eine einheitliche Anerkennungsdogmatik lässt sich der Staatenpraxis seit Ende des Zweiten Weltkrieges nicht entnehmen.[881] Entscheidend für die Anerkennung ist vielmehr eine Mixtur aus verschiedenen Legitimationskriterien, wie beispielsweise der Zustimmung des Vorgängerstaates in die Staatsneugründung[882] und der normativen Implikationen des Selbstbestimmungsrechts.[883] Dennoch lässt sich, wie eine Analyse der jüngeren Staatenpraxis zeigt, feststellen, dass der Anerkennung teilweise ein verstärkt konstitutiver Bedeutungsgehalt zukommt.[884] Gleichzeitig zeigt sich, dass die Anerkennung als politisches Interventionsinstrument missbraucht wird.

aa) Jugoslawien

Ein entscheidender Wendepunkt in der Entwicklung zeichnete sich im Zuge der Auflösung Jugoslawiens ab. Die Anerkennung wurde dort als Instrument zur Beeinflussung des Staatswerdungsprozesses verwendet.

(1) EG-Anerkennungsrichtlinien

Anlässlich der von den Mitgliedern der EG einberufenen „Konferenz über Jugoslawien"[885] wurde mit Zustimmung der Konfliktparteien eine Schiedskommission („Badinter-Kommission") eingesetzt.[886] Deren Aufgabe war es, die

---

werfen diese Israel die Verletzung des Völkerrechts vor, vgl. *Ryngaert/Sobrie*, LJIL 24 (2011), S. 467 (471). *Wagner*, Reine Staatslehre, Bd. 1, S. 372, sieht darin eine Bestätigung der deklaratorischen Lehre.

881 Vgl. zu den folgenden Ausführungen umfassend *Saxer*, Steuerung der Selbstbestimmung, S. 709 ff., der insoweit von einem „Theorienpluralismus" spricht.

882 Vgl. dazu *Crawford*, Creation, S. 376 ff. Siehe in diesem Zusammenhang bspw. auch die Anerkennung der baltischen Republiken, vgl. *Vidmar*, ICLQ 61 (2012), S. 361 (364 ff.), mit einer Vielzahl von Beispielen für eine auf dem Konsens des Altstaates beruhende Staatsgründung aus der neueren Völkerrechtspraxis.

883 Vgl. *Saxer*, Steuerung der Selbstbestimmung, S. 710; *Crawford*, Creation, S. 384 ff.; *Dugard*, Recognition, S. 64 ff.

884 A. A. *Wagner*, Reine Staatslehre, Bd. 1, S. 372: „Alleine die deklaratorische Lehre ist mit der realen Staatspraxis vereinbar."

885 Vgl. EPZ-Erklärung vom 27. August 1991, EA 46 (1991), D 543 f.

886 Arbitration Commission of the Peace Conference on the Former Yugoslavia; siehe EPZ-Erklärung vom 5. Juli 1991, EA 1991, D 540; EPZ-Erklärung vom 7. Juli 1991,

verschiedenen rechtlichen Aspekte im Zusammenhang mit den Nachfolgestaaten der jugoslawischen Föderation zu bewerten.[887] Auf Grundlage der Vorarbeiten der Badinter-Kommission – und nachdem eine gemeinsame friedliche Lösung zwischen den Konfliktparteien scheiterte[888] – verabschiedeten die EG-Außenminister auf einer außerordentlichen Sitzung der Europäischen Politischen Zusammenarbeit (EPZ) am 16.12.1991 die „Richtlinien für die Anerkennung neuer Staaten in Osteuropa und in der Sowjetunion".[889] Darüber hinaus legten die EG-Mitgliedstaaten einen gemeinsamen Standpunkt im Hinblick auf die Anerkennung jugoslawischer Republiken fest.[890] Die Richtlinien machten die Anerkennung der jugoslawischen Teilrepubliken im Zuge des Jugoslawienkonfliktes von der Erfüllung eines spezifischen normativen Wertekatalogs abhängig,[891] stellten jedoch nicht mehr primär auf die traditionelle Anerkennungsvoraussetzung einer effektiven Staatsgewalt ab.[892] Auf Grundlage der einzelnen Anerkennungsanträge der Nachfolgestaaten überprüfte die Badinter-Kommission, ob und inwieweit diese die in den Richtlinien aufgestellten Bedingungen erfüllten.

Voraussetzung für die Anerkennung durch die EG-Mitglieder war, dass die Konstituierung der Unabhängigkeit der Teilrepubliken auf demokratisch legitimiertem Wege erfolgte, die internationalen Verpflichtungen des zwischenstaatlichen Verkehrs berücksichtigt wurden, und diese nach Treu und Glauben zu einer friedlichen Vorgehensweise und Verhandlungslösung beitrugen. Dazu gehörte die Einhaltung der Regeln der Vereinten Nationen, der Schlussakte von Helsinki und der Charta von Paris, insbesondere im Hinblick auf die Rechtsstaatlichkeit, Demokratie und die Menschenrechte. Bezug genommen wurde

---

EA 1991, D 537; EPZ-Erklärung vom 7. September 1991, EA 1991, D 547 f.; EPZ-Erklärung vom 19. September 1991, EA 1991, D 549 f.

887 Der Text der Stellungnahmen ist abgedruckt in: ILM 31 (1992), S. 1494–1526. Vgl. zur Arbeit der Badinter-Kommission und ihren Stellungnahmen *Pellet*, EJIL 3 (1992), S. 178 ff.

888 Vgl. *Saxer*, Steuerung der Selbstbestimmung, S. 715.

889 Declaration on the Guidelines on the Recognition of New States in Eastern Europe and in the Soviet Union of 16 December 1991, abgedruckt in: *Türk*, EJIL 4 (1993), S. 66 (72); ILM 31 (1992), S. 1485–1487. Siehe im Hinblick auf die Anerkennung Kroatiens, Serbiens und Montenegros *Hille*, EJIL 6 (1995), S. 599 ff.; *Rich*, EJIL 4 (1993), S. 36 ff.

890 Declaration on Yugoslavia of 16 December 1991, abgedruckt in: *Türk*, EJIL 4 (1993), S. 66 (73).

891 Vgl. *Zygojannis*, Geburt aus Ruinen, S. 183.

892 Vgl. *Crawford*, Creation, S. 400. Siehe auch *Buyse/Lawson*, LJIL 20 (2007), S. 785 (787 f.); *Türk*, EJIL 4 (1993), S. 66 (68).

zudem auf die KSZE-Grundsätze, wie die Garantie der Rechte von ethnischen und nationalen Gruppen sowie Minderheiten, die Unverletzlichkeit der Grenzen, der Schutz und die Bedeutung der Entwaffnung und Nichtverbreitung von Nuklearwaffen sowie Sicherheit und regionale Stabilität.[893]

Die genaue Einordnung und Bedeutung der aufgestellten Voraussetzungen sind in der Anerkennungslehre umstritten. Während die Richtlinien teilweise nur als politische Voraussetzungen für die Aufnahme politischer Beziehungen durch die EG-Mitgliedstaaten aufgefasst werden,[894] sehen andere die aufgestellten Kriterien als aufschiebende Bedingungen für die Anerkennung[895] oder als Ersatz für die klassischen Merkmale der Staatlichkeit an.[896]

Dass sich die Rechtswirkungen jedoch nicht in der Aufnahme politischer Beziehungen erschöpfen, ergibt sich aus den Richtlinien selbst: Entitäten, welche gewaltsam entstanden sind, werden nicht anerkannt.[897] Eine solche Androhung der Nichtanerkennung macht nur dann Sinn, wenn damit tatsächliche negative Rechtsfolgen verbunden sind.[898] Darüber hinaus wurden die Teilrepubliken vor ihrer Anerkennung nicht unter den Schutz des allgemeinen Gewaltverbotes gestellt, sondern lediglich ein „Gebot der Friedlichkeit" aus den KSZE-Prinzipien abgeleitet.[899] Diese waren jedoch rein politischer Natur, sodass sich die jugoslawische Regierung wohl in ihrer Auffassung bestätigt sah, das ursprüngliche jugoslawische Staatsgebiet gewaltsam wiederherstellen zu dürfen.[900] Aus diesem Grunde beabsichtigte die Bundesrepublik Deutschland, die Internationalisierung

---

893 Vgl. Declaration on the Guidelines on the Recognition of New States in Eastern Europe and in the Soviet Union of 16 December 1991, abgedruckt in: *Türk*, EJIL 4 (1993), S. 66 (72).

894 So bspw. *Breuer*, Anerkennung, in: Schöbener (Hrsg.), Völkerrecht, S. 28 (32); *Weller*, AJIL 86 (1992), S. 569 (588); *Talmon*, BYIL 63 (1992), S. 231 (250 f.); *Epping*, in: Ipsen (Hrsg.), Völkerrecht, § 5, Rn. 177.

895 So z. B. *Zygojannis*, Geburt aus Ruinen, S. 184.

896 Vgl. *Rich*, EJIL 4 (1993), S. 36 (56); *Baer*, Der Zerfall Jugoslawiens, S. 339.

897 Declaration on the Guidelines on the Recognition of New States in Eastern Europe and in the Soviet Union of 16 December 1991, abgedruckt in: *Türk*, EJIL 4 (1993), S. 66 (72): „The Community and its Member States will not recognize entities which are the result of aggression."

898 Vgl. *Hillgruber*, Die Aufnahme neuer Staaten, S. 662. Siehe zur Nichtanerkennung ausführlich 3. Teil A. III. 2.

899 Vgl. *Hillgruber*, Die Aufnahme neuer Staaten, S. 661.

900 *Simmler*, in: Seidl-Hohenveldern (Hrsg.), Vereinte Nationen, Menschenrechte und Sicherheitspolitik, S. 75 (98 f.); *Weller*, AJIL 86 (1992), S. 569 (604).

des Konfliktes im Wege der Anerkennung herbeizuführen, um die Geltung des völkerrechtlichen Gewaltverbotes zu erreichen.[901]

Der rechtliche Charakter der Bedingungen zeigt sich überdies daran, dass die gemeinsame Stellungnahme die Umsetzung der Anerkennungsentscheidung mit Stichtag zum 15.1.1992 ankündigte. Diese war für die jugoslawischen Republiken mit der Fristsetzung verbunden, sich bis zum 23.12.1992 zu äußern, ob sie als unabhängige Staaten anerkannt werden und den entsprechenden Vorgaben der Richtlinien entsprechen wollten.[902]

(2) Anwendung in der konkreten Anerkennungspraxis

In der konkreten Anerkennungspraxis wurden weder die traditionellen Staatlichkeitskriterien noch die Kriterien der Richtlinien durchgängig angewendet. Dies spricht jedoch nicht zwangsläufig für ihre rein politische Tragweite, sondern verdeutlicht vielmehr die Überlagerung der rechtlichen Implikationen durch die politischen Machtinteressen der EG-Mitglieder. So erkannten die EG-Mitglieder die Nachfolgestaaten vereinzelt entgegen der neu aufgestellten Bedingungen an, und selbst unter Berücksichtigung der traditionellen Voraussetzungen wurden Anerkennungen teilweise verfrüht ausgesprochen.

Zunächst wurde Slowenien, welches zu einem deutlich früheren Zeitpunkt die traditionellen Anerkennungsvoraussetzungen erfüllte,[903] auf Empfehlung der Badinter-Kommission[904] durch die EG-Mitglieder am 15.1.1992 offiziell anerkannt. Im Anschluss daran erfolgten die Anerkennungen Kroatiens und Bosnien-Herzegowinas, erst später Mazedoniens.

Die konstitutive Färbung des Instruments der Anerkennung wird am Beispiel Kroatiens und Bosnien-Herzegowinas besonders deutlich.[905] Beide Staaten

901 *Hillgruber*, Die Aufnahme neuer Staaten, S. 661.

902 Declaration on Yugoslavia of 16 December 1991, abgedruckt in: *Türk*, EJIL 4 (1993), S. 66 (73).

903 Vgl. *Saxer*, Steuerung der Selbstbestimmung, S. 714. Die Anerkennung erfolgte erst einige Monate nachdem sich eine effektive slowenische Staatsgewalt etabliert hatte. Diese Tatsache wird vereinzelt als Argument für eine konstitutive Anerkennungswirkung herangezogen, vgl. bspw. *Zemanek/Marschik*, JAP 3 (1992/1993), S. 108 (112). A. A. *Hilpold*, AVR 31 (1993), S. 387 (404).

904 Vgl. Badinter Commission, Opinion No 7 of 11 January 1992, EJIL 4 (1993), S. 80 ff.

905 Siehe im Hinblick auf Bosnien-Herzegowina *Rich*, EJIL 4 (1993), S. 36 (56): „There can be few better examples of the attempt to constitute a state through widespread recognition than the case of the Republic of Bosnia and Herzegovina." Vgl. auch *Buyse/Lawson*, LJIL 20 (2007), S. 785 (792).

erfüllten im Zeitpunkt der Anerkennung weder alle traditionellen Elemente der Staatlichkeit noch die erweiterten Voraussetzungen der EG-Anerkennungsrichtlinien. Im Zeitpunkt der Anerkennung Kroatiens hatte sich noch keine effektive Herrschaftsgewalt der kroatischen Regierung etabliert, da diese über ein Drittel des eigenen Territoriums keine dauerhafte Kontrolle ausübte.[906] Damit erfolgte die Anerkennung Kroatiens vorzeitig.[907] Zudem vertrat die Badinter-Kommission die Auffassung, dass die Minderheitenschutzbestimmungen in der kroatischen Verfassung nicht ausreichend verankert seien.[908] Dennoch wurde Kroatien durch die EG-Staaten anerkannt, nachdem Präsident Tudjman zusicherte, die Vorgaben der Richtlinien umzusetzen.[909]

Während die Kommission die Anerkennungsreife Bosnien-Herzegowinas zunächst ablehnte,[910] ging sie nach Durchführung eines Referendums schlussendlich von eben dieser aus.[911] Allerdings war Bosnien-Herzegowina im Zeitpunkt der Anerkennung mangels effektiver Herrschaftsgewalt über einen substantiellen Teil des eigenen Territoriums und aufgrund der andauernden internen Auseinandersetzungen des Bürgerkriegs kein funktionierender Gesamtstaat.[912] Es bestand auch keine Perspektive, aus eigener Kraft die Stabilisierung der Herrschaftsgewalt[913] und die Unabhängigkeit des Landes sicherzustellen.[914] Die bosnische Regierung war somit überhaupt nicht in der Lage, die Einhaltung der Menschenrechte adäquat zu gewährleisten.[915]

---

906 Vgl. *Zygojannis*, Geburt aus Ruinen, S. 175; *Baer*, Der Zerfall Jugoslawiens, S. 352.

907 So bspw. auch *Hilpold*, AVR 31 (1993), S. 387 (405); *Zygojannis*, Geburt aus Ruinen, S. 175; *Roth*, Sovereign Equality, S. 175 (Fn. 13); a. A. *Kempen/Hillgruber*, Völkerrecht § 5, Rn. 6 (Fn. 9).

908 Vgl. Badinter Commission, Opinion No 5 of 11 January 1992, EJIL 4 (1993), S. 76 ff.

909 Vgl. *Raič*, Statehood, S. 432 f.

910 Vgl. Badinter Commission, Opinion No 4 of 11 January 1992, EJIL 4 (1993), S. 74 ff.

911 Vgl. *Weller*, AJIL 86 (1992), S. 569 (593).

912 Vgl. *Simmler*, in: Seidl-Hohenveldern (Hrsg.), Vereinte Nationen, Menschenrechte und Sicherheitspolitik, S. 75 (94); *Rich*, EJIL 4 (1993), S. 36 (49, 56). Zur Fortdauer der kriegerischen Auseinandersetzungen siehe AdG 62 (1992), S. 36650.

913 Vgl. *Hilpold*, AVR 31 (1993), S. 387 (406).

914 Vgl. *Rich*, EJIL 4 (1993), S. 36 (51).

915 Vgl. *Ryngaert/Sobrie*, LJIL 24 (2011), S. 467 (476) m. w. N.

Demgegenüber wurde Mazedonien, obwohl die Badinter-Kommission in ihrem Gutachten feststellte, dass dieses alle Voraussetzungen für eine Anerkennung erfüllte,[916] eine solche durch die EG-Staaten lange Zeit verweigert.[917]

(3) Stellungnahme

Die Anerkennungen von Kroatien und Bosnien-Herzegowina erfolgten vorzeitig, da sich keine effektive Herrschaftsgewalt herausgebildet hatte.[918] In beiden Fällen knüpfte die Anerkennung nicht mehr stringent an das der deklaratorischen Theorie zugrunde liegende Effektivitätsprinzip an. Es wurde eine Abschwächung einer effektiven Staatsgewalt zugunsten des Selbstbestimmungsrechts der Völker hingenommen.[919] Daran wird der konstitutive Charakter der in diesen Fällen ausgesprochenen Anerkennungen sichtbar.[920] Zwar wird in Sezessionsfällen,

---

916 Vgl. Badinter Commission, Opinion No 6 of 11 January 1992, ILM 31 (1992), S. 1507.

917 Die Vorenthaltung der Anerkennung erfolgte aufgrund des politischen Widerstands Griechenlands, welches auf einem Namenswechsel bestand, vgl. *Murphy*, ICLQ 48 (1999), S. 545 (562 f.); *Ryngaert/Sobrie*, LJIL 24 (2011), S. 467 (476). Vgl. auch *Hilpold*, AVR 31 (1993), S. 387 (406 f.), der in der Anerkennung Mazedoniens sowohl deklaratorische als auch konstitutive Elemente erkennt.

918 Kritisch daher im Hinblick auf die Anerkennung Bosnien-Herzegowinas IGH, *Application of the Convention on the Prevention and the Punishment of the Crime of Genocide (Bosnia and Herzegovina v. Yugoslavia)*, Preliminary Objections, Judgement of 11 July 1996, Dissenting opinion of ad hoc Judge Kreca, ICJ Reports 1996, S. 658 (691, para. 26): „[L]egally, the recognition of Bosnia and Herzegovina within its administrative boundaries represented the recognition of a non-existent State."

919 Vgl. übersichtlich zu den verschiedenen dogmatischen Begründungsansätzen für eine Zurückdrängung des Effektivitätsprinzips zugunsten des Selbstbestimmungsrechts der Völker *Zygojannis*, Geburt aus Ruinen, S. 180 ff. *Eckert*, JPIA 12 (2002), S. 19 (34), sieht das Kriterium einer effektiven Staatsgewalt für die Staatlichkeit gar als obsolet an.

920 Vgl. *Zygojannis*, Geburt aus Ruinen, S. 182; *Oeter*, ZaöRV 52 (1992), S. 741 (769). Siehe auch *Fierstein*, Bost. Univ. Int'l L. J. 26 (2008), S. 417 (440): „[T]he international response to the former Yugoslav crisis, with respect to Europe at least, suggests a shift away from a declaratory view of State recognition toward a more constitutive view." Siehe jedoch die widersprüchlichen Aussagen der Badinter Commission, Opinion No 1 of 29 November 1991, 92 ILR S. 162 (164 f.): „The Committee considers [...] a) that the answer to the question should be based on the principles of public international law which serve to define the conditions on which an entity constitutes a state; that in this respect, the existence or disappearance of the state is a question of fact; that the effects of recognition by other states are purely declaratory; b) that the state is commonly defined as a community which consists of a territory and a

die auf Grundlage des Selbstbestimmungsrechts der Völker erfolgen, nicht streng am Erfordernis der Effektivität festgehalten.[921] Allerdings wird eben für diesen Anwendungsbereich auch innerhalb der deklaratorischen Theorie der konstitutive Charakter der Anerkennung hervorgehoben.[922] Selbst bei der Anerkennung Mazedoniens wird ein gewisser konstitutiver Einschlag erkennbar, war Mazedonien doch in Wirklichkeit bis zur überwiegenden Anerkennung nur eingeschränkt handlungsfähig.[923]

bb) Kosovo

Eine besondere Bedeutung der Anerkennung kann auch im Falle des Kosovo festgestellt werden. Am 17.2.2008 erklärte das kosovarische Parlament unilateral seine Unabhängigkeit. Während der Auflösung Jugoslawiens im Jahr 1992 war auf das kosovarische Streben nach Unabhängigkeit nicht weiter eingegangen worden.[924] Denn mangels effektiver Herrschaftsgewalt fehlte die Eigenstaatlichkeit des Kosovo als Anerkennungsvoraussetzung.[925]

Auf den Wunsch Serbiens, das die Unabhängigkeit des Kosovo bis heute ablehnt, wurde 2008 von der Generalversammlung ein Gutachtenverfahren vor dem IGH beantragt.[926] Dieses wurde am 22.7.2010 mit der *Kosovo Advisory*

---

population subject to an organized political authority; that such a state is characterized by sovereignty"; Badinter Commission, Opinion No 8 of 4 July 1992, 92 ILR, S. 199: „[...] confer certain rights and obligations under international law". Siehe auch IGH, *Application of the Convention on the Prevention and the Punishment of the Crime of Genocide (Bosnia and Herzegovina v. Yugoslavia)*, Preliminary Objections, Judgement of 11 July 1996, Dissenting opinion of ad hoc Judge Kreca, ICJ Reports 1996, S. 658 (661), der implizit das konstitutive Verständnis des Gerichtshofs kritisiert: „The pretention of an entity to represent a State, and even recognition by other States, is not, in the eyes of the law, sufficient on its own to make it a State within the meaning of international law."

921 Vgl. *Stein/von Buttlar/Kotzur*, Völkerrecht, Rn. 326. Siehe einschränkend auch *Orakhelashvili*, Max Planck UNYB 12 (2008), S. 1 (9 f.).

922 *Simmler*, in: Seidl-Hohenveldern (Hrsg.), Vereinte Nationen, Menschenrechte und Sicherheitspolitik, S. 75 (98).

923 So auch *Hilpold*, AVR 31 (1993), S. 387 (407).

924 Vgl. *Hilpold*, ZaöRV 68 (2008), S. 779 (782 ff.); *Mett*, Das Konzept des Selbstbestimmungsrechts, S. 335 ff.

925 Vgl. *Warbrick*, ICLQ 41 (1992) S. 473 (480).

926 Vgl. UNSC Res 63 (8 October 2008), UN Doc. A/RES/63/3. Es stimmten 77 Staaten für und 6 Staaten, darunter die USA, gegen die Resolution. 74 Staaten enthielten sich ihrer Stimme.

Opinion abgeschlossen.[927] Der Kosovo verfügt über die Staatselemente Staatsgebiet und Staatsvolk.[928] Bis heute kontrolliert die kosovarische Staatsgewalt jedoch nicht tatsächlich und dauerhaft das gesamte Staatsgebiet und die darauf lebende Bevölkerung. So steht das nördliche Territorium unter serbischem Einfluss.[929] Zusätzlich unterliegt der Kosovo fortdauernd der Verwaltung durch die UNMIK und der „international security presence" (KFOR) nach Maßgabe der UN-Sicherheitsratsresolution 1244[930] sowie der Rechtsstaatlichkeitsmission der EU (EULEX Kosovo[931]). Zwar haben sich inzwischen eigenstaatliche Organisationsstrukturen herausgebildet. Diese stehen jedoch nach wie vor unter maßgeblicher Beeinflussung der internationalen Gemeinschaft.[932] Überdies war der Kosovo auf den militärischen Schutz durch die NATO und KFOR angewiesen.[933] Im Falle des Eingreifens serbischer Streitkräfte zur Vereitelung der Sezessionsbestrebungen wäre er kaum in der Lage gewesen, militärischen Widerstand zu

---

927 Vgl. ICJ, *Accordance with International Law of the Unilateral Declaration of Independence in Respect of Kosovo*, Advisory Opinion of 22 July 2010, ICJ Reports 2010, S. 403 ff. Darin stellte der IGH fest, dass die Unabhängigkeitserklärung nicht gegen das Völkerrecht verstoße (para. 84, 113 ff.). Eine Beurteilung der Rechtsmäßigkeit der Sezession und der Konsequenzen der Unabhängigkeitserklärung für die nachfolgenden Anerkennungen wurden durch den IGH (bewusst) nicht erörtert. Das Rechtsgutachten des IGH ist in der völkerrechtlichen Literatur vielfach auf Kritik gestoßen. Vgl. statt vieler *Waters*, Duke J. Comp. & Int'l L. 23 (2012), S. 267 ff.; *Ryngaert*, NILR 57 (2010), S. 481 ff.; *Peters*, LJIL 24 (2011), S. 95 ff.

928 Vgl. *Zygojannis*, Geburt aus Ruinen, S. 186 f.

929 Vgl. *Zygojannis*, Geburt aus Ruinen, S. 189 f.; *Orakhelashvili*, Max Planck UNYB 12 (2008), S. 1 (5).

930 Die United Nations Interim Administration Mission in Kosovo (UNMIK) wurde auf Grundlage der UN-Sicherheitsratsresolution 1244 eingeführt, vgl. UNSC Res 1244 (12 June 1999), UN Doc S/RES/1244. Kritisch zu dieser Verwaltungsmission *Hilpold*, ZaöRV 68 (2008), S. 779 (789 ff.); *Everly*, GLJ 1 (2007), S. 21 (22 f.).

931 European Union Rule of Law Mission in Kosovo (EULEX Kosovo). Vgl. zur Arbeitsweise der EULEX die offizielle Webseite, abrufbar unter http://www.eulex-kosovo.eu (zuletzt besucht am 30. März 2018). Vgl. in diesen Zusammenhang auch *de Wet*, AJIL 103 (2009), S. 83 ff. sowie aus verfassungsrechtlicher Perspektive des Kosovo *Muharremi*, ZaöRV 70 (2010), S. 357 ff. Siehe auch *Epping*, in: Ipsen (Hrsg.), Völkerrecht, § 5, Rn. 179; *Tomuschat*, in: Hilpold (Hrsg.), Das Kosovo-Gutachten, S. 31 (37); *Zygojannis*, Geburt aus Ruinen, S. 187 ff.

932 Vgl. *Zygojannis*, Geburt aus Ruinen, S. 190; *Oeter*, ZaöRV 75 (2015), S. 51 (64 ff., 67).

933 Vgl. *Tomuschat*, in: Hilpold (Hrsg.), Das Kosovo-Gutachten, S. 31 (37).

leisten.[934] Eine effektive Staatsgewalt des Kosovo, die nach traditioneller Auffassung Voraussetzung für eine Anerkennung wäre, ist mithin nicht gegeben.[935] Dennoch wurde der Kosovo inzwischen von 111 Staaten anerkannt.[936]

Diese der Unabhängigkeitserklärung nachfolgenden Anerkennungen waren demnach mangels effektiver Staatsgewalt vorzeitig[937] und damit nach herkömmlicher Auffassung völkerrechtswidrig.[938] Allerdings wird auch im Hinblick auf den Kosovo vertreten, dass eine zulässige Ausübung des Selbstbestimmungsrechts der Völker gegeben sei, die eine Herabsetzung der Schwelle der Effektivität als auch der Souveränität rechtfertige.[939] Folgt man dieser Auffassung, ist eine

---

934 Vgl. *Tomuschat*, in: Hilpold (Hrsg.), Das Kosovo-Gutachten, S. 31 (39); *Orakhelashvili*, Max Planck UNYB 12 (2008), S. 1 (10).

935 So auch *Zygojannis*, Geburt aus Ruinen, S. 190; zweifelnd auch *Watson*, Tul. J. Int'l & Comp. L. 17 (2008), S. 267 (290); *Oeter*, ZaöRV 75 (2015), S. 51 (67); *Vidmar*, Vand. J. Transnat'l L. 42 (2009), S. 779 (849); *Orakhelashvili*, Max Planck UNYB 12 (2008), S. 1 (9 f.); a. A. *Muharremi*, Review of Central and East European Law 33 (2008), S. 401 (425 ff.); *Fierstein*, Bost. Univ. Int'l L. J. 26 (2008), S. 417 (440): „Kosovo seems to objectively satisfy the traditional criteria."

936 Siehe dazu die Ausführungen des kosovarischen Außenministeriums, abrufbar unter http://www.mfa-ks.net/?page=2,224 (zuletzt besucht am 30. März 2018). Demgegenüber lehnen Spanien, Serbien, Russland und China eine Anerkennung ausdrücklich ab.

937 Vgl. *Tomuschat*, in: Hilpold (Hrsg.), Das Kosovo-Gutachten, S. 31 (39); *Oeter*, ZaöRV 75 (2015), S. 51 (51); siehe auch *Tancredi*, IYIL 18 (2008), S. 37 (58), der eine Verletzung der serbischen Souveränität annimmt.

938 Vgl. allgemein *Kelsen*, AJIL 35 (1941), S. 605 (610); *Lauterpacht*, Recognition, S. 7. A. A. im Hinblick auf den Kosovo *Ryngaert/Sobrie*, LJIL 24 (2011), S. 467 (479), die die Rechtmäßigkeit einer Anerkennung des Kosovo annehmen. Etwas anderes gelte nur dann, wenn man das militärische Eingreifen der NATO als Auslöser für die Einführung der UN-Übergangsverwaltung sehe, die letztlich zur Unabhängigkeit des Kosovo geführt habe. Gehe man davon aus, dass der Gewalteinsatz einen Verstoß gegen *ius cogens* darstellt, wäre auch eine Anerkennung nicht rechtmäßig. Siehe zu diesem Gedanken auch *Orakhelashvili*, Max Planck UNYB 12 (2008), S. 1 (30 f.).

939 So im Ergebnis nach eingehender Prüfung *Zygojannis*, Geburt aus Ruinen, S. 191 ff., 222; kritisch *Epping*, in: Ipsen (Hrsg.), Völkerrecht, § 4, Rn. 181. Ob man die Völkerrechtsmäßigkeit der verfrühten Anerkennung annimmt oder vielmehr eine Pflicht zur Nichtanerkennung bekräftigt, hängt insbesondere davon ab, ob man ein aus dem Selbstbestimmungsrecht ableitbares Recht auf Sezession („remedial secession") anerkennt. Ob und unter welchen Voraussetzungen ein solches besteht, ist in der Völkerrechtswissenschaft bis heute umstritten. Für die Zulässigkeit: *Brewer*, Vand. J. Transnat'l L. 45 (2012), S. 245 ff.; *Weber*, AVR 43 (2005), S. 494 (500 ff.); *Wirth*, ZaöRV 67 (2007), S. 1065 (1069 ff.); *Tomuschat*, in: Hilpold (Hrsg.), Das Kosovo-Gutachten,

vorzeitige Anerkennung zulässig.[940] Die Anerkennung entfaltet mithin konstitutive Wirkung im Verhältnis zum anerkennenden Staat.[941]

cc) Südsudan

Jüngstes Mitglied der Staatengemeinschaft ist der Südsudan. Am 9.7.2011 erklärte dieser offiziell seine Unabhängigkeit.[942] Diese stand am Ende eines langjährigen Friedensprozesses auf Grundlage des „Comprehensive Peace Agreements" vom 9.1.2005.[943] Seit der britischen Kolonialherrschaft litt der Sudan unter Unruhen, die insbesondere auf den unterschiedlichen Verwaltungssystemen und einer ungleichen Verteilung von Ressourcen in den südlichen und nördlichen

---

S. 31 (42 f.). Dagegen: *Corten*, RGDIP 112 (2008), S. 721 (726 ff.); *Hilpold*, ZaöRV 68 (2008), S. 779 (797). *Vidmar*, Vand. J. Transnat'l L. 42 (2009), S. 779 (817), und *Ryngaert/Griffioen*, CJIL 8 (2009), S. 573 (585), sehen mit der Verabschiedung von Resolution 1244 die Basis für eine „remedial secession" des Kosovo als entfallen an. Kritisch ist insgesamt auch *Oeter*, ZaöRV 75 (2015), S. 51 (62 ff.), mit einer Vielzahl weiterer Nachweise.

940 So ausdrücklich *Tomuschat*, in: Hilpold (Hrsg.), Das Kosovo-Gutachten, S. 31 (44): „Es wäre geradezu leichtfertig gewesen, den traditionellen Standpunkt zu beziehen, dass eben der bewaffnete Konflikt bis zum bitteren Ende ausgefochten werden müsse, ehe Drittstaaten ein abschließendes Urteil abgeben dürften." Von der Rechtmäßigkeit der Anerkennung geht wohl auch *Eisemann*, L'indépendance du Kosovo, S. 107 (119), aus (zitiert nach *Tomuschat*, in: Hilpold (Hrsg.), Das Kosovo-Gutachten, S. 31 (44)); a. A. *Oeter*, ZaöRV 75 (2015), S. 51 (51).

941 So bspw. *Zygojannis*, Geburt aus Ruinen, S. 222. *Hilpold*, ZaöRV 68 (2008), S. 779 (797 f.), leitet eine konstitutive Wirkung nicht über die Annahme eines externen Selbstbestimmungsrechts her. Vielmehr unterliege die Beurteilung, ob sich die sezedierende Gewalt final durchgesetzt habe, dem Beurteilungsspielraum der Staaten. Im Rahmen dessen könne der Anerkennung daher auch völkerrechtskonform konstitutive Wirkung zukommen. Siehe auch *Doehring*, in: Simma (Hrsg.), Charta der Vereinten Nationen, nach Art. 1, Rn. 46, der zwar in Sezessionsfällen ebenfalls eine konstitutive Wirkung der vorzeitigen Anerkennungen annimmt; allerdings bleibe die Unrechtmäßigkeit der vorzeitigen Anerkennung selbst bei Vorliegen eines rechtmäßigen Selbstbestimmungsrechts bestehen. Der Kosovo wird heutzutage mehrheitlich als Staat angesehen, so z. B. durch *Tomuschat*, in: Hilpold (Hrsg.), Das Kosovo-Gutachten, S. 31 (44 f.). A. A. *Warbrick*, ICLQ 57 (2008), S. 675 (689).

942 Vgl. *Gettleman*, After Years of Struggle, South Sudan Becomes a New Nation, in: New York Times (9 July 2011), abrufbar unter http://www.nytimes.com/2011/07/10/world/africa/10sudan.html?_r=0 (zuletzt besucht am 30. März 2018). Siehe zum Ganzen ausführlich *Vidmar*, ICLQ 61 (2012), S. 361 (368 ff.).

943 Comprehensive Peace Agreement (2005), abrufbar unter http://peacemaker.un.org/node/1369 (zuletzt besucht am 30. März 2018).

Teilen des Landes beruhten.[944] Das Agreement regelte nun die genauen Modalitäten eines Referendums über die Unabhängigkeit und statuierte zugleich ein verfassungsrechtlich verbrieftes Recht auf Sezession.[945] In dem von der sudanesischen Regierung beachteten Referendum sprach sich eine Mehrheit von nahezu 99 Prozent der südsudanesischen Bevölkerung für eine Sezession vom nördlichen Teil Sudans aus.[946] Drei Jahre später erfolgte die Aufnahme in die Vereinten Nationen.[947]

Aus völkerrechtlicher Sicht basiert die Staatswerdung des Südsudans mithin auf der Zustimmung des Mutterstaates. Die Staatlichkeit war nicht abhängig von einer internationalen Anerkennung, diese hat lediglich deklaratorische Bedeutung.[948] Allerdings lässt sich daran zweifeln, ob ohne eine universelle Anerkennung, d. h. im Falle einer Isolation auf internationaler Ebene, Südsudan überhaupt handlungsfähig gewesen wäre.

dd) Palästina

Eine besondere Situation ergibt sich im Falle von Palästina. Obwohl die Staatsqualität umstritten ist, wurde Palästina inzwischen von 137 Staaten anerkannt.[949]

---

944 Vgl. *Olaizola*, PSJ Int'l Affairs 1 (2012), S. 60 (61); *Grawert*, After the Comprehensive Peace Agreement in Sudan, S. 37 ff.

945 Vgl. *Vidmar*, ICLQ 61 (2012), S. 361 (368 f.).

946 Vgl. *Kron/Gettleman*, South Sudanese Vote Overwhelmingly for Secession, in: New York Times (21 January 2011), abrufbar unter http://www.nytimes.com/2011/01/22/world/africa/22sudan.html (zuletzt besucht am 30. März 2018). Siehe auch die detaillierten Abstimmungsergebnisse auf der offiziellen Webseite der Referendums-Kommission, abrufbar unter http://southernsudan2011.com (zuletzt besucht am 30. März 2018).

947 Vgl. UNGA Res 65/308 (14 July 2011), UN Doc A/RES/65/308.

948 Vgl. *Vidmar*, ICLQ 61 (2012), S. 361 (370). Siehe in diesem Zusammenhang auch die Unabhängigkeit Osttimors. Dort waren die Vereinten Nationen in den Prozess maßgeblich eingebunden, sodass die Bedeutung der Anerkennung noch weiter zurückgedrängt wurde. Saxer zufolge sei nicht die Effektivität als entscheidendes Kriterium der deklaratorischen Auffassung ausschlaggebend für die Anerkennung gewesen. Maßgeblich sei vielmehr, dass die internationale Gemeinschaft den Staat wollte, vgl. *Saxer*, Steuerung der Selbstbestimmung, S. 731. Siehe ausführlich zu Osttimor auch *Benzig*, Max Planck UNYB 9 (2005), S. 295 ff.

949 Eine Übersicht der Anerkennungen findet sich auf dem offiziellen Webauftritt der Permanent Observer Mission of The State of Palestine to the United Nations New York, abrufbar unter http://palestineun.org/about-palestine/diplomatic-relations/ (zuletzt besucht am 30. März 2018). Gegen ein Vorliegen der traditionellen Staatlichkeitsvoraussetzungen sind bspw. *Dürr/von Maltitz*, ZStW 125 (2014), S. 907

(1) Nichterfüllung der Voraussetzungen der Drei-Elemente-Lehre

Das Gebilde Palästina verfügt über ein eigenes Staatsgebiet. Zwar ist der exakte Grenzverlauf des palästinensischen Territoriums nicht endgültig feststellbar, ausreichend ist jedoch das Vorliegen eines Kerngebietes.[950] Davon ist bei Palästina auszugehen.[951] Auch ein eigenes Staatsvolk ist gegeben, da sich ein palästinensisches Nationalgefühl als Band der Verbundenheit inzwischen herausgebildet hat.[952] Ernsthafte Zweifel bestehen hingegen im Hinblick auf die Existenz einer effektiven Staatsgewalt. So unterliegen einzelne Gebiete auch gegenwärtig vollumfänglich israelischer Kontrolle.[953] Selbst in den gänzlich unter palästinensischem Einfluss stehenden Gebieten erstreckt sich dieser jedoch nicht auf die Überwachung des Luftraums, die äußere Sicherheit und die israelischen Siedlungen.[954] Von einer effektiven Regierungsgewalt kann daher keine Rede sein.[955]

(912–920); *Hilpold*, AVR 31 (1993), S. 387 (394); *Crawford*, EJIL 1 (1990), S. 307 (308 ff.) Dafür demgegenüber *Olaizola*, PSJ Int'l Affairs 1 (2012), S. 60 (64); *Whitback*, Middle East Policy 18 (2011), S. 62 ff.; *Boyle*, EJIL 1 (1990), S. 301 (301 ff.).

950 Vgl. dazu 3. Teil A. III. 1. a).

951 Vgl. *Dürr/von Maltitz*, ZStW 125 (2014), S. 907 (914 f.); *Boyle*, EJIL 1 (1990), S. 301 (302); *Worster*, Am. Univ. Int'l L. Rev. 26 (2012), S. 1153 (1164). Implizit lässt sich eine solche Feststellung auch der IGH *Advisory Opinion* entnehmen, da der Gerichtshof darin feststellte, dass der Mauerbau Israels eine *De facto-Annexion* darstelle, siehe IGH, *Legal Consequences of the Construction of a Wall in the Occupied Palestinian Territory*, Advisory Opinion of 9 July 2004, ICJ Reports 2004, S. 136 (184, para. 121 f.).

952 Vgl. IGH, *Legal Consequences of the Construction of a Wall in the Occupied Palestinian Territory*, Advisory Opinion of 9 July 2004, ICJ Reports 2004, S. 136 (184, para. 118): „As regards the principle of the right of people to self-determination, the Court observes that the existence of a ‚Palestinian People' is no longer in issue"; Vgl. auch *Worster*, Am. Univ. Int'l L. Rev. 26 (2012), S. 1153 (1164); Dürr/*von Maltitz*, ZStW 125 (2014), S. 907 (914). Siehe allgemein zum Kriterium des Staatsvolkes 3. Teil A. III. 1. b).

953 Vgl. *Seidel*, AVR 44 (2006), S. 121 (135).

954 Vgl. *Dürr/von Maltitz*, ZStW 125 (2014), S. 907 (916 f.) m. w. N.

955 So im Ergebnis auch *Epping*, in: Ipsen (Hrsg.), Völkerrecht, § 5, Rn. 138; *Stein/von Buttlar/Kotzur*, Völkerrecht, Rn. 286. *Dürr/von Maltitz*, ZStW 125 (2014), S. 907 (915 ff.), verweisen zudem darauf, dass die ursprüngliche Koalition aus Hamas- und Fatah-Mitgliedern durch den Bürgerkrieg aufgebrochen worden sei, sodass die jeweiligen Gruppierungen nun auf unterschiedlichen Teilen des palästinensischen Gebietes regierten. Mithin bestehe auch im Gaza-Streifen keine effektive Regierungsgewalt. Siehe auch *Shaw*, JICJ 9 (2011), S. 301 (307 f.); a. A. *Worster*, Am. Univ. Int'l L. Rev. 26 (2012), S. 1153 (1168).

Unerheblich für die Staatlichkeit ist hingegen der in der Völkerrechtswissenschaft vereinzelt vorgebrachte Einwand, dass ein Staat nicht gegen seinen Willen als Staat angesehen werden könne.[956] So lassen sich im Hinblick auf Palästina widersprüchliche Äußerungen feststellen.[957] Aufgrund der Doppeldeutigkeit und des politischen Charakters der Aussagen, deren genauer Inhalt zudem jeweils im diplomatischen Kontext des Israel-Palästina-Konfliktes zu verstehen ist,[958] begründet ein solches voluntatives Element kein hinreichend feststellbares Kriterium für die Staatlichkeit.[959]

(2) Wirkung der Anerkennungen

Nachdem eine Verhandlungslösung des Nahost-Konfliktes aufgrund des Scheiterns des 2003 durch das Nahost-Quartett entwickelten Friedensplans immer unwahrscheinlicher wurde,[960] verfolgte die palästinensische Führung das Vorhaben, auf rechtlichem Wege eine umfassende Anerkennung zu erlangen und dadurch den Aufbau eines Staates voranzutreiben („recognition for state building"[961]).[962] Auch in der Völkerrechtsliteratur wird vertreten, dass sich eine große Anzahl von Anerkennungen mittelbar rechtlich auf die Staatlichkeit auswirke. So beseitige eine hohe Anzahl von Anerkennungen Zweifel am Vorliegen eines Merkmals der Staatlichkeit.[963] Die unilaterale Anerkennung wirkt jedoch nur im Verhältnis zwischen anerkanntem und anerkennendem Staat.[964] Insofern ist auch die in der Literatur häufig aufgeworfene Frage, ab welcher Anzahl der

---

956 So z. B. *Shany*, JICJ 8 (2010), S. 329 (333); *Shaw*, JICJ 9 (2011), S. 301 (308). Vgl. dazu auch *Ash*, RLR 36 (2009), S. 186 (188 ff.). Siehe die vergleichbare Argumentation im Hinblick auf Taiwan durch *Crawford*, Creation, S. 206 ff.

957 Vgl. die Nachweise bei *Dürr/von Maltitz*, ZStW 125 (2014), S. 907 (920).

958 Vgl. *Worster*, Am. Univ. Int'l L. Rev. 26 (2012), S. 1153 (1164 f.).

959 So im Ergebnis auch *Dürr/von Maltitz*, ZStW 125 (2014), S. 907 (920).

960 Vgl. dazu *Weiter*, Feindbildkonstruktionen im Nahostkonflikt, S. 44 ff.

961 *Mansour*, Cam. J. Int'l & Comp. L. 4 (2014), S. 1182 (1194).

962 Vgl. *Dürr/von Maltitz*, ZStW 125 (2014), S. 907 (907); *Crawford*, EJIL 1 (1990), S. 307 (310): „Palestine involves the converse problem, that of an entity which is not sufficiently effective to be regarded as independent in fact, but which is thought entitled to be a state."

963 Vgl. *Stein/von Buttlar/Kotzur*, Völkerrecht, Rn. 326; *von Arnauld*, Völkerrecht, Rn. 97.

964 Siehe auch *Shaw*, International Law, 6. Aufl. 2008, S. 446: „The act of recognition *by one state of another* indicates that *the former* regards the latter as having conformed with the basic requirements of international law as to the creation of a state." (Kursivschreibung durch den Autor hinzugefügt).

Anerkennungen von der Staatsqualität auszugehen sei, missverständlich. Nur im jeweiligen Einzelverhältnis wird das Vorliegen der Elemente der Staatlichkeit außer Streit gestellt und die Völkerrechtssubjektivität begründet.[965] Erst die Aggregation unilateraler Anerkennungen sorgt für eine verbreitete Staatsqualität, allerdings nur innerhalb der Beziehung von anerkanntem Staat und anerkennenden Staaten. Davon unangetastet bleibt jedoch die Qualität der Staatlichkeit. Diese definiert sich nach der hier vertretenen Auffassung allein über die einzelnen Anerkennungsverhältnisse und bemisst sich nicht nach einer an Schwellenwerten orientierten Anerkennungslehre.[966] Die relative Wirkung der Anerkennung wird in der Literatur vielfach als impraktikabel kritisiert.[967] Allerdings zeigt sich am Sonderfall Palästinas, dass sich in der Praxis durchaus Lösungen entwickeln, auch nicht universell anerkannte Staatsgebilde auf internationaler Ebene graduell miteinzubeziehen.

(3) Auswirkungen der verstärkten internationalen Einbindung

Am 23.11.2011 erlangte Palästina die Vollmitgliedschaft in der United Nations Educational, Scientific and Cultural Organization (UNESCO).[968] Ein Antrag[969] Palästinas auf Vollmitgliedschaft in den Vereinten Nationen war aufgrund der fehlenden notwendigen Empfehlung durch den UN-Sicherheitsrat nach Art. 4 Abs. 2 UN-Charta erfolglos.[970] Nachdem sich abzeichnete, dass aufgrund des

---

965 So bspw. *Kempen/Hillgruber*, Völkerrecht, § 5, Rn. 24.

966 Vgl. in diesem Zusammenhang *Kelsen*, AJIL 35 (1941), S. 605 (609); im Hinblick auf Palästina auch *Worster*, Am. Univ. Int'l L. Rev. 26 (2012), S. 1153 (1178, 1180): „Many factors suggest that Palestine has some form of relative statehood […]. If Palestine is a quasi-state, it may be considered a state for specific purposes even though it has not attained absolute statehood." Siehe dazu auch 3. Teil A. III. 3. a) cc) (5).

967 Siehe statt vieler *Acquaviva*, Vand. Transnat'l L. (2005), S. 345 (350 f.): „It is illogical – ultimately impractical – to allow an entity to be considered a subject of international law by some subjects but not by others." Vgl. auch *Kirkham*, Can. Y. B. Int'l L. 6 (1968), S. 144 (159).

968 Vgl. Introductory Note to the Admission of Palestine into the United Nations, 51 ILM, S. 606 (2012). Zuvor war die Mitgliedschaft Palästinas in der UNESCO noch abgelehnt worden; siehe dazu UNESCO, Decisions Adopted by the Executive Board at its 132nd Session (13 December 1989), S. 44 ff., abrufbar unter http://unesdoc.unesco.org/images/0008/000845/084504e.pdf (zuletzt besucht am 30. März 2018).

969 Vgl. UN Doc. A/66/371, S/2011/592 (23 September 2011).

970 Vgl. UN Doc. S/2011/705 (11 November 2011), Report of the Committee on the Admission of New Members concerning the application of Palestine for admission to membership in the United Nations, para. 21: „In summing up the debate at the

drohenden Vetos der Vereinigten Staaten eine Aufnahme als Vollmitglied immer weniger wahrscheinlich wurde, verfolgte Palästina parallel das Ziel, als Beobachterstaat anerkannt zu werden.[971] So wurde Palästina in der Folge auf Antrag von 50 UN-Mitgliedstaaten durch die UN-Generalversammlung am 29.11.2012 der Status als Beobachterstaat zuerkannt („non-member observer state").[972] Es sprachen sich 138 stimmberechtigte Mitglieder für den Antrag aus, während sich 46 Staaten enthielten und nur 9 Mitglieder den Antrag ablehnten (darunter Israel und die USA).[973] Durch die Aufwertung des Beobachterstatus – seit 1974 hatte die Palästinensische Befreiungsorganisation den Status des Beobachters („non-State observer") inne – wurde zumindest begrifflich implizit die Staatlichkeit Palästinas bestätigt.[974] Allerdings wurde von vielen Staaten gleichzeitig ausdrücklich klargestellt, dass mit der Zuerkennung des erweiterten Beobachterstatus keine formale Anerkennung verbunden sei.[975]

110th meeting of the Committee, the Chair stated that the Committee was unable to make a unanimous recommendation to the Security Council."

971 Vgl. *Azarov*, in: Qafisheh (Hrsg.), Palestine Membership in the United Nations, S. 252 (252).

972 Vgl. UNGA Res 67/19, UN Doc A/RES/67/19 (29 November 2012), para. 2.

973 Vgl. die Abstimmungsübersicht in UNGA, Meetings Coverage (29 November 2012), abrufbar unter http://www.un.org/News/Press/docs/2012/ga11317.doc.htm (zuletzt besucht am 30. März 2018).

974 Vgl. *Dürr/von Maltitz*, ZStW 125 (2014), S. 907 (909).

975 Vgl. UN Doc A/67/PV.44, S. 16 (Neuseeland), S. 20 (Belgien), S. 21 (Norwegen). Die genauen Auswirkungen der Zuerkennung des Status als Beobachterstaat sind unklar. Während teilweise vertreten wird, dass diese als kollektive Anerkennung anzusehen sei, lehnen andere eine solche Annahme ab. Für letztere Ansicht spricht insbesondere, dass die Resolutionen der UN-Generalversammlung nicht bindend sind. Zudem setzt Art. 4 Abs. 1 UN-Charta allein für die Mitgliedschaft in den Vereinten Nationen implizit die Staatlichkeit voraus bzw. bestätigt diese mit Aufnahme. Hingegen findet die Figur des „non-member observer state" keine Entsprechung in der UN-Charta, sodass vergleichbare Wirkungen nicht angenommen werden können. Diese Überlegung wird gestützt, wenn man den Vertragscharakter der UN-Charta berücksichtigt. Nur Staaten können dem Gründungsvertrag beitreten. Mit der Zuerkennung des Status als Beobachterstaat war jedoch kein Beitritt zum Vertrag verbunden. Darüber hinaus lässt sich auch aus der vorhergehenden Praxis der Vereinten Nationen im Hinblick auf andere Beobachterstaaten nicht immer zweifelsfrei auf deren Staatsqualität schließen, vgl. zum Vorstehenden *Vidmar*, Does General Assembly Resolution 67/19 Have Any Implications for the Legal Status of Palestine?, EJIL: Talk!, abrufbar unter http://www.ejiltalk.org/does-general-assembly-resolution-6719-have-any-implications-for-the-legal-status -of-palestine/ (zuletzt besucht am 30. März 2018).

Der Beobachterstatus besteht in weiteren internationalen und Sonderorganisationen der Vereinten Nationen fort.[976] Zudem ist Palästina Mitglied in nahezu allen arabischen Organisationen, wie der *League of Arab States*, der *Organization of the Islamic Conference* sowie der *Arab League Educational, Cultural and Scientific Organization*. Zum 1.4.2015 wurde Palästina zudem Vollmitglied des *International Court of Justice* (ICC).[977]

Darüber hinaus hat Palästina eine Vielzahl internationaler Investitions- und Handelsverträge unterzeichnet.[978] Mitte 2014 trat Palästina nahezu zeitgleich 15 internationalen Konventionen bei.[979]

Insofern ist nicht davon auszugehen, dass der Resolution der Generalversammlung gesonderte Rechtswirkung zukommt. Sie wirkte vielmehr als „offizielle" Bestätigung der schon vorher durch die Aggregation der unilateralen Anerkennungen unumkehrbar angeschobenen Entwicklung.

976 Allerdings setzen nicht alle internationalen Organisationen für die Mitgliedschaft die Staatlichkeit im völkerrechtlichen Sinne voraus, sondern legen ein funktionales Verständnis zugrunde, siehe dazu *Worster*, Am. Univ. Int'l L. Rev. 26 (2012), S. 1153 (1184 f. m. w. N.).

977 Vgl. ICC, Preliminary Examination, Palestine, abrufbar unter https://www.icc-cpi.int/palestine (zuletzt besucht am 19. September 2016); siehe auch Human Rights Watch, Palestine is Newest Member, 1 April 2015, abrufbar unter https://www.hrw.org/news/2015/04/01/icc-palestine-newest-member (zuletzt besucht am 30. März 2018). Am 3.4.2012 hatte das Office of the Prosecutor (OTP) die Eröffnung eines förmlichen Ermittlungsverfahrens auf Grundlage der *Ad-hoc-Anerkennung* der Gerichtsbarkeit gemäß Art. 12 Abs. 3 IStGH-Statut durch den Justizminister der Palästinensischen Autonomiebehörde aus dem Jahre 2009 noch mit Hinweis auf den damaligen Status Palästinas als „*non-State observer*" abgelehnt, siehe dazu OTP, Situation in Palestine (3 April 2012), abrufbar unter http://www.icc-cpi.int/NR/rdonlyres/C6162BBF-FEB9-4FAF-AFA9-836106D2694A/284387/SituationinPalestine030412ENG.pdf (zuletzt besucht am 30. März 2018). Demgegenüber wird teilweise die Zulässigkeit der *Ad-hoc-Anerkennung* im Wege einer funktionalen Interpretation der Staatlichkeit angenommen, die die Besonderheiten des IStGH-Status berücksichtige, so bspw. *Dürr/von Maltitz*, ZStW 125 (2014), S. 907 (922 ff.); *Pellet*, JICJ 8 (2010), S. 981 (983 ff.).

978 Vgl. *Worster*, Am. Univ. Int'l L. Rev. 26 (2012), S. 1153 (1170 f.) m. w. N.

979 Dazu gehören u. a. das Wiener Übereinkommen über das Recht der Verträge, das Wiener Übereinkommen über diplomatische Beziehungen, der Internationale Pakt über bürgerliche und politische Rechte und die Genfer Konventionen samt der damit verbundenen Protokolle. Vgl. zu alldem auch http://www.un.org/apps/news/story.asp?NewsID=49723 (zuletzt besucht am 30. März 2018).

(4) Stellungnahme

Palästina erfüllt nicht die traditionellen Voraussetzungen der Staatlichkeit nach der Drei-Elemente-Lehre. Damit erfolgten die Anerkennungen vorzeitig. Dennoch ließe sich, ähnlich wie in den zuvor genannten Fällen, argumentieren, dass die Anerkennung trotz Zweifeln am Vorliegen einer effektiven Staatsgewalt in einer Abwägungsentscheidung zugunsten des Selbstbestimmungsrechts der Völker getroffen wurde,[980] um den Friedensprozess positiv zu beeinflussen.[981] So haben inzwischen zwei Drittel der Staaten Palästina als Staat anerkannt. Damit erweitert sich für Palästina zunehmend der Bereich staatlichen Handelns. Da die anerkennenden Staaten an ihre relative Anerkennungsentscheidung gebunden sind, wirkt sich diese *inter omnes* auch gegenüber den anderen Staaten aus. Durch diese Verflechtung und in Kombination mit der verstärkten qualitativen und quantitativen Einbindung Palästinas auf internationaler Ebene sowie der Aufwertung des Beobachterstatus wird Palästina zunehmend in den Status als gleichberechtigtes Völkerrechtssubjekt auch gegenüber jenen Staaten erhoben,

---

980 Siehe in diesem Zusammenhang *Slomanson*, Miskolc J. Int'l L. 8 (2011), S. 1 ff., der auf Grundlage der Fälle des Kosovo, Südossetiens und Abchasiens eine Übertragung der völkerrechtlichen Sezessionsgrundsätze auf die Unabhängigkeitserklärung Palästinas propagiert. A. A. demgegenüber *Stein/von Buttlar/Kotzur*, Völkerrecht, Rn. 326, denen zufolge keine Zweifel an der Staatsgewalt bestehen, die es durch die Anerkennung auszugleichen gilt. Es stehe vielmehr fest, dass das von der PLO beherrschte Gebiet nach wie vor unter der Hoheit Israels stehe. Ablehnend auch *Dürr/von Maltitz* ZStW 125 (2014), S. 907 (918), die für das Vorliegen einer zumindest normativen Staatsgewalt fordern, dass in der Vergangenheit schon einmal eine tatsächliche, effektive Kontrolle über das Staatsgebiet bestanden habe. Allerdings ist nicht nachvollziehbar, wieso mindestens Zweifel an der Staatsgewalt oder das Vorliegen einer solchen in der Vergangenheit zu fordern sein sollen. Diese Maßstäbe berücksichtigen den Stellenwert des Selbstbestimmungsrechts nur in unzureichender Weise. Legte man diese Maßstäbe zugrunde, hinge die Durchsetzung des Selbstbestimmungsrechts davon ab, ob das neu entstehende Gebilde stark genug ist, eine Staatsgewalt herauszubilden.

981 Vgl. bspw. die Erklärung der schwedischen Regierung, welche Palästinas Staatlichkeit am 30.10.2014 anerkannte, abrufbar unter http://www.dn.se/debatt/sweden-today-decides-to-recognise-the-state-of-palestine/ (zuletzt besucht am 30. März 2018). Demgegenüber erkannte das Europäische Parlament grundsätzlich die Staatlichkeit Palästinas an, setzt dabei aber den erfolgreichen Abschluss der Friedensgespräche voraus. Allerdings ist das Votum unverbindlich, da die Anerkennung Sache der EU-Mitgliedstaaten ist, vgl. dazu http://www.europarl.europa.eu/news/en/news-room/20141212IPR011 05/European-Parliament-resolution-on-recognition-of-Palestine-statehood (zuletzt besucht am 30. März 2018).

die eine Aufnahme in die Vereinten Nationen und damit die Staatsqualität ablehnen. Denn Palästina ist, wenn auch noch in beschränkterem Umfang, an den Entscheidungsprozessen beteiligt, die in den Organen der jeweiligen Organisationen und Konventionen getroffen werden. Daraus folgt faktisch eine konstitutive Färbung des Anerkennungsinstruments.[982] Die Anhäufung vorzeitiger Anerkennungen und die bestätigende Resolution der Generalversammlung führen somit zu einer Rückkopplung auf die Herausbildung der Staatselemente und einer absolut wirkenden Staatlichkeit über die relativen Anerkennungsverhältnisse hinaus.[983]

ee) Krim

Dass der Anerkennung eine konstitutive Wirkung innewohnt, deutet sich jüngst auch im Zusammenhang mit der Autonomen Republik Krim an.

(1) Politische Entwicklung der Krimkrise

Nachdem sich eine Annäherung der Ukraine an die Europäische Union abzeichnete, übte Russland erheblichen wirtschaftlichen Druck auf die Ukraine aus.[984] Dies führte dazu, dass der damalige ukrainische Präsident Janukovyč das ausgehandelte und unterschriftsreife Assoziierungs- und Freihandelsabkommen mit der Europäischen Union nicht unterzeichnete.[985] Die Enttäuschung über

---

982 Dies wäre auch dann anzunehmen, wenn man sich auf den Standpunkt stellte, die Resolution der UN-Generalversammlung habe eine kollektive Anerkennung bewirkt. Kritisch gegenüber einem konstitutiven Verständnis der Anerkennung ist *Crawford*, EJIL 1 (1990), S. 307 (309).

983 Siehe bspw. *Cerone*, ASIL Insights 16 (2012): „Ultimately, whether or not the General Assembly vote was sufficient to affirm the statehood of Palestine in general or to satisfy statutory requirements in the context of the ICC, it will likely have a snowball effect. The resolution increases the ability of Palestine to act like a state. The more it does so, the more clearly Palestine will satisfy the criteria for statehood. The train to statehood has clearly left the station." Siehe auch allg. *Wilhelm*, Sezessionsrecht des Volkes, S. 175, wonach sich die der konstitutiven Lehre zugrunde liegende Relativität der Völkerrechtssubjektivität durch die zunehmende Anerkennung ins Absolute verdichte.

984 Vgl. zu den folgenden Ausführungen umfassend *Luchterhandt*, AVR 52 (2014), S. 137 (137 ff.); *Marxsen*, ZaöRV 74 (2014), S. 367 ff.; *Marxsen/Peters/Hartwig*, Symposium: The Incorporation of Crimea by the Russian Federation in the Light of International Law, Beiträge abgedruckt in: ZaöRV 75 (2015), S. 1 ff.

985 Siehe dazu *Veser*, Europa oder Russland, in: FAZ (27.11.2013), S. 1; vgl. auch FAZ Online, Janukowitsch: Ukraine noch nicht reif für die EU (27.11.2013), abrufbar

die Ablehnung des Abkommens führte in der europafreundlichen ukrainischen Bevölkerung zu einer Protestbewegung, die am 22./23.2.2014 den Sturz der ukrainischen Regierung nach sich zog.[986] Im Zuge dieses Umbruchs übernahmen prorussische Kräfte, unterstützt von russischen Einheiten,[987] am 27.2.2014 die Macht in Simferopol, der Hauptstadt der Autonomen Republik Krim.[988] Im weiteren Verlauf führte die interimistische Krim-Regierung ein Referendum zur Unabhängigkeit durch und erklärte unmittelbar danach ihre Unabhängigkeit als „Republik Krim".[989] Diese wurde im Anschluss daran durch Russland anerkannt und schlussendlich vertraglich in die Russische Föderation aufgenommen.[990]

(2) Völkerrechtliche Einordnung

Russland ist bis heute der einzige Staat, der das Krimgebiet als nur kurze Zeit bestehenden souveränen Staat anerkannt hat.[991] Zur Rechtfertigung der Sezession

---

unter http://www.faz.net/aktuell/politik/ausland/europa/assoziierungsabkommen-janukowitsch-ukraine-noch-nicht-reif-fuer-eu-12682889.html (zuletzt besucht am 30. März 2018). Eine Unterzeichnung hätte insbesondere einer Eingliederung der Ukraine in die von Russland beabsichtigte „Eurasische Wirtschaftsunion" entgegenstanden, vgl. *Luchterhandt*, AVR 52 (2014), S. 137 (139).

986 Vgl. *Luchterhandt*, AVR 52 (2014), S. 137 (139 f.).

987 Vgl. *Luchterhandt*, AVR 52 (2014), S. 137 (161 f.); *Higgins/Myers*, As Putin Orders Drills in Crimea, Protesters' Clash Shows Region's Divide, New York Times (27.2.2014), abrufbar unter: http://www.nytimes.com/2014/02/27/world/europe/russia.html (zuletzt besucht am 30. März 2018).

988 *Luchterhandt*, AVR 52 (2014), S. 137 (140).

989 Vgl. zur Frage der Rechtmäßigkeit des Referendums *Peters*, Sense and Nonsense of Territorial Referendums in Ukraine, and Why the 16 March Referendum in Crimea Does not Justify Crimea's Alteration of Territorial Status under International Law (16.4.2014), abrufbar unter http://ejiltalk.org/sense-and-nonsense-of-territorial-referendums-in-ukraine-and-why-the-16-march-referendum-in-crimea-does-not-justify-crimeas-alteration-of-territorial-status-under-international-law/ (zuletzt besucht am 30. März 2018). Aus verfassungsrechtlicher Sicht bestand dabei keine Grundlage für ein solches Referendum. Siehe dazu auch *Vidmar*, GLJ 16 (2015) S. 365 ff.; *Brilmayer*, Why the Crimean referendum is illegal, in: The Guardian (London, 14. März 2014), abrufbar unter http://theguardian.com/commentisfree/2014/mar/14/crimean-referendum-illegal-international-law (zuletzt besucht am 30. März 2018).

990 Vgl. *Luchterhandt*, AVR 52 (2014), S. 137 (141).

991 Vgl. zur Anerkennung durch Russland http://kremlin.ru/events/president/news/20596 (zuletzt besucht am 28. Juni 2016); *de Young/Witte*, Russia recognizes Crimea's independence, defying new U.S. and E.U. sanctions, The Washington Post (Washington, 17. März 2014), abrufbar unter http://washingtonpost.com/

des Krimgebietes und damit einer Anerkennung rekurriert Russland auf die Ausführungen des IGH in dessen *Kosovo Advisory Opinion*.[992] Die Voraussetzungen einer auf Ausübung des Selbstbestimmungsrechts der Völker basierenden Sezession sind jedoch nicht gegeben; das Krimgebiet ist aus völkerrechtlicher Sicht daher nach wie vor der Ukraine zugehörig.[993]

Im Unterschied zur Staatenpraxis im Jugoslawienfall, in welchem die Anforderungen an eine effektive Staatsgewalt zugunsten des Selbstbestimmungsrechts abgesenkt wurden, wird im Hinblick auf die Krim in der Völkerrechtswissenschaft eine kompensatorische Wirkung der Anerkennung für die fehlende Staatlichkeit abgelehnt.[994] So habe der Zweck der vorzeitigen Anerkennung niemals darin gelegen, einen effektiven Neustaat zu etablieren. Diese sei vielmehr missbräuchliches Mittel gewesen, um die verfassungsrechtlichen Voraussetzungen für eine Aufnahme der Krim in die Russische Föderation zu gewährleisten.[995]

Die ausdrückliche Verurteilung der Anerkennung durch Russland zeigt jedoch, dass dieser eine konstitutive Annahme zugrunde liegt. Denn bei deklaratorischer Auffassung wäre eine Einmischung in die inneren Angelegenheiten

---

world/national-security/us-eu-announce-sanctions-following-vote-in-ukraine/2014/03/17/3223799c-add9-11e3-a49e-76adc9 210f19_story.html (jeweils zuletzt besucht am 30. März 2018).

992 Vgl. das Statement des russischen Präsidenten vom 18.3.2014, abrufbar unter kremlin.ru/news/20603 (zuletzt besucht am 30. März 2018), deutsche Übersetzung abgedruckt, in: Osteuropa 64 (2014), S. 87 (92 f.); ICJ, *Accordance with International Law of the Unilateral Declaration of Independence in Respect of Kosovo*, Advisory Opinion of 22 July 2010, ICJ Reports 2010, S. 403 (para. 80 ff.). Darin stellte der IGH mit Verweis auf und unter Anerkennung der Resolutionspraxis des UN-Sicherheitsrats im Hinblick auf den Kosovo fest, dass die Unabhängigkeit nicht unter Verletzung des Gewaltverbotes oder einer sonstigen (zwingenden) Norm des Völkerrechts erfolgte. Genau an dieser Stelle unterscheidet sich jedoch die Unabhängigkeitserklärung der Republik Krim von der des Kosovo. Denn erstere erfolgte vor dem Hintergrund der militärischen Annexion und Kontrolle des Krimgebietes durch Russland. Im Ergebnis beruft sich Russland daher zu Unrecht auf die *Kosovo Advisory Opinion* des IGH, vgl. *Luchterhandt*, AVR 52 (2014), S. 137 (168 m. w. N.); vgl. auch *Walter*, in: ders. *et al.* (Hrsg.), Postscript: Self-Determination and Secession, S. 293 (303); siehe zur Frage des Selbstbestimmungsrechts und der territorialen Integrität der Ukraine im Falle der Krim *Christakis*, ZaöRV 75 (2015), S. 75 ff.

993 Vgl. *Marxsen*, ZaöRV 74 (2014), S. 367 (384 ff., 390 f.).

994 So z. B. *Luchterhandt*, AVR 52 (2014), S. 137 (170 f.); *Walter*, in: ders. *et al.* (Hrsg.), Postscript: Self-Determination and Secession, S. 293 (304).

995 Vgl. *Luchterhandt*, AVR 52 (2014), S. 137 (170); *ders.*, Ost/Letter 2 (2014), S. 1 (4).

der Ukraine nicht denkbar.[996] Selbst wenn die vorzeitige Anerkennung für Russland nur als „Vehikel" zur Schaffung eines Vertragspartners diente,[997] ändert dies nichts daran, dass der Anerkennung aus der Sicht Russlands *de facto* konstitutive Wirkung zukam.

Zwar ist die unilaterale Unabhängigkeitserklärung der Krim auf Grundlage eines nationalen Referendums völkerrechtlich weder erlaubt noch verboten.[998] Damit die beabsichtigte Sezession allerdings Anerkennung findet, muss das abspaltungswillige Gebilde überzeugend darlegen, dass sich die Elemente der Staatlichkeit effektiv herausgebildet haben.[999] Aus völkerrechtlicher Sicht bestand im konkreten Fall jedoch eine Pflicht zur Nichtanerkennung der gewaltsamen Gebietsveränderung.[1000] Denn unabhängig davon, ob der Gebietswechsel der Krim als Sezession oder Annexion eingeordnet wird,[1001] verletzt das Vorgehen die

---

996 Vgl. allgemein *Kempen/Hillgruber*, Völkerrecht, § 5, Rn. 28; *Vosgerau*, Staat, in: Schöbener (Hrsg.), Völkerrecht, S. 394 (398 f.).

997 Vgl. *Wagner*, Reine Staatslehre, Bd. 1, S. 381; *ders.*, NJOZ 2014, S. 721 (723); *Luchterhandt*, AVR 52 (2014), S. 137 (172).

998 Vgl. *Christakis*, ZaöRV 75 (2015), S. 75 (90 ff.); ICJ, *Accordance with International Law of the Unilateral Declaration of Independence in Respect of Kosovo*, Advisory Opinion of 22 July 2010, ICJ Reports 2010, S. 403 (438, para. 84): „[T]he Court considers that general international law contains no applicable prohibitions of declarations of independence."

999 Vgl. *Christakis*, ZaöRV 75 (2015), S. 75 (92 f.).

1000 Vgl. *Marxsen*, ZaöRV 74 (2014), S. 367 (390); UNGA Res 68/262 (27 March 2014), Territorial integrity of Ukraine, UN Doc A/RES/68/262, para. 6: „Calls upon all States, international organizations and specialized agencies not to recognize any alteration of the status of the Autonomous Republic of Crimea and the city of Sevastopol on the basis of the above-mentioned referendum and to refrain from any action or dealing that might be interpreted as recognizing any such altered status." Die Resolution wurde von 100 Staaten angenommen, 11 stimmten dagegen und 58 Staaten enthielten sich. Zuvor scheiterte am 15.3.2014 eine Resolution des UN-Sicherheitsrats, die sich gegen das Referendum auf der Krim richtete, am Veto Russlands. Siehe allgemein auch *Foreign & Commonwealth Office/Hague*, Foreign Secretary condemns Russia's recognition of Crimea as a sovereign state, Press release of 17 March 2014, abrufbar unter https://www.gov.uk/government/news/foreign-secretary-condemns-russias-recognition-of-crimea-as-a-sovereign-state (zuletzt besucht am 30. März 2018).

1001 Reinhard Merkel sieht die Voraussetzungen einer Annexion nicht als gegeben an und ordnet das Vorgehen als Sezession ein, vgl. *Merkel*, Die kühne Ironie der Geschichte, in: FAZ (07.04.2014). A. A. *Grant*, AJIL 109 (2015), S. 68 ff.; *Walker/Traynor*, Putin confirms Crimea annexation as Ukraine soldier becomes first casualty, in: The Guardian (London, 19 März 2014), abrufbar unter http://www.theguardian.com/world/2014/mar/18/putin-confirms-annexation-crimea-ukrainian-soldier-ca-sualty

territoriale Integrität der Ukraine und verstößt damit gegen das völkerrechtliche Interventions- und Gewaltverbot.[1002] Sowohl die völkerrechtliche Anerkennung der Krim durch Russland als auch der Vertrag auf Aufnahme in die Russische Föderation verletzen damit zwingendes Völkerrecht.[1003] Auch wenn das Völkerrecht eine unilaterale Sezession nicht grundsätzlich verbietet, ist dann von der Illegalität auszugehen, wenn sie gegen zwingendes Völkerrecht verstößt.[1004] Die daraus resultierende Pflicht zur Nichtanerkennung ist nur auf Grundlage der konstitutiven Theorie erklärbar.[1005]

(zuletzt besucht am 30. März 2018). Unter Annexion wird der gewaltsame Erwerb eines fremden Staatsgebiets verstanden, vgl. *Stein/von Buttlar/Kotzur*, Völkerrecht, Rn. 554. Eine Annexion setzt jedoch nicht notwendigerweise den Einsatz militärischer Gewalt voraus, sodass auch der unter dem Eindruck der russischen Militärpräsenz geschlossene Aufnahmevertrag samt dem damit verbundenen Beitritt zur Russischen Föderation als Annexion eingeordnet werden kann, so bspw. *Luchterhandt*, AVR 52 (2014), S. 137 (169 ff.). Vgl. allgemein *Hofmann*, Annexation, in: Wolfrum (Hrsg.), MPEPIL (online, Stand: Februar 2013).

1002 Vgl. *Marxsen*, ZaöRV 74 (2014), S. 367 (389); *ders.* ZaöRV 75 (2015), S. 7 ff.; *Talmon*, Pflicht zum Ärgern, in: FAZ (3.4.2014), S. 8.

1003 Vgl. *Luchterhandt*, Ost/Letter 2 (2014), S. 1 (6); *Vidmar*, GLJ 16 (2015) S. 365 (376).

1004 Vgl. *Vidmar*, GLJ 16 (2015) S. 365 (377); *Christakis*, ZaöRV 75 (2015), S. 75 (94 ff., 99).

1005 So werden zum einen Legalitätserwägungen herangezogen, die aus dem Blickwinkel der deklaratorischen Theorie für die Staatsgründung grundsätzlich außer Betracht bleiben müssten. Zum anderen verhindert die Pflicht zur Nichtanerkennung die „heilende" Bestätigung der illegalen Situation qua Anerkennung, *Vidmar*, GLJ 16 (2015) S. 365 (376 f., 377): „In sum, unilateral secession is unlikely to be effective, but effectiveness could be procured through international recognition. A unilateral character does not make secession per se illegal. Nevertheless, secession is illegal where effectiveness is given to it through use or threat of force by a foreign state. In such circumstances, other states are under the obligation to withhold recognition. Namely, widespread recognition of an illegally-changed legal status could create legal rights for the wrongdoer: either creation of an independent state or international acceptance of annexation." Siehe auch *Canadian Supreme Court*, Reference re Secession of Quebec (20 August 1998), 2 SCR 217, S. 1374 (1382): „Although there is no right, under the Constitution or at international law, to unilateral secession, the possibility of an unconstitutional declaration of secession leading to a de facto secession is not ruled out. The ultimate success of such a secession would be dependent on recognition by the international community, which is likely to consider the legality and legitimacy of secession having regard to, amongst other facts, the conduct of Quebec and Canada, in determining whether to grant or withhold recognition."

(3) Zwischenergebnis

Die Anerkennung der Republik Krim als souveräner Staat durch Russland ist völkerrechtswidrig. Dennoch liegt ihr im Verhältnis zum anerkennenden Staat, Russland, ein konstitutives Verständnis zugrunde. Auch die Pflicht zur Nichtanerkennung als Reaktion auf das völkerrechtswidrige Vorgehen Russlands ist nur auf Grundlage der konstitutiven Theorie erklärbar. Gleichzeitig verdeutlicht dieser Fall die Missbrauchsgefahr der Anerkennung als unilaterales Interventionsinstrumentarium außerhalb des UN-Friedenssicherungssystems.

ff) Stellungnahme

Die Analyse der jüngeren Staatenpraxis hat gezeigt, dass sich eine einheitliche Anerkennungsdogmatik sowie einheitliche Anerkennungskriterien nicht feststellen lassen. Die genauen Implikationen der Anerkennung und die Ausgestaltung des Prozesses sind vielmehr abhängig vom jeweiligen Einzelfall.[1006] In Sezessionsfällen mit Zustimmung des Mutterstaates, wie im jüngsten Fall des Sudans, zeigt sich, dass eine Anerkennung für die Staatswerdung deklaratorische Wirkung entfaltet. Diese Feststellung steht im Einklang mit dem gegenwärtigen Entwicklungsstand des Völkerrechts. Denn im Falle der Zustimmung des Mutterstaates zur Abspaltung werden das Recht auf Selbstbestimmung und die territoriale Integrität nicht beeinträchtigt. Demgegenüber setzen die Fälle, in denen eine unilaterale Sezession erfolgt, eine Anerkennung für die Herausbildung der Staatlichkeit voraus.[1007]

Ausgangspunkt für die Staatlichkeit sind zwar nach wie vor die drei Elemente Staatsgebiet, Staatsvolk und Staatsgewalt. Allerdings lässt sich im Hinblick auf die Anerkennungen Kroatiens, Bosnien-Herzegowinas und des Kosovo feststellen, dass zugunsten des Selbstbestimmungsrechts nicht mehr am Vorliegen einer effektiven Staatsgewalt festgehalten wurde.[1008] Die Anerkennung fungierte nicht mehr als Bestätigung einer faktisch bereits eingetreten Veränderung des Staatsgefüges.[1009] Vielmehr wirkte diese rechtsgestaltend, indem eine frühzeitige Anerkennung die Veränderung bewirken sollte.[1010] Im Hinblick auf die

---

1006 Vgl. auch *Vidmar*, ICLQ 61 (2012), S. 361 (387).

1007 Diese Unterscheidung erfolgt auch durch *Vidmar*, ICLQ 61 (2012), S. 361 (362).

1008 Vgl. auch *Eckert*, JPIA 12 (2002), S. 19 (34); *Herbst*, Int. Security 21 (1996/1997), S. 120 (122).

1009 *Oeter*, ZaöRV 52 (1992), S. 741 (769).

1010 So *Oeter*, ZaöRV 52 (1992), S. 741 (769), der zudem darauf hinweist, dass eine vorzeitige Anerkennung demnach nur dann als zulässig zu erachten wäre, wenn das Selbstbestimmungsrecht rechtmäßig ausgeübt wurde. Damit sei im Rahmen der

jugoslawischen Teilrepubliken wurde zudem über einen konditionalisierten, kollektiv ausgestalteten Anerkennungsprozess die Anerkennung als zentrales „Regelungs- und Steuerungsinstrument von Staatsentstehungsprozessen" eingesetzt.[1011] Erst mit Übernahme völkerrechtlicher und politischer Verpflichtungen durch die anzuerkennende Entität sollte die Integration in die Staaten- und Völkerrechtsgemeinschaft erfolgen.[1012] Das Instrument der Anerkennung wird somit als Mittel verwendet, um die Neustaaten den geltenden Prinzipien und Normen der Völkerrechtsordnung zu unterwerfen.[1013] So handelte es sich bei den aufgestellten Kriterien der EG-Anerkennungsrichtlinien nicht lediglich um politische Voraussetzungen oder Vorbedingungen, sondern um eine aufschiebende Bedingung für die Anerkennung.[1014] Damit löst sich die Anerkennung aber von einem an Effektivitätsgesichtspunkten ausgerichteten Maßstab.[1015] Durch ihre Konditionalisierung werden vielmehr Legitimationsanforderungen angelegt, die sich substantiell auf die innere Struktur des Neustaates auswirken.[1016] Dieses Vorgehen ist nicht länger Ausdruck einer deklaratorischen Sichtweise, sondern zeugt von einem konstitutiven Charakter der Anerkennung.[1017] Problematisch ist jedoch, dass die von den EG-Staaten entwickelten Anerkennungskriterien

---

Anerkennung zu bewerten, ob und inwieweit von diesem Recht rechtmäßig Gebrauch gemacht wurde (767). A. A. *Haverland*, Secession, in: Bernhardt (Hrsg.), EPIL, Bd. IV, S. 354 (355), die die Sezession als soziales Faktum ansieht.

1011 *Saxer*, Steuerung der Selbstbestimmung, S. 726 ff.

1012 Vgl. *Kempen/Hillgruber*, Völkerrecht § 5, Rn. 21.

1013 Vgl. dazu *Saxer*, Steuerung der Selbstbestimmung, S. 727 sowie *Oeter*, ZaöRV 52 (1992), S. 741 (768 ff., 771), die darin einen Anknüpfungspunkt zur Sicherstellung der Wertehomogenität sowohl der europäischen Staaten als auch der Welt sehen.

1014 So auch *Zygojannis*, Geburt aus Ruinen, S. 184; vgl. auch *Hilpold*, AVR 31 (1993), S. 387 (402).

1015 Vgl. *Simmler*, in: Seidl-Hohenveldern (Hrsg.), Vereinte Nationen, Menschenrechte und Sicherheitspolitik, S. 75 (96 ff.); *Rich*, EJIL 4 (1993), S. 36 (64): „The adoption of conditions leading to recognition is an attempt to introduce a greater moral dimension"; *Oeter*, ZaöRV 52 (1992), S. 741 (772).

1016 Vgl. *Saxer*, Steuerung der Selbstbestimmung, S. 727; *Hillgruber*, EJIL 9 (1998), S. 491 (500 ff.); *Kherad*, RGDIP 101 (1997), S. 663 (678 ff.); *Oeter*, ZaöRV 52 (1992), S. 741 (772).

1017 Vgl. *Simmler*, in: Seidl-Hohenveldern (Hrsg.), Vereinte Nationen, Menschenrechte und Sicherheitspolitik, S. 75 (99 ff.); *Rich*, EJIL 4 (1993), S. 36 (55 f.); *Buyse/Lawson*, LJIL 20 (2007), S. 785 (788); a. A. *Stein/von Buttlar/Kotzur*, Völkerrecht, Rn. 329.

nicht konsistent angewendet wurden[1018] und auch im weiteren Verlauf keinen nachhaltigen Niederschlag in der Anerkennungspraxis gefunden haben.[1019]

Trotz der inzwischen hohen Anzahl der Anerkennungen verweigern insbesondere jene Staaten unter Hinweis auf die Gefahr der Schaffung eines Präzedenzfalls[1020] eine Anerkennung des Kosovo, die aufgrund der Sezessionsbestrebungen im eigenen Land einen solchen Testfall vermeiden wollen.[1021] Obwohl die Ablehnung vornehmlich völkerrechtlich gerechtfertigt wird, sind die Nichtanerkennungen jedoch weniger Ausdruck einer rechtlichen Anwendung des Instrumentariums, als vielmehr mehrheitlich von politischen Beweggründen geleitet. Eben diese Ausgangslage verhinderte jedoch die Konfliktlösung im Wege von Verhandlungen, wie sie im Falle Jugoslawiens erfolgte. Dort wurde die Anerkennung in einen kollektiv gesteuerten Verhandlungsprozess eingebettet, der es erlaubte, den Konfliktparteien gegenüber als Einheit aufzutreten und somit den Druck erhöhte, im Verhandlungswege zu einer Lösung zu gelangen.[1022] Gleichzeitig wird der rechtliche Gehalt der Anerkennung und des Völkerrechts allgemein durch die inflationäre Berufung auf die Besonderheit der Situation

1018 Vgl. *Crawford*, Creation, S. 546; *Ryngaert/Sobrie*, LJIL 24 (2011), S. 467 (477); *Held*, SZIER 4 (1994), S. 221 (247 f.); *Saxer*, Steuerung der Selbstbestimmung, S. 727: „*ad hoc*-Kriterien ohne Präzision".

1019 Vgl. jedoch die Ausführungen der Independent International Fact-Finding Mission on the Conflict in Georgia (September 2009), Vol. II., S. 127 ff., abrufbar unter http://www.mpil.de/files/pdf4/IIFFMCG _Volume_II1.pdf (zuletzt besucht am 30. März 2018). Die Kommission verweist bei der Prüfung der Staatlichkeit der autonomen Gebiete Südossetien und Abchasien ausdrücklich auch auf die Kriterien der EG-Anerkennungsrichtlinien.

1020 Vgl. z. B. das Statement des russischen Parlamentschefs Boris Gryslov (1.4.2008), wonach die einseitige Unabhängigkeitserklärung des Kosovo einen Präzedenzfall für Europa schaffen könne, abrufbar unter http://de.rian.ru/world/20080401/102673108.html (zuletzt besucht am 30. März 2018); siehe demgegenüber aber UN Doc. S/2007/168, para. 15: „Kosovo is a unique case that demands a unique solution. It does not create a precedent for other unresolved conflicts." Siehe zu dieser Diskussion auch *Jia*, CJIL 8 (2009), S. 27 ff.

1021 Vgl. *Ryngaert/Sobrie*, LJIL 24 (2011), S. 467 (480); *Busse*, Mit Sorgfalt prüfen, in: FAZ (2.8.2010), abrufbar unter http://www.faz.net/aktuell/politik/ausland/eu-und-das-kosovo-mit-sorgfalt-pruefen-1597317.html (zuletzt besucht am 30. März 2018); siehe auch im Hinblick auf die Situation in Spanien *Jamar/Vignes*, GLJ 11 (2010), S. 920–925. Vgl. zudem *Oeter*, ZaöRV 75 (2015), S. 51 (73 f.), der den Kosovo als bedauernswerten Präzedenzfall für die weiteren Geschehnisse in der Ukraine und Georgien ansieht.

1022 Vgl. *Oeter*, ZaöRV 52 (2015), S. 51 (71).

weiter abgeschwächt.[1023] Die Anlegung normativer Kriterien, welche bei der Anerkennung der jugoslawischen Teilrepubliken noch als willkommener Paradigmenwechsel angesehen wurde, führte in der Folge zu einer Politisierung der Anerkennungsentscheidung.[1024] So wird die gespaltene und von politischen Überlegungen geleitete Anerkennungspraxis der (westlichen) Staatengemeinschaft im Kosovofall in der Folge durch Russland als rechtliche Legitimation für das Vorgehen in Georgien und der Ukraine verwendet.[1025] Dieses Vorgehen mündet in einen „war of recognitions",[1026] der das Anerkennungsinstrument seines rechtlichen Inhaltes beraubt und zunehmend durch politische Willkür überlagert.[1027] Anhand des Sonderfalls Palästinas zeigt sich die Tendenz, trotz

1023 Vgl. *Oeter*, ZaöRV 52 (2015), S. 51 (71 f.); *Pronin*, Russ. L. J. 3 (2015), S. 133 (137).

1024 Vgl. *Buyse/Lawson*; LJIL 20 (2007), S. 785 (786 f.): „Simultaneously, this normative turn has meant that recognition and admission have become more political and more dependent on outsiders."

1025 Vgl. *Oeter*, ZaöRV 52 (2015), S. 51 (72 ff.). Siehe auch die Aussage des russischen Präsidenten Putin: „If people believe that Kosovo can be granted full independence, why then should we deny it to Abkhazia and South Ossetia?", abrufbar unter http://www.rferl.org/content/article/1065315.html (zuletzt besucht am 30. März 2018); siehe auch *Borgen*, Chicago J. Int'l L. 10 (2009), S. 1 (16).

1026 *Worster*, Bost. Univ. Int'l L. J. 27 (2009), S. 115 (117).

1027 Diese Entwicklung zeigt sich auch anhand der formalen Anerkennung der beiden abtrünnigen georgischen Regionen Südossetien und Abchasien am 26.8.2008 nach Ende des Kaukasuskrieges durch Russland. Beide Gebiete beherbergen ethnische Minderheiten, die während der UDSSR über einen Autonomiestatus innerhalb Georgiens verfügten, vgl. dazu *Borgen*, Chicago J. Int'l L. 10 (2009), S. 1 (4 ff.). Nach der Auflösung der Sowjetunion und der Anerkennung Georgiens als unabhängiger Staat mit unverändertem Staatsgebiet verstärkte sich der seit der Sowjetzeit bestehende Konflikt zwischen der georgischen Regierung und den Südosseten. So kam es immer wieder zu bewaffneten Konflikten, in denen Russland die sich abspaltenden Regionen unterstützte. Im Sommer 2008, nach einer Periode häufiger Zwischenfälle zwischen südossetischen Milizen und georgischen Streitkräften entlang der Demarkationslinie, eskalierte der Konflikt. Daraufhin griff Georgien Südossetien an. Als Reaktion darauf marschierte Russland in die Gebiete Südossetiens und Abchasiens ein. Neben politischen Beweggründen bemühte Russland das Selbstbestimmungsrecht der Minderheiten in Südossetien und Abchasien als Rechtfertigung für seine formale Anerkennung. Das Vorgehen ist insoweit widersprüchlich, als Russland im Falle des Kosovo das Vorliegen ebendieser Voraussetzungen ablehnte und die Anerkennung verweigerte. Interessant sind in diesem Zusammenhang die Ausführungen der Independent International „Fact-Finding Mission on the Conflict in Georgia". Darin kommt die Kommission zu dem Ergebnis, dass beide Autonomiegebiete weder die klassischen Voraussetzungen der Staatlichkeit noch die erweiterten, während des

fehlender universeller Anerkennung aufgrund der politischen Blockadehaltung im UN-Sicherheitsrat die Mitwirkung auf internationaler Ebene zu realisieren.

IV. Zusammenfassung

Der völkerrechtliche Staatsbegriff unterliegt den Wandlungen des Völkerrechts. Das Effektivitätsprinzip wird durch die zunehmende Herausbildung von Gemeinschaftswerten eingeschränkt (1.). Dies zeigt sich auch anhand der Pflicht zur Nichtanerkennung. Diese verweigert die Kenntnisnahme effektiv herausgebildeter Staatlichkeit aufgrund eines Verstoßes gegen völkerrechtliche Grundwerte (2.). Als Folge der verstärkten „Werteaufladung" des Völkerrechts entfallen zunehmend auch die Anknüpfungspunkte für eine an Effektivitätsgesichtspunkten ausgerichtete deklaratorische Auffassung der Anerkennung (3. a)). Diese Entwicklung findet ihre partielle Bestätigung auch in der Völkerrechtspraxis (3. b)).

B. UN-Aufnahmeverfahren als Kollektivanerkennung

Nachdem aufgezeigt wurde, dass die Anknüpfungspunkte für eine deklaratorische Anerkennungslehre entfallen und sich die Tendenz hin zu einer konstitutiven Anerkennung abzeichnet,[1028] steht abschließend die Möglichkeit einer kollektiven Anerkennung durch die Vereinten Nationen im Mittelpunkt des Untersuchungsinteresses. Die im zweiten Teil festgestellten Defizite der Bindungswirkung der UN-Charta und die fehlende Verfahrensherrschaft des UN-Sicherheitsrats gegenüber Nichtmitgliedern verdeutlichen die Notwendigkeit einer koordinierten Anerkennungsentscheidung durch die Vereinten Nationen. Insoweit dient die Diskussion auch als Petitum für eine Kompensation der fehlenden Drittwirkung der Charta im Wege einer kollektiven Anerkennung. Dass die bisherige Staatenpraxis im Hinblick auf eine mit der Aufnahme verbundene Anerkennung nicht eindeutig ist, schließt nicht aus, dass – insbesondere vor dem Hintergrund ihrer verstärkt konstitutiven Ausrichtung – die kollektive Anerkennung weiter an Bedeutung gewinnt. Nur so ist die Etablierung und Anlegung

---

Jugoslawienkonfliktes entwickelten, Kriterien erfüllte, vgl. Report, 30 September 2009, Vol. II, S. 127–135. Im Ergebnis zeugt die Verwendung der Anerkennung in diesem Kontext erneut von der Unsicherheit, welche Voraussetzungen gegeben sein müssen, insbesondere im Hinblick auf Sezessionsrecht und Missbrauch der Anerkennung zur Verfestigung der völkerrechtswidrig herbeigeführten Situation und zu eigenstaatlichen Interessen. Siehe zum Ganzen im Kontext der Entwicklungen seit der Anerkennung des Kosovo *Müllerson*, CJIL 8 (2009), S. 2 ff.

1028 Siehe dazu ausführlich oben 3. Teil A. III.

kohärenter völkerrechtlicher Anerkennungskriterien – innerhalb des von der UN-Charta vorgegebenen Ordnungsrahmens – möglich. Indem verstärkt völkerrechtliche Kriterien als Voraussetzung einer Anerkennung der Staatlichkeit angelegt werden, schwächt sich die Bedeutung einzelstaatlicher Anerkennungen weiter ab.

Nach einer kurzen Einführung in den Problembereich (I.) wird zunächst ergründet, ob eine völkerrechtliche Pflicht zur und ein Recht auf Anerkennung besteht (II.), oder inwieweit die Anerkennung auf einer staatlichen Ermessensentscheidung beruht (III.). Anschließend wird analysiert, ob die dargestellten strukturellen Veränderungen und das Zusammenwachsen der Völkerrechtsgemeinschaft eine kollektive Anerkennung erforderlich machen (IV.). Danach wendet sich die Arbeit der Untersuchung des Aufnahmeverfahrens nach Art. 4 UN-Charta zu (V.). Im Rahmen dessen werden Bedeutung und Auswirkungen einer Aufnahme in die Vereinten Nationen für die Staatlichkeit dargestellt (1.). Danach werden die Kriterien für die Aufnahme neuer UN-Mitglieder ausgeführt (2.) und analysiert, ob mit der Aufnahme eine Anerkennung verbunden ist (3.). Sodann widmet sich die Analyse der Frage, ob der Aufnahmebeschluss eine Kollektivanerkennung darstellt und auch gegenüber jenen Mitgliedstaaten Bindungswirkung entfaltet, die gegen eine Aufnahme gestimmt haben (4.). Abschließend wird die verfahrensrechtliche Ausgestaltung des Aufnahmeverfahrens betrachtet und der Möglichkeit einer Einschränkung des Mitwirkungserfordernisses des UN-Sicherheitsrats im Einzelfall nachgegangen (VI.).

I. Einführung in den Problembereich

Aufgrund des Fehlens einheitlicher normativer Regelungen für die Anerkennung und der inkonsistenten Staatenpraxis unterliegt die Bewertung der Anerkennungsvoraussetzungen ganz besonders machtpolitischen Einflüssen.[1029] Es ist zu untersuchen, ob Art. 4 UN-Charta ein Verfahren enthält, welches die politische Einwirkung über eine katalysatorische Wirkung des UN-Rechtsrahmens kanalisiert und eine gelenkte (echte) kollektive Anerkennungsentscheidung durch die Vereinten Nationen als organschaftliche Repräsentanz der im Völkerrecht verankerten Gemeinschaftswerte ermöglicht.[1030] Zwar liegt nicht in jeder

1029 Vgl. zur Notwendigkeit einer konsistenten Staatenpraxis *Rich*, EJIL 4 (1993), S. 36 (64).

1030 Siehe allgemein *Ryngaert/Sobrie*, LJIL 24 (2011), S. 467 (468): „The current perception of unrestrained political arbitrariness leads to uncertainty and unrest, which

organisierten Zusammenarbeit von Staaten eine Anerkennung.[1031] Allerdings wird insbesondere im Hinblick auf die Vereinten Nationen in der Völkerrechtswissenschaft wiederholt eine sich über die Aufnahmeentscheidung vermittelnde Kollektivanerkennung angenommen.[1032]

Die UN-Charta ist nach ihrer originären Konzeption auf eine möglichst universelle Mitgliedschaft ausgelegt.[1033] Eine auf der Gründungskonferenz in San Francisco diskutierte automatische Mitgliedschaft von Neustaaten in den Vereinten Nationen hat jedoch keinen Ausdruck in der UN-Charta gefunden. Nach Art. 4 UN-Charta ist man vielmehr dem Weg einer „bedingten Universalität" gefolgt.[1034] Während der gegenwärtige praktische Bedeutungsgehalt des Aufnahmeverfahrens teilweise angezweifelt wird,[1035] kommt der Aufnahme für die Herausbildung der Staatlichkeit eines Neustaates in einer interdependenten Welt tatsächlich maßgebliche Bedeutung zu.[1036]

II. Pflicht zur und Recht auf (kollektive) Anerkennung?

Es ist in der Völkerrechtswissenschaft umstritten, ob eine Pflicht zur und ein korrespondierendes Recht auf Anerkennung des Neustaates besteht.[1037]

---

threaten to undermine international stability. An international legal framework, adjusted to recent evolutions and practices, is the best way to counter this threat."

1031 Vgl. *Simmler*, in: Seidl-Hohenveldern (Hrsg.), Vereinte Nationen, Menschenrechte und Sicherheitspolitik, S. 75 (83 f.).

1032 Vgl. *Geiger*, GG und Völkerrecht, S. 43; *Simmler*, in: Seidl-Hohenveldern (Hrsg.), Vereinte Nationen, Menschenrechte und Sicherheitspolitik, S. 75 (83 f.); *Dugard*, Recognition, S. 41 ff.; *Saxer*, Steuerung der Selbstbestimmung S. 743.

1033 Vgl. *Grant*, Admission, S. 70 ff.; *Russell*, History of the UN, S. 843 ff.

1034 Vgl. *Feuer*, in: Cot/Pellet (Hrsg.), La Charte des Nations Unies, 1985, S. 167; *Ginther*, in: Simma (Hrsg.), Charta der Vereinten Nationen, Art. 4, Rn. 2.

1035 So bspw. *Ginther*, in: Simma (Hrsg.), Charta der Vereinten Nationen, Art. 4, Rn. 12.

1036 Vgl. *Scharf*, Cornell Int'l L. J. 28 (1995), S. 29 (31): „Membership in the United Nations by new States is equivalent to affirmation of their full personality as international entities and is essential to the complete enjoyment of their newly acquired status in an increasingly interdependent world." Siehe auch *Saxer*, Steuerung der Selbstbestimmung, S. 736: „Die Aufnahme in regionale und internationale Organisationen, insbesondere die Mitgliedschaft in den Vereinten Nationen, ist Teil der Konstituierung und Konsolidierung moderner Staatlichkeit." A. A. *Warbrick*, in: Evans (Hrsg.), International Law, S. 261 ff.

1037 Vgl. zum aktuellen Streitstand *Dahm/Delbrück/Wolfrum*, Völkerrecht, Bd. I/1, S. 196 ff. Für eine Übersicht der älteren Literaturansichten siehe *Kunz*, Handbuch des Völkerrechts, Bd. 2, S. 37 ff.

Aus dem Blickwinkel der deklaratorischen Theorie ist eine Anerkennungspflicht grundsätzlich obsolet, da aus dem Vorliegen der Staatselemente unmittelbar die faktische Existenz des Neustaates samt der damit einhergehenden völkerrechtlichen Rechte und Pflichten resultiert.[1038] Nach einer älteren, naturrechtlichen Auffassung besteht eine Pflicht zur Anerkennung, wenn die Existenz des Neustaates zweifelsfrei feststeht.[1039] Da das Völkerrecht ein Recht der Staaten sei und die bestehenden Staaten zu einer gemeinsamen Rechtsordnung verbinde, bestünde mit der unzweifelhaften Existenz des Staates zugleich eine Anerkennungspflicht.[1040] Insbesondere von Vertretern der konstitutiven Auffassung wird eine entsprechende Verpflichtung als im positiven Völkerrecht verankert angesehen.[1041] Die vorherrschende Ansicht lehnt die Existenz einer solchen Pflicht und damit auch eines korrespondierenden Rechts auf Anerkennung ab.[1042] Es wird darauf verwiesen, dass, selbst wenn man eine Verpflichtung zur Anerkennung annehmen würde, eine solche nicht durchsetzbar sei.[1043] Allerdings ist das Bestehen eines Anspruchs von dessen Durchsetzbarkeit zu unterscheiden, sodass dieser Einwand nicht durchgreift. Entscheidend ist vielmehr, dass sich weder aus völkerrechtlichen Regelungen eine Verpflichtung,[1044] noch aus der Staatenpraxis eine einheitliche Aussage zugunsten eines entsprechenden Völkergewohnheitsrechts ableiten lässt.[1045]

1038 Vgl. *Breuer*, Anerkennung, in: Schöbener (Hrsg.), Völkerrecht, S. 28 (31); *Kempen/Hillgruber*, Völkerrecht, § 5, Rn. 25; *Herdegen*, Völkerrecht, § 8, Rn. 11. A. A. *Heintze*, Friedens-Warte 84 (2009), S. 11 (13 ff.), dem zufolge auch bei deklaratorischem Charakter eine Pflicht zur Anerkennung besteht.

1039 Vgl. *Kunz*, Handbuch des Völkerrechts, Bd. 2, S. 37 m. w. N.

1040 Vgl. *Kunz*, Handbuch des Völkerrechts, Bd. 2, S. 37, der auf die Ausführungen durch *Bluntschli*, Völkerrecht, S. 75 verweist.

1041 Vgl. *Lauterpacht*, Recognition, S. 6, 63, 74; *ders.*, YLJ 53 (1944), S. 385 (385 ff., 396); *van der Vyver*, JTLP 10 (2000), S. 1 (30); a. A. *Kempen/Hillgruber*, Völkerrecht, § 5, Rn. 26.

1042 Vgl. *Hillgenberg*, FS für Christian Tomuschat, S. 947 (947); *Stein/von Buttlar/Kotzur*, Völkerrecht, Rn. 323.

1043 Vgl. *Worster*, Bost. Univ. Int'l L. J. 27 (2009), S. 115 (121).

1044 Vgl. *Ross*, Lehrbuch des Völkerrechts, S. 118; *Kunz*, Handbuch des Völkerrechts, Bd. 2, S. 39. Vgl. auch *Kelsen*, General Theory, S. 223. Siehe demgegenüber Art. 2 Draft Declaration on the rights and duties of states and explanatory note submitted by Panama, UN Doc A/CN. 4/2 (15 December 1948), S. 52: „Every State is entitled to have its existence recognized."

1045 Vgl. *Kempen/Hillgruber*, Völkerrecht, § 5, Rn. 26; *Breuer*, Anerkennung, in: Schöbener (Hrsg.), Völkerrecht, S. 28 (31); *Bindschedler*, BDGVR 4 (1961), S. 1 (15 f.); *Kreijen*, State failure, S. 15; *Crawford*, Creation, S. 22.

III. Ermessen

Die Anerkennung steht damit grundsätzlich im Ermessen der Einzelstaaten.[1046] Ist ein völkerrechtliches Verhalten weder erlaubt noch verboten (*non liquet*), wird die Handlungsfreiheit des Staates vermutet.[1047] Demnach können die Staaten grundsätzlich selbstständig entscheiden, ob sie eine neue Entität als Staat anerkennen oder nicht.[1048] Diese Annahme entspricht zum einen dem rechtlichen und politischen Doppelcharakter der Anerkennung. Zum anderen steht sie im Einklang mit der einer Anerkennung zugrunde liegenden subjektiven Einschätzungsprärogative der Staaten, ob sie die Anerkennungsvoraussetzungen der neuen Entität als gegeben ansehen.[1049] Wie die jüngere Anerkennungspraxis zeigt, zeichnet sich die Tendenz einer konstitutiven Anerkennung und die Erfüllung völkerrechtlicher Kriterien als Voraussetzung für die Staatlichkeit ab.[1050] Vor dem Hintergrund der sich daraus ergebenden völkerrechtlichen Akzentuierung des Staatsbegriffs stellt sich die Frage, ob die Staaten in ihrer Ermessensausübung frei sind oder das Völkerrecht insoweit Grenzen setzt.

1. Unbeschränktes Ermessen

Nach einer teilweise vertretenen Ansicht kommt den Staaten ein unbegrenzter Ermessensspielraum im Hinblick auf die Frage zu, ob eine Entität die Voraussetzungen der Staatlichkeit erfüllt.[1051] Da der Anerkennung signifikante politische Bedeutung zukomme,[1052] müsse die Ausübung im Ermessen des Staates liegen.[1053] Die Anerkennung impliziere zudem, dass die Entstehung des Neustaates nicht den Interessen des anerkennenden Staates widerspreche, dieser auch nicht zu einem Bekenntnis gezwungen werden könne.[1054] Nach einer vermittelnden Ansicht

1046 Vgl. *Neuhold*, in: Reiter (Hrsg.), Grenzen des Selbstbestimmungsrechts, S. 147 (159).

1047 Vgl. *Herdegen*, Völkerrecht, § 3, Rn. 6; *Bindschedler*, BDGVR 4 (1961), S. 1 (16). Siehe dazu auch in diesem Zusammenhang ICJ, *Legality of the Threat or Use of Nuclear Weapons*, Advisory Opinion of 8 July 1996, ICJ Reports 1996, S. 226 (247).

1048 Vgl. *Stein/von Buttlar/Kotzur*, Völkerrecht, Rn. 324.

1049 Siehe dazu oben 3. Teil A. III. 3. a) cc) (1).

1050 Siehe oben 3. Teil A. III. 3.

1051 Vgl. zu den folgenden Ausführungen umfassend *Worster*, Bost. Univ. Int'l L. J. 27 (2009), S. 115 (146 ff.).

1052 Vgl. *Hilpold*, AVR 31 (1993), S. 387 (392). Siehe in diesem Zusammenhang auch *Kelsen*, AJIL 35 (1941), S. 605 (605 ff.), der zwischen politischen und rechtlichen Anerkennungserklärungen unterscheidet.

1053 Vgl. *Zygojannis*, Geburt aus Ruinen, S. 170.

1054 Vgl. *Zygojannis*, Geburt aus Ruinen, S. 170.

besteht zwar eine Pflicht zur Anerkennung bei Vorliegen der drei klassischen Elemente der Staatlichkeit. Allerdings seien die Staaten in ihrem Ermessen frei, ob sie diese Voraussetzungen als gegeben ansähen.[1055] Anhaltspunkte für ein unbeschränktes Ermessen enthält auch die Staatenpraxis.[1056] So wurde teilweise die Anerkennung versagt, obwohl die Staatlichkeit gegeben war,[1057] oder aber aus politischen Gründen bejaht, obwohl die Voraussetzungen der Staatlichkeit offensichtlich nicht vorlagen.[1058]

2. *Beschränktes Ermessen*

In der Völkerrechtsliteratur wird demgegenüber auch die Auffassung vertreten, dass die Anerkennung zwar einen freien Akt souveräner Staaten darstelle, diese ihr Ermessen jedoch nicht willkürlich oder rechtsmissbräuchlich ausüben dürften.[1059] Bei Vorliegen der drei Staatlichkeitselemente sei die Verweigerung der Anerkennung nur aus „dringenden und objektiv nachvollziehbaren politischen Gründen“[1060] erlaubt. Dass die Staaten bei der Ausübung ihres Anerkennungsermessens nicht gänzlich frei sind, folgt auch aus der Nichtanerkennungsdoktrin.[1061] Das Verbot, jene Gebilde anzuerkennen, deren Entstehung gegen zwingendes Völkerrecht verstoßen hat, bildet eine Ermessensgrenze.[1062] Eine weitere Beschränkung in temporaler Hinsicht folgt aus dem Verbot der vorzeitigen

---

1055 Vgl. aus der älteren Literatur *Scelle*, RGDIP XXI (1914), S. 117 (128); *von Waldkirch*, Völkerrecht, S. 125. Siehe aus neuerer Zeit *Kempen/Hillgruber*, Völkerrecht § 5, Rn. 14, die zwar eine Rechtspflicht ablehnen, aber auch von einem uneingeschränkten Werturteil der anerkennenden Staaten ausgehen, ob diese die normativen Tatbestandsmerkmale der Staatlichkeit als gegeben ansehen.

1056 Vgl. *Grazin*, Notre Dame L. Rev. 66 (1991), S. 1385 (1388). Siehe ausführlich zur Staatenpraxis *Worster*, Bost. Univ. Int’l L. J. 27 (2009), S. 115 (146 ff. m. w. N.).

1057 Vgl. *Hilpold*, AVR 31 (1993), S. 387 (393). Im Hinblick auf Tibet siehe *Sloane*, Emory Int’l L. Rev. 16 (2002) S. 107 (135 ff.).

1058 Vgl. *Hilpold*, AVR 31 (1993), S. 387 (393). Siehe im Hinblick auf die Anerkennung Biafras *Ijalaye*, AJIL 65 (1971), S. 551 (558 f.).

1059 Vgl. *Dahm/Delbrück/Wolfrum*, Völkerrecht, Bd. I/1, S. 196 f. m. w. N.; *Bluntschli*, Völkerrecht, S. 74 f.

1060 *Vosgerau*, Staat, in: Schöbener (Hrsg.), Völkerrecht, S. 394 (398 f.).

1061 Vgl. dazu *Gowlland-Debbas*, Collective Responses, S. 281 ff. Siehe zur Nichtanerkennungsdoktrin ausführlich 3. Teil A. III. 2.

1062 Vgl. *Ryngaert/Sobrie*, LJIL 24 (2011), S. 467 (473).

Anerkennung, welches – zumindest nach herkömmlicher Konzeption – eine Intervention in die inneren Angelegenheiten des Mutterstaates darstellt.[1063]

3. *Stellungnahme*

Die Annahme eines unbeschränkten Anerkennungsermessens stellt schwerpunktmäßig auf die Anerkennung als politisches Instrumentarium ab. Einer Reduzierung der Anerkennung auf einen ermessensfreien, politischen Akt steht jedoch die verstärkte Durchsetzung des nationalen Rechts mit völkerrechtlichen Regeln entgegen. Der Bereich der inneren und äußeren Angelegenheiten des Staates wird durch eine immer umfassendere Verrechtlichung des Völkerrechts und über die Einbettung in das Friedenssicherungssystem der Vereinten Nationen zurückgedrängt.[1064] Zugleich geht die Ansicht von einer primär konsensualen Konzeption des Völkerrechts aus.[1065] Allerdings wird das Konsenserfordernis, wie im ersten Teil der Arbeit aufgezeigt wurde, zugunsten der Durchsetzung von Gemeinschaftswerten unterminiert.[1066] Selbst wenn man annimmt, dass keine Pflicht der Staaten besteht, diplomatische Beziehungen aufzunehmen,[1067] zeigt sich, dass – spätestens mit verbreiteter einzelstaatlicher Anerkennung und Aufnahme in internationale Organisationen – Drittstaaten sich einem diplomatischen Umgang mit dem noch nicht anerkannten Gebilde nicht mehr vollends entziehen können.[1068] Die zwischenstaatliche Zusammenarbeit und auch der politische Austausch erfolgen immer mehr über internationale Foren und (supranationale) internationale Organisationen. Die Annahme einer einzelstaatlichen Entscheidungsfreiheit über die Aufnahme diplomatischer Beziehungen wirkt damit artifiziell und spiegelt den gegenwärtigen Entwicklungsstand des Völkerrechts nicht mehr hinreichend wider.

1063 Siehe zur verfrühten Anerkennung in der neueren Staatenpraxis 3. Teil A. III. 3. b). Darüber hinaus wird teilweise auch eine verspätete Anerkennung als Verletzung des Völkerrechts gewertet. Vgl. *Dahm/Delbrück/Wolfrum*, Völkerrecht, Bd. I/1, S. 201, die daraus ein „Recht auf Anerkennung" ableiten.

1064 Vgl. *von Arnauld*, Völkerrecht, Rn. 353 ff. Siehe zur Wandlung des Völkerrechts und zur Zurückdrängung des *domaine réservé* 1. Teil A.

1065 Vgl. *Worster*, Bost. Univ. Int'l L. J. 27 (2009), S. 115 (146); a. A. *Chen*, International Law of Recognition, S. 29.

1066 Vgl. zu dieser Entwicklung 1. Teil A. IV.

1067 Vgl. *Dahm/Delbrück/Wolfrum*, Völkerrecht, Bd. I/1, S. 199; *Kunz*, Handbuch des Völkerrechts, Bd. 2, S. 43.

1068 Vgl. zur Einbindung Palästinas auf internationaler Ebene 3. Teil A. III. 3. b) dd).

Zunehmend werden wertorientierte Maßstäbe an das anzuerkennende Gebilde angelegt.[1069] Zwar unterliegt deren konkrete Anwendung der uneinheitlichen Bewertung durch die Staaten. Dies kann allerdings nicht darüber hinwegtäuschen, dass deren Grundlage und Ursprung auf völkerrechtlicher Ebene liegen, die die Ermessensentscheidung durch die Völkerrechtsordnung beschränken,[1070] mithin eine materiell-rechtliche Ermessensgrenze setzen. Diese Entwicklung spiegelt sich auch in der jüngeren Anerkennungspraxis wider, die versucht, völkerrechtlich verankerte Maßstäbe weiter aufzuwerten, indem diese bereits auf Ebene der Anerkennung Berücksichtigung finden.[1071] So sei es im Hinblick auf das Selbstbestimmungsrecht der Völker unhaltbar, dass Gebilde, die die Voraussetzungen der Staatlichkeit erfüllten, allein aufgrund spezifischer „weltpolitischer Konstellationen“[1072] keine Aussicht auf Anerkennung hätten.[1073] Damit ist

---

1069 Vgl. in diesem Zusammenhang zur Nichtanerkennung und zu den EG-Anerkennungsrichtlinien 3. Teil A. III. 2. und 3. b) aa). Siehe dazu auch *Hilpold*, AVR 31 (1993), S. 387 (395). Vgl. im Hinblick auf die Menschenrechte *Chinkin*, in: Evans (Hrsg.), Human Rights 50 Years On, S. 105 (106 f.).

1070 Vgl. auch Badinter Commission, Opinion No 10 of 4 July 1992, abgedruckt in: *Türk*, EJIL 4 (1993), S. 72 (90): „[I]t is nonetheless a *discretionary act* that other states may perform when they choose and in a manner of their own choosing, subject only to *compliance with the imperatives of general international law*, and particularly those prohibiting the use of force in dealings with other states or guaranteeing the rights of ethnic, religious or linguistic minorities“ (Kursivschreibung durch den Autor hinzugefügt).

1071 Vgl. im Hinblick auf die Anerkennung des Kosovo bspw. *Tomuschat*, in: Hilpold (Hrsg.), Das Kosovo-Gutachten des IGH, S. 31 (42 ff.): „Wo eine ethnische Gruppe wegen der massiven Diskriminierung, die sie erlitten hat, für sich ein Sezessionsrecht beanspruchen kann, darf dritten Staaten gewiss nicht verweigert werden, diesen rechtlichen Zustand anzuerkennen und entsprechende Folgerungen zu ziehen. [...] Im Ergebnis lässt sich feststellen, dass die Anerkennung der Unabhängigkeit des Kosovo sich nicht mit den üblichen bilateralen Maßstäben des Völkerrechts messen lässt. Die anerkennenden Staaten sahen und sehen sich als Agenten der internationalen Gemeinschaft, die innerhalb eines breiten, wenn auch nicht weltumspannenden Konsenses das Ziel verfolgten, zur Festigung des Friedens und der Menschenrechte in einem Gebiet beizutragen, das ein ganzes Jahrzehnt unter einer systematischen und schweren Diskriminierungspolitik gelitten hatte.“

1072 Vgl. *Hillgenberg*, FS für Christian Tomuschat, S. 947 (955).

1073 Vgl. *Hillgenberg*, FS für Christian Tomuschat, S. 947 (955). Siehe auch *Dugard*, Recognition, S. 72 „While some traditional requirements for statehood such as permanent population and defined territory, remained intact, it seems that others, such as effective government and independence, are no longer strictly insisted on where they run counter to developments in international law regarding self-determination.“

jedenfalls in Konstellationen, in denen die Entität die tradierten Staatselemente und die im Einzelfall darüber hinaus angelegten Kriterien und Werte zweifelsfrei erfüllt oder aber im Sezessionsfalle sich Mutterstaat und Neustaat einig sind,[1074] das Anerkennungsermessen der Staaten so reduziert, dass diese eine Anerkennung auszusprechen haben („Ermessensreduzierung auf Null"). Allerdings ist eine exakte Grenze, ab wann von einer Ermessensreduzierung auszugehen ist, nur schwer bestimmbar.[1075]

IV. Kollektivierte Anerkennungsentscheidung

Selbst bei Annahme einer Ermessensreduzierung im Einzelfall lässt sich im Anerkennungsverhalten der Staaten nicht immer klar erkennen, welchen Ermessensspielraum diese für sich beanspruchen.[1076] Angesichts fehlender kohärenter Anerkennungskriterien und einer widersprüchlichen Anwendung auch der neuen Kriterien, obliegt die Entscheidung, ob die Voraussetzungen für eine Anerkennung gegeben sind, substanziell der Deutungshoheit der Einzelstaaten.[1077] Dies gilt umso mehr, als für die Feststellung der Staatlichkeit nicht mehr durchgehend an das Vorliegen einer effektiven Regierungsgewalt angeknüpft wird.[1078] Durch die Anlegung und Etablierung extendierter, nicht einheitlicher Kriterien und deren widersprüchliche Anwendung haben sich die Bezugspunkte für eine Bewertungsmöglichkeit durch die Staaten erweitert.

Eine weitergehende Einschränkung und Lenkung des Ermessens wäre allerdings dann anzunehmen, wenn die Anerkennung eines Neustaates kollektiv zu erfolgen hätte.

1. Kondensation der Völkerrechtsordnung

Obwohl nach herkömmlicher Auffassung jedes Land souverän über die Anerkennung eines neuen Gebildes als Staat entscheidet, zeichnet sich in der Staatspraxis

1074 So auch für den Fall der bestehenden Einigung zwischen Altstaat und Neustaat: *Hillgenberg*, FS für Christian Tomuschat, S. 947 (955).

1075 Vgl. *Wilhelm*, Sezessionsrecht des Volkes, S. 117, im Hinblick auf den Verlauf der Grenze zur Ermessensreduktion bei der Nichtanerkennung. Siehe auch *Baer*, Der Zerfall Jugoslawiens, S. 334.

1076 Vgl. *Worster*, Bost. Univ. Int'l L. J. 27 (2009), S. 115 (146).

1077 Vgl. *Leidenmühler*, Kollabierter Staat, S. 141. Umfassend mit einer Vielzahl kritischer Argumente auch *Worster*, Bost. Univ. Int'l L. J. 27 (2009), S. 115 (161 ff.). Siehe zudem *Balekjian*, Die Effektivität und die Stellung Nichtanerkannter Staaten, S. 40 f.

1078 Siehe dazu oben 3. Teil A. III. 1. c) und 3 b).

die Tendenz ab, die Anerkennungserklärungen koordiniert auszusprechen.[1079] Diese Entwicklung ist das Resultat der veränderten Rahmenbedingungen und Bedürfnisse einer interdependenten Welt.[1080] Die wechselseitige Abhängigkeit der Staaten untereinander und die staatsübergreifende Verflechtung und Vernetzung lassen eine Anerkennung aufgrund autonomer einzelstaatlicher Entscheidungen verstärkt als Fremdkörper im gegenwärtigen Völkerrecht erscheinen.[1081] Indem mithilfe der Anerkennung vermehrt sich wandelnde überstaatliche Werte und die Befolgung völkerrechtlicher Normen und Rechtsregeln an die Konstituierung der Staatlichkeit angelegt werden, bedarf es einer

---

1079 Siehe zum Ganzen umfassend *Saxer*, Steuerung der Selbstbestimmung, S. 722 ff. Vgl. auch *Stein/von Buttlar/Kotzur*, Völkerrecht, Rn. 328; *Jessup*, Modern Law of Nations, S. 44. Siehe im Hinblick auf die UN *Dugard*, Recognition and the United Nations, S. 126: „UN has for practical purposes become the collective arbiter of statehood through the process of admission and non-recognition"; *Simmler*, in: Seidl-Hohenveldern (Hrsg.), Vereinte Nationen, Menschenrechte und Sicherheitspolitik, S. 75 (83). Innerhalb der kollektiven Anerkennung ist begrifflich zwischen einer echten und einer unechten kollektiven Anerkennung zu differenzieren. Die unechte kollektive Anerkennung unterscheidet sich von der individuellen Anerkennung allein durch ihr kumulatives Vorliegen. Diese beruht nicht auf einem einheitlichen und gemeinsamen Akt einer Gruppe von Staaten oder der Völkerrechtsgemeinschaft. So handelt es sich im Zusammenhang mit der Auflösung Jugoslawiens um „unechte" Anerkennungen, die zwar koordiniert erfolgten, allerdings individuell-staatlichen Ursprung hatten. Demgegenüber liegt bei einer echten kollektiven Anerkennung nur eine einzige Anerkennung vor, die beispielsweise von einem zentralen Organ oder einer internationalen Organisation ausgesprochen wird, vgl. *Frenzke*, Die kommunistische Anerkennungslehre, S. 218 ff.

1080 Vgl. *Saxer*, Steuerung der Selbstbestimmung, S. 722 f.; *Jessup*, Modern Law of Nations, S. 44.

1081 Vgl. *Saxer*, Steuerung der Selbstbestimmung, S. 722 ff.; *Hillgenberg*, FS für Christian Tomuschat, S. 947 (956); *Jessup*, Modern Law of Nations, S. 44. Siehe in diesem Zusammenhang auch *Menon*, NJIL 59 (1990), S. 247 (263): „In the contemporary world, due to these changes, mutual intercourse between States is an inevitable necessity. States can no longer move in their own orbit without having any contact with others."

koordinierten Anerkennungsentscheidung.[1082] Im Hinblick auf die Abschwächung des Konsensprinzips[1083] führt dies zu einer paradoxen Situation: Je weiter die Souveränität und das Konsenserfordernis des Einzelstaates innerhalb der Völkerrechtsgemeinschaft zurückgedrängt werden, desto mehr müssen die Altstaaten im Wege eines koordinierten Prozesses sicherstellen, dass der Neustaat sich im Einklang mit den gegenwärtigen völkerrechtlichen Spielregeln konstituiert. „[D]ie Fähigkeit und der Wille des Neustaates zur Beachtung des Völkerrechts [bilden] die maßgeblichen Kriterien von Staatlichkeit im völkerrechtlichen Sinne."[1084] Diese Funktion vermag jedoch nicht länger eine einzelstaatliche, sondern – wie sich auch in der Praxis abzeichnet – allein eine koordinierte Anerkennungsentscheidung zu erfüllen.

2. *Zwischenstaatliche Kooperationspflicht*

Eine Pflicht zur kollektiven Anerkennung könnte darüber hinaus auf Grundlage der zwischenstaatlichen Kooperationspflicht bestehen. Deren Existenz ist heute allgemein anerkannt[1085] und hat ihre Ausgestaltung in verschiedenen völkerrechtlichen Verträgen gefunden.[1086] Art. 1 Abs. 3, 13, 55 lit. b), 56 UN-Charta verpflichten die Staaten zur Zusammenarbeit, um die in der Charta niedergelegten Ziele zu verwirklichen und Probleme wirtschaftlicher, sozialer, gesundheitlicher und verwandter Art zu lösen.[1087] Der Begriff der Kooperation wurde

---

1082 Vgl. *Saxer*, Steuerung der Selbstbestimmung, S. 724; *Menon*, NJIL 59 (1990), S. 247 (263): „The emergence of a new State, either as a result of the exercise of right to self-determination or otherwise must be a matter of interest to all other States. [...] The subject of recognition is thus becoming a matter of community interest rather than remaining a unilateral act exercisable in accordance with the free choice of States, howsoever arbitrary and capricious it is". Siehe auch *Hillgenberg*, FS für Christian Tomuschat, S. 947 (956).

1083 Vgl. dazu 1. Teil A. IV.

1084 *Kempen/Hillgruber*, Völkerrecht § 5, Rn. 14.

1085 Vgl. *Tomuschat*, GYIL 25 (1982), S. 85 (98): „Unbezweifelbar ist, daß die Existenz einer internationalen Kooperationspflicht nicht mehr in Abrede gestellt werden kann." Siehe auch ILA, Report of the Sixty-First Conference (1984), S. 127: „The duty of States to co-operate is one of the most important principles of contemporary international law."

1086 Vgl. *Hobe*, Völkerrecht, S. 303 f. m. w. N.; *Kment*, Grenzüberschreitendes Verwaltungshandeln, S. 180 (Fn. 117).

1087 Vgl. allgemein *Dahm/Delbrück/Wolfrum*, Völkerrecht, Bd. I/3, S. 851 ff.; *Hobe*, Völkerrecht, S. 302 ff.

bis heute nicht definiert, auch die *Friendly Relations Declaration*[1088] setzt diesen voraus.[1089] Umstritten ist, ob es sich bei der Kooperationspflicht um einen bloßen politischen Programmsatz handelt oder ob aus dieser konkrete Handlungspflichten abgeleitet werden können.[1090] So ist auch Resolution 2625 in ihrem Wortlaut uneindeutig. Während in Prinzip 4 Abs. 1 noch von einer „duty to cooperate" die Rede ist, erfolgt in Abs. 3 sogleich eine sprachliche Abschwächung („should").[1091]

Losgelöst davon unterliegt die Zusammenarbeitspflicht der Einwirkung durch den Strukturwandel der Völkerrechtsordnung.[1092] Zwar ist die Kooperation von der Interdependenz zu unterscheiden, da letztere allein eine faktische Situation beschreibt.[1093] Allerdings führen die eng verflochtenen staatlichen Wechselbeziehungen dazu, dass Staaten nicht mehr frei darüber entscheiden können, ob sie kooperieren wollen.[1094] Die Kondensation der Völkerrechtsordnung ist mithin Kristallisationspunkt einer sich herausschälenden Kooperationspflicht. Denn die Bereiche, in denen die Staaten alleine agieren können, werden restringiert, sodass sich die Notwendigkeit der Kooperation verstärkt.[1095] Damit steht diese in einem Spannungsverhältnis zum Grundsatz der Souveränität,[1096] welches allein im Wege einer praktischen Konkordanz zwischen staatlicher Souveränität und Gemeinschaftswerten aufgelöst werden kann.[1097] In Prinzip 4 der *Friendly Relations Declaration* heißt es:

1088 Friendly Relations Declaration, UNGA Res. 2625 (XXV) (24 October 1970).

1089 Vgl. *Dahm/Delbrück/Wolfrum*, Völkerrecht, Bd. I/3, S. 852. Zweifelnd ob der Möglichkeit einer juristischen Definition der Zusammenarbeit ist *Dohna*, Grundprinzipien des Völkerrechts, S. 191.

1090 Vgl. *Lindemeyer*, Schiffsembargo und Handelsembargo, S. 385 f.; *Hobe*, Völkerrecht, S. 302.

1091 Vgl. *Dohna*, Grundprinzipien des Völkerrechts, S. 190; *Neuhold*, FS für Alfred Verdross, S. 575 (599).

1092 Vgl. *Hobe*, Völkerrecht, S. 302.

1093 Vgl. *Dahm/Delbrück/Wolfrum*, Völkerrecht, Bd. I/3, S. 852.

1094 Vgl. *Hobe*, Völkerrecht, S. 302 f.; *Dahm/Delbrück/Wolfrum*, Völkerrecht, Bd. I/3, S. 852.

1095 Vgl. *Dahm/Delbrück/Wolfrum*, Völkerrecht, Bd. I/3, S. 852; *Isensee*, ZSE 1 (2003), S. 7 (10 f.). Vgl. auch *Tietje*, DVBl. 17 (2003), S. 1081 (1088), der eine inzwischen bestehende völkergewohnheitsrechtliche Pflicht zur Kooperation annimmt. Siehe dazu oben Teil 1 A. I.

1096 Vgl. *Tomuschat*, RdC 281 (1999), S. 9 (261).

1097 *Dahm/Delbrück/Wolfrum*, Völkerrecht, Bd. 3, S. 852 f. Auch wenn die genauere Ausgestaltung der Kooperationspflicht regelmäßig über völkerrechtliche Verträge erfolgt, erscheint dies nicht zwangsläufig. Denn anderenfalls würde eine in der UN-Charta und der *Friendly Relations Declaration* angenommene Verpflichtung von der

> States have the *duty to co-operate* with one another, irrespective of the differences in their political, economic and social systems, in the *various spheres of international relations*, in order *to maintain international peace and security* [...].[1098]

Damit werden die Bereiche der internationalen Beziehungen und der internationale Friedens- und Sicherheitserhalt ausdrücklich der Pflicht zur Kooperation unterworfen. In diesem Zusammenhang ist auch der erweiterte Friedensbegriff des Art. 39 UN-Charta zu berücksichtigen. So ist inzwischen anerkannt, dass auch staatsinterne bewaffnete Konflikte eine Bedrohung des Friedens darstellen können.[1099] Damit liegt einer auf diesem Gebiet angenommenen Pflicht zur Zusammenarbeit ein erweiterter institutionalisierter Unterbau in Gestalt der UN-Charta zugrunde. In der jüngeren Vergangenheit wurden auch Anerkennungen in einen internationalen Friedenssicherungsprozess eingebettet. So erfolgten koordinierte Anerkennungen, um eine Präjudizierung bzw. Unterminierung des Ausgangs der Friedensbemühungen aufgrund unilateraler Anerkennungen zu vermeiden.[1100] Darüber hinaus führt Art. 55 UN-Charta, auf dessen Ziele Art. 56 UN-Charta für eine weitere Ausgestaltung der Kooperationspflicht verweist, das Selbstbestimmungsrecht der Völker als ein in Zusammenarbeit zu verwirklichendes Ziel auf. Die Analyse der Anerkennungspraxis hat gezeigt, dass zugunsten des Selbstbestimmungsrechts der Völker nicht mehr am Vorliegen einer effektiven Staatsgewalt festgehalten wird.[1101] Berücksichtigt man diese Entwicklungen, ist nicht länger eine einzelstaatliche, sondern eine kollektive Anerkennung angezeigt.

Zustimmung der Staaten zu einem (weiteren) Vertragswerk abhängen. Vgl. dazu die Kritik durch *Schreuer*, in: Delbrück (Hrsg.), International Law of Cooperation, S. 163 (174): „States are bound to cooperate to the extent that they cooperate in consenting to cooperate."

1098 Kursivschreibung durch den Autor hinzugefügt.

1099 Vgl. *Krisch*, in: Simma/Khan/Nolte/Paulus (Hrsg.), Charter of the UN, Bd. I, Art. 39, Rn. 18; *Herdegen*, Befugnisse des UN-Sicherheitsrats, S. 11 f.; *Fuhrmann*, Der Beitrag des Libanontribunals, S. 81 ff. m. w. N.

1100 Vgl. *Saxer*, Steuerung der Selbstbestimmung, S. 720, der auf die vermehrte Bedeutung des internationalen Konfliktmanagements in Form des kollektiven Friedenssicherungssystems der Vereinten Nationen hinweist, das eine unilaterale Anerkennung ausschließe.

1101 Vgl. 3. Teil A. III.

V. Bedeutung und Auswirkungen der Aufnahme in die Vereinten Nationen

Eine kollektive Anerkennung könnte in dem Aufnahmeverfahren nach Maßgabe des Art. 4 Abs. 2 UN-Charta gesehen werden. Zwar können nach Art. 4 Abs. 1 UN-Charta nur Staaten Mitglieder der Vereinten Nationen werden, sodass die Staatsqualität vorausgesetzt wird. Der Schlussfolgerung, wonach „für eine logische Sekunde“[1102] die Voraussetzungen der Aufnahme über eine implizite Anerkennung der Staatlichkeit geschaffen werden, steht diese Annahme jedoch nicht entgegen.[1103]

1. Staatlichkeit und Völkerrechtssubjektivität

Die Bedeutung der Aufnahme erschöpft sich nicht in der bloßen Mitgliedschaft in den Vereinten Nationen. Die Mitgliedschaft des Neustaates ist vielmehr „equivalent to affirmation of their full personality as international entities“[1104] und unerlässlich für die völkerrechtliche Integration des Neustaates in die internationale Staatengemeinschaft.[1105] So steht mit Aufnahme die Völkerrechtssubjektivität und Staatlichkeit des Neumitglieds verbindlich fest.[1106] Dessen Staatsqualität und die damit verbundenen mitgliedschaftlichen Rechte und Pflichten können durch die UN-Mitglieder nach der Aufnahmeentscheidung nicht mehr bestritten werden.[1107] Darüber hinaus bewirkt die Aufnahme in den Kreis der Mitglieder eine endgültige Festschreibung der Legitimität und Legalität der Staatsgründung.[1108]

1102 *Hillgenberg*, FS für Christian Tomuschat, S. 947 (958).

1103 Diese Frage wurde auch im Hinblick auf die Aufnahme neuer Mitglieder in den Völkerbund diskutiert. Vgl. zur Aufnahme in den Völkerbund und einer damit verbundenen Anerkennung *Kunz*, Handbuch des Völkerrechts, Bd. 2, S. 20 ff. m. w. N. Zur Aufnahme in die Vereinten Nationen siehe statt vieler *Dugard*, Recognition, S. 41 ff.; *Kelsen*, Principles, S. 278.

1104 *Scharf*, Cornell Int'l L. J. 38 (1995), S. 29 (31).

1105 Vgl. dahin gehend *Scharf*, Cornell Int'l L. J. 38 (1995), S. 29 (31); *Saxer*, Steuerung der Selbstbestimmung, S. 742.

1106 Vgl. *Saxer*, Steuerung der Selbstbestimmung, S. 742; *Dixon*, International Law, S. 118; *Grant*, CJTL 39 (2000), S. 177 (185 f.). Zurückhaltend ist *Shaw*, International Law, S. 388: „The most that could be said is that membership of the United Nations constitutes powerful evidence for statehood.“

1107 Vgl. *Kempen/Hillgruber*, Völkerrecht, § 4, Rn. 23.

1108 Vgl. *Saxer*, Steuerung der Selbstbestimmung, S. 743.

2. Die Aufnahmekriterien des Art. 4 Abs. 1 UN-Charta

Art. 4 Abs. 1 UN-Charta normiert die Voraussetzungen für die Aufnahme von Mitgliedern in die Vereinten Nationen. Danach können alle friedliebenden Staaten Mitglied der Vereinten Nationen werden, wenn sie die Verpflichtungen aus der Satzung übernehmen und nach dem Urteil der Organisation fähig und willens sind, diese Verpflichtungen zu erfüllen.[1109] Demnach setzt Absatz 1 fünf Bedingungen voraus, die ein Staat für eine Aufnahme erfüllen muss.[1110]

a) Staatlichkeit

Ausweislich des Wortlauts von Art. 4 Abs. 1 UN-Charta können nur Staaten Mitglied in den Vereinten Nationen werden. Maßgeblich ist dabei der völkerrechtliche Staatsbegriff in seiner ursprünglichen, politisch-ideologisch neutralen Konzeption.[1111] Die Unsicherheiten bei der Bewertung, ob die Kriterien der Staatlichkeit gegeben sind, setzen sich bei der Aufnahmeentscheidung fort. Allerdings zeigt sich anhand der Aufnahmepraxis – beginnend mit der Dekolonisierung – und nicht zuletzt mit der Aufnahme Bosnien-Herzegowinas, dass die Voraussetzungen der Staatlichkeit vermehrt anhand eines relativierten Verständnisses des Effektivitätsprinzips bemessen werden.[1112]

b) Friedliebigkeit

Der potentielle UN-Mitgliedstaat muss zudem friedliebend sein.[1113] Die inhaltliche Ausgestaltung dieses Kriteriums wurde auf der Gründungskonferenz von

---

1109 Art. 4 Abs. 1 UN-Charta: „Membership in the United Nations is open to all other peace-loving states which accept the obligations contained in the present Charter and, in the judgment of the Organization, are able and willing to carry out these obligations." Vgl. in extenso zu den Kriterien und den folgenden Ausführungen *Fastenrath*, in: Simma/Khan/Nolte/Paulus (Hrsg.), Charter of the UN, Bd. I, Art. 4, Rn. 1 ff.

1110 Vgl. *Soder*, Nichtmitglieder, S. 117; *Aufricht*, AJIL 43 (1949), S. 679 (692).

1111 Vgl. *Ginther*, in: Simma (Hrsg.), Charta der Vereinten Nationen, Art. 4, Rn. 14 f. Zum völkerrechtlichen Staatsbegriff siehe oben 3. Teil A. III 1.

1112 Vgl. allgemein *Ginther*, in: Simma (Hrsg.), Charta der Vereinten Nationen, Art. 4, Rn. 15 ff.; *Dugard*, Recognition and the United Nations, S. 64 ff. Siehe hinsichtlich der Aufnahme von Mikrostaaten *Grant*, CJTL 39 (2000), S. 177 (178 ff.). Vgl. im Hinblick auf die Aufnahme Bosnien-Herzegowinas trotz Defiziten bei der Staatlichkeit im Zeitpunkt der Aufnahme *Hillgruber*, Die Aufnahme neuer Staaten, S. 669 ff.

1113 Vgl. dazu *Feuer*, in: Cot/Pellet (Hrsg.), La Charte des Nations Unies, 1985, S. 170 f.; *Ginther*, in: Simma (Hrsg.), Charta der Vereinten Nationen, Art. 4, Rn. 19 ff.

San Francisco kontrovers diskutiert.[1114] Letztlich entspricht der verwendete Begriff nahezu der Vier-Mächte-Erklärung vom 30.10.1943 („Membership of the Organization should be open to all peace-loving states").[1115] Für die Bewertung sollte es nicht auf die Erklärung des Aufnahmekandidats, „friedliebend" zu sein, ankommen,[1116] sodass die Entscheidung darüber im Ermessen des UN-Sicherheitsrats und der Generalversammlung liegt.[1117] Der Wortlaut ist jedoch wenig aussagekräftig.[1118] Den UN-Mitgliedern kommt ein großer Spielraum für die Bewertung zu, ob sie das Kriterium als gegeben ansehen oder nicht.[1119] So wurde – entgegen der ursprünglichen Konzeption – die „Friedensliebe" des Gebildes anhand dessen innerstaatlicher politischer und demokratischer Institutionen bewertet oder aber daran festgemacht, ob sich die Entität im Einklang mit dem gegenwärtigen Völkerrecht verhielt.[1120] Dabei gelten diese Maßstäbe für die Gründungsmitglieder der Vereinten Nationen gerade nicht, wie eine systematische Zusammenschau zwischen Art. 3 UN-Charta, der die ursprüngliche Mitgliedschaft definiert, und dem Wortlaut des Art. 4 Abs. 1 UN-Charta („all *other* peace-loving states") aufzeigt.[1121] Während in der Dekolonisierung die Friedensliebe nahezu keine Rollte spielte,[1122] wurde das Kriterium im nichtkolonialen Kontext als politisches Instrument genutzt, um bilaterale Probleme zu

---

1114 Vgl. *Soder*, Nichtmitglieder, S. 117 f.; *Ginther*, in: Simma (Hrsg.), Charta der Vereinten Nationen, Art. 4, Rn. 19; *Fastenrath*, in: Simma/Khan/Nolte/Paulus (Hrsg.), Charter of the UN, Bd. I, Art. 4, Rn. 16.

1115 Vgl. *Goodrich/Hambro*, Charter of the UN, 2. Aufl. 1949, S. 125; *Ginther*, in: Simma (Hrsg.), Charta der Vereinten Nationen, Art. 4, Rn. 19.

1116 Vgl. *Soder*, Nichtmitglieder, S. 118.

1117 Vgl. *Soder*, Nichtmitglieder, S. 118; *Kelsen*, Law of the UN, S. 70; *Klein*, AVR 1 (1948), S. 147 (157). Siehe dazu auch *Aufricht*, AJIL 43 (1949), S. 679 (692 f.).

1118 Vgl. *Kelsen*, CLR 46 (1946), S. 391 (393).

1119 Vgl. *Kelsen*, Law of the UN, S. 70; *Soder*, Nichtmitglieder, S. 118. Kritisch dazu *Grewe*, Die Satzung der VN, S. 30.

1120 Vgl. *Ginther*, in: Simma (Hrsg.), Charta der Vereinten Nationen, Art. 4, Rn. 21. Auf der Konferenz in San Francisco war man sich ursprünglich einig darüber, dass ein solcher Maßstab eine unzulässige Einmischung in die inneren Angelegenheiten darstelle und somit abzulehnen sei, vgl. *Fastenrath*, in: Simma/Khan/Nolte/Paulus (Hrsg.), Charter of the UN, Bd. I, Art. 4, Rn. 18. Siehe dazu auch *Russell*, History of the UN, S. 844 f.

1121 Vgl. *Kelsen*, CLR 46 (1946), S. 391 (393).

1122 Vgl. *Ginther*, in: Simma (Hrsg.), Charta der Vereinten Nationen, Art. 4, Rn. 12.

lösen und die „politische Steuerung der Staatengenese"[1123] im Wege des Aufnahmeverfahrens voranzutreiben.[1124]

c) *Übernahme der Charta-Verpflichtungen*

Weiterhin muss der Staat die Verpflichtungen aus der UN-Charta übernehmen. Diese Übernahme kommt formal in seinem Zulassungsgesuch, das als Bindungserklärung nach dem Völkervertragsrecht aufzufassen ist, zum Ausdruck.[1125] Der Aufnahmeantrag ist unbedingt und frei von Vorbehalten zu stellen.[1126] Der in Art. 4 Abs. 1 UN-Charta geforderten Verpflichtungserklärung liegt der Gedanke zugrunde, dass sich die Zugehörigkeit zu den Vereinten Nationen durch eine „Gleichheit der rechtlichen Voraussetzungen"[1127] auszeichnet.[1128]

d) *Fähigkeit und Willen zur Erfüllung der Charta-Verpflichtungen*

Das potentielle Neumitglied muss fähig und willens sein, die Verpflichtungen der UN-Charta – inklusive sämtlichen UN-Sekundärrechts – zu erfüllen,[1129] wobei die Frage nach der Erfüllung dieser Voraussetzungen ausdrücklich der Bewertung durch die UN-Mitglieder unterliegt.[1130]

e) *Erweiterte Aufnahmebedingungen*

Umstritten war lange Zeit, ob die in Art. 4 Abs. 1 UN-Charta aufgeführten Kriterien abschließend sind oder ob über den Wortlaut hinaus weitere Bedingungen für die Aufnahme gefordert werden dürfen. Ausweislich der Diskussionen auf der Gründungskonferenz sollten bei der Anwendung der festgelegten

---

1123 *Saxer*, Steuerung der Selbstbestimmung, S. 759.

1124 Vgl. *Ginther*, in: Simma (Hrsg.), Charta der Vereinten Nationen, Art. 4, Rn. 22; *Saxer*, Steuerung der Selbstbestimmung, S. 758 f. Kritisch aufgrund der möglichen politischen Gegensätze bei der Feststellung des Kriteriums ist *Soder*, Nichtmitglieder, S. 118.

1125 Vgl. *Ginther*, in: Simma (Hrsg.), Charta der Vereinten Nationen, Art. 4, Rn. 23 f.; *Klein*, AVR 1 (1948), S. 147 (158).

1126 Vgl. *Klein*, AVR 1 (1948), S. 147 (158) m. w. N.

1127 *Mosler*, ZaöRV 19 (1958), S. 275 (288).

1128 Vgl. *Ginther*, in: Simma (Hrsg.), Charta der Vereinten Nationen, Art. 4, Rn. 25.

1129 Vgl. *Ginther*, in: Simma (Hrsg.), Charta der Vereinten Nationen, Art. 4, Rn. 23 f.

1130 Vgl. dazu ausführlich *Ginther*, in: Simma (Hrsg.), Charta der Vereinten Nationen, Art. 4, Rn. 27 ff.

Aufnahmekriterien zusätzliche Erwägungen möglich sein.[1131] In der *Conditions of Admission of a State to Membership in the United Nations Advisory Opinion*[1132] vertrat die Mehrheit der IGH-Richter die Auffassung, dass die Anlegung zusätzlicher, über den Wortlaut hinausgehender Aufnahmebedingungen nicht zulässig sei.[1133] So dürfe die Aufnahme insbesondere nicht von der Bedingung der Aufnahme eines anderen Staates abhängig gemacht werden.[1134] Angesichts der Flexibilität der in Art. 4 Abs. 1 UN-Charta genannten Kriterien entschied der IGH jedoch, dass diese Annahme einer weiten Auslegung grundsätzlich nicht entgegenstehe.[1135]

3. *Konstitutive Anerkennung mit Aufnahme?*

Angesichts der Bedeutung der Aufnahmenentscheidung für den Neustaat und der quasi-universellen Mitgliedschaft der Vereinten Nationen erscheint die Schlussfolgerung einer impliziten Anerkennung mit Aufnahme zwangsläufig. Allerdings ist diese These in der Völkerrechtswissenschaft bis heute umstritten.[1136]

1131 Vgl. UNCIO VII, S. 324 (326); *Goodrich/Hambro*, Charter of the UN, 2. Aufl. 1949, S. 126.

1132 ICJ, *Admission of a State to the United Nations (Charter, Art. 4)*, Advisory Opinion, ICJ Reports 1948, S. 57 ff. Siehe dazu auch *Liang*, AJIL 43 (1949), S. 288 ff. Siehe dazu *Grant*, Admission, S. 27 ff.

1133 Vgl. *Ginther*, in: Simma (Hrsg.), Charta der Vereinten Nationen, Art. 4, Rn. 6; ICJ, *Admission of a State to the United Nations (Charter, Art. 4)*, Advisory Opinion, ICJ Reports 1948, S. 57 (64): „The political character of an organ cannot release it from the observance of the treaty provisions established by the Charter when they constitute limitations on its powers or criteria for its judgment. To ascertain whether an organ has freedom of choice for its decisions, reference must be made to the terms of its constitution."

1134 Vgl. ICJ, *Admission of a State to the United Nations (Charter, Art. 4)*, Advisory Opinion, ICJ Reports 1948, S. 57 (64).

1135 ICJ, *Admission of a State to the United Nations (Charter, Art. 4)*, Advisory Opinion, ICJ Reports 1948, S. 57 (63): „Article 4 does not forbid the taking into account of any factor which it is possible reasonably and in good faith to connect with the conditions laid down in that Article. The taking into account of such factors is implied in the very wide and very elastic nature of the prescribed conditions; no relevant political factor – that is to say, none connected with the conditions of admission – is excluded." Vgl. dazu auch *Aufricht*, AJIL 43 (1949), S. 679 (692 ff.).

1136 Für eine Anerkennung mit Aufnahme sind u. a. *Verdross/Simma*, Universelles Völkerrecht, § 967; *Dugard*, Recognition, S. 78 ff.; *Scelle*, FS für Jean Spiropoulos, S. 385 (389): „En principe, l'admission au sein de l'O. N. U. vaut une reconnaissance

a) *Keine Anerkennung*

Nach teilweise vertretener Ansicht wird eine mit der Aufnahme in die Vereinten Nationen verbundene kollektive Anerkennung abgelehnt. Dabei wird insbesondere auf die *travaux préparatoires* der UN-Charta verwiesen.[1137] So wurde ein entsprechender Vorschlag Norwegens, die Vereinten Nationen mit der Kompetenz zur kollektiven Anerkennung auszustatten, abgelehnt.[1138] Es habe damit nie der Intention der Gründungsstaaten entsprochen, die Aufnahme zugleich als Anerkennung aufzufassen.[1139] Notwendig sei vielmehr eine Änderung der UN-Charta nach Maßgabe ihrer Artikel Art. 108 und 109.[1140] Weiterhin wird aus der originären Konzeption von Art. 107 UN-Charta geschlossen, dass mit der Aufnahme keine Anerkennung verbunden sein könne.[1141] Die ehemaligen Feindstaaten sollten dauerhaft außerhalb der Vereinten Nationen verbleiben, ohne dass die Staatsqualität jener Nichtmitglieder in Frage gestellt wurde.[1142] Deutlich werde dies auch anhand der Schweiz, welche bis 2002 kein UN-Mitglied war.[1143] Daneben wird auf die Möglichkeit des Ausschlusses nach Art. 6 UN-Charta verwiesen. Wenn die Aufnahme eine kollektive Anerkennung begründe, müsse der Ausschluss einer kollektiven Nichtanerkennung gleichkommen.[1144]

b) *Anerkennung mit Aufnahme*

Demgegenüber mehren sich die Stimmen in der Völkerrechtsliteratur, die in Art. 4 Abs. 2 UN-Charta ein kollektives Verfahren zur Anerkennung der

---

collective.“ A. A. *Hobe*, Völkerrecht, S. 75; *Seidl-Hohenveldern*, Völkerrecht, Rn. 481; *Aufricht*, AJIL 43 (1949), S. 679 (691).

1137 Vgl. *Worster*, Bost. Univ. Int’l L. J. 27 (2009), S. 115 (164); *van der Vyver*, Emory Int’l L. Rev. 5 (1991), S. 9 (23 f.); *Aufricht*, AJIL 43 (1949), S. 679 (691).

1138 Vgl. UNCIO III, S. 365 (366 f.); *van der Vyver*, Emory Int’l L. Rev. 5 (1991), S. 9 (23 f.); *Aufricht*, AJIL 43 (1949), S. 679 (691).

1139 Vgl. *Aufricht*, AJIL 43 (1949), S. 679 (691).

1140 Vgl. das Memorandum des ersten UN-Generalsekretärs Trygve Lie vom 8.3.1950, UN Doc. S/1466, S/1470 (9 March 1950): „The United Nations does not possess any authority to recognize either a new State or a new government of an existing State. To establish the rule of collective recognition by the United Nations would require either an amendment to the Charter or a treaty to which all members would adhere.“ Siehe dazu auch *Stein/von Buttlar/Kotzur*, Völkerrecht, Rn. 327.

1141 Vgl. *Worster*, Bost. Univ. Int’l L. J. 27 (2009), S. 115 (164).

1142 Vgl. *Worster*, Bost. Univ. Int’l L. J. 27 (2009), S. 115 (164); *Gross*, AJIL 50 (1956), S. 791 (826, Fn. 168); *Warbrick*, in: Evans (Hrsg.), International law, S. 261.

1143 Vgl. *Worster*, Bost. Univ. Int’l L. J. 27 (2009), S. 115 (164).

1144 Vgl. *Worster*, Bost. Univ. Int’l L. J. 27 (2009), S. 115 (164 f.).

Staatlichkeit festmachen.[1145] So wird teilweise vorgebracht, dass sich über die Aufnahme in die Vereinten Nationen der Eintritt in die organisierte Staatengemeinschaft im Wege der Kooption vollziehe.[1146] Selbst Vertreter einer deklaratorischen Anerkennungslehre sprechen der Aufnahmeentscheidung angesichts der Universalität der Vereinten Nationen konstitutive Wirkung zu, da mit Eintragung ins Mitgliedsregister letztlich bestehende Zweifel über die Existenz des Staates endgültig ausgeräumt seien.[1147] Vereinzelt wurde auch schon in den 1950er Jahren eine entsprechende Praxis der Vereinten Nationen festgestellt[1148] oder aber in der Aufnahme eine „general recognition“[1149] gesehen. Andere sprechen der Aufnahme des Neustaates einen „analogous effect to its recognition“[1150] zu oder vertreten die Auffassung, dass sich das Verfahren aufgrund der quasi-universellen Mitgliedschaft zumindest faktisch zu einem „kollektiven Surrogat der internationalen Anerkennung“[1151] gewandelt habe.[1152]

c) Stellungnahme

Die Aufnahme in die Vereinten Nationen begründet angesichts ihrer annähernden Universalität eine kollektive Anerkennung.[1153] UN-Sicherheitsrat und

---

1145 Vgl. *Breuer*, Anerkennung, in: Schöbener (Hrsg.), S. 28 (31); *Dahm/Delbrück/Wolfrum*, Bd. I/1, S. 206; *Dugard*, Recognition and the United Nations, S. 78 ff.; *Saxer*, Steuerung der Selbstbestimmung, S. 743 f.; *Bindschedler*, BDGVR 4 (1961), S. 1 (7); *Hillgenberg*, FS für Christian Tomuschat, S. 947 (958). Die Ansätze sind vielfältig, unterscheiden sich – trotz unterschiedlicher Terminologie – teilweise jedoch nur geringfügig voneinander. Vgl. bspw. eine Übersicht der verschiedenen Begründungsansätze bei *Dugard*, Recognition, S. 44 ff.; *Grant*, Admission, S. 253 ff.

1146 Vgl. *Kempen/Hillgruber*, Völkerrecht § 5, Rn. 23.

1147 Vgl. *Geiger*, GG und Völkerrecht, S. 43.

1148 Siehe dahin gehend *Briggs*, Proceedings of the ASIL 44 (1950), S. 169 (169 ff.). Siehe zur Staatenpraxis auch *Dugard/Raič*, in: Kohen (Hrsg.), Secession, S. 94 (99 f.).

1149 *Wright*, AJIL 44 (1950), S. 548 (552).

1150 *Menon*, NJIL 59 (1990), S. 247 (264). Negativ konnotiert hingegen durch *Grant*, Admission, S. 256: „Yet recognition remains part of State practice, and admission to the UN remains *at most* ‘near analogue’ to collective recognition.“ (Kursivschreibung durch den Autor hinzugefügt).

1151 *Saxer*, Steuerung der Selbstbestimmung, S. 742.

1152 Vgl. auch *Dugard*, Recognition, S. 78 ff., der ebenfalls auf die quasi-universelle Mitgliedschaft rekurriert.

1153 So auch *Breuer*, Anerkennung, in: Schöbener (Hrsg.), S. 28 (31); *Bindschedler*, BDGVR 4 (1961), S. 1 (7); vgl. auch *Hillgruber*, Die Aufnahme neuer Staaten, S. 720. Siehe zur Aufnahme in den Völkerbund *Kunz*, Handbuch des Völkerrechts, Bd. 2, S. 23 ff. Vgl. allgemein zur kollektiven Anerkennung *Vidmar*, Chinese (Taiwan) Y. B.Int’l L.

Generalversammlung haben als Herren des Aufnahmeverfahrens die Kompetenz zur Anerkennung.[1154] Die mit der Aufnahmeentscheidung verbundene Anerkennung ist unwiderruflich und besteht im Falle einer Suspendierung der Mitgliedschaft und bei Austritt oder Ausschluss des Mitglieds weiter fort.[1155]

Soweit ein solches Ergebnis mit Verweis auf die inzwischen obsolet gewordene[1156] Feindstaatenklausel, aber auch auf die wenigen verbliebenen UN-Nichtmitglieder abgelehnt wird, lässt dies die prospektive Bedeutung des Aufnahmeverfahrens für die Herausbildung der Staatlichkeit unberücksichtigt.[1157] Die Folgen der strukturellen Umbrüche der Völkerrechtsordnung und der Integrationsstand der internationalen Staatengemeinschaft wirken sich

---

& Aff. 31 (2014), S. 136 (142): „Although recognition of states is generally a declaratory act, collective recognition can have the effects of a collective state creation. But recognition in this case needs to be virtually universal, otherwise widespread (collective) recognition can lead to ambiguity with regard to the legal status of a territory."

1154 In diese Richtung tendiert auch *Kelsen*, Law of the UN, S. 79, der zwischen politischer und rechtlicher Anerkennung differenziert, im Hinblick auf die rechtliche Variante jedoch ausführt: „[I]t is possible to interpret Article 4 to mean that the decision by which the General Assembly upon recommendation of the Security Council admits a community to membership in the Organisation implies the recognition of this community as a State and that by ratifying the Charter or adhering to it in joining the Organisation, a State transfers this competence to recognise a community as a State upon the Organisation." Vgl. *ders.*, CLR 46 (1946), S. 391 (394).

1155 Vgl. *Dahm/Delbrück/Wolfrum*, Völkerrecht, Bd. I/1, S. 207. Siehe im Hinblick auf die Völkerbundsatzung *Schücking/Wehberg*, Satzung des Völkerbundes, Bd. 1, S. 269. A. A. *Verdross*, Verfassung, S. 143 f., der in der Aufnahme in den Völkerbund zwar ebenfalls eine kollektive Anerkennung sieht. Diese sei aber nur so lange nicht widerruflich, wie der Neustaat Mitglied des Völkerbundes sei. Angesichts der im 2. Teil nachgewiesenen fehlenden Drittwirkung der UN-Charta erscheint ein Ausschluss eines UN-Mitglieds im Übrigen unwahrscheinlich. So wurde auch bis heute kein einziger Staat aus den Vereinten Nationen ausgeschlossen, vielmehr wurden Maßnahmen nach Kapitel VII UN-Charta initiiert, vgl. *Tams*, in: Simma/Khan/Nolte/Paulus (Hrsg.), Charter of the UN, Bd. I, Art. 6, Rn. 22.

1156 Vgl. UNGA Res 50/52 (11 December 1995), UN Doc: A/RES/50/52 „Recognizing that, having regard to the substantial changes that have taken place in the world, the ‚enemy State'- clauses in Articles 53, 77 and 107 of the Charter of the United Nations have become obsolete". Siehe auch *Stein/von Buttlar/Kotzur*, Völkerrecht, Rn. 781.

1157 So bspw. auch *Dugard/Raič*, in: Kohen (Hrsg.), Secession, S. 94 (100): „The arbitrary and subjective individual State decision is replaced by collective decision of the United Nations."

unmittelbar auf die Staatlichkeit aus.[1158] Ohne Aufnahme in die Vereinten Nationen ist ein Staatsprätendent nicht mehr vollständig in die internationale Gemeinschaft integriert.[1159] Das Vorgehen Palästinas, über verbreitete Anerkennung die eigene Einbindung auf internationaler Ebene voranzutreiben, um Zweifel an der eigenen Staatlichkeit zu beseitigen, veranschaulicht die Bedeutung einer umfassenden Integration in die internationale Staatengemeinschaft für die Herausbildung der Staatlichkeit.[1160]

Wenn der kollektiven Nichtanerkennung durch den UN-Sicherheitsrat überdies Sanktionswirkung zukommt, die – in Abkehr vom Effektivitätsprinzip – der Durchsetzung völkerrechtlicher Prinzipien dient,[1161] muss der Aufnahmeentscheidung spiegelbildlich konstitutive, anerkennungsgleiche Wirkung zukommen.

Die in Art. 4 Abs. 1 UN-Charta normierten rechtlichen Voraussetzungen und die darin zum Ausdruck kommende Konditionalisierung ermöglichen die Anwendung und Durchsetzung zentraler Werte und Normen der internationalen Gemeinschaft.[1162] Die Ausgestaltung des Aufnahmeverfahrens steht somit im Einklang mit der nachgezeichneten Völkerrechtsentwicklung, durch eine konstitutive Handhabung der Anerkennung völkerrechtliche Grundprinzipien als Voraussetzungen der Anerkennung anzuwenden und somit das Effektivitätsprinzip (weiter) abzuschwächen. Dieser Funktion kann eine einzelstaatliche Anerkennung jedoch

---

1158 Siehe zur Evolution des Völkerrechts oben 1. Teil. Vgl. *Jessup*, A Modern Law of Nations, S. 44. Siehe auch *Lauterpacht*, Recognition, S. 67: „The collectivization of the process of recognition depends clearly upon the achievement of a high degree of political integration of the international community in the form of an international organization of States."

1159 *Saxer*, Steuerung der Selbstbestimmung, S. 744. Vgl. auch *Grant*, Admission, S. 253: „Given its role as chief organized expression of international society and the (continued) position of States as the main components of that society, the Organization is more than a passive observer as to matters of statehood. The move toward universality [...] tends to increase the significance of the relation between membership and statehood." Vgl. zudem *Worster*, Bost. Univ. Int'l L. J. 27 (2009), S. 115 (168), der darauf hinweist, dass die Annahme, nur UN-Mitglieder seien legitime Staaten, wohingegen Nichtmitglieder keine Staaten seien und diese Nichtmitgliedschaft der Staatlichkeit entgegenstehe, Ausdruck einer konstitutiven Auffassung der Anerkennung sei.

1160 Siehe zu Palästina ausführlich oben 3. Teil A. III. 3 b) dd).

1161 Siehe dazu oben 3. Teil A. III. 2.

1162 Vgl. *Saxer*, Steuerung der Selbstbestimmung, S. 760; *Hillgruber*, EJIL 9 (1998), S. 491 (499 ff.); *Ruiz-Fabri*, AFDI 38 (1992), S. 153 (169 ff., 176).

nicht länger gerecht werden. So vermag eine bilaterale Anerkennung weder völkerrechtliche Prinzipien durchzusetzen noch ermöglicht sie die Integration des Neustaates in die internationale Staatengemeinschaft. Diese, der Anerkennung in jüngerer Zeit zukommenden Funktionen resultieren allein aus der Aufnahme in die Vereinten Nationen. Das UN-Aufnahmeverfahren tritt somit an die Stelle der bilateralen Anerkennung.

Eine kollektive Anerkennung mit Aufnahme in die Vereinten Nationen kann zwar keine objektive Bewertung der Aufnahmekriterien durch die UN-Mitglieder sicherstellen.[1163] Allerdings entspricht das Ermessen der UN-Mitglieder bei der Bewertung des Vorliegens der Kriterien aus Art. 4 Abs. 1 UN-Charta ihrem originär einzelstaatlichen Anerkennungsermessen und gilt damit nicht unbeschränkt.[1164] Gleichzeitig zwingt der Antrag zur Aufnahme in die Vereinten Nationen die UN-Mitglieder dazu, sich mit der Frage innerhalb der Organisation – und damit auf internationaler Ebene – auseinanderzusetzen, sodass der rechtliche Charakter der Anerkennung über die in Art. 4 Abs. 1 enthaltene Konditionalisierung gestärkt wird.[1165]

4. *Wirkung der Aufnahmeentscheidung gegenüber allen UN-Mitgliedern*

Von der Frage, ob die Aufnahme in die Vereinten Nationen eine Anerkennung beinhaltet, ist zu unterscheiden, ob diese Entscheidung auch jene Staaten bindet, die gegen eine Aufnahme gestimmt haben.[1166] Während zumindest im Hinblick auf die zustimmenden Staaten zugleich eine konkludente Anerkennung angenommen wird,[1167] wird eine Bindung der UN-Mitglieder, die gegen eine Aufnahme in die Vereinten Nationen gestimmt haben, teilweise abgelehnt.[1168]

1163 Vgl. *Worster*, Bost. Univ. Int'l L. J. 27 (2009), S. 115 (166 f.).

1164 Siehe dazu oben 3. Teil B. III.

1165 Vgl. *Hillgruber*, EJIL 9 (1998), S. 491 (500): „On the one hand, the phrase 'able and willing to carry out these obligations' (Article 4 (1) UN Charter) reinforces international law's claim to being a legal system." Siehe auch *Saxer*, Steuerung des Selbstbestimmungsrechts, S. 729, im Hinblick auf die Verrechtlichung des Staatsentstehungsprozesses im Wege einer koordinierten Kollektivanerkennung.

1166 Siehe *Wright*, AJIL 44 (1950), S. 543 (550): „The question is not whether the United Nations can recognize, but whether its recognition is binding on anyone else."

1167 Vgl. *Epping*, in: Ipsen (Hrsg.), Völkerrecht, § 5, Rn. 167, dem zufolge die zustimmenden Staaten insbesondere die Möglichkeit gehabt hätten, der Abstimmung fernzubleiben oder sich ihrer Stimme zu enthalten. A. A. *Stein/von Buttlar/Kotzur*, Rn. 327.

1168 So z. B. *Oppenheim/Lauterpacht*, International Law, Bd. I, S. 141 f.; *Gloria*, in: Ipsen (Hrsg.), Völkerrecht, 5. Aufl. 2004, § 22, Rn. 11 f.

Demgegenüber gehen andere von einer Bindungswirkung auch gegenüber jenen UN-Mitgliedern aus, die sich der Abstimmung enthalten oder sich explizit gegen die Aufnahme ausgesprochen haben.[1169] Auch diese hätten mit der Zustimmung zum Aufnahmeverfahren im Wege des Mehrheitsbeschlusses nach Art. 18 Abs. 2 UN-Charta die damit verbundene Anerkennung neuer Mitglieder mit Beitritt zur Organisation vorweggenommen,[1170] letzterer insbesondere die Kompetenz übertragen, verbindlich über die Staatlichkeit des Neustaatbewerbers zu entscheiden.[1171] Staaten, die eine Aufnahme bzw. eine damit verbundene Anerkennung ablehnen, könnten eine solche Bindungswirkung nur durch eine entsprechende Rechtswahrungserklärung vermeiden.[1172]

Die in der Aufnahmeentscheidung enthaltene Anerkennung bindet alle UN-Mitglieder, unabhängig von ihrem Abstimmungsverhalten. Die Aufnahme in die Vereinten Nationen ist untrennbar mit der Frage der Staatlichkeit und des internationalen Status verbunden.[1173] Mit Beitritt zur Organisation haben die UN-Mitglieder ihren grundsätzlichen Anerkennungswillen zum Ausdruck gebracht, welcher im Rahmen des vorgesehenen Aufnahmeverfahrens seinen Niederschlag gefunden hat.[1174] Jedoch ist die jeweilige bilaterale zwischenstaatliche Beziehung

---

1169 Vgl. *Leidenmühler*, Kollabierter Staat, S. 669 f.; *Dahm/Delbrück/Wolfrum*, Völkerrecht, Bd. 1, S. 207; *Verdross/Simma*, Universelles Völkerrecht, § 967; Vgl. dahin gehend auch *Herdegen*, Völkerrecht, § 40, Rn. 10 ff. Differenzierend hingegen *Hillgenberg*, FS für Christian Tomuschat, S. 947 (958). Siehe auch die Diskussion zur Draft Declaration on Rights and Duties of States, YILC 1949 Volume I, S. 85.

1170 Vgl. *Breuer*, Anerkennung, in: Schöbener (Hrsg.), S. 28 (31), dem zufolge auch die verbreitete Weigerung der arabischen Staaten, Israel anzuerkennen, ohne rechtliche Grundlage erfolgte. Siehe auch *Bindschedler*, BDGVR 4 (1961), S. 1 (7).

1171 Vgl. *Leidenmühler*, Kollabierter Staat, S. 670; *Kelsen*, Law of the UN, S. 79; *ders.*, AJIL 35 (1941), S. 605 (614). *Dahm/Delbrück/Wolfrum*, Völkerrecht, Bd. I/1, S. 207.

1172 Vgl. *Epping*, in: Ipsen (Hrsg.), Völkerrecht, § 5, Rn. 167; *Geiger*, GG und Völkerrecht, S. 42.

1173 Vgl. *Bindschedler*, BDGVR 4 (1961), S. 1 (7); *Hillgenberg*, FS für Christian Tomuschat, S. 947 (958).

1174 Auch im Zusammenhang mit der Aufnahmeentscheidung erscheint eine Rückkoppelung auf die originäre Zustimmung der UN-Mitglieder durch Annahme eines abstrakten Konsenses zum Beschlussverfahren allerdings fiktional. Zwar hat sich, anders als im Zusammenhang mit der Beschlussfassung und Sekundärrechtsetzung der UN-Organe, die prozessuale Ausgestaltung des Aufnahmeverfahrens nicht verändert, jedoch wandelte sich die Bedeutung der Aufnahmeentscheidung. Deren veränderter Charakter, wonach mit der Aufnahme zugleich eine Anerkennung der Staatlichkeit und eine Integration des Neustaates in die internationale Gemeinschaft verbunden ist, resultiert dabei weniger aus dem Aufnahmeverfahren selbst, als vielmehr aus der

zwischen Neumitgliedstaat und den jeweiligen UN-Mitgliedern grundsätzlich unabhängig von der Aufnahmeentscheidung. So obliegt es dem Einzelstaat, ob er – über die Auswirkungen der mit Aufnahme in die Vereinten Nationen vermittelten Anerkennung hinaus – diplomatische Beziehungen aufnimmt und die jeweils nationalen innerstaatlichen Hoheitsakte gegen sich gelten lassen will.[1175] Berücksichtigt man den Stellenwert der Vereinten Nationen für die Integration eines Neumitglieds in das internationale System, verbleibt für die Entscheidungshoheit über die Aufnahme bilateraler diplomatischer Beziehungen jedoch nur noch theoretisch Spielraum.[1176]

VI. Das Aufnahmeverfahren nach Art. 4 Abs. 2 UN-Charta

Nachdem festgestellt wurde, dass mit der Aufnahme in die Vereinten Nationen zugleich eine Anerkennung der Staatlichkeit verbunden ist, stellt sich weiterhin die Frage nach der verfahrensrechtlichen Ausgestaltung der Aufnahme nach Art. 4 Abs. 2 UN-Charta.

1. Verfahrensrechtliche Ausgestaltung der Aufnahme

Art. 4 Abs. 2 regelt den prozeduralen Unterbau der Aufnahme eines den Kriterien nach Absatz 1 entsprechenden Staates. Die Aufnahme als Mitglied der Vereinten Nationen erfolgt auf Empfehlung des Sicherheitsrats durch Beschluss der

---

veränderten Rechtsfolge aufgrund der quasi-universellen UN-Mitgliedschaft sowie der über die Vereinten Nationen hinaus eng verflochtenen internationalen Beziehungen. Demnach wird der einer Aufnahme bzw. Anerkennung entgegenstehende Wille des Einzelstaates zurückgedrängt, sodass die Aufnahme nicht mehr vom Konsens aller UN-Mitglieder getragen wird.

1175 Vgl. zu einer solchen Differenzierung bspw. *Hillgenberg*, FS für Christian Tomuschat, S. 947 (958 f.); *Dahm/Delbrück/Wolfrum*, Völkerrecht, Bd. I/1, S. 208.

1176 Vgl. insoweit auch *Hillgenberg*, FS für Christian Tomuschat, S. 947 (958): „Nicht notwendig sind darüber hinausgehende Auswirkungen auf den bilateralen Bereich, *soweit sich beides trennen lässt.*" (Kursivschreibung durch den Autor hinzugefügt). Siehe auch *Dahm/Delbrück/Wolfrum*, Völkerrecht, Bd. I/1, S. 208, die in der Aufnahme zugleich mittelbar die Anerkennung der Regierung des Neumitglieds sehen. Demnach müssten die UN-Mitglieder die Regierung als legitime Vertretung des Neumitglieds gegen sich gelten lassen und könnten das Neumitglied nicht daran hindern, seine Mitgliedschaft auszuüben. Dies verdeutlicht den nur noch engen Bereich, welcher für die bilateralen Beziehungen verblieben ist. Denn selbst bei entgegenstehendem Willen des Einzelstaates muss sich dieser das Regierungshandeln innerhalb der Organisation, d. h. der UNO, als auch der mit ihr verbundenen Sonderorganisationen entgegenhalten lassen.

Generalversammlung.[1177] Als zusammengesetztes Verfahren begründet es eine geteilte Kompetenz beider UN-Organe, da eine Aufnahme deren Zustimmung voraussetzt.[1178] Noch unter den Eindrücken des Zweiten Weltkrieges stehend, war man sich auf der Konferenz in San Francisco einig, dass eine Wiederholung des Krieges in jedem Falle vermieden werden sollte.[1179] Die Hauptverantwortung für die Aufnahme neuer Mitglieder sollte, im Einklang mit den friedenssichernden Zielen der Charta, dem UN-Sicherheitsrat zukommen.[1180] In der gegenwärtigen Praxis hat es sich inzwischen eingebürgert, dass sich um Aufnahme bemühende Staaten noch vor Einreichung eines offiziellen Antrags zunächst mit Mitgliedern des UN-Sicherheitsrats beraten, um die Erfolgsaussichten für eine Aufnahme auszuloten und zu erhöhen.[1181]

2. Einschränkung der Entscheidungshoheit des UN-Sicherheitsrats

Nadelöhr einer mit der Aufnahme verbundenen effektiven Ausgestaltung als Anerkennungsverfahren ist damit die Empfehlung des UN-Sicherheitsrats gem. Art. 4 Abs. 2 UN-Charta sowie die Möglichkeit eines ständigen Mitglieds des UN-Sicherheitsrats, über ein Veto die Aufnahme eines Neumitgliedes zu blockieren (Art. 27 Abs. 3 UN-Charta). Die Möglichkeit der Vetoisierung der Aufnahme wurde sowohl durch die Generalversammlung als auch durch mehrere UN-Mitglieder kritisiert und war immer wieder Gegenstand verschiedener Reformbemühungen.[1182] Eine Abmilderung des Verfahrens in Art. 4 Abs. 2 UN-Charta erfolgte durch Regel 137 der Rules of Procedure of the United Nations

---

1177 Art. 4 Abs. 2 UN-Charta: „The admission of any such state to membership in the United Nations will be effected by a decision of the General Assembly upon the recommendation of the Security Council."

1178 Vgl. *Ginther*, in: Simma (Hrsg.), Charta der Vereinten Nationen, Art. 4, Rn. 30; *Grant*, Admission, S. 13. Siehe zu den zwischengeschalteten Ausschussentscheidungen *Klein*, AVR 1 (1948), S. 147 (161 f.).

1179 Vgl. UNCIO VIII, S. 451 (451 f.).

1180 Vgl. UNCIO VIII, S. 451 (451 f.); *Goodrich/Hambro*, Charter of the UN, 2. Aufl. 1949, S. 135; *Russell*, History of the UN, S. 436; *Soder*, Nichtmitglieder, S. 122; *Ginther*, in: Simma (Hrsg.), Charta der Vereinten Nationen, Art. 4, Rn. 30 f.; ICJ, *Competence of Assembly regarding admission to the United Nations*, Advisory Opinion, ICJ Reports 1950, S. 4 (8 ff.).

1181 Vgl. *Fastenrath*, in: Simma/Khan/Nolte/Paulus (Hrsg.), Charter of the UN, Bd. I, Art. 4, Rn. 32.

1182 Vgl. *Ginther*, in: Simma (Hrsg.), Charta der Vereinten Nationen, Art. 4, Rn. 31; *Klein*, AVR 1 (1948), S. 147 (162 ff.); *Soder*, Nichtmitglieder, S. 122 f. m. w. N.; *Goodrich/Hambro*, Charter of the UN, 2. Aufl. 1949, S. 135 ff.; *Grant*, Admission, S. 14 ff.

General Assembly.[1183] Danach kann die UN-Generalversammlung, wenn der UN-Sicherheitsrat keine Aufnahmeempfehlung ausspricht oder die Behandlung des Aufnahmeantrages vertagt, die Bewerbung zusammen mit einer vollumfassenden Dokumentation der Diskussionen in der Generalversammlung erneut dem UN-Sicherheitsrat mit Bitte um ausdrückliche Empfehlung der Aufnahme zuleiten. Dies führt zwar nicht zu einer Abschwächung der Empfehlungshoheit des UN-Sicherheitsrats. Dennoch erlaubt die Aufnahme von Rule 137 der UN-Generalversammlung, ihren Standpunkt gegenüber dem UN-Sicherheitsrat zu verdeutlichen und diesen zur Empfehlung aufzufordern.

3. Materiell-rechtliche Beschränkungen der Aufnahmeentscheidung?

Es stellt sich jedoch weiter die Frage, ob der UN-Sicherheitsrat im Hinblick auf Art. 4 Abs. 2 UN-Charta materiell-rechtlichen Beschränkungen unterliegt.[1184] Im völkerrechtlichen Diskurs zeichnet sich die Auffassung ab, dass der UN-Sicherheitsrat in seinem Handeln nicht völlig frei sein kann, sondern sein Handeln jedenfalls den Vorgaben der UN-Charta entsprechen muss.[1185]

So ergibt sich zunächst eine Beschränkung der Handlungsbefugnisse des UN-Sicherheitsrats aus Art. 24 Abs. 1 UN-Charta, wonach er die Hauptverantwortung für die Wahrung des Weltfriedens und die internationale Sicherheit trägt. Nach Art. 24 Abs. 2 UN-Charta erfolgt eine weitere Beschränkung seiner Befugnisse durch die in Art. 1 und Art. 2 UN-Charta normierten Ziele und Grundsätze der UN-Charta. Neben einer materiell-rechtlichen Bindung an die UN-Charta wird darüber hinaus eine Bindung an das gesamte Völkerrecht diskutiert, wobei die genaue Reichweite umstritten ist.[1186] Tendenziell besteht im völkerrechtlichen

1183 Vgl. UN Doc A/520/Rev.15. Siehe dazu *Fastenrath*, in: Simma/Khan/Nolte/Paulus (Hrsg.), Charter of the UN, Bd. I, Art. 4, Rn. 27.

1184 So bspw. schon *Sperduti*, CI 7 (1952), S. 42 (42 ff.), der eine Verletzung des Völkerrechtsgrundsatzes *bona fides* darin erblickt, dass die Generalversammlung durch das Vetorecht eines ständigen Mitglieds des UN-Sicherheitsrats darin gehindert werde, die Universalität der Vereinten Nationen zu verwirklichen.

1185 Vgl. *Winkler*, Sicherheitsrat, in: Schöbener (Hrsg.), Völkerrecht, S. 383 (384 f.); *Martenczuk*, Rechtsbindung und Rechtskontrolle, S. 119 ff.

1186 Zur Reichweite der Rechtsbindungen des UN-Sicherheitsrats vgl. *Djawadi*, Individualsanktionen des UN-Sicherheitsrats, S. 151 ff.; *Thallinger*, ZaöRV 67 (2007), S. 1015 (1022–1031); *Kotzur*, EuGRZ 33 (2006), S. 19 (23); *Tomuschat*, EuGRZ 34 (2007), S. 1 (6 ff.); *Henninger*, Menschenrechte und Frieden, S. 188 ff.; *Stein/von Buttlar/Kotzur*, Völkerrecht, Rn. 884. Ausdrücklich gegen eine Rechtsbindung: *Lysen*, NJIL 72 (2003), S. 291 (293 ff.).

Schrifttum jedoch Einigkeit darüber, dass das Handeln des UN-Sicherheitsrats seine Grenze in den Vorschriften des zwingenden Völkerrechts findet.[1187]

Zwar erfolgt die Diskussion zur Rechtsbindung des UN-Sicherheitsrats regelmäßig im Zusammenhang mit seinen Beschlüssen auf Grundlage des VII. Kapitels der UN-Charta. Angesichts der Bedeutung der Aufnahme in den Kreis der UN-Mitglieder sowohl für die Integration und Einbindung des Neumitgliedes auf internationaler Ebene als auch für die Einbringung in das kollektive Friedenssicherungssystem der Vereinten Nationen, kommt der Rechtsbindung des UN-Sicherheitsrats auch im Hinblick auf die Aufnahmeregelung in Art. 4 Abs. 2 UN-Charta besondere Bedeutung zu. So lehnte der IGH in seiner *Admission of a State to the United Nations – Advisory Opinion* aus dem Jahre 1948 zwar eine rechtliche Verpflichtung zur Zustimmung der Mitglieder der UN-Organe zur Aufnahme auf Grundlage der in Art. 4 Abs. 1 UN-Charta normierten Bedingungen ab.[1188] Allerdings führte er gleichzeitig aus, dass die an der Aufnahmeentscheidung beteiligten Organe den der UN-Charta immanenten Beschränkungen unterliegen:

> The political character of an organ cannot release it from the observance of the treaty provisions established by the Charter when they constitute limitations on its powers or criteria for its judgement.[1189]

Eine Einschränkung des Entscheidungsrechts kommt dann in Betracht, wenn der UN-Sicherheitsrat gegen den allgemeinen völkerrechtlichen Rechtsgrundsatz *venire contra factum proprium* verstößt.[1190] Dies wäre dann der Fall, wenn er die Integration eines Neustaates in die internationale Gemeinschaft *qua*

1187 Vgl. *Henninger*, Menschenrechte und Frieden, S. 192; *Doehring*, Max Planck UNYB 1 (1997), S. 91 (98); *de Wet*, Chapter VII powers, S. 187 ff.; *Krisch*, in: Simma/Khan/Nolte/Paulus (Hrsg.), Charter of the UN, Bd. II, Introduction to Chapter VII, Rn. 29. Differenzierend hingegen *Herdegen*, Vand. Transnat'l L. 27 (1994), S. 135 (156).

1188 Vgl. ICJ, *Admission of a State to the United Nations (Charter, Art. 4)*, Advisory Opinion, ICJ Reports 1948, S. 57 ff.

1189 ICJ, *Admission of a State to the United Nations (Charter, Art. 4)*, Advisory Opinion, ICJ Reports 1948, S. 57 (64). Im weiteren Verlauf lehnte der IGH allerdings eine Beschränkung von Art. 4 UN-Charta über die allgemeinen aus Art. 24 UN-Charta resultierenden Beschränkungen ab.

1190 Vgl. zum Einzug dieses Grundsatzes ins Völkerrecht *von Arnauld*, Völkerrecht, Rn. 266; *Bowett*, BYIL 33 (1957), S. 176 ff. Teilweise wird das Estoppel-Prinzip als Ausprägung des Grundsatzes *venire contra factum proprium* angesehen. Vgl. dazu *Janik*, Bindung internationaler Organisationen, S. 417 m. w. N.

Aufnahme in die Vereinten Nationen allein aus politischen Erwägungen vereitelte, obwohl der Neustaat die Kriterien aus Art. 4 Abs. 1 UN-Charta zweifelsfrei erfüllt.

Art. 1 Ziff. 2 UN-Charta benennt unter anderem die Achtung des Selbstbestimmungsrechts der Völker als eines der durch die Vereinten Nationen zu verwirklichenden Ziele. So haben die UN-Organe ihre Entscheidungen auch anhand dieser Zielbestimmung auszuüben. Allerdings sind die genauen Voraussetzungen und die Reichweite des Selbstbestimmungsrechts äußerst umstritten, sodass die Anknüpfungspunkte für eine entsprechende Rechtsbindung des UN-Sicherheitsrats je nach Auslegung variieren.

Überdies haben die UN-Mitglieder nach Art. 2 Ziff. 2 UN-Charta die aus der Mitgliedschaft erwachsenden Verpflichtungen nach Treu und Glauben zu erfüllen. Hieraus ließe sich auch eine Verpflichtung der SR-Mitglieder ableiten, nicht entgegen der Zwecke und Ziele der Vereinten Nationen zu handeln,[1191] wie beispielsweise die Verhinderung der Aufnahme eines Neustaates in das Friedenssicherungssystem.[1192] Dies gilt umso mehr, wenn man berücksichtigt, dass weder eine materiell-rechtliche Drittwirkung noch eine Verfahrensherrschaft des UN-Sicherheitsrates gegenüber UN-Nichtmitgliedern besteht.[1193]

Die Bindung an die Grundsätze der Charta und des allgemeinen Völkerrechts begründet somit den Entscheidungsmaßstab für die sich in der Aufnahme vermittelnde Anerkennungsentscheidung. Anderenfalls würde sich der UN-Sicherheitsrat in Widerspruch zu den vorbenannten Grundsätzen und Zielen der Charta setzen, wenn er sich der Integration eines Neumitgliedes in das Friedenssicherungssystem verweigerte, welches den in Art. 4 Abs. 1 UN-Charta angelegten Kriterien entspricht.[1194]

1191 So auch allg. *Martenczuk*, Rechtsbindung und Rechtskontrolle, S. 80.

1192 Vgl. auch ICJ, *Admission of a State to the United Nations (Charter, Art. 4)*, ICJ Reports 1947/1948, Dissenting Opinion by Judges Basdevant, Winiarski, Sir Arnold McNair and Read, S. 57 (82 ff.).

1193 Siehe oben 2. Teil.

1194 So tendenziell auch *Al-Zoughbi*, in: Qafisheh (Hrsg.), Palestine Membership in the United Nations, S. 162 (166): „If, for example, some States decide to vote against the admission of an applicant State on the basis of political considerations rather than the rules set out in the UN Charter, it may be concluded that such States are violating the UN Charter and abusing their power." A.A. *Kelsen*, Law of the UN, S. 70 f., der keine rechtliche Grundlage für eine Einschränkung der subjektiven Einschätzungsprärogative der UN-Organe sieht.

Vorliegend muss jedoch konstatiert werden, dass keine Kompetenz der UN-Organe und des IGH besteht, die auf Grundlage von Art. 4 Abs. 2 UN-Charta ergangene Entscheidung einer Rechtskontrolle zu unterziehen.[1195] UN-Sicherheitsrat und der UN-Generalversammlung sollte im Aufnahmeverfahren die unbeschränkte Letztentscheidungsbefugnis zukommen.[1196] Es besteht kein durchsetzbarer verfahrensrechtlicher Anspruch auf Mitgliedschaft in den Vereinten Nationen gegen den Willen von Sicherheitsrat und Generalversammlung.[1197]

Überdies sind die Motive des Abstimmungsverhaltens der Sicherheitsrats-Mitglieder auch im Rahmen von Art. 4 Abs. 2 UN-Charta nicht offenzulegen und damit nicht justiziabel.[1198] Die subjektive Entscheidung der Mitglieder entzieht sich der Rechtskontrolle, da nicht überprüfbar wäre, ob die der Entscheidung zugrundeliegenden Gründe den in Art. 4 Abs. 1 UN-Charta aufgestellten Kriterien widersprechen.[1199] Eine effektive Möglichkeit, Entscheidungen nach Art. 4 Abs. 2 UN-Charta einer Rechtskontrolle zu unterziehen, besteht daher im Ergebnis nicht. Dies spricht jedoch nicht grundsätzlich gegen die Etablierung eines kollektiven Anerkennungsverfahrens mit Aufnahme. Die fehlende Möglichkeit der Rechtskontrolle stellt keine spezifische Besonderheit des Verfahrens nach Art. 4 Abs. 2 UN-Charta dar, sondern ist für das Völkerrecht charakteristisch und von der materiell-rechtlichen Bindungswirkung an die Charta-Vorschriften zu unterscheiden.[1200]

VII. Zusammenfassung

Es besteht keine positiv-rechtliche Pflicht und damit auch kein Recht auf Anerkennung (II.). Die Anerkennung liegt im Ermessen der Staaten. Allerdings gilt das Ermessen nicht uneingeschränkt und darf insbesondere nicht rechtsmissbräuchlich verweigert werden (III.). Eine kollektive Anerkennung entspricht dem gegenwärtigen Entwicklungsstand der Völkerrechtsordnung (IV.). Die Anwendung der in Art. 4 Abs. 1 UN-Charta aufgeführten Aufnahmebedingungen erlaubt eine Beeinflussung des Staatsentstehungsprozesses (V.). Die

---

1195 Siehe dazu oben 2. Teil B. IV. 1 a) cc) (1).

1196 Vgl. *Hillgruber*, Die Aufnahme neuer Staaten, S. 717.

1197 *Hillgruber*, Die Aufnahme neuer Staaten, S. 716.

1198 Vgl. *Martenczuk*, Rechtsbindung und Rechtskontrolle, S. 80 f.; 125.

1199 Vgl. *Hillgruber*, Die Aufnahme neuer Staaten, S. 717; *Martenczuk*, Rechtsbindung und Rechtskontrolle, S. 125.

1200 Vgl. *Djawadi*, Individualsanktionen des UN-Sicherheitsrats, S. 157; *Martenczuk*, Rechtsbindung und Rechtskontrolle, S. 79; *Hillgruber*, Die Aufnahme neuer Staaten, S. 717.

Aufnahmeentscheidung in Art. 4 Abs. 2 UN-Charta beschränkt sich nicht nur auf die Aufnahme neuer Mitglieder, sondern entfaltet zugleich eine konstitutive Anerkennung der Staatlichkeit (V. 3.) mit Wirkung gegenüber allen UN-Mitgliedern, unabhängig davon, ob sie gegen die Aufnahme gestimmt oder sich ihrer Stimme enthalten haben (V. 4.). Die auf Grundlage von Art. 4 Abs. 2 UN-Charta ergehende Entscheidung unterliegt keiner Rechtskontrolle (VI.).

C. Ergebnis zum dritten Teil: Wandel der Anerkennungswirkung und kollektive Anerkennung mit Aufnahme in die Vereinten Nationen

Im dritten Teil der Arbeit wurde der Bedeutungswandel des völkerrechtlichen Anerkennungsinstrumentariums geschildert und darüber hinaus dargelegt, dass das Aufnahmeverfahren nach Art. 4 Abs. 2 UN-Charta unter Berücksichtigung des gewandelten Staats- und Anerkennungsverständnisses eine kollektive Anerkennung der Staatlichkeit beinhaltet.

Dazu wurde in einem ersten Schritt das völkergewohnheitsrechtliche Instrument der Staatenanerkennung dargestellt.[1201] Eine Untersuchung der inhaltlichen Voraussetzungen der Anerkennung sowie der verschiedenen dogmatischen Ansätze hat gezeigt, dass eine rein deklaratorische Anerkennung nicht länger im Einklang mit dem gegenwärtigen Entwicklungsstand des Völkerrechts steht.[1202] So konnte herausgearbeitet werden, dass eine Zurückdrängung des völkerrechtlichen Effektivitätsprinzips zu beobachten ist und sich die Feststellung der Staatlichkeit nicht mehr durchgängig anhand des faktischen Vorliegens der drei Elemente der Staatlichkeit bemisst, sondern substantiell völkerrechtlichen Einflüssen unterliegt.[1203] Die Analyse der Anerkennungsdogmatik hat gezeigt, dass aufgrund der strukturellen Veränderungen des Völkerrechts die Anknüpfungspunkte für eine rein deklaratorische Anerkennungslehre entfallen sind.[1204] Obwohl sich der Anerkennungspraxis keine kohärente Dogmatik entnehmen lässt, konnte nachgezeichnet werden, dass in jüngerer Zeit dennoch die Tendenz eines veränderten, konstitutiven Verständnisses der Anerkennung feststellbar ist.[1205]

Auf Grundlage der vorgenannten Feststellungen wurde untersucht, ob das UN-Aufnahmeverfahren nach Art. 4 Abs. 2 UN-Charta eine entsprechende

1201 Siehe oben 3. Teil A. II.
1202 Siehe oben 3. Teil A. III.
1203 Siehe oben 3. Teil A. III. 1., 2.
1204 Siehe oben 3. Teil A. III. 3. a).
1205 Siehe oben 3. Teil A. III. 3. b).

konstitutive Anerkennung der Staatlichkeit inkorporiert.[1206] Es wurde zu Beginn festgestellt, dass keine völkerrechtliche Pflicht zur Anerkennung besteht, dem Anerkennungsermessen jedoch völkerrechtliche Grenzen gesetzt werden, sodass dieses nicht uneingeschränkt ausgeübt werden darf.[1207] Gleichzeitig wurde dargelegt, dass aufgrund der Abschwächung der Souveränität und der Zurückdrängung des staatlichen Konsenses die Notwendigkeit einer koordinierten beziehungsweise kollektiven Anerkennungsentscheidung besteht, die sicherstellt, dass die Staatengenese im Einklang mit den völkerrechtlichen Grundlagen erfolgt.[1208] Die in Art. 4 Abs. 1 UN-Charta normierten Voraussetzungen bieten hinreichende Anknüpfungspunkte für die Etablierung einheitlicher Anerkennungskriterien.[1209] Gleichzeitig zeigt die unterschiedliche Handhabung dieser Kriterien in der Praxis sowie die in Absatz 1 enthaltene Konditionalität, dass dem eigentlichen Akt der Aufnahme – losgelöst von der umfassenden Erfüllung der statuierten Kriterien – für die Herausbildung der Staatlichkeit besondere Bedeutung und damit konstitutive Wirkung zukommt. Es wurde auch dargelegt, dass dem UN-Sicherheitsrat und der UN-Generalversammlung mit der Übertragung der Aufnahmeentscheidung zugleich die Kompetenz zur Anerkennung übertragen wurde.[1210] Die Möglichkeit der Anwendung erweiterter Bedingungen über die in Art. 4 Abs. 1 UN-Charta aufgeführten Aufnahmekriterien hinaus und die Bedeutung der Mitgliedschaft für die Herausbildung der Staatlichkeit und die Völkerrechtsubjektivität führen dazu, dass eine Aufnahme in die Vereinten Nationen eine konstitutive Anerkennung bewirkt.[1211] Die mit der Aufnahme verbundene Anerkennungsentscheidung entfaltet gegenüber allen UN-Mitgliedern Bindungswirkung, unabhängig von ihrer jeweiligen Zustimmung oder Ablehnung.[1212] UN-Sicherheitsrat und Generalversammlung haben auch bei der Entscheidung im Rahmen von Art. 4 Abs. 2 UN-Charta im Einklang mit den Charta-Regelungen zu handeln. Es besteht jedoch keine Möglichkeit, eine auf Grundlage von Art. 4 Abs. 2 UN-Charta ergangene Entscheidung und die dieser zugrundeliegenden Motive der UN-Mitglieder einer Rechtskontrolle zu unterziehen.[1213]

1206 Siehe oben 3. Teil B.
1207 Siehe oben 3. Teil B. II., III.
1208 Siehe oben 3. Teil B. IV.
1209 Siehe oben 3. Teil B. V.
1210 Siehe oben 3. Teil B. VI.
1211 Siehe oben 3. Teil B. V.
1212 Siehe oben 3. Teil B. V. 4.
1213 Siehe oben 3. Teil B. VI. 3.

Zusammenfassung der Untersuchungsergebnisse in Thesenform

Im Folgenden werden die Untersuchungsergebnisse in Thesenform zusammengefasst.

A. Zum Wandel des Völkerrechts und zur Abschwächung des Konsensprinzips

i. Das Völkerrecht hat einen Evolutionsprozess durchlaufen. Paradigmatisch dafür steht die Relativierung der Staatensouveränität. Entgegen ihrer ursprünglich absoluten Ausrichtung unterliegt Souveränität den Einwirkungen des Völkerrechts.[1214]

ii. Im Bereich der Völkerrechtsquellen ist eine Unterminierung des auf der Souveränität basierenden Konsensprinzips festzustellen.[1215] Die Entstehung von Völkergewohnheitsrecht und die Bindung von Neustaaten an gewohnheitsrechtliche Regelungen ist nicht durchgängig auf den Konsens des Einzelstaates rückführbar.[1216]

iii. Die verschiedenen Spielarten der Vertragsschlussverfahren sowie der Vertragsänderungs- und Sekundärrechtsetzungsverfahren zielen nicht mehr primär auf einen staatlichen Souveränitätsschutz ab. In der Beschlusspraxis der internationalen Organisationen zeigt sich, dass Staaten teilweise auch gegen ihren ausdrücklichen Willen an Vertragsänderungen und Sekundärrechtsakte gebunden werden können. Die Zurückdrängung staatlichen Konsenses erfolgt zugunsten der Verwirklichung von Gemeinschaftsinteressen.[1217]

iv. Die allgemeinen Rechtsgrundsätze sind ebenfalls nur fragmentarisch auf den Konsens der Staaten rückführbar. Es wird nicht vorausgesetzt, dass der jeweilige Rechtsgrundsatz in allen nationalen Rechtsordnungen feststellbar ist. Daneben folgt aus der Zustimmung zu einer innerstaatlichen Regelung nicht zwangsläufig die Zustimmung zu einem vergleichbaren Rechtsgrundsatz auf Ebene des Völkerrechts.[1218]

1214 Siehe oben 1. Teil A. I.-III.
1215 Siehe oben 1. Teil A. IV.
1216 Siehe oben 1. Teil A. IV. 2. a).
1217 Siehe oben 1. Teil A. IV. 2. b).
1218 Siehe oben 1. Teil A. IV. 2. c).

v. Der Grundsatz *pacta tertiis nec nocent nec prosunt* ist eng mit dem Konsensprinzip verknüpft. Die partielle Abschwächung des Konsensprinzips zieht, mit Ausnahme der in Art. 34–38 WVK normierten Fälle, jedoch keine nachhaltige Abkehr vom Drittwirkungsverbot nach sich. Auch aus den Diskussionen zur Begründung einer Drittwirkung über die Konstruktion des Statusvertrages lässt sich keine generelle Ausnahme vom Drittwirkungsverbot herleiten. Die entwickelten Kriterien sind zu unbestimmt und deren Anwendung zu sehr einzelfallbezogen, als dass sich daraus eine generelle gewohnheitsrechtliche Ausnahme vom *Pacta-tertiis-Grundsatz* entwickeln könnte.[1219]

B. Zur Bindungswirkung der UN-Charta gegenüber Nichtmitgliedern

Auch unter Berücksichtigung der strukturellen Veränderungen im Völkerrecht und der Abschwächung der Souveränität besteht keine Drittwirkung der UN-Charta auf Grundlage des geltenden Rechtsquellenverständnisses.[1220]

I. Keine Drittwirkung der UN-Charta

i. Trotz der Abschwächung des Konsensprinzips im Völkerrecht zeigt eine genaue Analyse der UN-Charta, dass keine materiell-rechtliche Bindungswirkung gegenüber den Nichtmitgliedern der Vereinten Nationen besteht. Dagegen sprechen insbesondere der Wortlaut der Vorschrift Art. 2 Ziff. 6 UN-Charta sowie die Systematik der UN-Charta.[1221]
ii. Die in Art. 2 UN-Charta normierten Grundsätze entfalten ihre Bindungswirkung über den Kreis der UN-Mitglieder hinaus nur insofern, als sie Gewohnheitsrecht reflektieren. Die Bindungswirkung folgt damit jedoch nicht unmittelbar aus der UN-Charta selbst.[1222]
iii. Eine Drittwirkung der UN-Charta ergibt sich auch nicht aus einer Mitgliedschaft in UN-Sonderorganisationen oder einer objektiven Rechtspersönlichkeit der Vereinten Nationen.[1223]
iv. Die UN-Charta entfaltet keine universelle Bindungswirkung aufgrund einer Einordnung als Verfassung. Eine solche Annahme findet keine Grundlage

1219 Siehe oben 1. Teil B.
1220 Siehe oben 2. Teil.
1221 Siehe oben 2. Teil B. I. 1. a).
1222 Siehe oben 2. Teil B. I. 1. b).
1223 Siehe oben 2. Teil B. II., III.

in dem nach wie vor geltenden Rechtsquellenverständnis des Völkerrechts. Sie bleibt ihrem Ursprung nach ein multilateraler völkerrechtlicher Vertrag der UN-Mitglieder, nicht jedoch der Staatengemeinschaft in ihrer Gesamtheit.[1224]

II. Keine Verfahrensherrschaft des UN-Sicherheitsrats

i. Es besteht nach der Konzeption der Satzung der Vereinten Nationen keine Verfahrensherrschaft des UN-Sicherheitsrats gegenüber den Nichtmitgliedern. Die Verpflichtungswirkung der Sanktionen des UN-Sicherheitsrats erfolgt unabhängig von den rechtlichen Wirkungen der UN-Charta. Sie ist vielmehr das Ergebnis der quasi-universellen Mitgliedschaft in den Vereinten Nationen und damit einer faktischen Situation, resultiert jedoch nicht aus einer unmittelbar aus der UN-Charta ableitbaren Verfahrensherrschaft.[1225]
ii. Eine erweiterte Verfahrensherrschaft folgt auch nicht aus Art. 93 ff. UN-Charta oder aus einer Einordnung von Art. 2 Ziff. 6 UN-Charta als verfahrensrechtliche Bündnisklausel.[1226]

III. Keine mittelbare Drittwirkung von Kap. VII UN-Charta

Es besteht keine mittelbare Drittwirkung über eine gewohnheitsrechtliche Geltung von Kapitel VII UN-Charta. Weder ist eine durchgängige Staatenpraxis nachweisbar, noch kann aus der Sanktionspraxis des UN-Sicherheitsrats und den Reaktionen der Nichtmitglieder auf eine bestehende *opinio iuris* der Staaten geschlossen werden, auch Nichtmitgliedern gegenüber rechtlich verbindlich zu handeln.[1227]

1224 Siehe oben 2. Teil B. IV.
1225 Siehe oben 2. Teil B. I. 2. a).
1226 Siehe oben 2. Teil B. I. 2. b), c).
1227 Siehe oben 2. Teil C.

C. Zur Einordnung der Aufnahme in die Vereinten Nationen als Kollektivanerkennung und Kompensation fehlender Charta-Drittwirkung

I. Zu den Veränderungen der Anerkennungswirkungen

i. Die Etablierung völkerrechtlicher Gemeinschaftswerte führt zu einer Zurückdrängung des völkerrechtlichen Effektivitätsgrundsatzes. Diese Entwicklung hat substantiellen Einfluss auf die Herausbildung der Staatlichkeit und die innerstaatliche Binnenstruktur, da über die äußere Souveränität als Teil der Staatsgewalt die völkerrechtlichen Vorgaben Berücksichtigung finden.[1228]

ii. Aufgrund der Zurückdrängung des Effektivitätsprinzips und der Abschwächung des wertneutralen Charakters des Völkerrechts entfallen die Anknüpfungspunkte für eine rein deklaratorisch ausgerichtete Anerkennungslehre. Eine solche Entwicklung spiegelt sich auch in der völkergewohnheitsrechtlichen Pflicht zur Nichtanerkennung wider.[1229]

iii. Eine einheitliche Anerkennungsdogmatik und die Anlegung einheitlicher Anerkennungskriterien lässt sich der neueren Staatenpraxis nicht entnehmen. Es zeigt sich jedoch, dass die Anerkennung wiederholt vorzeitig oder konditionalisiert ausgesprochen wurde und damit als konstitutive Voraussetzung für die Staatlichkeit angesehen wird.[1230]

II. Kollektivanerkennung durch Aufnahme in die Vereinten Nationen

i. Kollektivierte Anerkennungsentscheidungen entsprechen dem Entwicklungsstand des gegenwärtigen Völkerrechts. Aufgrund der Verrechtlichung sowie der Gemeinschaftsorientierung der Völkerrechtsordnung entfallen die Anknüpfungspunkte für unilaterale Anerkennungen. Dies folgt auch aus der zwischenstaatlichen Kooperationspflicht, die sich mit einem zunehmenden Zusammenwachsen der Völkerrechtsordnung weiter intensiviert.[1231]

ii. Eine institutionalisierte kollektive Anerkennung liegt in dem Aufnahmeverfahren nach Art. 4 UN-Charta begründet. Die Bedeutung der Aufnahme in

1228 Siehe oben 3. Teil A. III.
1229 Siehe oben 3. Teil A. III. 2., 3.
1230 Siehe oben 3. Teil A. III. 2., 3.
1231 Siehe oben 3. Teil B. IV.

die Vereinten Nationen beschränkt sich nicht lediglich auf die UN-Mitgliedschaft, sondern bewirkt vielmehr die vollständige Integration des Neustaates in die internationale Gemeinschaft.[1232] Indem für eine Aufnahme die Staatlichkeit des Mitgliedsprätendenten vorausgesetzt wird, kommt den Vereinten Nationen zumindest implizit die Kompetenz zur Anerkennung zu.[1233]

iii. Die Aufnahmekriterien in Art. 4 Abs. 1 UN-Charta und die in ihr enthaltene Konditionalisierung ermöglichen die Etablierung und Durchsetzung einheitlicher Anerkennungskriterien auf Grundlage völkerrechtlicher Maßstäbe.[1234]

iv. Die Aufnahmeentscheidung und die damit verbundene Anerkennung haben Bindungswirkung gegenüber allen UN-Mitgliedern. Da die Aufnahme unmittelbar mit der Frage der Staatlichkeit verbunden ist, haben die Mitglieder der Vereinten Nationen ihren Anerkennungswillen im Wege des Aufnahmeverfahrens nach Art. 4 Abs. 2 UN-Charta zum Ausdruck gebracht. Angesichts der Gewichtigkeit der Vereinten Nationen und der Integration des Neumitgliedes in das internationale System mit Aufnahme ist die Vorenthaltung der unilateralen Anerkennung nicht länger von Bedeutung.[1235]

v. Die Aufnahmeentscheidung nach Art. 4 Abs. 2 UN-Charta und die Prüfung, ob die materiell-rechtlichen Aufnahmekriterien in Art. 4 Abs. 1 UN-Charta erfüllt sind, unterliegen der uneingeschränkten Bewertung durch den UN-Sicherheitsrat und die UN-Generalversammlung. Es besteht keine Möglichkeit, eine auf Grundlage von Art. 4 Abs. 2 UN-Charta ergangene Entscheidung einer effektiven Rechtskontrolle zuzuführen.[1236]

1232 Siehe oben 3. Teil B. V.

1233 Siehe oben 3. Teil B. V. 3.

1234 Siehe oben 3. Teil B. V. 2.

1235 Siehe oben 3. Teil B. V. 4.

1236 Siehe oben 3. Teil B. VI.

Schlussbetrachtung und Ausblick

Das Völkerrecht hat sich von seiner souveränitätszentrierten Ausrichtung entfernt und wirkt sich verstärkt auf genuin innerstaatliche Rechtsbereiche aus. Auch im Hinblick auf das völkerrechtliche Konsensprinzip lassen sich umfangreiche Aufweichungserscheinungen konstatieren. Diese Entwicklungen und die weitergehende Verrechtlichung des Völkerrechts haben jedoch bisher nicht dergestalt zu einer nachhaltigen Aufweichung des Souveränitätsdogmas geführt, dass eine Drittwirkung völkerrechtlicher Verträge festgestellt werden kann.

So ist nach der vorangegangenen Analyse sowohl eine materiell-rechtliche Drittwirkung der UN-Charta als auch eine Verfahrensherrschaft des UN-Sicherheitsrats gegenüber den UN-Nichtmitgliedern weiterhin abzulehnen. Vor dem Hintergrund der Zielrichtung der Vereinten Nationen – Erhalt des Weltfriedens und Friedenssicherung – erscheint zwar unter Berücksichtigung des eigenen Geltungsanspruchs der Vereinten Nationen eine Einordnung der UN-Charta als universelle Rechtsordnung der weltweiten Staatengemeinschaft zwangsläufig. Eine solche Annahme führt jedoch zu einer Verwischung der Grenze zwischen faktischer Notwendigkeit einer universellen Ordnung in Gestalt der UN-Charta in Zeiten sich zunehmend verwebender zwischenstaatlicher Beziehungen und der rechtlichen Möglichkeit der Herleitung einer Bindungswirkung gegenüber UN-Nichtmitgliedern. Eine rechtliche Bindung wird vielmehr angenommen, ohne dass sich für eine solche Annahme völkerrechtliche Grundlagen nachweisen lassen.

Losgelöst von einer rechtlichen Betrachtung kann jedoch nicht negiert werden, dass der UN-Charta und den Resolutionen des UN-Sicherheitsrats nach Kap. VII UN-Charta durchaus ein verpflichtender Charakter entnommen werden kann. Diese Bindung ist jedoch nicht das Resultat einer rechtlichen Verpflichtungswirkung auf Grundlage des nach wie vor geltenden Rechtsquellenverständnisses.

Möchten die Vereinten Nationen ihrem Ordnungsanspruch gerecht werden, darf dem Vorgehen der UN-Organe jedoch nicht nur faktische Bedeutung zukommen. Anknüpfungspunkt dafür bietet nach vorliegender These das in Art. 4 UN-Charta enthaltene Aufnahmeverfahren. Dieses ermöglicht es, bereits auf Ebene der Konstituierung der Staatlichkeit die Einhaltung geltender völkerrechtlicher Prinzipien als Voraussetzung für eine Anerkennung anzulegen, die sich über die Aufnahme in die Vereinten Nationen vermittelt.

Angesichts der fehlenden rechtlichen Drittwirkung der UN-Charta vermag ein kollektives Anerkennungsverfahren durch die Vereinten Nationen sicherzustellen, dass nur solche Staaten in die Völkerrechtsgemeinschaft aufgenommen werden, die mit der Erfüllung der geforderten Bedingungen dem Wertesystem der Völkerrechtsgemeinschaft entsprechen,[1237] mithin eine Staatengenese im Einklang mit den Grundsätzen der Vereinten Nationen erfolgt.

Die Idee der Etablierung eines kollektiven Anerkennungsverfahrens unter Ägide der Vereinten Nationen blickt auf eine längere Tradition zurück[1238] und vermag nicht alle Widersprüche aufzulösen, die sich insbesondere im Hinblick auf die gegenwärtigen Nichtmitglieder ergeben.[1239] Allerdings zeigt ein solcher institutionalisierter Ansatz angesichts der gegenwärtigen, dem Zusammenwachsen der internationalen Ordnung gegenläufigen, Re-Nationalisierungstendenzen[1240] eine Möglichkeit auf, prospektiv eine universelle Mitgliedschaft in den Vereinten Nationen abzusichern und somit gleichzeitig die Verrechtlichung des Völkerrechts fortzuführen.

1237 So bereits *Hillgruber*, EJIL 9 (1998), S. 491 (491 ff.).

1238 Vgl. *Lauterpacht*, Recognition, S. 75, der zwar die Bedeutung eines institutionalisierten Anerkennungsverfahrens hervorhebt, im Ergebnis jedoch eine Etablierung durch die Vereinten Nationen ablehnt. A.A. *Dugard*, Recognition.

1239 Siehe so schon *Kelsen*, AJIL 35 (1941), S. 605 (605): „The problem of recognition of states and governments has neither in theory nor in practice been solved satisfactorily. Hardly any other question is more controversial, or leads in the practice of states to such paradoxical situations."

1240 Siehe dazu *Krieger*, VVDStRL 75 (2016), S. 439 (445 ff.).

Literaturverzeichnis

ABBOTT, KENNETH W./SNIDAL, DUNCAN, Why States Act through Formal International Organizations, in: JCR 42 (1998), S. 3–32 [zitiert: *Abbot/Snidal*, JCR 42 (1998), S. 3]

ABI-SAAB, GEORGES, Whither the International Community?, in: EJIL 9 (1998), S. 248–265 [zitiert: *Abi-Saab*, EJIL 9 (1998), S. 248]

ABROMEIT, HEIDRUN/HITZEL-CASSAGNES, TANJA, Constitutional Change and Contractual Revision: Principles and Procedures, in: ELJ 5 (1999), S. 23–44 [zitiert: *Abromeit/Hitzel-Cassagnes*, ELJ 5 (1999), S. 23]

ACKERMANN, ALICE, OSZE-Mechanismen und Verfahren zur Frühwarnung, Konfliktverhütung und Krisenbewältigung, in: Institute for Peace Research and Security Policy at the University of Hamburg/IFSH (Hrsg.), Yearbook on the Organization for Security and Co-operation in Europe (OSCE) 15 (2009), S. 249–257 [zitiert: *Ackermann*, OSCE Yearbook 15 (2009), S. 249]

ACQUAVIVA, GUIDO, Subjects of International Law: A Power-Based Analysis, in: Vand. J. Transnat'l L. (2005), S. 345–396 [zitiert: *Acquaviva*, Vand. Transnat'l L. (2005), S. 345]

ADEDE, ANDRONICO O., Amendment Procedures for Conventions with Technical Annexes: The IMCO Experience, in: VJIL 17 (1976–1977), S. 201–216 [zitiert: *Adede*, VJIL 17 (1976–1977), S. 201]

AKEHURST, MICHAEL, The Hierarchy of the Sources of International Law, in: BYIL 47 (1975), S. 273–285 [zitiert: *Akehurst*, BYIL 47 (1975), S. 273]

AL-ZOUGHBI, BASHEER, Part I, Chapter Five: The De Jure State of Palestine under Belligerent Occupation: Application for Admission to the United Nations, in: Qafisheh, Mutaz (Hrsg.), Palestine Membership in the United Nations: Legal and Practical Implications, 2013, S. 162–185 [zitiert: *Al-Zoughbi*, in: Qafisheh (Hrsg.), Palestine Membership in the United Nations, S. 162]

ALEXANDROWICZ, CHARLES H., The law-making functions of the specialised agencies of the United Nations, 1973 [zitiert: *Alexandrowicz*, The law-making functions of the specialised agencies of the United Nations, S.]

ALEXANDROWICZ, CHARLES H., The Theory of Recognition in Fieri, in: BYIL 34 (1958), S. 176–198 [zitiert: *Alexandrowicz*, BYIL 34 (1958), S. 176]

ALLOTT, PHILIP, Eunomia: New Order for a New World, 1990 [zitiert: *Allott*, Eunomia, S.]

ANDERSON, GLEN, Unilateral Non-Colonial Secession and the Criteria for Statehood in International Law, in: Brooklyn J. Int'l L. 41 (2015), S. 1–98 [zitiert: *Anderson*, Brooklyn J. Int'l L. 41 (2015), S. 1]

ANGHIE, ANTONY, "The Heart of My Home": Colonialism, Environmental Damage, and the Nauru Case, in: Harv. Int'l L. J. 34 (1993), S. 445–506 [zitiert: *Anghie*, Harv. Int'l L. J. 34 (1993), S. 445]

ANTONOPOULOS, CONSTANTINE, Effectiveness v. the Rule of Law Following the East Timor Case, in: NYIL 27 (1996), S. 75–111 [zitiert: *Antonopoulos*, NYIL 27 (1996), S. 75]

ANZILOTTI, DIONISIO, Cours de Droit International, Bd. 1, 1929 [zitiert: *Anzilotti*, Cours de Droit International, S.]

ANZILOTTI, DIONISIO, Lehrbuch des Völkerrechts, 1929 [zitiert: *Anzilotti*, Völkerrecht, S.]

ARANGIO-RUIZ, GAETANO, On the Security Council's "Law-Making", in: RDI 83 (2000), S. 609–725 [zitiert: *Arangio-Ruiz*, RDI 83 (2000), S. 609]

ARANGIO-RUIZ, GAETANO, The 'Federal Analogy' and UN Charter Interpretation: A Crucial Issue, in: EJIL 8 (1997), S. 1–28 [zitiert: *Arangio-Ruiz*, EJIL 8 (1997), S. 1]

ARANGIO-RUIZ, GAETANO, The Normative Role of the General Assembly of the United Nations and the Declaration of Principles of Friendly Relations, in: RdC 137 (1972-III), S. 419–472 [zitiert: *Arangio-Ruiz*, RdC 137 (1972-III), S. 419]

ARATO, JULIAN, Constitutionality and Constitutionalism beyond the State, in: IJCL 10 (2012), S. 627–659 [zitiert: *Arato*, IJCL 10 (2012), S. 627]

ARÉCHAGA, EDUARDO J. DE, Derecho Constitucional de las Naciones Unidas (comentario teórico-práctico de la carta), 1958, [zitiert: *Aréchaga*, Derecho Constitucional de las Naciones Unidas, S.]

ARENDT, HEINZ-CARL, Die Anerkennung in der Staatenpraxis, 1938 [zitiert: *Arendt*, Die Anerkennung in der Staatenpraxis, S.]

ARNAULD, ANDREAS VON, Völkerrecht, 3. Aufl. 2016 [zitiert: *von Arnauld*, Völkerrecht, Rn.]

ARNAULD, ANDREAS VON, Souveränität und responsibility to protect, in: Friedens-Warte 84 (2009), S. 11–52 [zitiert: *von Arnauld*, Friedens-Warte 84 (2009), S. 11]

ASH, ROBERT W., Is Palestine A "State"? A Response to Professor John Quigley's Article, "The Palestine Declaration to the International Criminal Court: The Statehood Issue", in: RLR 36 (2009), S. 186–201 [zitiert: *Ash*, RLR 36 (2009), S. 186]

Aston, Jurij D., Sekundärgesetzgebung internationaler Organisationen zwischen mitgliedstaatlicher Souveränität und Gemeinschaftsdisziplin, 2005 [zitiert: *Aston*, Sekundärgesetzgebung internationaler Organisationen, S.]

Aston, Jurij D., Die Bekämpfung abstrakter Gefahren für den Weltfrieden durch legislative Maßnahmen des Sicherheitsrats – Resolution 1373 (2001) im Kontext, in: ZaöRV 62 (2002), S. 257–291 [zitiert: *Aston*, ZaöRV 62 (2002), S. 257]

Aufricht, Hans, Principles and Practices of Recognition by International Organizations, in: AJIL 43 (1949), S. 679–704 [zitiert: *Aufricht*, AJIL 43 (1949), S. 679]

Aust, Anthony, Modern Treaty Law and Practice, 3. Aufl. 2013 [zitiert: *Aust*, Modern Treaty Law and Practice, S.]

Azarov, Valentina, Part II, Chapter Eight: Tell it to the Judge: Palestine's UN Bid and the International Criminal Court, in: Qafisheh, Mutaz (Hrsg.), Palestine Membership in the United Nations. Legal and Practical Implications, 2013, S. 252–267 [zitiert: *Azarov*, in: Qafisheh (Hrsg.), Palestine Membership in the United Nations, S. 252]

Baer, Stephanie, Der Zerfall Jugoslawiens im Lichte des Völkerrechts, 1995 [zitiert: *Baer*, Der Zerfall Jugoslawiens, S.]

Baker, Roozbeh, B., Customary International Law in the 21st century, in: Old Challenges New Debates, in: EJIL 21 (2010), S. 173–204 [zitiert: *Baker*, EJIL 21 (2010), S. 173]

Balekjian, Wahé Hagop, Die Effektivität und die Stellung nichtanerkannter Staaten, 1970 [zitiert: *Balekjian*, Die Effektivität und die Stellung nichtanerkannter Staaten, S.]

Ballreich, Hans, Treaties, Effect on Third States, in: Bernhardt, Rudolf (Hrsg.), Encyclopedia of Public International Law, Bd. IV, 1995, S. 945–949 [zitiert: *Ballreich*, Treaties, Effect on Third States, in: Bernhardt (Hrsg.), EPIL, Bd. IV, S. 945]

Ballreich, Hans, Wesen und Wirkung des „Konsens" im Völkerrecht, in: Bernhardt, Rudolf/Geck, Wilhelm K./Jaenicke, Günther/Steinberger, Helmut (Hrsg.), Völkerrecht als Rechtsordnung, Internationale Gerichtsbarkeit, Menschenrechte, Festschrift für Hermann Mosler, 1983, S. 1–24 [zitiert: *Ballreich*, FS für Hermann Mosler, S. 1]

Barrera-Hernández, Lila, Sovereignty over Natural Resources under Examination: The Inter-American System for Human Rights and Natural Resource Allocation, in: Ann. Surv. Int'l & Comp. L. 12 (2010), S. 43–58 [zitiert: *Barrera-Hernandez*, Ann. Surv. Int'l & Comp. L. 12 (2006), S. 43]

Baxter, Richard R., Treaties and Custom, in: RdC 129 (1970), S. 25–106 [zitiert: *Baxter*, RdC 129 (1970), S. 25]

Bentwich, Norman/Martin, Andrew, A Commentary on the Charter of the United Nations, 1950 [*Bentwich/Martin*, Commentary on the Charter, S.]

Bentzien, Joachim, Die völkerrechtlichen Schranken der nationalen Souveränität im 21. Jahrhundert, 2007 [zitiert: *Bentzien*, Die völkerrechtlichen Schranken der nationalen Souveränität, S.]

Benzig, Markus, Midwifing a New State: The United Nations in East Timor, in: Max Planck UNYB 9 (2005), S. 295–372 [zitiert: *Benzig*, Max Planck UNYB 9 (2005), S. 295]

Berber, Friedrich, Lehrbuch des Völkerrechts, Bd. I, 1960 [zitiert: *Berber*, Völkerrecht, Bd. I, S.]

Bernhardt, Rudolf, Evolutive treaty interpretation, especially of the European Convention on Human Rights, in: GYIL 42 (1999), S. 11–25 [zitiert: *Bernhardt*, GYIL 42 (1999), S. 11]

Beyerlin, Ulrich, Umweltvölkerrecht, 2000 [zitiert: *Beyerlin*, Umweltvölkerrecht, S.]

Beyerlin, Ulrich, Grenzüberschreitender Umweltschutz und allgemeines Völkerrecht, in: Hailbronner, Kay/Ress, Georg/Stein, Torsten (Hrsg.), Staat und Völkerrechtsordnung, Festschrift für Karl Doehring, 1989, S. 37–61 [zitiert: *Beyerlin*, FS für Karl Doehring, S. 37]

Beyerlin, Ulrich, Pactum de contrahendo und pactum de negotiando im Völkerrecht, in: ZaöRV 36 (1976), S. 407–443 [zitiert: *Beyerlin*, ZaöRV 36 (1976), S. 407]

Beyerlin, Ulrich/Strasser, Wolfgang, Völkerrechtliche Praxis der Bundesrepublik Deutschland im Jahre 1973, in: ZaöRV 35 (1975), S. 768–833 [zitiert: *Beyerlin/Strasser*, ZaöRV 35 (1975), S. 768]

Bianchi, Andrea, Assessing the Effectiveness of the UN Security Council's Anti-terrorism Measures: The Quest for Legitimacy and Cohesion, in: EJIL 17 (2006), S. 881–919 [zitiert: *Bianchi*, EJIL 17 (2006), S. 881]

Biehler, Gernot, Auswärtige Gewalt. Auswirkungen auswärtiger Interessen im innerstaatlichen Recht, 2005 [zitiert: *Biehler*, Auswärtige Gewalt, S.]

Bienk-Koolman, Sabine, Die Befugnis des Sicherheitsrates der Vereinten Nationen zur Einsetzung von ad hoc-Strafgerichtshöfen: Zur Rechtmäßigkeit der Einsetzung des Internationalen Strafgerichtshofs für das ehemalige Jugoslawien sowie zum nachfolgenden Wandel in Praxis und Rechtsauffassung, 2009 [zitiert: *Bienk-Koolman*, Befugnis des Sicherheitsrats, S.]

Bilfinger, Carl, Die Stimsondoktrin, 1943 [zitiert: *Bilfinger*, Die Stimsondoktrin, S.]

Bindschedler, Rudolf L., Customary International Law, in: Bernhardt, Rudolf (Hrsg.), Encyclopedia of Public International Law, Bd. II, 2000, S. 1289–1309 [zitiert: *Bindschedler*, Customary International Law, in: Bernhardt (Hrsg.), EPIL, Bd. II, S. 1289]

Bindschedler, Rudolf L., Das Problem der Beteiligung der Schweiz an Sanktionen der Vereinigten Nationen, besonders im Fall Rhodesiens, in: ZaöRV 28 (1968), S. 1–15 [zitiert: *Bindschedler*, ZaöRV 28 (1968), S. 1]

Bindschedler, Rudolf L., Die Anerkennung im Völkerrecht, in: AVR 9 (1961/1962), S. 377–397 [zitiert: *Bindschedler*, AVR 9 (1961/1962), S. 377]

Bindschedler, Rudolf L., Die Anerkennung im Völkerrecht, in: BDGVR 4 (1961), S. 1–38 [zitiert: *Bindschedler*, BDGVR 4 (1961), S. 1]

Birkhäuser, Noah, Sanktionen des UN-Sicherheitsrats gegen Individuen, 2007 [zitiert: *Birkhäuser*, Sanktionen des UN-Sicherheitsrats gegen Individuen, S.]

Bleckmann, Albert, Allgemeine Staats- und Völkerrechtslehre – Vom Kompetenz- zum Kooperationsvölkerrecht, 1995 [zitiert: *Bleckmann*, Allgemeine Staats- und Völkerrechtslehre, S.]

Bleckmann, Albert, Das Souveränitätsprinzip im Völkerrecht, in: AVR 23 (1985), S. 450–477 [zitiert: *Bleckmann*, AVR 23 (1985), S. 450]

Bleckmann, Albert, Die Aufgaben einer Methodenlehre des Völkerrechts – Probleme der Rechtsquellenlehre des Völkerrechts, 1978 [zitiert: *Bleckmann*, Aufgaben einer Methodenlehre, S.]

Bleckmann, Albert, Zur Feststellung von Völkergewohnheitsrecht, in: ZaöRV 37 (1977), S. 504–529 [zitiert: *Bleckmann*, ZaöRV 37 (1977), S. 504]

Blix, Hans Martin, Contemporary Aspects of Recognition, in: RdC 130 (1970), S. 587–703 [zitiert: *Blix*, RdC 130 (1970), S. 587]

Bloed, Arie, The Conference on Security and Co-operation in Europe: Analysis and Basic Documents, 1972–1993, 1993 [zitiert: *Bloed*, The Conference on Security and Co-operation in Europe, S.]

Blum, Yehuda Z., Was Yugoslavia a Member of the United Nations in the Years 1992–2000?, in: AJIL 101 (2007), S. 800–818 [zitiert: *Blum*, AJIL 101 (2007), S. 800]

Blum, Yehuda Z., Correspondents' Agora: UN Membership of the Former Yugoslavia, in: AJIL 87 (1993), S. 240–251 [zitiert: *Blum*, AJIL 87 (1993), S. 240]

Bluntschli, Johann K., Das moderne Völkerrecht, 2. Aufl. 1872 [zitiert: *Bluntschli*, Völkerrecht, S.]

Bocek, Sonja, Die völkerrechtlichen Wirkungen einseitiger Erklärungen der UN-Generalversammlung, 2011 [zitiert: *Bocek*, Die völkerrechtlichen Wirkungen, S.]

Bodansky, Daniel, Is There an International Environmental Constitution?, in: IJGLS 16 (2009), S. 565–584 [zitiert: *Bodansky*, IJGLS 16 (2009), S. 565]

Boehme-Neßler, Volker, Das Ende des Staates? Zu den Auswirkungen der Digitalisierung auf den Staat, in: ZÖR 64 (2009), S. 145–199 [zitiert: *Boehme-Neßler*, ZÖR 64 (2009), S. 145]

Bogdandy, Armin von/Rau, Markus, Lotus, The, in: Wolfrum, Rüdiger (Hrsg.), The Max Planck Encyclopaedia of Public International Law, 2008, [zitiert: *von Bogdandy/Rau*, Lotus, The, in: Wolfrum (Hrsg.), MPEPIL (online, Stand: Juni 2006)]

Borgen, Christopher J., The Language of Law and the Practice of Politics: Great Powers and the Rhetoric of Self- Determination in the Cases of Kosovo and South Ossetia, in: Chicago J. Int'l L. 10 (2009), S. 1–33 [zitiert: *Borgen*, Chicago J. Int'l L. 10 (2009), S. 1]

Bowett, Derek, Estoppel before International Tribunals and its Relation to Acquiescence, in: BYIL 33 (1957), S. 176–202 [zitiert: *Bowett*, BYIL 33 (1957), S. 176]

Boyle, Francis A., The Creation of the State of Palestine, in: EJIL 1 (1990), S. 301–306 [zitiert: *Boyle*, EJIL 1 (1990), S. 301]

Brehme, Gerhard, Souveränität der jungen Nationalstaaten über Naturreichtümer: die ständige Souveränität über die natürlichen Reichtümer und Hilfsquellen (völkerrechtliche Probleme des Kampfes der jungen Nationalstaaten um ökonomische Unabhängigkeit), 1967 [zitiert: *Brehme*, Souveränität der jungen Nationalstaaten über Naturreichtümer, S.]

Breuer, Marten, Souveränität in der Staatengemeinschaft, in: Breuer, Marten (Hrsg.), Der Staat im Recht, Festschrift für Eckart Klein zum 70. Geburtstag, 2013, S. 747–764 [zitiert: *Breuer*, FS für Eckart Klein, S. 747]

Breutz, Iris, Der Protest im Völkerrecht, 1997 [zitiert: *Breutz*, Der Protest im Völkerrecht, S.]

Brewer, Evan M., To Break Free from Tyranny and Oppression: Proposing a Model for a Remedial Right to Secession in the Wake of the Kosovo Advisory Opinion, in: Vand. J. Transnat'l L. 45 (2012), S. 245–292 [zitiert: *Brewer*, Vand. J. Transnat'l L. 45 (2012), S. 245]

Brierly, James L., The law of nations, 6. Aufl. 1963 [zitiert: *Brierly*, The law of nations, S.]

Briggs, Herbert W., Community Interest in the Emergence of New States: The Problem of Recognition, in: Proceedings of ASIL 44 (1950), S. 169–181 [zitiert: *Briggs*, Proceedings of ASIL 44 (1950), S. 169]

Bring, Ove E., Correspondents' Agora: UN Membership of the Former Yugoslavia, in: AJIL 87 (1993), S. 244–246 [zitiert: *Bring*, AJIL 87 (1993), S. 244]

Broms, Bengt, Natural Resources, Sovereignty over, in: Bernhardt, Rudolf (Hrsg.), Encyclopedia of Public International Law, Bd. III, 1997, S. 520–524 [zitiert: *Broms*, Natural Resources, in: Bernhardt (Hrsg.), EPIL, Bd. III, S. 520]

Brownlie, Ian, Principles of Public International Law, 7. Aufl. 2008 [zitiert: *Brownlie*, Principles, S.]

Brownlie, Ian, Principles of Public International Law, 4. Aufl. 1990 [zitiert: *Brownlie*, Principles, 4. Aufl. 1990, S.]

Brownlie, Ian, Recognition in Theory and Practice, in: BYIL 53 (1982), S. 197–211 [zitiert: *Brownlie*, BYIL 53 (1982), S. 197]

Brownlie, Ian, Legal Status of Natural Resources in International Law, in: RdC 162 (1979), S. 245–318 [zitiert: *Brownlie*, RdC 162 (1979), S. 245]

Brunnée, Jutta, COPing with Consent: Law-Making Under Multilateral Environmental Agreement, LJIL 15 (2002), S. 1–52 [zitiert: *Brunnée*, LJIL 15 (2002), S. 1]

Buchan, Russell/Tsagourias, Nicholas, Cyber War and International Law, in: J. Conflict Security L. 17 (2012), S. 183–186 [zitiert: *Buchan/Tsagourias*, J. Conflict Security L. 17 (2012), S. 183]

Buchanan, Allen E., Justice, Legitimacy, and Self-Determination: Moral Foundations for International Law, 2004 [zitiert: *Buchanan*, Justice, Legitimacy, and Self-Determination, S.]

Buchanan, Allen E., Recognitional Legitimacy and the State System, in: Philosophy and Public Affairs 28 (1999), S. 46–78 [zitiert: *Buchanan*, Philosophy and Public Affairs 28 (1999), S. 46]

Buyse, Antoine/Lawson, Rick, State Recognition: Admission (Im)Possible, in: LJIL 20 (2007), S. 785–795 [zitiert: *Buyse/Lawson*, LJIL 20 (2007), S. 785]

Buzan, Barry, Negotiating by Consensus: Developments in Technique at the United Nations Conference on the Law of the Sea, in: AJIL 75 (1981), S. 324–348 [zitiert: *Buzan*, AJIL 75 (1981), S. 324]

Cahier, Philippe, La Charte des Nations Unies et les États tiers, in: Cassese, Antonio (Hrsg.), Current Problems of International Law, essays on U. N. law and on the law of armed conflict, 1975, S. 81–105 [zitiert: *Cahier*, in: Cassese (Hrsg.), Current Problems of International Law, S. 81]

Cahier, Philippe, Le problème des effets des traités à l'égard des états tiers, in: RdC 143 (1974), S. 589–755 [zitiert: *Cahier*, RdC 143 (1974), S. 589]

Caplan, Richard, Europe and the Recognition of New States in Yugoslavia, 2005 [zitiert: *Caplan*, Europe and the Recognition, S.]

CARON, DAVID D., Protection of the Stratospheric Ozone Layer and the Structure of International Environmental Lawmaking, in: HICLR 14 (1991), S. 755–780 [zitiert: *Caron*, HICLR 14 (1991), S. 755]

CASSAN, HERVÉ, Le consensus dans la pratique des Nations Unies, in: AFDI 20 (1974), S. 456–485 [zitiert: *Cassan*, AFDI 20 (1974), S. 456]

CASSESE, ANTONIO, International Law, 2. Aufl. 2005 [zitiert: *Cassese*, International Law, S.]

CASSESE, ANTONIO, Ex iniuria ius oritur: Are we Moving towards International Legitimation of Forcible Humanitarian Countermeasures in the World Community?, in: EJIL 10 (1999), S. 23–30 [zitiert: *Cassese*, EJIL 10 (1999), S. 23]

CASTBERG, FREDE, Zur Reform des Völkerbundes, in: ZaöRV 6 (1936), S. 667–679 [zitiert: *Castberg*, ZaöRV 6 (1936), S. 667]

CAVARÉ, LOUIS, Les sanctions dans le cadre de l'ONU, in: RdC 80 (1952), S. 191–292 [zitiert: *Cavaré*, RdC 80 (1952), S. 191]

CERONE, JOHN, Legal Implications of the UN General Assembly Vote to Accord Palestine the Status of Observer State, in: ASIL Insights 16 (2012) [zitiert: *Cerone*, ASIL Insights 16 (2012)]

CHARNEY, JONATHAN I./DANILENKO, GENNADY M., Consent and the Creation of International Law, in: Damrosch, Lori Fisler/Danilenko, Gennady M./Müllerson, Rein (Hrsg.), Beyond Confrontation, International Law for the Post-Cold War Era, 1995, S. 23–60 [zitiert: *Charney/Danilenko*, in: Damrosch *et al.* (Hrsg.), Beyond Confrontation, International Law for the Post-Cold War Era, S. 23]

CHARNEY, JONATHAN I., Universal International Law, in: AJIL 87 (1993), S. 529–551 [zitiert: *Charney*, AJIL 87 (1993), S. 529]

CHARNEY, JONATHAN I., The persistent objector rule and the development of customary international law, in: BYIL 56 (1985), S. 1–24 [zitiert: *Charney*, BYIL 56 (1985), S. 1]

CHEKERA, YOLANDA T./NMEHIELLE, VINCENT O., The International Law Principle of Permanent Sovereignty over Natural Resources as an Instrument for Development: The Case of Zimbabwean Diamonds, in: Afr. J. Legal Stud. 6 (2013), S. 69–101 [zitiert: *Chekera/Nmehielle*, Afr. J. Legal Stud. 6 (2013), S. 69]

CHEN, TI-CHIANG, The international law of recognition: With special reference to practice in Great Britain and the United States, 1951 [zitiert: *Chen*, International law of recognition, S.]

CHENG, BIN, United Nations Resolutions on Outer Space: "Instant" International Customary Law?, in: IJIL 5 (1965), S. 23–112 [zitiert: *Cheng*, IJIL 5 (1965), S. 23]

CHINKIN, CHRISTINE, International law and human rights, in: Evans, Tony (Hrsg.), Human Rights Fifty Years On: A reappraisal, 1998, S. 105–129 [zitiert: *Chinkin*, in: Evans (Hrsg.), Human Rights 50 Years On, S. 105]

CHINKIN, CHRISTINE, Third Parties in International Law, 1993 [zitiert: *Chinkin*, Third Parties in International Law, S.]

CHRISTAKIS, THEODORE, Self-Determination, Territorial Integrity and Fait Accompli in the Case of Crimea, in: ZaöRV 75 (2015), S. 75–100 [zitiert: *Christakis*, ZaöRV 75 (2015), S. 75]

CORTEN, OLIVIER, Déclarations unilatérales d'indépendance et reconnaissances prématurées: Du Kosovo à l'Ossétie du sud et à l'Abkhazie, in: RGDIP 112 (2008), S. 721–759 [zitiert: *Corten*, RGDIP 112 (2008), S. 721]

COT, JEAN-PIERRE/PELLET, ALAIN/FORTEAU, MATHIAS (Hrsg.), La Charte des Nations Unies : Commentaire article par article, 3. Aufl. 2005 [zitiert: *Bearbeiter*, in: Cot/Pellet/Forteau (Hrsg.), La Charte des Nations Unies, S.]

COT, JEAN-PIERRE/PELLET, ALAIN (Hrsg.), La Charte des Nations Unies, Commentaire article par article, 1985 [zitiert: *Bearbeiter*, in: Cot/Pellet (Hrsg.), La Charte des Nations Unies, 1985, S.]

CRAWFORD, JAMES, Creation of States in International Law, 2. Aufl. 2006 [zitiert: *Crawford*, Creation, S.]

CRAWFORD, JAMES, Israel (1948–1949) and Palestine (1998–1999): Two Studies in the Creation of States, in: Goodwin-Gill, Guy S./Talmon, Stefan (Hrsg.), The Reality of International Law, essays in honour of Ian Brownlie, 1999, S. 95–124 [zitiert: *Crawford*, in: Goodwin-Gill/Talmon (Hrsg.), The Reality of International Law, S. 95]

CRAWFORD, JAMES, The Creation of the State of Palestine: Too Much Too Soon?, in: EJIL 1 (1990), S. 307–313 [zitiert: *Crawford*, EJIL 1 (1990), S. 307]

CRAWFORD, JAMES, Creation of States in International Law, 1979 [zitiert: *Crawford*, Creation, 1979, S.]

CRAWFORD, JAMES, The Criteria for Statehood in International Law, in: BYIL 48 (1976/1977), S. 93–182 [zitiert: *Crawford*, BYIL 48 (1976/1977), S. 93]

CZAPLINSKI, WLADYSLAW/DANILENKO, GENNADY M., Conflicts of Norms in International Law, in: NYIL 21 (1990), S. 3–42 [zitiert: *Czaplinski/Danilenko*, NYIL 21 (1990), S. 3]

D'AMATO, ANTHONY, Trashing Customary International Law, in: AJIL 81 (1987), S. 101–105 [zitiert: *D'Amato*, AJIL 81 (1987), S. 101]

DAHM, GEORG/DELBRÜCK, JOST/WOLFRUM, RÜDIGER, Völkerrecht, Bd. I/2, 2. Aufl. 2002 [zitiert: *Dahm/Delbrück/Wolfrum*, Völkerrecht, Bd. I/2, S.]

Dahm, Georg/Delbrück, Jost/Wolfrum, Rüdiger, Völkerrecht, Bd. I/3, 2. Aufl. 2002 [zitiert: *Dahm/Delbrück/Wolfrum*, Völkerrecht, Bd. I/3, S.]

Dahm, Georg/Delbrück, Jost/Wolfrum, Rüdiger, Völkerrecht, Bd. I/1, 2. Aufl. 1989 [zitiert: *Dahm/Delbrück/Wolfrum*, Völkerrecht, Bd. I/1, S.]

Dahm, Georg, Völkerrecht, Bd. I, 1958 [zitiert: *Dahm*, Völkerrecht, Bd. I, 1958, S.]

Daillier, Patrick/Forteau, Mathias/Pellet, Alain, Droit International Public, 8. Aufl. 2009 [zitiert: *Daillier/Forteau/Pellet*, Droit International Public, S.]

Danilenko, Gennady M., International Jus Cogens: Issues of Law-Making, in: EJIL 2 (1991), S. 42 (56 f.) [zitiert: *Danilenko*, EJIL 2 (1991), S. 42]

Delbrück, Jost, Structural Changes in the International Law System and its Legal Order: International Law in the Era of Globalization, in: SZIER 11 (2001), S. 1–36 [zitiert: *Delbrück*, SZIER 11 (2001), S. 1]

Delbrück, Jost, The role of the United Nations in dealing with global problems, in: IJGLS 4 (1997), S. 277 [zitiert: *Delbrück*, IJGLS 4 (1997), S. 277–296]

Detter, Ingrid, Law Making by International Organizations, 1965 [zitiert: *Detter*, Law Making by International Organizations, 1965, S.]

Devine, Dermott J., Recognition, Newly Independent States and General International Law, in: SAYIL 10 (1984), S. 18–34 [zitiert: *Devine*, SAYIL 10 (1984), S. 18]

Dicke, Klaus/Hobe, Stephan/Meyn, Karl-Ulrich/Peters, Anne/Riedel, Eibe/Schütz, Hans-Joachim/Tietje, Christian (Hrsg.), Weltinnenrecht, liber amicorum Jost Delbrück, 2005 [zitiert: *Dicke et al.* (Hrsg.), Festschrift für Jost Delbrück S.]

Diggelmann, Oliver/Altwicker, Tilman, Is there Something Like a Constitution of International Law – A Critical Analysis of the Debate of World Constitution, in: ZaöRV 68 (2008), S. 623–650 [zitiert: *Diggelmann/Altwicker*, ZaöRV 68 (2008), S. 623]

Dinstein, Yoram, War, Aggression and Self-Defence, 5. Aufl. 2011 [zitiert: *Dinstein*, War, Aggression and Self-Defence, S.]

Dixon, Martin, Textbook on International Law, 7. Aufl. 2013 [zitiert: *Dixon*, International Law, S.]

Djawadi, Mahdad Mir, Individualsanktionen des UN-Sicherheitsrats gegen Al Qaida und die Taliban: Zum Spannungsverhältnis zwischen Sicherheit und individueller Freiheit im Mehrebenensystem von Völkerrecht, Europarecht und nationalem Verfassungsrecht, 2016 [zitiert: *Djawadi*, Individualsanktionen des UN-Sicherheitsrats, S.]

DOEHRING, KARL, Völkerrecht, 2. Aufl. 2004 [zitiert: *Doehring*, Völkerrecht, Rn.]

DOEHRING, KARL, Unlawful Resolutions of the Security Council and their Legal Consequences, in: Max Planck UNYB 1 (1997), S. 91–109 [zitiert: *Doehring*, Max Planck UNYB 1 (1997), S. 91]

DOHNA, BERNT GRAF ZU, Die Arbeit des UN-Sonderausschusses über die völkerrechtlichen Grundsätze betreffend die freundschaftlichen Beziehungen und die Zusammenarbeit zwischen den Staaten und das geltende Völkerrecht. Die Arbeit des UN-Sonderausschusses über die völkerrechtlichen Grundsätze betreffend die freundschaftlichen Beziehungen und die Zusammenarbeit zwischen den Staaten und das geltende Völkerrecht, 1973 [zitiert: *Dohna*, Grundprinzipien des Völkerrechts, S.]

DÖRR, OLIVER/SCHMALENBACH, KIRSTEN (Hrsg.), Vienna Convention on the Law of Treaties: A commentary, 2012 [zitiert: *Bearbeiter*, in: Dörr/Schmalenbach (Hrsg.), VCLT-Commentary, Art., Rn.]

DRAUDE, ANKE, Die Vielfalt des Regierens: Eine Governance-Konzeption jenseits des Eurozentrismus, 2012 [zitiert: *Draude*, Die Vielfalt des Regierens, S.]

DUGARD, JOHN/RAIČ, DAVID, The Role of Recognition in the Law and Practice of Secession, in: Kohen, Marcelo G. (Hrsg), Secession, International Law Perspectives, 2006, S. 94–137 [zitiert: *Dugard*/Raič, in: Kohen (Hrsg.), Secession, S. 94]

DUGARD, JOHN, Secession: Is the Case of Yugoslavia a Precedent for Africa?, in: Afr. J. Int'l & Comp. L. 5 (1993), S. 163–175 [zitiert: *Dugard*, Afr. J. Int'l & Comp. L. 5 (1993), S. 163]

DUGARD, JOHN, Recognition and the United Nations, 1987 [zitiert: *Dugard*, Recognition, S.]

DUPUY, PIERRE-MARIE, The Constitutional Dimension of the Charter of the United Nations Revisited, in: Max Planck UNYB 1 (1997), S. 1–33 [zitiert: *Dupuy*, Max Planck UNYB 1 (1997), S. 1]

DÜRR, ANDREAS/MALTITZ, NICOLAI VON, Die Staatlichkeit Palästinas und ihre Bedeutung für die Gerichtsbarkeit des Internationalen Strafgerichtshofs, in: ZStW 125 (2014), S. 907–930 [zitiert: *Dürr/von Maltitz*, ZStW 125 (2014), S. 907]

DURUIGBO, EMEKA, Permanent Sovereignty and Peoples' Ownership of Natural Resources in International Law, in: Geo. Wash. Int'l L. Rev. 38 (2006), S. 33–100 [zitiert: *Duruigbo*, Geo. Wash. Int.'l L. Rev. 38 (2006), S. 33]

EATON, JONAH, An Emerging Norm? Determining the Meaning and Legal Status of the Responsibility to Protect, in: Mich. J. Int'l L. 32 (2011), S. 765–804 [zitiert: *Eaton*, Mich. J. Int'l L. 32 (2011), S. 765]

EBENROTH, CARSTEN T./BADER, TOM O., Wirksame Staatenbindung in internationalen Investitionsverträgen, in: WM 1991, S. 661–667 [zitiert: *Ebenroth/Bader*, WM 1991, S. 661]

ECKERT, AMY, E. Constructing States: The Role of the International Community in the Creation of New States, in: JPIA 12 (2002), S. 19–39 [zitiert: *Eckert*, JPIA 12 (2002), S. 19]

EFRAIM, ATHENA, Sovereign (In)equality in International Organizations, Legal Aspects of International Organizations, 2000 [zitiert: *Efraim*, Sovereign (In)equality in International Organizations, S.]

EHM, FRITHJOF, Das völkerrechtliche Demokratiegebot: Eine Untersuchung zur schwindenden Wertneutralität des Völkerrechts gegenüber den staatlichen Binnenstrukturen, 2013 [zitiert: *Ehm*, Das völkerrechtliche Demokratiegebot, S.]

EISEMANN, MICHEL, L'indépendance du Kosovo. Le point de vue du juriste, in: Société française pour le droit international (Hrsg.), Droit international et relations internationales. Divergences et convergences, 2010, S. 107–119 [zitiert: *Eisemann*, L'indépendance du Kosovo, S. 107]

ELIAN, GEORGE, The Principle of Sovereignty over Natural Resources, 1979 [zitiert: *Elian*, The Principle of Sovereignty over Natural Resources, S.]

ELIAS, TASLIM O., The Modern Law of Treaties, 1974 [zitiert: *Elias*, The Modern Law of Treaties, S.]

ENGEL, SALO, "Living" International Constitutions and the World Court (The Subsequent Practice of International Organs under Their Constituent Instruments), in: ICLQ 16 (1967), S. 865–910 [zitiert: *Engel*, ICLQ 16 (1967), S. 865]

EPINEY, ASTRID/SCHEYLI, MARTIN, Umweltvölkerrecht. Völkerrechtliche Bezugspunkte des schweizerischen Umweltrechts, 2000 [zitiert: *Epiney/Scheyli*, Umweltvölkerrecht, S.]

ESSEN, JONTE VAN, De Facto Regimes in International Law, in: Utrecht Law Journal 28 (2012), S. 31–49 [zitiert: *van Essen*, Utrecht Law Journal 28 (2012), S. 31]

EVANS, MALCOLM D. (Hrsg.), International law, 2. Aufl. 2006 [zitiert: *Bearbeiter*, in: Evans (Hrsg.), International law, S.]

EVERLY, REBECCA, Reviewing Governmental Acts of the United Nations in Kosovo, in: GLJ 1 (2007), S. 21–37 [zitiert: *Everly*, GLJ 1 (2007), S. 21]

FABRY, MIKULAS, Recognizing States, international society and the establishment of new states since 1776, 2012 [zitiert: *Fabry*, Recognizing States, S.]

FALK, RICHARD A., The status of Law in International Society, 1970 [zitiert: *Falk*, International Society, S.]

FASSBENDER, BARDO, Architectural Clarity or Creative Ambiguity? The Place of the Human Rights Council in the Institutional Structure of the United Nations, in: Fastenrath, Ulrich (Hrsg.), From Bilateralism to Community Interest: Essays in Honour of Bruno Simma, 2011, S. 443–461 [zitiert: *Fassbender*, FS für Bruno Simma, S. 443]

FASSBENDER, BARDO, The United Nations Charter as the Constitution of the International Community, 2009 [zitiert: *Fassbender*, The United Nations Charter as a Constitution, S.]

FASSBENDER, BARDO, Die souveräne Gleichheit aller Staaten – ein angefochtenes Grundprinzip des Völkerrechts, in: APuZ B43 (2004), S. 7–13 [zitiert: *Fassbender*, APuZ B43 (2004), S. 7]

FASSBENDER, BARDO, Die Souveränität des Staates als Autonomie im Rahmen der völkerrechtlichen Verfassung, in: Mansel, Heinz-Peter/Pfeiffer, Thomas/Kronke, Herbert/Kohler, Christian/Hausmann, Rainer (Hrsg.), Festschrift für Erik Jayme, Bd. 1, 2004, S. 1089–1101 [zitiert: *Fassbender*, FS für Erik Jayme, Bd. 1, S. 1089]

FASSBENDER, BARDO, Zwischen Staatsräson und Gemeinschaftsbindung: Zur Gemeinwohlorientierung des Völkerrechts in der Gegenwart, in: Münkler, Herfried/Fischer, Karsten (Hrsg.), Gemeinwohl und Gemeinsinn im Recht, Konkretisierung und Realisierung öffentlicher Interessen, 2002, S. 231–274 [zitiert: *Fassbender*, in: Münkler/Fischer (Hrsg.), Gemeinwohl und Gemeinsinn im Recht, S. 231]

FASSBENDER, BARDO, The United Nations Charter as a Constitution of the International Community, in: CJTL 36 (1998), S. 529–619 [zitiert: *Fassbender*, CJTL 36 (1998), S. 529]

FASSBENDER, BARDO, UN Security Council Reform and the Right of Veto: A Constitutional Perspective, 1998 [zitiert: *Fassbender*, UN Security Council Reform, S.]

FASTENRATH, ULRICH, Lücken im Völkerrecht: Zu Rechtscharakter, Quellen, Systemzusammenhang, Methodenlehre und Funktionen des Völkerrechts, 1991 [zitiert: *Fastenrath*, Lücken im Völkerrecht, S.]

FAWCETT, JAMES E. S., Security Council Resolutions on Rhodesia, in: BYIL 41 (1965/1966) S. 103–121 [zitiert: *Fawcett*, BYIL 41 (1965/1966) S. 103]

FIERSTEIN, DANIEL, Kosovo's Declaration of Independence: An Incident Analysis of Legality, Policy and Future Implications, in: Bost. Univ. Int'l L. J. 26 (2008), S. 417–442 [zitiert: *Fierstein*, Bost. Univ. Int'l L. J. 26 (2008), S. 417]

FINK, UDO, Kollektive Friedenssicherung: Kapitel VII UN-Charta in der Praxis des Sicherheitsrats der Vereinten Nationen, Bd. 1, 1999 [zitiert: *Fink*, Kollektive Friedenssicherung, Bd. 1, S.]

FINK, UDO, Kollektive Friedenssicherung: Kapitel VII UN-Charta in der Praxis des Sicherheitsrats der Vereinten Nationen, Bd. 2, 1999 [zitiert: *Fink*, Kollektive Friedenssicherung, Bd. 2, S.]

FITZMAURICE, MALGOSIA, Consent to Be Bound – Anything New under the Sun?, in: NJIL 74 (2005), S. 483–508 [zitiert: *Fitzmaurice*, NJIL 74 (2005), S. 483]

FITZMAURICE, MALGOSIA, Third Parties and the Law of Treaties, in: Max Planck UNYB 6 (2002), S. 37–137 [zitiert: *Fitzmaurice*, Max Planck UNYB 6 (2002), S. 37]

FOLZ, HANS-PETER, Demokratie und Integration: Der Konflikt zwischen Bundesverfassungsgericht und Europäischem Gerichtshof über die Kontrolle der Gemeinschaftskompetenzen; zum Spannungsverhältnis zwischen demokratischer Legitimation und Autonomie supranationaler Rechtsordnung, 1999 [zitiert: *Folz*, Demokratie und Integration, S.]

FOLZ, HANS-ERNST, Zur Frage der Bindung neuer Staaten an das Völkerrecht, in: Der Staat 3 (1963), S. 319–338 [zitiert: *Folz*, Der Staat 3 (1963), S. 319]

FORSTER, MICHAEL, Nation Building durch die Internationale Gemeinschaft: Eine völkerrechtliche Analyse der Verwaltungsmission der Vereinten Nationen im Kosovo und Ost-Timor, 2005 [zitiert: *Forster*, Nation Building, S.]

FORTEAU, MATHIAS, Le dépassement de l'effet relatif de la Charte, in: Chemain, Régis/Pellet, Alain (Hrsg.), La Charte des Nations Unies, constitution mondiale?, 2006, S. 121–159 [zitiert: *Forteau*, in Chemain/Pellet (Hrsg.), La Charte des Nations Unies, constitution mondiale?, S. 121]

FRANCK, THOMAS M., Is the U. N. Charter a Constitution?, in: Frowein, Jochen A./Scharioth, Klaus/Winkelmann, Ingo/Wolfrum, Rüdiger (Hrsg.), Verhandeln für den Frieden, Negotiating for Peace, Liber Amicorum Tono Eitel, 2003, S. 95–106 [zitiert: *Franck*, FS für Tono Eitel, S. 95]

FRANCK, THOMAS M., The 'Powers of Appreciation': Who Is the Ultimate Guardian of UN Legality?, in: AJIL 86 (1992), S. 519–523 [zitiert: *Franck*, AJIL 86 (1992), S. 519]

FRANCK, THOMAS M., The Emerging Right to Democratic Governance, in: AJIL 86 (1992), S. 46–91 [zitiert: *Franck*, AJIL 86 (1992), S. 46]

FREMUTH, MICHAEL/GRIEBEL, JÖRN, On the Security Council as a Legislator: A Blessing or a Curse for the International Community?, in: NJIL 76 (2007), S. 339–361 [zitiert: *Fremuth/Griebel*, NJIL 76 (2007), S. 339]

FRENCH, DUNCAN/RAJAMANI, LAVANYA, Climate Change and International Environmental Law: Musings on a Journey to Somewhere, in: JEL 25 (2013), S. 437–461 [zitiert: *French/Rajamani*, JEL 25 (2013), S. 437]

Frenzke, Dietrich, Die kommunistische Anerkennungslehre, 1972 [zitiert: *Frenzke*, Die kommunistische Anerkennungslehre, S.]

Friedmann, Wolfgang, The Changing Structure of International Law, 1964 [zitiert: *Friedmann*, The Changing Structure of International Law, S.]

Friedrich, Jürgen, UNMIK in Kosovo: Struggling with Uncertainty, in: Max Planck UNYB 9 (2005), S. 225–293 [zitiert: *Friedrich*, Max Planck UNYB 9 (2005), S. 225]

Frowein, Jochen A., Demokratie und Völkerrecht in Europa, in: Ginther, Konrad (Hrsg.), Völkerrecht zwischen normativem Anspruch und politischer Realität. Festschrift für Karl Zemanek zum 65. Geburtstag, 1994, S. 365–376 [zitiert: *Frowein*, FS für Karl Zemanek, S. 365]

Frowein, Jochen A., Reactions by Not Directly Affected States to Breaches of Public International Law, in: RdC 248 (1994), S. 345–438 [zitiert: *Frowein*, RdC 248 (1994), S. 345]

Frowein, Jochen A., De facto Régime, in: Bernhardt, Rudolf (Hrsg.), Encyclopedia of Public International Law, Bd. I, 1992, S. 966–968 [zitiert: *Frowein*, De facto Régime, in: Bernhardt (Hrsg.), EPIL, Bd. I, S. 966]

Frowein, Jochen A., Recognition, in: Bernhardt, Rudolf (Hrsg.), Encyclopedia of Public International Law, Bd. IV, 1992, S. 33–41 [zitiert: *Frowein*, Recognition, in: Bernhardt (Hrsg.), EPIL, Bd. IV, S. 33]

Frowein, Jochen A., Die Entwicklung der Anerkennung von Staaten und Regierungen im Völkerrecht, in: Der Staat 11 (1972), S. 145–159 [zitiert: *Frowein*, Der Staat 11 (1972), S. 145]

Frowein, Jochen A., Die Vereinten Nationen und die Nichtmitgliedstaaten, in: EA 7 (1970), S. 256–262 [zitiert: *Frowein*, EA 7 (1970), S. 256]

Frowein, Jochen A., Das de facto-Regime im Völkerrecht, eine Untersuchung zur Rechtsstellung „nichtanerkannter Staaten" und ähnlicher Gebilde, 1968 [zitiert: *Frowein*, Das de facto-Regime im Völkerrecht, S.]

Fuhrmann, Johannes, Der Beitrag des Libanontribunals zur Weiterentwicklung des Völkerrechts, 2012 [zitiert: *Fuhrmann*, Der Beitrag des Libanontribunals, S.]

Funke, Andreas, Umsetzungsrecht: Zum Verhältnis von internationaler Sekundärrechtsetzung und deutscher Gesetzgebungsgewalt, 2010 [zitiert: *Funke*, Umsetzungsrecht, S.]

Gading, Heike, Der Schutz grundlegender Menschenrechte durch militärische Maßnahmen des UN-Sicherheitsrats – das Ende staatlicher Souveränität?, 1996 [zitiert: *Gading*, Der Schutz grundlegender Menschenrechte, S.]

Gaja, Giorgio, Jus Cogens Beyond the Vienna Convention, in: RdC 172 (1981), S. 271–316 [zitiert: *Gaja*, RdC 172 (1981), S. 271]

Gareis, Sven B./Varwick, Johannes, Die Vereinten Nationen – Aufgaben, Instrumente, Reformen, 5. Aufl., 2014 [zitiert: *Gareis/Varwick*, Die Vereinten Nationen, S.]

Gehring, Thomas, International Environmental Regimes: Dynamic Sectoral Legal Systems, in: YIEL 1 (1990), S. 35–56 [zitiert: *Gehring*, YIEL 1 (1990), S. 35]

Geiger, Rudolf, Grundgesetz und Völkerrecht, 6. Aufl. 2013 [zitiert: *Geiger*, GG und Völkerrecht, S.]

Gentile, Francesco C., Il recesso dalle Nazioni unite, in: CI 6 (1951), S. 464–481 [zitiert: *Gentile*, CI 6 (1951), S. 464]

Goodrich, Leland M./Hambro, Edvard/Simons, Anne P., The Charter of the United Nations: Commentary and Documents, 3. Aufl. 1969 [zitiert: *Goodrich/Hambro/Simons*, Charter of the UN, S.]

Goodrich, Leland M./Hambro, Edvard, The Charter of the United Nations: Commentary and Documents, 2. Aufl. 1949 [zitiert: *Goodrich/Hambro*, Charter of the UN, 2. Aufl. 1949, S.]

Gowlland-Debbas, Vera, Collective Responses to Illegal Acts in International Law: United Nations action in the question of Southern Rhodesia, 1990 [zitiert: *Gowlland-Debbas*, Collective responses, S.]

Gowlland-Debbas, Vera, The Relationship between the International Court of Justice and the Security Council in the Light of the Lockerbie Case, in: AJIL 88 (1994), S. 643–677 [zitiert: *Gowlland-Debbas*, AJIL 88 (1994), S. 643]

Grabitz, Eberhardt/Hilf, Meinhard/Nettesheim, Martin (Hrsg.), Das Recht der Europäischen Union: EUV/AEUV, Bd. 1, Art. 7 EUV, Loseblatt, 54. Ergänzungslieferung 9/2014 [zitiert: *Bearbeiter*, in: Grabitz/Hilf/Nettesheim (Hrsg.), Recht der EU, Art. 7 EUV, Rn.]

Grant, Thomas D., Annexation of Crimea, in: AJIL 109 (2015), S. 68–94 [zitiert: *Grant*, AJIL 109 (2015), S. 68]

Grant, Thomas D., Admission to the United Nations: Charter Article 4 and the Rise of Universal Organization, 2009 [zitiert: *Grant*, Admission, S.]

Grant, Thomas D., States Newly Admitted to the United Nations: Some Implications, in: CJTL 39 (2000), S. 177–192 [zitiert: *Grant*, CJTL 39 (2000), S. 177]

Grant, Thomas D., Defining Statehood: Convention and its Discontents, in: CJTL 37 (1998/1999), S. 403–457 [zitiert: *Grant*, CJTL 37 (1998/1999), S. 403]

Grawert, Elke, After the Comprehensive Peace Agreement in Sudan, 2014 [zitiert: *Grawert*, After the Comprehensive Peace Agreement in Sudan, S.]

Grazin, Igor, International Recognition of National Rights: The Baltic States' Case, in: Notre Dame L. Rev. 66 (1991), S. 1385–1419 [zitiert: *Grazin*, Notre Dame L. Rev. 66 (1991), S. 1385]

Grewe, Wilhelm, Die Satzung der Vereinten Nationen: Mit den vorbereitenden Dokumenten und dem Statut des Internationalen Gerichtshofes, 1948 [zitiert: *Grewe*, Die Satzung der VN, S.]

Grimm, Dieter, The Achievement of Constitutionalism and its Prospects in a Changed World, in: Dobner, Petra/Loughlin, Martin (Hrsg.), The Twilight of Constitutionalism?, 2010, S. 3–22 [zitiert: *Grimm*, in: Dobner/Loughlin (Hrsg.), The Twilight of Constitutionalism?, S. 3]

Grimm, Dieter, Souveränität: Herkunft und Zukunft eines Schlüsselbegriffs, 2009 [zitiert: *Grimm*, Souveränität, S.]

Gross, Leo, Progress Towards Universality of Membership in the United Nations, in: AJIL 50 (1956), S. 791–827 [zitiert: *Gross*, AJIL 50 (1956), S. 791]

Grünigen, Marianne von, Die Resolutionen der Generalversammlung der Vereinten Nationen und ihr Einfluss auf die Fortbildung des Völkerrechts, in: Diez, Emanuel/Monnier, Jean/Müller, Jörg Paul/Reimann, Heinrich/Wildhaber, Luzius (Hrsg.), Festschrift für Rudolf Bindschedler zum 65. Geburtstag, 1980, S. 187–200 [zitiert: *von Grünigen*, FS für Rudolf Bindschedler, S. 187]

Guggenheim, Paul, Traité de Droit international public, Bd. I, 2. Aufl. 1967 [zitiert: *Guggenheim*, Traité de Droit, Bd. I, S.]

Guggenheim, Paul, Traité de Droit international public, Bd. I, 1953 [zitiert: *Guggenheim*, Traité de Droit, Bd. I, 1953, S.]

Guggenheim, Paul, Lehrbuch des Völkerrechts, Bd. I, 1948 [zitiert: *Guggenheim*, Lehrbuch des Völkerrechts, Bd. I, S.]

Guzman, Andrew T., Against Consent, in: VJIL 52 (2012), S. 747–790 [zitiert: *Guzman*, VJIL 52 (2012), S. 747]

Häberle, Peter, Zur gegenwärtigen Diskussion um das Problem der Souveränität, in: AöR 92 (1967), S. 259–287 [zitiert: *Häberle*, AöR 92 (1967), S. 259]

Habermas, Jürgen, Der gespaltene Westen, 2004 [zitiert: *Habermas*, Der gespaltene Westen, S.]

Habermas, Jürgen, Bestialität und Humanität: Ein Krieg an der Grenze zwischen Recht und Moral, in: Die Zeit 18 (29.4.1999) [zitiert: *Habermas*, Die Zeit 18 (29.4.1999)]

Habermas, Jürgen, Kants Idee des ewigen Friedens – aus dem historischen Abstand von 200 Jahren, in: KJ 28 (1995), S. 293–319 [zitiert: *Habermas*, KJ 28 (1995), S. 293]

Häde, Ulrich, Der völkerrechtliche Schutz von Direktinvestitionen im Ausland, in: AVR 35 (1997), S. 181–212 [zitiert: *Häde*, AVR 35 (1997), S. 181]

Hall, Stephen, The Persistent Spectre: Natural Law, International Order and the Limits of Legal Positivism, in: EJIL 12 (2001), S. 269–307 [zitiert: *Hall*, EJIL 12 (2001), S. 269]

Haltern, Ulrich, Was bedeutet Souveränität?, 2007 [zitiert: *Haltern*, Was bedeutet Souveränität?, S.]

Hannikainen, Lauri, Peremptory norms (jus cogens) in international law, 1988 [zitiert: *Hannikainen*, Peremptory Norms, S.]

Hanschel, Dirk, Verhandlungslösungen im Umweltvölkerrecht: Eine Untersuchung verhandlungsorientierter Institutionalisierungsformen anhand der Regime über weiträumige grenzüberschreitende Luftverschmutzung zum Schutz der Ozonschicht und des Klimas, 2003 [zitiert: *Hanschel*, Verhandlungslösungen, S.]

Happold, Matthew, Security Council Resolution 1373 and the Constitution of the United Nations, in: LJIL 16 (2003), S. 593–610 [zitiert: *Happold*, LJIL 16 (2003), S. 593]

Hartmann, Gode, Nationalisierung und Enteignung im Völkerrecht: Völkerrechtliche Probleme der politischen und ökonomischen Beziehungen zwischen den westlichen Industrienationen und Entwicklungsländern im Lichte neuerer Rechtsentwicklungen in den Vereinten Nationen, 1977 [zitiert: *Hartmann*, Nationalisierung und Enteignung, S.]

Haverland, Christine, Secession, in: Bernhardt (Hrsg.), Secession, EPIL, Bd. IV, 2000, S. 354–359 [zitiert: *Haverland*, Secession, in: Bernhardt (Hrsg.), EPIL, Bd. IV, S. 354]

Heintze, Hans-Joachim, Territoriale Integrität der Staaten: Fortbestehende Grundlage des Völkerrechts: Untersuchung vor dem Hintergrund des Berg-Karabach-Konflikts zwischen Armenien und Aserbaidschan, 2016 [zitiert: *Heintze*, Territoriale Integrität, S.]

Heintze, Hans-Joachim, Wann ist eine staatsähnliche Einheit ein Staat?, in: Friedens-Warte 84 (2009), S. 11–36 [zitiert: *Heintze*, Friedens-Warte 84 (2009), S. 11]

Held, Charles E., Quelques réflexions relatives à la pratique récente de la Suisse concernant la reconnaissance de nouveaux États, in: SZIER 4 (1994), S. 221–250 [zitiert: *Held*, SZIER 4 (1994), S. 221]

Helfer, Laurence R., Nonconsensual International Lawmaking, in: Univ. of Illinois L. Rev. 1 (2008), S. 71–125 [zitiert: *Helfer*, Univ. of Illinois L. Rev. 1 (2008), S. 71]

Henderson, Christian, International measures for the protection of Civilian in Libya and Côte d'Ivoire, in: ICLQ 60 (2011), S. 767–778 [zitiert: *Henderson*, ICLQ 60 (2011), S. 767]

Henkin, Louis, International Law: Politics and Values and Functions, in: RdC 216 (1989), S. 9–416 [zitiert: *Henkin*, RdC 216 (1989), S. 9]

Henninger, Hartmut, Menschenrechte und Frieden als Rechtsprinzipien des Völkerrechts: Das Handeln der Vereinten Nationen in der Konfliktnachsorge aus der Perspektive einer völkerrechtlichen Prinzipienlehre, 2013 [zitiert: *Henninger*, Menschenrechte und Frieden, S.]

Herbst, Jeffrey, Responding to State Failure in Africa, in: Int. Security 21, S. 120–144 [zitiert: *Herbst*, Int. Security 21 (1996/1997), S. 120]

Herdegen, Matthias, Völkerrecht, 16. Aufl. 2017 [zitiert: *Herdegen*, Völkerrecht, §, Rn.]

Herdegen, Matthias, Asymmetrien in der Staatenwelt und die Herausforderungen des „konstruktiven Völkerrechts", in: ZaöRV 64 (2004), S. 571–582 [zitiert: *Herdegen*, ZaöRV 64 (2004), S. 571]

Herdegen, Matthias, Die Befugnisse des UN-Sicherheitsrates: Aufgeklärter Absolutismus im Völkerrecht?, 1998 [zitiert: *Herdegen*, Befugnisse des UN-Sicherheitsrats, S.]

Herdegen, Matthias, Der Wegfall effektiver Staatsgewalt im Völkerrecht: „The Failed State", in: BDGVR 34 (1996), S. 49–86 [zitiert: *Herdegen*, BDGVR 34 (1996), S. 49]

Herdegen, Matthias, Der Sicherheitsrat und die autoritative Konkretisierung des VII. Kapitels, in: Beyerlin, Ulrich/Bothe, Michael/Hofmann, Rainer/Petersmann, Ernst-Ulrich (Hrsg.), Recht zwischen Umbruch und Bewahrung: Völkerrecht, Europarecht, Staatsrecht, Festschrift für Rudolf Bernhardt, 1995, S. 103–119 [zitiert: *Herdegen*, FS für Rudolf Bernhardt, S. 103]

Herdegen, Matthias, The "Constitutionalization" of the UN Security System, in: Vand. Transnat'l L. 27 (1994), S. 135–159 [zitiert: *Herdegen*, Vand. Transnat'l L. 27 (1994), S. 135]

Heydte, Friedrich August Freiherr von der, Völkerrechtliche Anerkennung, in: Marcic, René (Hrsg.), Internationale Festschrift für Alfred Verdross zum 80. Geburtstag, 1971, S. 129–152 [zitiert: *von der Heydte*, FS für Alfred Verdross, S. 129]

Heydte, Friedrich August Freiherr von der, Völkerrecht, 1958 [zitiert: *von der Heydte*, Völkerrecht, Bd. I, S.]

Higgins, Rosalyn, Problems & Process: International Law and How We Use it, 1994 [zitiert: *Higgins*, Problems and Process, S.]

Higgins, Rosalyn, The Development of International Law Through the Political Organs of the United Nations, 1963 [zitiert: *Higgins*, The Development of International Law, S.]

Hille, Saskia, Mutual Recognition of Croatia and Serbia (+ Montenegro), in: EJIL 6 (1995), S. 598–611 [zitiert: *Hille*, EJIL 6 (1995), S. 599]

Hillgenberg, Hartmut, Zur völkerrechtlichen Anerkennung von Staaten, in: Dupuy, Pierre-Marie (Hrsg.), Völkerrecht als Wertordnung, Festschrift für Christian Tomuschat, 2006, S. 947–959 [zitiert: *Hillgenberg*, FS für Christian Tomuschat, S. 947]

Hillgruber, Christian, Die Souveränität der Staaten: Grundlage und Geltungsbedingung des Völkerrechts, in: Der Staat 53 (2014), S. 475–493 [zitiert: *Hillgruber*, Der Staat 53 (2014), S. 475]

Hillgruber, Christian, Braucht das Völkerrecht eine Völkerrechtswissenschaftstheorie?, in: Jestaedt, Matthias/Lepsius, Oliver (Hrsg.), Rechtswissenschaftstheorie, 2008, S. 113–131 [zitiert: *Hillgruber*, in: Jestaedt/Lepsius (Hrsg.), Rechtswissenschaftstheorie, S. 113]

Hillgruber, Christian, Der Staat im Völkerrecht, in: ZRph 1/2 (2007), S. 9–21 [zitiert: *Hillgruber*, ZRph 1/2 (2007), S. 9]

Hillgruber, Christian, Dispositives Verfassungsrecht, zwingendes Völkerrecht: Verkehrte juristische Welt?, in: JöR 54 (2006), S. 57–94 [zitiert: *Hillgruber*, JöR 54 (2006), S. 57]

Hillgruber, Christian, Souveränität – Verteidigung eines Rechtsbegriffs, in: JZ 2002, S. 1072–1080 [zitiert: *Hillgruber*, JZ 2002, S. 1072]

Hillgruber, Christian, Kontinuität und Wandel in der Entwicklung des Völkerrechts, in: Müller-Graff, Peter-Christian/Roth, Herbert (Hrsg.), Recht und Rechtswissenschaft: Signaturen und Herausforderungen zum Jahrtausendbeginn, 2000, S. 117–132 [zitiert: *Hillgruber*, in: Müller-Graff/Roth (Hrsg.), Recht und Rechtswissenschaft, S. 117]

Hillgruber, Christian, Die Aufnahme neuer Staaten in die Völkerrechtsgemeinschaft: Das völkerrechtliche Institut der Anerkennung von Neustaaten in der Praxis des 19. und 20. Jahrhunderts, 1998 [zitiert: *Hillgruber*, Die Aufnahme neuer Staaten, S.]

Hillgruber, Christian, The Admission of New States to the International Community, in: EJIL 9 (1998), S. 491–509 [zitiert: *Hillgruber*, EJIL 9 (1998), S. 491]

Hilpold, Peter, Das Selbstbestimmungsrecht der Völker, in: JuS 53 (2013), S. 1081–1086 [zitiert: *Hilpold*, JuS 53 (2013), S. 1081]

Hilpold, Peter, Das Kosovo-Problem – ein Testfall für das Völkerrecht, in: ZaöRV 68 (2008), S. 779–801 [zitiert: *Hilpold*, ZaöRV 68 (2008), S. 779]

Hilpold, Peter, Gewaltverbot und Selbstverteidigung – Zwei Eckpfeiler des Völkerrechts auf dem Prüfstand, in: JA 2006, S. 234–239 [zitiert: *Hilpold*, JA 2006, S. 234]

Hilpold, Peter, Die Anerkennung von Neustaaten auf dem Balkan, in: AVR 31 (1993), S. 387–408 [zitiert: *Hilpold*, AVR 31 (1993), S. 387]

Hinds, Caroline, Das Prinzip „sic utere tuo ut alenium non laedas" und seine Bedeutung im internationalen Umweltrecht, in: AVR 30 (1992), S. 298–325 [zitiert: *Hinds*, AVR 30 (1992), S. 298]

Hingst, Ulla, Auswirkungen der Globalisierung auf das Recht der völkerrechtlichen Verträge, 2001 [zitiert: *Hingst*, Auswirkungen der Globalisierung, S.]

Hippel, Ernst von, Allgemeine Staatslehre, 1963 [zitiert: *von Hippel*, Allgemeine Staatslehre, S.]

Hippel, Ernst von, Mechanisches und moralisches Rechtsdenken, 1959 [zitiert: *Hippel*, Mechanisches und moralisches Rechtsdenken, S.]

Hobe, Stephan, Einführung in das Völkerrecht, 10. Aufl. 2014 [zitiert: *Hobe*, Völkerrecht, S.]

Hofmann, Rainer, Annexation, in: Wolfrum, Rüdiger (Hrsg.), The Max Planck Encyclopedia of Public International Law, 2008, [zitiert: *Hofmann*, Annexation, in: Wolfrum (Hrsg.), MPEPIL (online, Stand: Februar 2013)]

Hollis, Duncan B., Why State Consent Still Matters – Non-State Actors, Treaties, and the Changing Sources of International Law, in: Berk. J. Int'l L. 23 (2005), S. 137–174 [zitiert: *Hollis*, Berk. J. Int'l L. 23 (2005), S. 137]

Holubek, Reinhard, Allgemeine Staatslehre als empirische Wissenschaft: Eine Untersuchung am Beispiel von Georg Jellinek, 1961 [zitiert: *Holubek*, Allgemeine Staatslehre, S.]

Hoof, Godefridus J. van, Rethinking the Sources of International Law, 1983 [zitiert: *van Hoof*, Rethinking Sources, S.]

Hoogh, André de, Obligations Erga Omnes and international crimes: A theoretical inquiry into the implementation and enforcement of the international responsibility of states, 1996 [zitiert: *de Hoogh*, Obligations Erga Omnes, S.]

Hoogh, André de, Relationship Between Jus Cogens, Obligations Erga Omnes and International Crimes: Peremptory Norms in Perspective, in: Austrian J. Publ. Int. L. 42 (1991), S. 183–214 [zitiert: *de Hoogh*, Austrian J. Publ. Int. L. 42 (1991), S. 183]

Hörmann, Saskia, Völkerrecht bricht Rechtsgemeinschaft?, in: AVR 44 (2006), S. 267–327 [zitiert: *Hörmann*, AVR 44 (2006), S. 267]

Hoyt, Edwin C., The Unanimity Rule in the Revision of Treaties: A Re-Examination, 1959 [zitiert: *Hoyt*, The Unanimity Rule, S.]

HSUEH, SHOU-SHENG, L'Organisation des Nations Unies et les Etats non membres, 1953 [zitiert: *Hsueh*, Les Etats non membres, S.]

HURD, IAN, International organizations: Politics, Law, Practice, 2. Aufl. 2014 [zitiert: *Hurd*, International Organizations, S.]

IJALAYE, DAVID A., Was "Biafra" at Any Time a State in International Law?, in: AJIL 65 (1971), S. 551–559 [zitiert: *Ijalaye*, AJIL 65 (1971), S. 551]

IPSEN, KNUT (Hrsg.), Völkerrecht, 6. Aufl. 2014 [zitiert: *Bearbeiter*, in: Ipsen (Hrsg.), Völkerrecht, §, Rn.]

IPSEN, KNUT (Hrsg.), Völkerrecht, 5. Aufl. 2004 [zitiert: *Bearbeiter*, in: Ipsen (Hrsg.), Völkerrecht, §, Rn.]

IPSEN, KNUT, Der Kosovo-Einsatz: Illegal? Gerechtfertigt? Entschuldbar?, in: Friedens-Warte 74 (1999), S. 19–23 [zitiert: *Ipsen*, Friedens-Warte 74 (1999), S. 19]

ISENSEE, JOSEF, Die vielen Staaten in der einen Welt – eine Apologie, in: ZSE 1 (2003), S. 1–31 [zitiert: *Isensee*, ZSE 1 (2003), S. 10]

JAENICKE, GÜNTHER, Die Dritte Seerechtskonferenz der Vereinten Nationen, in: ZaöRV 38 (1978), S. 438–511 [zitiert: *Jaenicke*, ZaöRV 38 (1978), S. 438]

JAMAR, HANNA/VIGNES, MARY KATHERINE, Applying Kosovo: Looking to Russia, China, Spain and Beyond After the International Court of Justice Opinion on Unilateral Declaration of Independence, in: GLJ 11 (2010), S. 920–925 [zitiert: *Jamar/Vignes*, GLJ 11 (2010), S. 920]

JANIK, CORNELIA, Die Bindung internationaler Organisationen an internationale Menschenrechtsstandards: Eine rechtsquellentheoretische Untersuchung am Beispiel der Vereinten Nationen, der Weltbank und des Internationalen Währungsfonds, 2012 [zitiert: *Janik*, Bindung internationaler Organisationen, S.]

JELLINEK, GEORG, Allgemeine Staatslehre, 3. Aufl. 1922 [zitiert: *Jellinek*, Allgemeine Staatslehre, S.]

JENNINGS, ROBERT/WATTS, ARTHUR (Hrsg.), Oppenheim's International Law, 9. Aufl., 1992 [zitiert: *Jennings/Watts*, Oppenheim's International Law, Bd. I, §]

JENNINGS, ROBERT, What is International Law and How Do We Tell It When We See It?, in: SchwJIR 37 (1981), S. 59–88 [zitiert: *Jennings*, SchwJIR 37 (1981), S. 59]

JESSUP, PHILIP C., A Modern Law of Nations, 1949 [zitiert: *Jessup*, A Modern Law of Nations, S.]

JIA, BING BING, The Independence of Kosovo: A Unique Case of Secession?, in: CJIL 8 (2009), S. 27–46 [zitiert: *Jia*, CJIL 8 (2009), S. 27]

JOYNER, DANIEL H., Non-proliferation Law and the United Nations System: Resolution 1540 and the Limits of the Power of the Security Council, in: LJIL 20 (2007), S. 489–518 [zitiert: *Joyner*, LJIL 20 (2007), S. 489]

KADELBACH, STEFAN, Zwingendes Völkerrecht, 1992 [zitiert: *Kadelbach*, Zwingendes Völkerrecht, S.]

KAMMERHOFER, JÖRG, Constitutionalism and the Myth of Practical Reason: Kelsenian Responses to Methodological Confusion, in: LJIL 23 (2010), S. 723–740 [zitiert: *Kammerhofer*, LJIL 23 (2010), S. 723]

KAMMERHOFER, JÖRG, Uncertainty in the Formal Sources of International Law: Customary International Law and Some of Its Problems, in: EJIL 15 (2004), S. 523–553 [zitiert: *Kammerhofer*, EJIL 15 (2004), S. 523]

KAPAUN, NINA, Völkerrechtliche Bewertung gezielter Tötungen nicht-staatlicher Akteure, 2014, [zitiert: *Kapaun*, Gezielte Tötung, S.]

KATZAROV, CONSTANTIN, Die Stellung der Nichtmitglieder der Vereinten Nationen, in: AVR 3 (1951), S. 1–22 [zitiert: *Katzarov*, AVR 3 (1951), S. 1]

KEBER, TOBIAS O., Der Begriff des Terrorismus im Völkerrecht, 2009 [zitiert: *Keber*, Der Begriff des Terrorismus, S.]

KELLY, PATRICK J., The Twilight of Customary International Law, in: VJIL 40 (2000), S. 449–543 [zitiert: *Kelly*, VJIL 40 (2000), S. 449]

KELSEN, HANS/TUCKER, ROBERT W., Principles of International Law, 2. Aufl. 1966 [zitiert: *Kelsen/Tucker*, Principles, S.]

KELSEN, HANS, Principles of International Law, 1952 [zitiert: *Kelsen*, Principles, S.]

KELSEN, HANS, The Law of the United Nations: A critical analysis of its fundamental problems, 1950 [zitiert: *Kelsen*, Law of the UN, S.]

KELSEN, HANS, General Theory of Law & State, 1949 [zitiert: *Kelsen*, General Theory, S.]

KELSEN, HANS, Membership in the United Nations, in: CLR 46 (1946), S. 391–411 [zitiert: *Kelsen*, CLR 46 (1946), S. 391]

KELSEN, HANS, The Principle of Sovereign Equality of States as a Basis for International Organization, in: YLJ 53 (1944), S. 207–220 [zitiert: *Kelsen*, YLJ 53 (1944), S. 207]

KELSEN, HANS, Recognition in International Law: Theoretical Observations, in: AJIL 35 (1941), S. 605–617 [zitiert: *Kelsen*, AJIL 35 (1941), S. 605]

KELSEN, HANS, Théorie du droit international coutumier, in: RITD Nouvelle Série 1 (1939), S. 253–274 [zitiert: *Kelsen*, RITD Nouvelle Série 1 (1939), S. 253]

KELSEN, HANS, Das Problem der Souveränität und die Theorie des Völkerrechts, 2. Aufl. 1928 [zitiert: *Kelsen*, Das Problem der Souveränität, S.]

KEMPEN, BERNHARD/HILLGRUBER, CHRISTIAN, Völkerrecht, 2. Aufl. 2012 [zitiert: *Kempen/Hillgruber*, Völkerrecht, §, Rn.]

KENNEDY, DAVID W., The Sources of International Law, in: AUJILP 2 (1987), S. 1–96 [zitiert: *Kennedy*, AUJILP 2 (1987), S. 1]

KHERAD, RAHIM, La reconnaissance des États issus de la dissolution de la république socialiste fédérative de Yougoslavie par les membres de l'Union Européenne, in: RGDIP 101 (1997), S. 663–693 [zitiert: *Kherad*, RGDIP 101 (1997), S. 663]

KIRGIS, FREDERIC L., The Security Council's First Fifty Years, in: AJIL 89 (1995), S. 520 [zitiert: *Kirgis*, AJIL 89 (1995), S. 506–539]

KIRKHAM, BARRY D., The International Legal Status of Formosa, in: Can. Y. B. Int'l L. 6 (1968), S. 144–163 [zitiert: *Kirkham*, Can. Y. B. Int'l L. 6 (1968), S. 144]

KLABBERS, JAN, An Introduction to International Institutional Law, 2. Aufl. 2009 [zitiert: *Klabbers*, International Institutional Law, S.]

KLABBERS, JAN, The Concept of Legal Personality, in: Ius Gentium 11 (2005), S. 35–66 [zitiert: *Klabbers*, Ius Gentium 11 (2005), S. 35]

KLEIN, ECKART, Sanctions by International Organizations and Economic Communities, in: AVR 30 (1992), S. 101–113 [zitiert: *Klein*, AVR 30 (1992), S. 101]

KLEIN, ECKART, Vertragsauslegung und „spätere Praxis" Internationaler Organisationen, in: Bieber, Roland/Ress, Georg (Hrsg.), Die Dynamik des Europäischen Gemeinschaftsrechts: Die Auslegung des Europäischen Gemeinschaftsrecht im Lichte nachfolgender Praxis der Mitgliedstaaten und der EG-Organe, 1987, S. 101–135 [zitiert: *Klein*, in: Bieber/Ress (Hrsg.), Die Dynamik des Europäischen Gemeinschaftsrechts, S. 101]

KLEIN, ECKHART, Beihilfe zum Völkerrechtsdelikt, in: Münch, Ingo von (Hrsg.), Staatsrecht, Völkerrecht, Europarecht, Festschrift für Hans-Jürgen Schlochauer zum 75. Geburtstag am 28. März, 1981, S. 425–438 [zitiert: *Klein*, FS für Hans-Jürgen Schlochauer, S. 425]

KLEIN, ECKART, Statusverträge im Völkerrecht, 1980 [zitiert: *Klein*, Statusverträge, S.]

KLEIN, ECKART, Die Nichtanerkennungspolitik der Vereinten Nationen gegenüber den in die Unabhängigkeit entlassenen südafrikanischen homelands, in: ZaöRV 39 (1979), S. 469–495 [zitiert: *Klein*, ZaöRV 39 (1979), S. 469]

KLEIN, FRIEDRICH F., Die Mitgliedschaft in den Vereinten Nationen, in: AVR 1 (1948), S. 147–187 [zitiert: *Klein*, in: AVR 1 (1948), S. 147]

KLEINLEIN, THOMAS, Konstitutionalisierung im Völkerrecht, 2012 [zitiert: *Kleinlein*, Konstitutionalisierung, S.]

Kleist, Peter, Die völkerrechtliche Anerkennung, 1934 [zitiert: *Kleist*, Die völkerrechtliche Anerkennung, S.]

Kment, Martin, Grenzüberschreitendes Verwaltungshandeln: Transnationale Elemente deutschen Verwaltungsrechts, 2010 [zitiert: *Kment*, Grenzüberschreitendes Verwaltungshandeln, S.]

Knauff, Matthias, Konstitutionalisierung im inner- und überstaatlichen Recht – Konvergenz oder Divergenz?, in: ZaöRV 68 (2008), S. 453–490 [zitiert: *Knauff*, ZaöRV 68 (2008), S. 453]

Köck, Heribert F., UN-Satzung und allgemeines Völkerrecht: Zum exemplarischen Charakter von Art. 103 SVN, in: Ginther, Konrad/Hafner, Gerhard/Lang, Winfried/Neuhold, Hanspeter/Sucharipa-Behrmann, Lilly (Hrsg.), Völkerrecht zwischen normativem Anspruch und politischer Realität, Festschrift für Karl Zemanek zum 65. Geburtstag, 1994, S. 69–94 [zitiert: *Köck*, FS für Karl Zemanek, S. 69]

Köck, Heribert F./Fischer, Peter, Das Recht der Internationalen Organisationen: Das Recht der Weltfriedensorganisation (VB und UNO), der UN-Spezialorganisationen und der wichtigsten regionalen Organisationen im Dienste von kollektiver Sicherheit und Zusammenarbeit, 3. Aufl. 1997 [zitiert: *Köck/Fischer*, Das Recht der Internationalen Organisationen, S.]

Kokott, Juliane/Sobotta, Christoph, The Kadi Case – Constitutional Core Values and International Law – Finding the Balance?, in: EJIL 23 (2012), S. 1015–1024 [zitiert: *Kokott/Sobotta*, EJIL 23 (2012), S. 1015]

Kokott, Juliane, Souveräne Gleichheit und Demokratie im Völkerrecht, in: ZaöRV 64 (2004), S. 517–533 [zitiert: *Kokott*, ZaöRV 64 (2004), S. 517]

Kopelmanas, Lazare, Custom as a Means of the Creation of International Law, in: BYIL 18 (1937), S. 127–151 [zitiert: *Kopelmanas*, BYIL 18 (1937), S. 127]

Koroma, Abdul G., The Effects of Globalization on the Development of International Law, in: Hobe, Stephan (Hrsg.), Globalisation: The state and international law, 2009, S. 25–42 [zitiert: *Koroma*, in: Hobe (Hrsg.), Globalisation, S. 25]

Koskenniemi, Martti, The Place of Law in Collective Security, in: Mich. J. Int'l L. 17 (1996), S. 455–490 [zitiert: *Koskenniemi*, Mich J. Int'l L. 17 (1996), S. 455]

Koskenniemi, Martti, From apology to utopia: The structure of international legal argument, 1989 [zitiert: *Koskenniemi*, From apology to utopia, S.]

Kotzur, Markus, Eine Bewährungsprobe für die Europäische Grundrechtsgemeinschaft/Zur Entscheidung des EuG in der Rs. Yussuf u. a. gegen Rat, in: EuGRZ 33 (2006), S. 19–26 [zitiert: *Kotzur*, EuGRZ 33 (2006), S. 19]

Kotzur, Markus, Wechselwirkungen zwischen Europäischer Verfassungs- und Völkerrechtslehre, in: Blankenagel, Andreas/Pernice, Ingolf/Schulze-Fielitz,

Helmuth (Hrsg.), Verfassung im Diskurs der Welt. Liber Amicorum für Peter Häberle zum siebzigsten Geburtstag, 2004, S. 289–307 [zitiert: *Kotzur*, FS für Peter Häberle, S. 289]

KRAJEWSKI, MARKUS, Wirtschaftsvölkerrecht, 3. Aufl. 2012 [zitiert: *Krajewski*, Wirtschaftsvölkerrecht, S.]

KREIJEN, GERARD, State failure, sovereignty and effectiveness: Legal lessons from the decolonization of Sub-Saharan Africa, 2004 [zitiert: *Kreijen*, State Failure, S.]

KRIEGER, HEIKE, Verfassung im Völkerrecht – Konstitutionelle Elemente jenseits des Staates?, in: VVDStRL 75 (2016), S. 439–472 [zitiert: *Krieger*, VVDStRL 75 (2016), S. 439]

KRIEGER, HEIKE, Das Effektivitätsprinzip im Völkerrecht, 2000 [zitiert: *Krieger*, Effektivitätsprinzip, S.]

KRISCH, NICO, The Decay of Consent: International Law in an Age of Public Goods, in: AJIL 108 (2014), S. 1–40 [zitiert: *Krisch*, AJIL 108 (2014), S. 1]

KRISCH, NICO, International Law in Times of Hegemony: Unequal Power and the Shaping of the International Legal Order, in: EJIL 16 (2005), S. 369–408 [zitiert: *Krisch*, EJIL 16 (2005), S. 369]

KRISCH, NICO, More Equal Than the Rest? Hierarchy, Equality and U.S. Predominance in International Law, in: Byers, Michael/Nolte, Georg (Hrsg.), United States Hegemony and the Foundations of International Law, 2003, S. 135–175 [zitiert: *Krisch*, in: Byers/Nolte (Hrsg.), United States Hegemony and the Foundations of International Law, S. 135]

KUMM, MATTIAS, The Legitimacy of International Law: A Constitutionalist Framework of Analysis, in: EJIL 15 (2004), S. 907–931 [zitiert: *Kumm*, EJIL 15 (2004), S. 907]

KUNDE, MARTIN, Der Präventivkrieg: Geschichtliche Entwicklung und gegenwärtige Bedeutung, 2007 [zitiert: *Kunde*, Präventivkrieg, S.]

KUNZ, JOSEF L., The Nature of Customary International Law, in: AJIL 47 (1953), S. 662–669 [zitiert: *Kunz*, AJIL 47 (1953), S. 662]

KUNZ, JOSEF L., Editorial Comment: Revolutionary Creation of Norms of International Law, in: AJIL 41 (1947), S. 119–126 [zitiert: *Kunz*, AJIL 41 (1947), S. 119]

KUNZ, JOSEF L., Handbuch des Völkerrechts, Bd. 2, Die Anerkennung der Staaten im Völkerrecht, 1928 [zitiert: *Kunz*, Handbuch des Völkerrechts, Bd. 2, S.]

KURUS, BILSON, Understanding ASEAN: Benefits and Raison d'Etre, in: Asian Survey 33 (1993), S. 819–831 [zitiert: *Kurus*, Asian Survey 33 (1993), S. 819]

Lador-Lederer, Joseph J., Recognition – a Historical Stocktaking, in: NJIL 27 (1957), S. 64–92 [zitiert: *Lador-Lederer*, NJIL 27 (1957), S. 64]

Lailach, Martin, Die Wahrung des Weltfriedens und der internationalen Sicherheit als Aufgabe des UN-Sicherheitsrats der Vereinten Nationen, 1998 [zitiert: *Lailach*, Die Wahrung des Weltfriedens, S.]

Lalive, Jean-Flavien, International Organizations and Neutrality, in: BYIL 24 (1947), S. 72–89 [zitiert: *Lalive*, BYIL 24 (1947), S. 72]

Lau, Holning, Rethinking the Persistent Objector Doctrine in International Human Rights Law, in: CJIL 6 (2005), S. 495–510 [zitiert: *Lau*, CJIL 6 (2005), S. 495]

Lauterpacht, Hersch/Oppenheim, Lassa, International Law, Bd. I, 8. Aufl. 1955 [zitiert: *Lauterpacht/Oppenheim*, International Law, Bd. I, S.]

Lauterpacht, Hersch, Recognition in International Law, 1947 [zitiert: *Lauterpacht*, Recognition, S.]

Lauterpacht, Hersch, Recognition of States in International Law, in: YLJ 53 (1944), S. 385–458 [zitiert: *Lauterpacht*, YLJ 53 (1944), S. 385]

Leben, Charles, Les contre-mesures interétatiques et les réactions à l'illicite dans la société internationale, in: AFDI 28 (1982), S. 9–77 [zitiert: *Leben*, AFDI 28 (1982), S. 9]

Leidenmühler, Franz, Kollabierter Staat und Völkerrechtsordnung: Zur Aktualität der Westfälischen Ordnung, entwickelt an Fragen des Wegfalls effektiver Staatsgewalt, 2011 [zitiert: *Leidenmühler*, Kollabierter Staat, S.]

Ley, Isabelle, Opposition im Völkerrecht: Ein Beitrag zur Legitimation internationaler Rechtserzeugung, 2015 [zitiert: *Ley*, Opposition im Völkerrecht, S.]

Liang, Yuen-Li, Conditions of Admission of a State to Membership in the United Nations, in: AJIL 43 (1949), S. 288–303 [zitiert: *Liang*, AJIL 43 (1949), S. 288]

Liivoja, Rain, The Scope of the Supremacy Clause of the United Nations Charter, in: ICLQ 57 (2008), S. 583–612 [zitiert: *Liivoja*, ICLQ 57 (2008), S. 583]

Lindemeyer, Bernd, Schiffsembargo und Handelsembargo. Völkerrechtliche Praxis und Zulässigkeit, 1975 [zitiert: *Lindemeyer*, Schiffsembargo und Handelsembargo, S.]

Liszt, Franz von/Fleischmann, Max, Völkerrecht, 12. Aufl. 1925 [zitiert: *Liszt/Fleischmann*, Völkerrecht, S.]

Lochen, Tobias, Die völkerrechtlichen Regelungen über den Zugang zu genetischen Ressourcen, 2007 [zitiert: *Lochen*, Zugang zu genetischen Ressourcen, S.]

LORIMER, JAMES, La doctrine de la reconnaissance, fondement du droit international, in: RDILC 16 (1884), S. 333–359 [zitiert: *Lorimer*, RDILC 16 (1884), S. 333]

LORINSER, BARBARA, Bindende Resolutionen des UN-Sicherheitsrats der Vereinten Nationen zur Friedenssicherung und deren Überprüfung durch den Internationalen Gerichtshof, 1991 [zitiert: *Lorinser*, Bindende Resolutionen des UN-Sicherheitsrats, S.]

LOUDWIN, BERND, Die konkludente Anerkennung im Völkerrecht, 1983 [zitiert: *Loudwin*, Die konkludente Anerkennung, S.]

LUCHTERHANDT, OTTO, Der Anschluss der Krim an Russland aus völkerrechtlicher Sicht, in: AVR 52 (2014), S. 137–174 [zitiert: *Luchterhandt*, AVR 52 (2014), S. 137]

LUCHTERHANDT, OTTO, Die Völkerrechtswidrigkeit der Unabhängigkeitserklärung und des Referendums der Krim, in: Ost/Letter 2 (2014), S. 1–6 [zitiert: *Luchterhandt*, Ost/Letter 2 (2014), S. 1]

LUCHTERHANDT, OTTO, Völkerrechtliche Aspekte des Georgien-Krieges, in: AVR 46 (2008), S. 435–480 [zitiert: *Luchterhandt*, AVR 46 (2008), S. 435]

LUTZHÖFT, NIELS, Eine objektiv-rechtliche Gewährleistung der Rundfunkfreiheit in der Europäischen Union?: Nationales Rundfunkverfassungsrecht und unionsrechtlicher Grundrechtsschutz im Spiegel divergierender Tradition, Funktion und Konzeption der Grundrechte, 2012 [zitiert: *Lutzhöft*, Eine objektiv-rechtliche Gewährleistung der Rundfunkfreiheit, S.]

LYSEN, GÖRAN, Targeted UN Sanctions: Application of Legal Sources and Procedural Matters, in: NJIL 72 (2003), S. 291–304 [zitiert: *Lysen*, NJIL 72 (2003), S. 291]

MACDONALD, ROBERT, Fundamental Norms in Contemporary International Law, in: Can. Y. B. Int'l L. 25 (1987), S. 115–149 [zitiert: *MacDonald*, Can. Y. B. Int'l L. 25 (1987), S. 115]

MACDONALD, RONALD ST. J., The International Community as a Legal Community, in: ders./Johnston, Douglas M. (Hrsg.), Towards World Constitutionalism: Issues in the legal ordering of the world community, 2005, S. 853–909 [zitiert: *MacDonald*, in: ders./Johnston (Hrsg.), Towards World Constitutionalism, S. 853]

MACDONALD, RONALD, The Charter of the United Nations in Constitutional Perspective, in: AusYBIL 20 (1999), S. 205–231 [zitiert: *Macdonald*, AusYBIL 20 (1999), S. 205]

MALANCZUK, PETER, Akehurst's modern introduction to international law, 7. Aufl. 1997 [zitiert: *Malanczuk*, International Law, S.]

Malone, M. Kelly, U.N. Membership of the Former Yugoslavia, in: AJIL 87 (1993), S. 246–228 [zitiert: *Malone*, AJIL 87 (1993), S. 246]

Mansour, Renad, Rethinking Recognition: The Case of Iraqi, in: Cam. J. Int'l & Comp. L., 4 (2014), S. 1182–1194 [zitiert: *Mansour*, Cam. J. Int'l & Comp. L., 4 (2014), S. 1182]

Marschang, Bernd, UN-Gewaltenteilung und die Lockerbie-Affäre, in: KJ 26 (1993), S. 62–74 [zitiert: *Marschang*, KJ 26 (1993), S. 62]

Marschik, Axel, Legislative Powers of the Security Council, in: MacDonald, Ronald St. J./Johnston, Douglas M. (Hrsg.), Towards World Constitutionalism: Issues in the legal ordering of the world community, 2005, S. 457–492 [zitiert: *Marschik*, in: MacDonald /Johnston(Hrsg.), Towards World Constitutionalism, S. 457]

Martenczuk, Bernd, Rechtsbindung und Rechtskontrolle des Weltsicherheitsrats: Die Überprüfung nichtmilitärischer Zwangsmaßnahmen durch den Internationalen Gerichtshof, 1996 [zitiert: *Martenczuk*, Rechtsbindung und Rechtskontrolle, S.]

Martens, Wolfgang, Zur Frage der Bindung von Nichtmitgliedern an die Grundsätze der Vereinten Nationen, in: Der Staat 7 (1968), S. 431–445 [zitiert: *Martens*, Der Staat 7 (1968), S. 431]

Marxsen, Christian, Territorial Integrity in International Law – Its Concept and Implications for Crimea, in: ZaöRV 75 (2015), S. 7–26 [zitiert: *Marxsen*. ZaöRV 75 (2015), S. 7]

Marxsen, Christian/Peters, Anne/Hartwig, Matthias, Symposium: The Incorporation of Crimea by the Russian Federation in the Light of International Law, Beiträge abgedruckt in: ZaöRV 75 (2015), S. 1–298 [zitiert: *Marxsen/Peters/Hartwig*, Symposium: The Incorporation of Crimea by the Russian Federation in the Light of International Law, Beiträge abgedruckt in: ZaöRV 75 (2015), S. 1]

Marxsen, Christian, An International Law Perspective, in: ZaöRV 74 (2014), S. 367–391 [zitiert: *Marxsen*, ZaöRV 74 (2014), S. 367]

Matz, Nele, Wege zur Koordinierung völkerrechtlicher Verträge, 2005 [zitiert: *Matz*, Wege zur Koordinierung, S.]

McNair, Arnold D., The law of treaties, 1961 [zitiert: *McNair*, Law of Treaties, S.]

McNeill, John H., Regional Enforcement Action under the United Nations Charter and Constraints upon States not Members, in: Cornell Int'l L. J. 9 (1975/1976), S. 1–23 [zitiert: *McNeill*, Cornell Int'l L. J. 9 (1975/1976), S. 1]

Mendelson, Maurice H., The subjective element in customary international law, in: RdC 272 (1999), S. 155–410 [zitiert: *Mendelson*, RdC 272 (1999), S. 155]

Mendelson, Maurice, The subjective element in customary international law, in: BYIL 75 (1995), S. 177–208 [zitiert: *Mendelson*, BYIL 75 (1995), S. 177]

Menon, Prakash K., The Problem of Recognition in International Law: Some Thoughts on Community Interest, in: NJIL 59 (1990), S. 247–273 [zitiert: *Menon*, The Problem of Recognition in International Law, NJIL 59 (1990), S. 247]

Menzel, Eberhard, Völkerrecht, ein Studienbuch, 1962 [zitiert: *Menzel*, Völkerrecht, S.]

Merkt, Hanno, Investitionsschutz durch Stabilisierungsklauseln: Zur intertemporalen Rechtswahl in State Contracts, 1990 [zitiert: *Merkt*, Investitionsschutz durch Stabilisierungsklauseln, S.]

Mett, Frauke, Das Konzept des Selbstbestimmungsrechts, 2004 [zitiert: *Mett*, Das Konzept des Selbstbestimmungsrechts, S.]

Milner, Helen V., Globalization, Development, and International Institutions: Normative and Positive Perspectives, in: Perspectives on Politics 3 (2005), S. 833–854 [zitiert: *Milner*, Perspectives on Politics 3 (2005), S. 833]

Morpurgo, Emilio, L'articolo 17 del Patto della SDN e il diritto internazionale consuetudinario, in: RDI 3 (1925), S. 177–185 [zitiert: *Morpurgo*, RDI 3 (1925), S. 177]

Mosler, Hermann, The International Society as Legal Community, 1980 [zitiert: *Mosler*, International Society, S.]

Mosler, Hermann, The International Society as a Legal Community, in: RdC 140 (1974), S. 1–320 [zitiert: *Mosler*, RdC 140 (1974), S. 1]

Mosler, Hermann, Die Aufnahme in internationale Organisationen, in: ZaöRV 19 (1958), S. 275–317 [zitiert: *Mosler*, ZaöRV 19 (1958), S. 275]

Muharremi, Robert, The European Union Rule of Law Mission in Kosovo (EULEX) from the Perspective of Kosovo Constitutional Law, in: ZaöRV 70 (2010), S. 357–379 [zitiert: *Muharremi*, ZaöRV 70 (2010), S. 357]

Muharremi, Robert, Kosovo's Declaration of Independence: Self-Determination and Sovereignty Revisited, in: Review of Central and East European Law 33 (2008), S. 401–435 [zitiert: *Muharremi*, Review of Central and East European Law 33 (2008), S. 401]

Müller, Jörg P./Cottier, Thomas, Acquiescence, in: Bernhardt, Rudolf (Hrsg.), EPIL, Bd. I, 1992, S. 14–16 [zitiert: *Müller/Cottier*, Acquiescence, in: Bernhardt (Hrsg.), EPIL, Bd. I., S. 14]

MULLERSON, AGORA, Sources of International Law: New Tendencies in Soviet Thinking, in: AJIL 83 (1989), S. 494–512 [zitiert: *Mullerson*, AJIL 83 (1989), S. 494]

MÜLLERSON, REIN, Precedents in the Mountains: On the Parallels and Uniqueness of the Cases of Kosovo, South Ossetia and Abkhazia, in: CJIL 8 (2009), S. 2–25 [zitiert: *Müllerson*, CJIL 8 (2009), S. 2]

MÜLLERSON, REIN, The Interplay of Objective and Subjective Elements in Customary Law, in: Wellens, Karel (Hrsg.), International Law: Theory and Practice, Essays in Honour of Eric Suy, 1998, S. 161–178 [zitiert: *Müllerson*, FS für Eric Suy, S. 161]

MURPHY, SEAN D., Democratic Legitimacy, in: ICLQ 48 (1999), S. 545–581 [zitiert: *Murphy*, ICLQ 48 (1999), S. 545]

MURSWIEK, DIETRICH, Souveränität und humanitäre Intervention: Zu einigen neueren Tendenzen im Völkerrecht, in: Der Staat 35 (1996), S. 31–44 [zitiert: *Murswiek*, Der Staat 35 (1996), S. 31]

NARAYANAN, VINEETH, Harnessing the Cloud: International Law Implications of Cloud-Computing, in: Chicago J. Int'l L. 12 (2012), S. 783–809 [zitiert: *Narayanan*, Chicago J. Int'l L. 12 (2012), S. 783]

NATICCHIA, CHRIS, Recognition and Legitimacy: A Reply to Buchanan, in: Philosophy and Public Affairs 28 (2000), S. 242–257 [zitiert: *Naticchia*, Philosophy and Public Affairs 28 (2000), S. 242]

NETTESHEIM, MARTIN, Das kommunitäre Völkerrecht, in: JZ 2002, S. 569–578 [zitiert: *Nettesheim*, JZ 2002, S. 569]

NEUHOLD, HANSPETER, Die völkerrechtliche Dimension des Zerfalls Jugoslawiens: Rückblick und Ausblick, in: Reiter, Erich (Hrsg.), Grenzen des Selbstbestimmungsrechts. Die Neuordnung Europas und das Selbstbestimmungsrecht, der Völker, 1996, S. 147–175 [zitiert: *Neuhold*, in: Reiter (Hrsg.), Grenzen des Selbstbestimmungsrechts, S. 147]

NEUHOLD, HANSPETER, Völkerrechtlicher Vertrag und Drittstaaten, in: BDGVR 28 (1988), S. 51–104 [zitiert: *Neuhold*, BDGVR 28 (1988), S. 51]

NEUHOLD, HANSPETER, Die Pflicht zur Zusammenarbeit zwischen den Staaten: moralisches Postulat oder völkerrechtliche Norm?, in: Miehsler, Herbert/ Mock, Erhard/Simma, Bruno/Tammelo, Ilmar (Hrsg.), Ius Humanitatis, Festschrift zum 90. Geburtstag von Alfred Verdross, 1980, S. 575–606 [zitiert: *Neuhold*, FS für Alfred Verdross, S. 575]

NINČIĆ, DJURA, The Problem of Sovereignty in the Charter and in the Practice of the United Nations, 1970 [zitiert: *Ninčić*, The Problem of Sovereignty in the Charter and in the Practice of the United Nations, S.]

O'CONNELL, DANIEL P., International Law, Bd. I, 2. Aufl. 1970 [zitiert: *O'Connell*, International Law, Bd. I, S.]

ÖBERG, MARKO D., The Legal Effects of United Nations Resolutions in the Kosovo Advisory Opinion, in: AJIL 105 (2010), S. 81–90 [zitiert: *Öberg*, AJIL 105 (2010), S. 81]

ODENDAHL, KERSTIN, Die Umweltpflichtigkeit der Souveränität: Reichweite und Schranken territorialer Souveränitätsrechte über die Umwelt und die Notwendigkeit eines veränderten Verständnisses staatlicher Souveränität, 1998 [zitiert: *Odendahl*, Die Umweltpflichtigkeit der Souveränität, S.]

OELLERS-FRAHM, KARIN, Jugoslawien und die NATO, in: VN 4 (2005), S. 154–156 [zitiert: *Oellers-Frahm*, VN 4 (2005), S. 154]

OETER, STEFAN, The Kosovo Case – An Unfortunate Precedent, in: ZaöRV 75 (2015), S. 51–74 [zitiert: *Oeter*, ZaöRV 75 (2015), S. 51]

OETER, STEFAN, Souveränität – ein überholtes Konzept?, in: Cremer, Hans-Joachim/Giegerich, Thomas/Richter, Dagmar/Zimmermann, Andreas (Hrsg.), Tradition und Weltoffenheit des Rechts, Festschrift für Helmut Steinberger, 2002, S. 259–290 [zitiert: *Oeter*, FS für Helmut Steinberger, S. 259]

OETER, STEFAN, Selbstbestimmung im Wandel, Überlegungen zur Debatte um Selbstbestimmung und „vorzeitige Anerkennung", in: ZaöRV 52 (1992), S. 741–780 [zitiert: *Oeter*, ZaöRV 52 (1992), S. 741]

OLAIZOLA, MARIANA, Secession, Statehood, and Recognition: Normative Bases for International Law, in: PSJ Int'l Affairs 1 (2012), S. 60–73 [zitiert: *Olaizola*, PSJ Int'l Affairs 1 (2012), S. 60]

OPPENHEIM, LASSA FRANCIS L./ROXBURGH, RONALD F., International Law, Bd. I, 3. Aufl. 1920 [zitiert: *Oppenheim/Roxburgh*, International Law, S.]

ORAKHELASHVILI, ALEXANDER, Statehood, Recognition and the United Nations System: A Unilateral Declaration of Independence in Kosovo, in: Max Planck UNYB 12 (2008), S. 1–44 [zitiert: *Orakhelashvili*, Max Planck UNYB 12 (2008), S. 1]

ORAKHELASHVILI, ALEXANDER, Peremptory Norms in International Law, 2006 [zitiert: *Orakhelashvili*, Peremptory Norms, S.]

OSIANDER, ANDREAS, Sovereignty, International Relations, and the Westphalian Myth, in: International Organization 55 (2001), S. 251–287 [*Osiander*, IO 55 (2001), S. 251]

OSTENECK, KATHRIN, Die Umsetzung von UN-Wirtschaftssanktionen durch die Europäische Gemeinschaft, 2004 [zitiert: *Osteneck*, Umsetzung von UN-Wirtschaftssanktionen, S.]

OTT, HERMANN E., Umweltregime im Völkerrecht: Eine Untersuchung zu neuen Formen internationaler institutionalisierter Kooperation am Beispiel der

Verträge zum Schutz der Ozonschicht und zur Kontrolle grenzüberschreitender Abfallverbringungen, 1998 [zitiert: *Ott*, Umweltregime, S.]

Paasivirta, Esa, Internationalization and Stabilization of Contracts versus State Sovereignty, in: BYIL 60 (1989), S. 315–350 [zitiert: *Paasivirta*, BYIL 60 (1989), S. 315]

Palmer, Geoffrey, New Ways to Make International Environmental Law, in: AJIL 86 (1992), S. 259–283 [zitiert: *Palmer*, AJIL 86 (1992), S. 259]

Parker, Karen/Nylon, Lyn B., Jus Cogens: Compelling the Law of Human Rights, in: HICLR 12 (1989), S. 411–463 [zitiert: *Parker/Nylon*, HICLR 12 (1989), S. 411]

Parry, Clive/Grant, John P. (Hrsg.), Encyclopaedic Dictionary of International Law, 1986 [zitiert: *Parry/Grant*, Encyclopaedic Dictionary of International Law, S.]

Paulus, Andreas L., Die internationale Gemeinschaft im Völkerrecht: Eine Untersuchung zur Entwicklung des Völkerrechts im Zeitalter der Globalisierung, 2001 [zitiert: *Paulus*, Internationale Gemeinschaft, S.]

Payandeh, Mehrdad, Internationales Gemeinschaftsrecht: Zur Herausbildung gemeinschaftsrechtlicher Strukturen im Völkerrecht der Globalisierung, 2010 [zitiert: *Payandeh*, Internationales Gemeinschaftsrecht, S.]

Payandeh, Mehrdad, Rechtskontrolle des UN-Sicherheitsrats durch staatliche und überstaatliche Gerichte, in: ZaöRV 66 (2006), S. 41–71 [zitiert: *Payandeh*, ZaöRV 66 (2006), S. 41]

Pellet, Alain, The Palestinian Declaration and the Jurisdiction of the International Criminal Court, in: JICJ 8 (2010), S. 981–999 [zitiert: *Pellet*, JICJ 8 (2010), S. 981]

Pellet, Alain, The Normative Dilemma: Will and Consent in International Law-Making, in: AusBYIL 12 (1992), S. 22–53 [zitiert: *Pellet*, AusBYIL 12 (1992), S. 22]

Pellet, Alain, The Opinions of the Badinter Arbitration Committee: A Second Breath for the Self-Determination of Peoples, in: EJIL 3 (1992), S. 178–185 [zitiert: *Pellet*, EJIL 3 (1992), S. 178]

Perrez, Franz X., Cooperative Sovereignty: From Independence to Interdependence in the Structure of International Environmental Law, 2000 [zitiert: *Perrez*, Cooperative Sovereignty, S.]

Perrez, Franz X., The Relationship between „Permanent Sovereignty“ and the Obligation not to Cause Transboundary Environmental Damage, in: Env. L. 26 (1996), S. 1187–1212 [zitiert: *Perrez*, Env. L. 26 (1996), S. 1187]

Peters, Anne, Does Kosovo Lie in the Lotus-Land of Freedom?, in: LJIL 24 (2011), S. 95–108 [zitiert: *Peters*, LJIL 24 (2011), S. 95]

PETERS, ANNE, Rechtsordnungen und Konstitutionalisierung: Zur Neubestimmung der Verhältnisse, in: ZÖR 65 (2010), S. 3–63 [zitiert: *Peters*, ZÖR 65 (2010), S. 3]

PETERS, ANNE, Völkerrecht: Allgemeiner Teil, 4. Aufl. 2016 [zitiert: *Peters*, Völkerrecht, Kap., Rn.]

PETERS, INGO, The OSCE and German Foreign Policy: A Study in How Institutions Matter. In Imperfect Unions. Security Institutions over Space and Time, in: Haftendorn, Helga/Keohane, Robert O./Wallander, Celeste A., 1999, S. 195–222 [zitiert: *Peters*, in: Haftendorn *et al.* (Hrsg.), Imperfect Unions, S. 195]

PETERSEN, NIELS, Der Wandel des ungeschriebenen Völkerrechts im Zuge der Konstitutionalisierung, in: AVR 46 (2008), S. 502–523 [zitiert: *Petersen*, AVR 46 (2008), S. 502]

PETERSMANN, ERNST-ULLRICH, How to Constitutionalize the UN?, in: Götz, Volkmar/Selmer, Peter/Wolfrum, Rüdiger (Hrsg.), Liber amicorum Günther Jaenicke – Zum 85. Geburtstag, 1998, S. 313–352 [zitiert: *Petersmann*, FS für Günther Jaenicke, S. 313]

PHILIPS, EDWARD, The Libyan Intervention: Legitimacy and the Challenges of the 'Responsibility to Protect' Doctrine, in: Denning L. J. 25 (2012), S. 39–64 [zitiert: *Philips*, Denning L. J. 25 (2012), S. 39]

PREISER, WOLFGANG, Zum Völkerrecht der vorklassischen Antike, in: AVR 4 (1954), S. 257–288 [zitiert: *Preiser*, AVR 4 (1954), S. 257]

PRONIN, ANATOLY, Republic of Crimea: A Two Day State, in: Russ. L. J. 3 (2015), S. 133–142 [zitiert: *Pronin*, Russ. L. J. 3 (2015), S. 133]

QUARITSCH, HELMUT, Souveränität: Entstehung und Entwicklung des Begriffs in Frankreich und Deutschland vom 13. Jh. bis 1806, 1986 [zitiert: *Quaritsch*, Souveränität, S.]

RAGAZZI, MAURIZIO, The Concept of International Obligations Erga Omnes, 2000 [zitiert: *Ragazzi*, Obligations Erga Omnes, S.]

RAIČ, DAVID, Statehood and the law of self-determination, 2002 [zitiert: *Raič*, Statehood, S.]

RAJAMANI, LAVANYA, The Cancun Climate Agreements: Reading the Text, Subtext and Tea Leaves, ICLQ 60 (2011), S. 499–519 [zitiert: *Rajamani*, ICLQ 60 (2011), S. 499]

RAUSCHNING, DIETRICH, Gedanken zur Anerkennungserklärung, in: Götz, Volkmar/Selmer, Peter/Wolfrum, Rüdiger (Hrsg.), Liber amicorum Günther Jaenicke – Zum 85. Geburtstag, 1998, S. 375–396 [zitiert: *Rauschning*, FS für Günther Jaenicke, S. 375]

Reisman, Michael W., The Constitutional Crisis in the United Nations, in: AJIL 83 (1993), S. 83–100 [zitiert: *Reisman*, AJIL 83 (1993), S. 83]

Reisman, Michael W., Coercion and Self-Determination: Construing Article 2(4), in: AJIL 78 (1984), S. 642–645 [zitiert: *Reisman*, AJIL 78 (1984), S. 642]

Rensmann, Thilo, Die Humanisierung des Völkerrechts durch das *ius in bello* – Von der Martens'schen Klausel zur "*Responsibility to Protect*", in: ZaöRV 68 (2008), S. 111–128 [zitiert: *Rensmann*, ZaöRV 68 (2008), S. 111]

Ress, Hans-Konrad, Das Handelsembargo, Völker-, europa- und außenwirtschaftsrechtliche Rahmenbedingungen, Praxis und Entschädigung, 2000 [zitiert: *Ress*, Handelsembargo, S.]

Rich, Roland, Recognition of States: The Collapse of Yugoslavia and the Soviet Union, in: EJIL 4 (1993), S. 36–65 [zitiert: *Rich*, EJIL 4 (1993), S. 36]

Riedel, Eibe, Standards and Sources: Farewell to the Exclusivity of the Sources Triad in International Law?, in: EJIL 2 (1991), S. 58–84 [zitiert: *Riedel*, EJIL 2 (1991), S. 58]

Rivier, Alphonse, Principes du droit des gens, Bd. I, 1896 [zitiert: *Rivier*, Principes, Bd. I, S.]

Rosand, Eric, The Security Council as "Global Legislator": Ultra Vires or Ultra Innovative?, in: Fordham Int'l L. J. 28 (2005), S. 542–590 [zitiert: *Rosand*, Fordham Int'l L. J. 28 (2005), S. 542]

Ross, Alf, Constitution of the United Nations: Analysis of structure and function, 1950 [zitiert: *Ross*, Constitution of the UN, S.]

Ross, Alf, Lehrbuch des Völkerrechts, 1951 [zitiert: *Ross*, Lehrbuch des Völkerrechts, S.]

Ross, John F. L., Neutrality and International sanctions: Sweden, Switzerland and collective security, 1989 [zitiert: *Ross*, Neutrality and International sanctions, S.]

Roth, Brad R., Sovereign equality and moral disagreement: Premises of a pluralist international legal order, 2011 [zitiert: *Roth*, Sovereign equality, S.]

Roth, Brad R., Governmental Illegitimacy in international law, 2000 [zitiert: *Roth*, Governmental Illegitimacy, S.]

Roxburgh, Ronald F., International Conventions and Third States: A Monograph, 1917 [zitiert: *Roxburgh*, Third States, S.]

Rozakis, Christos L., The Concept of Jus Cogens in the Law of Treaties, 1976 [zitiert: *Rozakis*, The concept of jus cogens, S.]

Rozakis, Christos L., Treaties and Third States: A Study in the Reinforcement of the Consensual Standards in International Law, in: ZaöRV 35 (1975), S. 1–40 [zitiert: *Rozakis*, ZaöRV 35 (1975), S. 1]

RUDOLF, WALTER, Neue Staaten und das Völkerrecht, in: AVR 17 (1977/78), S. 1–45 [zitiert: *Rudolf*, AVR 17 (1977/78), S. 1]

RUIZ-FABRI, HÉLÈNE, Genèse et disparition de l'État à l'époque contemporaine, in: AFDI 38 (1992), S. 153–178 [zitiert: *Ruiz-Fabri*, AFDI 38 (1992), S. 153]

RÜNGER, UWE, Unilaterale humanitäre Intervention, 2000 [zitiert: *Rünger*, Unilaterale humanitäre Intervention, S.]

RUSSELL, RUTH B., A history of the United Nations Charter: The role of the United States 1940–1945, 1958 [zitiert: *Russell*, History of the UN, S.]

RYNGAERT, CEDRIC/SOBRIE, SVEN, Recognition of States: International Law or Realpolitik?, in: LJIL 24 (2011), S. 467–490 [zitiert: *Ryngaert/Sobrie*, LJIL 24 (2011), S. 467]

RYNGAERT, CEDRIC, The ICJ's Advisory Opinion on Kosovo's Declaration of Independence: A missed opportunity, in: NILR 57 (2010), S. 481–494 [zitiert: *Ryngaert*, NILR 57 (2010), S. 481]

RYNGAERT, CEDRIC/GRIFFIOEN, CHRISTINE, The Relevance of the Right to Self-determination in the Kosovo Matter: In Partial Response to the Agora Papers, in: CJIL 8 (2009), S. 573–588 [zitiert: *Ryngaert/Griffioen*, CJIL 8 (2009), S. 573]

SALOMON, ANDRÉ, Le préambule de la Charte: base idéologique de l'O.N.U., 1946 [zitiert: Salomon, Le préambule de la Charte, S.]

SANDER, FRITZ, Das Faktum der Revolution und die Kontinuität der Rechtsordnung, in: ZÖR 1 (1919/1920), S. 132–164 [zitiert: *Sander*, ZÖR 1 (1919/1920), S. 132]

SANDS, PHILIPPE/PEEL, JACQUELINE/FABRA, ADRIANA/MACKENZIE, RUTH, Principles of International Environmental Law, 3. Aufl. 2013 [zitiert: *Sands et al.*, Principles of international environmental law, S.]

SANDS, PHILIPPE/KLEIN, PIERRE, Bowett's Law of International Institutions, 5. Aufl. 2001 [zitiert: *Sands/Klein*, Bowett's Law of International Institutions, S.]

SAUER, HEIKO/WAGNER, NIKLAS, Der Tschetschenien-Konflikt und das Völkerrecht: Tschetscheniens Sezession, Russlands Militärintervention und die Reaktionen der Staatengemeinschaft auf dem Prüfstand des internationalen Rechts, in: Archiv des Völkerrechts, in: AVR 45 (2007), S. 53–83 [zitiert: *Sauer/Wagner*, AVR 45 (2007), S. 53]

SAVIGNY, FRIEDRICH CARL VON, System des heutigen römischen Rechts, Bd. III, 1840 [zitiert: *von Savigny*, System des heutigen römischen Rechts, Bd. III, S.]

SAXER, URS, Die internationale Steuerung der Selbstbestimmung und der Staatsentstehung. Selbstbestimmung, Konfliktmanagement, Anerkennung und Staatennachfolge in der neueren Völkerrechtspraxis, 2010 [zitiert: *Saxer*, Steuerung der Selbstbestimmung, S.]

Scelle, Georges, Quelques réflexions sur le droit des peuples à disposer d'eux-mêmes, in: Constantopoulos, Dimitri Spycou (Hrsg.), Grundprobleme des internationalen Rechts. Festschrift für Jean Spiropoulos, 1957, S. 385–391 [zitiert: *Scelle*, FS für Jean Spiropoulos, S. 385]

Scelle, Georges, Les États-Unis d'Amérique et les révolutions mexicaines, guerre civile et intervention reconnaissance d'un gouvernement révolutionnaire, gouvernement de fait, doctrine de Monroe, in: RGDIP XXI (1914), S. 117–132 [zitiert: *Scelle*, RGDIP XXI (1914), S. 117]

Schachter, Oscar, The Decline of the Nation-State and its Implications for International Law, in: CJTL 36 (1998), S. 7–23 [zitiert: *Schachter*, CJTL 36 (1998), S. 7]

Schachter, Oscar/Joyner, Christopher C. (Hrsg.), United Nations Legal Order, Bd. II, 1995 [zitiert: *Bearbeiter*, in: Schachter/Joyner (Hrsg.), United Nations Legal Order, Bd. II, S.]

Schachter, Oscar, United Nations Law, in: AJIL 88 (1994), S. 1–23 [zitiert: *Schachter*, AJIL 88 (1994), S. 1]

Schachter, Oscar, Reviews, The Law of the United Nations by Hans Kelsen, in: YLJ 60 (1951), S. 189–193 [zitiert: *Schachter*, YLJ 60 (1951), S. 189]

Schachter, Oscar, The Development of International Law through the Legal Opinions of the United Nations Secretariat, in: BYIL 25 (1948), S. 91–132 [zitiert: *Schachter*, BYIL 25 (1948), S. 91]

Schadtle, Kai, Das völkerrechtliche Gewaltverbot und seine Ausnahmen, in: Jura 2009, S. 686–695 [zitiert: *Schadtle*, Jura 2009, S. 686]

Schäfer, Olaf, Die Anerkennung von Staaten als Mittel der Kriegsverhinderung? Eine Würdigung der neueren Anerkennungspraxis am Beispiel der baltischen Staaten und der ehemaligen jugoslawischen Teilrepubliken, in: Beiträge zum humanitären Völkerrecht, zur völkerrechtlichen Friedenssicherung und zum völkerrechtlichen Individualschutz: Festgabe des Instituts für Friedenssicherung und Humanitäres Völkerrecht für Georg Bock zum 70. Geburtstag, 1993, S. 187–208 [zitiert: *Schäfer*, FS für Georg Bock, S. 187]

Scharf, Michael P., Musical Chairs: The Dissolution of States and Membership in the United Nations, in: Cornell Int'l L. J. 28 (1995), S. 29–69 [zitiert: *Scharf*, Cornell Int'l L. J., S. 29]

Schenck, Dedo von, Das Problem der Beteiligung der Bundesrepublik Deutschland an Sanktionen der Vereinten Nationen, besonders im Falle Rhodesiens, in: ZaöRV 29 (1969), S. 257–315 [zitiert: *von Schenck*, ZaöRV 29 (1969), S. 257]

SCHERMERS, HENRY/BLOKKER, NIELS, International Institutional Law: Unity within diversity, 5. Aufl. 2011 [zitiert: *Schermers/Blokker*, Int. Institutional Law, S.]

SCHEUNER, ULRICH, Die Stellung der Nichtmitglieder der UN, in: Mosler, Hermann (Hrsg.), Völkerrechtliche und Staatsrechtliche Abhandlungen, Festschrift für Carl Bilfinger, 1954, S. 371–403 [zitiert: *Scheuner*, FS für Carl Bilfinger, S. 371]

SCHEUNER, ULRICH, Solidarität unter den Nationen als Grundsatz in der gegenwärtigen internationalen Gemeinschaft, in: Delbrück, Jost/Ipsen, Knut/Rauschning, Dietrich (Hrsg.), Recht im Dienst des Friedens, Festschrift für Eberhard Menzel, 1950, S. 251–277 [zitiert: *Scheuner*, FS für Eberhard Menzel, S. 251]

SCHIEDERMAIR, HARTMUT, Effektive Herrschaftsgewalt und Rechtsfähigkeit im Völkerrecht, in: JA 1984, S. 638–641 [zitiert: *Schiedermair*, JA 1984, S. 638]

SCHIELE, SIMONE, Evolution of International Environmental Regimes: The Case of Climate Change, 2014 [zitiert: *Schiele*, International Environmental Regimes, S.]

SCHINDLER, DIETRICH, Kollektive Sicherheit der Vereinten Nationen und dauernde Neutralität der Schweiz, in: SZIER 2 (1992), S. 435–479 [zitiert: *Schindler*, SZIER 2 (1992), S. 435]

SCHLADEBACH, MARCUS/BÄRMANN, DANIEL, Luftverkehrsabkommen als Grundlage internationalen Fluglinienverkehrs, in: NZV 2006, S. 294–299 [zitiert: *Schladebach/Bärmann*, NZV 2006, S. 294]

SCHNEIDER, HANNES C., Die Charter der Vereinten Nationen und das Sonderrecht für die im Zweiten Weltkrieg unterlegenen Nationen (Art. 53 und 107), 1967 [zitiert: *Schneider*, VN und Sonderrecht, S.]

SCHÖBENER, BURKHARD (Hrsg.), Völkerrecht, Lexikon zentraler Begriffe und Themen, 2014 [zitiert: *Bearbeiter*, [Schlagwort], in: Schöbener (Hrsg.), Völkerrecht, S.]

SCHÖBENER, BURKHARD/KNAUFF, MATTHIAS, Allgemeine Staatslehre, 3. Aufl. 2016 [zitiert: *Schöbener/Knauff*, Allgemeine Staatslehre, §, Rn.]

SCHÖBENER, BURKHARD/HERBST, JOCHEN/PERKAMS, MARKUS, Internationales Wirtschaftsrecht, 2010 [zitiert: *Schöbener/Herbst/Perkams*, Internationales Wirtschaftsrecht, Rn.]

SCHÖBENER, BURKHARD, Die humanitäre Intervention im Konstitutionalisierungsprozeß der Völkerrechtsordnung, in: KJ 4 (2000), S. 557–579 [zitiert: *Schöbener*, KJ 4 (2000), S. 557]

SCHREUER, CHRISTOPH, State Sovereignty and the Duty of States to Cooperate – Two Incompatible Notions? (Summary and Comments), in: Delbrück, Jost

(Hrsg.), International Law of Co-operation and State Sovereignty. Proceedings of an International Symposium of the Kiel Walther-Schücking-Institute of International Law, 2002, S. 163–180 [zitiert: *Schreuer*, in: Delbrück (Hrsg.), International Law of Co-operation, S. 163]

SCHRIJVER, NICO, The Future of the Charter of the United Nations, in: Max Planck UNYB 10 (2006), S. 1–34 [zitiert: *Schrijver*, Max Planck UNYB 10 (2006), S. 1]

SCHRIJVER, NICO, The Changing Nature of State Sovereignty, in: BYIL 70 (1999), S. 65–98 [zitiert: *Schrijver*, BYIL 70 (1999), S. 65]

SCHRIJVER, NICO, Sovereignty over Natural Resources: Balancing Rights and Duties, 1997 [zitiert: *Schrijver*, Sovereignty over Natural Resources, S.]

SCHÜCKING, WALTER/WEHBERG, HANS, Die Satzung des Völkerbundes, Bd. 1, 1931 [zitiert: *Schücking/ Wehberg*, Satzung des Völkerbundes, Bd. 1, S.]

SCHWEIGMAN, DAVID, The authority of the Security Council under chapter VII of the UN Charter, 2001 [zitiert: *Schweigman*, Security Council, S.]

SCHWEISFURTH, THEODOR, Völkerrecht, 2006 [zitiert: *Schweisfurth*, Völkerecht, S.]

SCHWEISFURTH, THEODOR, International Treaties and Third States, in: ZaöRV 45 (1985), S. 653–674 [zitiert: *Schweisfurth*, ZaöRV 45 (1985), S. 653]

SCHWELB, EGON, Some Aspects of International Jus Cogens as Formulated by the International Law Commission, in: AJIL 61 (1967), S. 946–975 [zitiert: *Schwelb*, AJIL 1967, S. 946]

SCHWÖBEL, CHRISTINE E. J., Global constitutionalism in international legal perspective, 2011 [zitiert: *Schwöbel*, Global constitutionalism, S.]

SCRIMALI, ANTONIO, Natur und Grundlage der Rechtsverbindlichkeit des Völkerrechts mit besonderer Berücksichtigung der Wirksamkeit der internationalen Verträge und Übereinkommen für jene Staaten, die nicht an ihrer Gestaltung teilgenommen haben, in: ZÖR 21 (1941), S. 190–216 [zitiert: *Scrimali*, ZÖR 21 (1941), S. 190]

SCUPIN, HANS ULRICH, in: Strupp, Karl (Begr.)/Schlochauer, Hans-Jürgen (Hrsg.), Wörterbuch des Völkerrechts, Bd. 1, 1960, S. 723–733 [*Scupin*, in: Strupp/Schlochauer, Wörterbuch des Völkerrechts, Bd. 1, S. 723]

SEIDEL, GERD, Die Palästinafrage und das Völkerrecht, in: AVR 44 (2006), S. 121–158 [zitiert: *Seidel*, AVR 44 (2006), S. 121]

SEIDL-HOHENVELDERN, IGNAZ/LOIBL, GERHARD, Das Recht der Internationalen Gemeinschaften einschließlich der Supranationalen Organisationen, Bd. I, 7. Aufl. 2000 [zitiert: *Seidl-Hohenveldern/Loibl*, Recht der Internationalen Organisationen, Rn.]

Seidl-Hohenveldern, Ignaz, Völkerrecht, 5. Aufl. 1984 [zitiert: *Seidl-Hohenveldern*, Völkerrecht, Rn.]

Seiler, Christian, Der souveräne Verfassungsstaat zwischen demokratischer Rückbindung und überstaatlicher Einbindung, 2005 [zitiert: *Seiler*, Der souveräne Verfassungsstaat, S.]

Serita, Kentaro, Recognition of New States and Japanese Practice after the Second World War (2), in: Kobe Univ. L. Rev. 16 (1982), S. 1–20 [zitiert: *Serita*, Kobe Univ. L. Rev. 16 (1982), S. 1]

Severino, Rodolfo, Southeast Asia in Search of an ASEAN Community: Insights from the Former ASEAN Secretary-general, 2006 [zitiert: *Severino*, ASEAN Community, S.]

Shackelford, Scott J., From Nuclear War to Net War: Analogizing Cyber Attacks in International Law, in: Berk. J. Int'l L. 24 (2009), S. 192–251 [zitiert: *Shackelford*, Berk. J. Int'l L. 24 (2009), S. 192]

Shany, Yuval, Editor's Choice: In Defence of Functional Interpretation of Article 12(3) of the Rome Statute: A Response to Yaël Ronen, in: JICJ 8 (2010), S. 329–343 [zitiert: *Shany*, JICJ 8 (2010), S. 329]

Shaw, Malcolm N., International law, 7. Aufl. 2014 [zitiert: *Shaw*, International law, S.]

Shaw, Malcolm N., The Article 12(3) Declaration of the Palestinian Authority, the International Criminal Court and International Law, in: JICJ 9 (2011), S. 301–324 [zitiert: *Shaw*, JICJ 9 (2011), S. 301]

Shaw, Malcolm N., International Law, 6. Aufl. 2008 [zitiert: *Shaw*, International Law, 6. Aufl. 2008, S.]

Shelton, Dinah, Normative Hierarchy in International Law, in: AJIL 100 (2006), S. 291–323 [zitiert: *Shelton*, AJIL 100 (2006), S. 291]

Simma, Bruno/Khan, Daniel-Erasmus/Nolte, Georg/Paulus, Andreas (Hrsg.), The Charter of the United Nations: A Commentary, Bd. I, 3. Aufl. 2012 [zitiert: *Bearbeiter*, in: Simma/Khan/Nolte/Paulus (Hrsg.), Charter of the UN, Bd. I, Art., Rn.]

Simma, Bruno/Khan, Daniel-Erasmus/Nolte, Georg/Paulus, Andreas (Hrsg.), The Charter of the United Nations: A Commentary, Bd. II, 3. Aufl. 2012 [zitiert: *Bearbeiter*, in: Simma/Khan/Nolte/Paulus (Hrsg.), Charter of the UN, Bd. II, Art., Rn.]

Simma, Bruno (Hrsg.), The Charter of the United Nations: A Commentary, Bd. I, 2. Aufl. 2002 [zitiert: *Bearbeiter*, in: Simma (Hrsg.), Charter of the UN, Bd. I, 2. Aufl. 2002, Art., Rn.]

Simma, Bruno (Hrsg.), The Charter of the United Nations: A Commentary, Bd. II, 2. Aufl. 2002 [zitiert: *Bearbeiter*, in: Simma (Hrsg.), Charter of the UN, Bd. II, 2. Aufl. 2002, Art., Rn.]

Simma, Bruno, NATO, the UN and the Use of Force: Legal Aspects, in: EJIL 10 (1999), S. 1–22 [zitiert: *Simma*, EJIL 10 (1999), S. 1]

Simma, Bruno, From Bilateralism to Community Interest in International Law, in: RdC 250 (1994), S. 217–384 [zitiert: *Simma*, RdC 250 (1994), S. 217]

Simma, Bruno (Hrsg.), Charta der Vereinten Nationen: Kommentar, 1991 [zitiert: *Bearbeiter*, in: Simma (Hrsg.), Charta der Vereinten Nationen, Art., Rn.]

Simma, Bruno, The Antarctic Treaty as a Treaty Providing for an Objective regime, in: Cornell Int'l L. J. 19 (1986), S. 189–209 [zitiert: *Simma*, Cornell Int'l L. J. 19 (1986), S. 189]

Simmler, Christiane, Kehrt die Staatengemeinschaft zur Lehre von der konsumtiven Anerkennung zurück?, in: Seidl-Hohenveldern, Ignaz (Hrsg.), Vereinte Nationen, Menschenrechte und Sicherheitspolitik – Völkerrechtliche Fragen zu internationalen Konfliktbegrenzungen, 1994, S. 75–104 [zitiert: *Simmler*, in: Seidl-Hohenveldern (Hrsg.), Vereinte Nationen, Menschenrechte und Sicherheitspolitik, S. 75]

Sinclair, Ian Sir, Vienna Convention on the Law of Treaties, 2. Aufl. 1984 [zitiert: *Sinclair*, Vienna Convention on the Law of Treaties]

Skubiszewski, Krzysztof, Remarks on the Interpretation of the United Nations Charter, in: Bernhardt, Rudolf/Geck, Wilhelm, K./Jaenicke, Günther/Steinberger, Helmut (Hrsg.), Völkerrecht als Rechtsordnung, Internationale Gerichtsbarkeit, Menschenrechte, Festschrift für Hermann Mosler, 1983, S. 891–902 [zitiert: *Skubiszewski*, FS für Hermann Mosler, S. 891]

Slaughter, Anne-Marie/Burke-White, William, Focus: September 11, 2001 – Legal Response to Terror: An International Constitutional Moment, in: Harv. Int'l L. J. 43 (2002), S. 1–22 [zitiert: *Slaughter/Burke-White*, Harv. Int'l L. J. 43 (2002), S. 1]

Sloane, Robert D., The Changing Face of Recognition in International Law: A Case Study of Tibet, in: Emory Int'l L. Rev. 16 (2002) S. 107–186 [zitiert: *Sloane*, Emory Int'l L. Rev. 16 (2002) S. 107]

Slomanson, William R., Palestinian Statehood: A Secessionist Dialogue, in: Miskolc J. Int'l L. 8 (2011), S. 1–16 [zitiert: *Slomanson*, Miskolc J. Int'l L. 8 (2011), S. 1]

Soder, Josef, Die Vereinten Nationen und die Nichtmitglieder: Zum Problem der Weltstaatenorganisation, 1956 [zitiert: *Soder*, Nichtmitglieder, S.]

Sohn, Louis B., Voting Procedures in United Nations Conferences for the Codification of International Law, in: AJIL 69 (1975), S. 310–353 [zitiert: *Sohn*, AJIL 69 (1975), S. 310]

Sommer, Julia, Environmental Law-Making by International Organisations, in: ZaöRV 56 (1996), S. 628–667 [zitiert: *Sommer*, ZaöRV 56 (1993), S. 628]

Sperduti, Giuseppe, Consensus in International Law, in: IYIL 2 (1976), S. 33–38 [zitiert: *Sperduti*, IYIL 2 (1976), S. 33]

Sperduti, Giuseppe, Il principio della buona fede e l'ammissione di nuovi membri nelle Nazioni Unite, in: CI 7 (1952), S. 42–62 [zitiert: *Sperduti*, CI 7 (1952), S. 42]

Stahn, Carsten, Responsibility to Protect: Political Rhethoric or Emerging Legal Norm?, in: AJIL 101 (2007), S. 99–120 [zitiert: *Stahn*, AJIL 101 (2007), S. 99]

Stahn, Carsten, International Law at a Crossroads? The Impact of September 11, in: ZaöRV 62 (2002), S. 183–255 [zitiert: *Stahn*, ZaöRV 62 (2002), S. 183]

Stahn, Carsten, Die Volksrepublik China und Taiwan: zwei Staaten, eine Nation?, in: Der Staat 40 (2001), S. 73–95 [zitiert: *Stahn*, Der Staat 40 (2001), S. 73]

Stahn, Carsten, Gute Nachbarschaft um jeden Preis? Einige Anmerkungen zur Anbindung der USA an das Statut des Internationalen Strafgerichtshofs, in: ZaöRV 60 (2000), S. 631–662 [zitiert: *Stahn*, ZaöRV 60 (2000), S. 631]

Stein, Ted L., The Approach of the Different Drummer: The Principle of the Persistent Objector in International Law, in: Harv. Int'l L. J. 26 (1985), S. 457–482 [zitiert: *Stein*, Harv. Int'l L. J. 26 (1985), S. 457]

Stein, Torsten/Buttlar, Christian von/Kotzur, Markus, Völkerrecht, 14. Aufl. 2017 [zitiert: *Stein/von Buttlar/Kotzur*, Völkerrecht, S.]

Stein, Torsten, Das Attentat von Lockerbie vor dem Sicherheitsrat der Vereinten Nationen und dem Internationalen Gerichtshof, in: AVR 31 (1993), S. 206–229 [zitiert: *Stein*, AVR 31 (1993), S. 206]

Stern, Brigitte, La succession d'états, in: RdC 262 (1996), S. 9–438 [zitiert: *Stern*, RdC 262 (1996), S. 9]

Stern, Klaus, Idee der Menschenrechte und Positivität der Grundrechte, in: Isensee, Josef/Kirchhoff, Paul (Hrsg.), Handbuch des Staatsrechts der Bundesrepublik Deutschland, Bd. IX, 3. Aufl. 2011, S. 3–56 [zitiert: *Stern*, in: Isensee/Kirchhoff (Hrsg.), Handbuch des Staatsrechts, Bd. IX, §, Rn.]

Stoll, Peter-Tobias, Völkerrechtliche Praxis der Bundesrepublik Deutschland im Jahre 1994, in: ZaöRV 56 (1996), S. 998–1203 [zitiert: *Stoll*, ZaöRV 56 (1996), S. 998]

STREBEL, HELMUT, Quellen des Völkerrechts als Rechtsordnung, in: ZaöRV 36 (1976), S. 301–346 [zitiert: *Strebel*, ZaöRV 36 (1976), S. 301]

STRUWE, ANDREA, Die rechtliche Bindungswirkung des Vertrages über die Nichtweiterverbreitung von Kernwaffen gegenüber Drittstaaten 2017, [zitiert: *Struwe*, Rechtliche Bindungswirkung des Vertrages über die Nichtweiterverbreitung von Kernwaffen, S.]

SUY, ERIC, Consensus, in: Bernhardt, Rudolf (Hrsg.), Encyclopedia of Public International Law, Bd. I, 1992, S. 759–761 [zitiert: *Suy*, Consensus, in: Bernhardt (Hrsg.), EPIL, Bd. I, S. 759]

SUZUKI, EISUKE, Self-Determination and the World Public Order: Community Response to Territorial Separation, in: VJIL 16 (1976), S. 779–862 [zitiert: *Suzuki*, VJIL 16 (1976), S. 779]

SZASZ, PAUL C., The Security Council Starts Legislating, in: AJIL 96 (2002), S. 901–905 [zitiert: *Szasz*, AJIL 96 (2002), S. 901]

SZASZ, PAUL C., General Law-Making Processes, in: Joyner, Christopher C. (Hrsg.), The United Nations and International Law, 1997, S. 27–64 [zitiert: *Szasz*, in: Joyner (Hrsg.), United Nations and International Law, S. 27]

TAKANO, YUICHI, Einführung in das Völkerrecht, Bd. 1, 1979 [zitiert: *Takano*, Einführung in das Völkerrecht, Bd. 1, S.]

TALMON, STEFAN, The Recognition of the Chinese Government and the Convention on International Civil Aviation, in: CJIL 8 (2009), S. 135–159 [zitiert: *Talmon*, CJIL 8 (2009), S. 135]

TALMON, STEFAN, Kollektive Nichtanerkennung illegaler Staaten. Grundlagen und Rechtsfolgen einer international koordinierten Sanktion, dargestellt am Beispiel der Türkischen Republik Nord-Zypern, 2006 [zitiert: *Talmon*, Kollektive Nichtanerkennung, S.]

TALMON, STEFAN, The Security Council as World Legislature, in: AJIL 99 (2005), S. 175–193 [zitiert: *Talmon*, AJIL 99 (2005), S. 175]

TALMON, STEFAN, The Constitutive versus the Declaratory Theory of Recognition: Tertium non Datur?, in: BYIL 75 (2004), S. 101–181 [zitiert: *Talmon*, BYIL 75 (2004), S. 101]

TALMON, STEFAN, Recognition of Governments: An Analysis of the New British Policy and Practice, in: BYIL 63 (1992), S. 231–297 [zitiert: *Talmon*, BYIL 63 (1992), S. 231]

TANCREDI, ANTONELLO, Neither Authorized nor Prohibited? Secession and International Law after Kosovo, South Ossetia and Abkhazia, in: IYIL 18 (2008), S. 37–62 [zitiert: *Tancredi*, IYIL 18 (2008), S. 37]

THALLINGER, GERHARD, Sense and Sensibility of the Human Rights Obligations of the United Nations Security Council, in: ZaöRV 67 (2007), S. 1015–1040 [zitiert: *Thallinger*, ZaöRV 67 (2007), S. 1015]

THIELE, CARMEN, Regeln und Verfahren der Entscheidungsfindung innerhalb von Staaten und Staatenverbindungen, staats- und kommunalrechtliche sowie europa- und völkerrechtliche Untersuchungen, 2008 [zitiert: *Thiele*, Regeln und Verfahren der Entscheidungsfindung, S.]

THÜRER, DANIEL, Comment: UN Enforcement Measures and Neutrality: The Case of Switzerland, in: AVR 30 (1992), S. 63–85 [zitiert: *Thürer*, AVR 30 (1992), S. 63]

TIETJE, CHRISTIAN, Die Staatsrechtslehre und die Veränderung ihres Gegenstandes: Konsequenzen von Europäisierung und Internationalisierung, in: DVBl. 17 (2003), S. 1081–1096 [zitiert: *Tietje*, DVBl. 2003, S. 1081]

TIETJE, CHRISTIAN, The Changing Legal Structure of International Treaties as an Aspect of an Emerging Global Governance Architecture, in: GYIL 42 (1999), S. 26–55 [zitiert: *Tietje*, GYIL 42 (1999), S. 26]

TOMUSCHAT, CHRISTIAN, Die Anerkennung von Neustaaten – Die vorzeitige Anerkennung, in: Hilpold, Peter (Hrsg.), Das Kosovo-Gutachten des IGH vom 22. Juli 2010, 2012, S. 31–47 [zitiert: *Tomuschat*, in: Hilpold (Hrsg.), Das Kosovo-Gutachten des IGH, S. 31]

TOMUSCHAT, CHRISTIAN, Die Europäische Union und ihre völkerrechtliche Bindung, in: EuGRZ 34 (2007), S. 1–12 [zitiert: *Tomuschat*, EuGRZ 34 (2007), S. 1]

TOMUSCHAT, CHRISTIAN, International Law: Ensuring the Survival of Mankind on the Eve of a New Century: General Course of Public International Law, in: RdC 281 (1999), S. 9–438 [zitiert: *Tomuschat*, RdC 281 (1999), S. 9]

TOMUSCHAT, CHRISTIAN, Die internationale Gemeinschaft, in: AVR 33 (1995), S. 1–20 [zitiert: *Tomuschat*, AVR 33 (1995), S. 1]

TOMUSCHAT, CHRISTIAN, Obligations Arising for States without or against Their Will, in: RdC 241 (1993), S. 195–374 [zitiert: *Tomuschat*, RdC 241 (1993), S. 195]

TOMUSCHAT, CHRISTIAN, Völkerrechtlicher Vertrag und Drittstaaten, in: BDGVR 28 (1988), S. 9–50 [zitiert: *Tomuschat*, BDGVR 28 (1988), S. 9]

TOMUSCHAT, CHRISTIAN, Das Recht auf Entwicklung, in: GYIL 25 (1982), S. 85–112 [zitiert: *Tomuschat*, GYIL 25 (1982), S. 85]

TOMUSCHAT, CHRISTIAN, Die Charta der wirtschaftlichen Rechte und Pflichten der Staaten: Zur Gestaltungskraft von Deklarationen der UN-Generalversammlung, in: ZaöRV 36 (1976), S. 444–491 [zitiert: *Tomuschat*, ZaöRV 36 (1976), S. 444]

TUNKIN, GREGORIJ I./SCHWEISFURTH, THEODOR (Hrsg.), Völkerrechtstheorie, 1972 [zitiert: *Tunkin/Schweisfurth*, Völkerrechtstheorie, S.]

TÜRK, DANILO, Recognition of States: A Comment, in: EJIL 4 (1993), S. 66–71 [zitiert: *Türk*, EJIL 4 (1993), S. 66]

TURNS, DAVID, The Stimson Doctrine of Non-Recognition: Its Historical Genesis and Influence on Contemporary International Law in: CJIL 2 (2003), S. 105–144 [zitiert: *Turns*, CJIL 2 (2003), S. 105]

TZANAKOPOULOS, ANTONIOS, Disobeying the Security Council: Countermeasures against wrongful sanctions, 2011 [zitiert: *Tzanakopoulos*, Disobeying the SC, S.]

UERPMANN, ROBERT, Internationales Verfassungsrecht, in: JZ 2001, S. 565–573 [zitiert: *Uerpmann*, JZ 2001, S. 565]

UNRUH, PETER, Der Verfassungsbegriff des Grundgesetzes: Eine verfassungstheoretische Rekonstruktion, 2002 [zitiert: *Unruh*, Der Verfassungsbegriff des Grundgesetzes, S.]

VERDROSS, ALFRED/SIMMA, BRUNO, Universelles Völkerrecht, Theorie und Praxis, 3. Aufl. 1984 [zitiert: *Verdross/Simma*, Universelles Völkerrecht, §]

VERDROSS, ALFRED, Entstehungsweisen und Geltungsgrund des universellen völkerrechtlichen Gewohnheitsrechts, in: ZaöRV 29 (1969), S. 635–653 [zitiert: *Verdross*, ZaöRV 29 (1969), S. 635]

VERDROSS, ALFRED, Jus Dispositivum and Jus Cogens in International Law, in: AJIL 60 (1966), S. 55–63 [zitiert: *Verdross*, AJIL 60 (1966), S. 55]

VERDROSS, ALFRED, Kann die Generalversammlung der Vereinten Nationen das Völkerrecht weiterbilden?, in: ZaöRV 26 (1966), S. 690–697 [zitiert: *Verdross*, ZaöRV 26 (1966), S. 690]

VERDROSS, ALFRED, Le Nazioni Unite e i terzi Stati, in: CI 2 (1947), S. 439–448 [zitiert: *Verdross*, CI 2 (1947), S. 439]

VERDROSS, ALFRED, Die Verfassung der Völkerrechtsgemeinschaft, 1926 [zitiert: *Verdross*, Verfassung, S.]

VERHOEVEN, JOE, Considérations sur ce qui est commun: Cours général de droit international public, in: RdC 334 (2008), S. 9–434 [zitiert: *Verhoeven*, RdC 334 (2008), S. 9]

VERHOEVEN, JOE, Droit international publique, 2000 [zitiert: *Verhoeven*, Droit international publique, S.]

VERHOEVEN, JOE, La reconnaissance internationale dans la pratique contemporaine, les relations publiques internationales, 1975 [zitiert: *Verhoeven*, La reconnaissance internationale, S.]

VIDMAR, JURE, The Annexation of Crimea and the Boundaries of the Will of the People, in: GLJ 16 (2015), S. 365–383 [zitiert: *Vidmar*, GLJ 16 (2015) S. 365]

VIDMAR, JURE, States, Governments, and Collective Recognition, in: Chinese (Taiwan) Y. B. Int'l L. & Aff. 31 (2014), S. 136–159 [zitiert: *Vidmar*, Chinese (Taiwan) Y. B.Int'l L. & Aff. 31 (2014), S. 136]

VIDMAR, JURE, Explaining the Legal Effects of Recognition, in: ICLQ 61 (2012), S. 361–387 [zitiert: *Vidmar*, ICLQ 61 (2012), S. 361]

VIDMAR, JURE, International Legal Responses to Kosovo's Declaration of Independence, in: Vand. J. Transnat'l L. 42 (2009), S. 779–851 [zitiert: *Vidmar*, Vand. J. Transnat'l L. 42 (2009), S. 779]

VIELLECHNER, LARS, Verfassung als Chiffre, in: ZaöRV 75 (2015), S. 233–258 [zitiert: *Viellechner*, ZaöRV 75 (2015), S. 233]

VITZTHUM, WOLFGANG GRAF/PROELSS, ALEXANDER, Völkerrecht, 7. Aufl. 2016 [zitiert: *Bearbeiter*, in: Vitzthum/Proelß (Hrsg.), Völkerrecht, S.]

VYVER, JOHANN D. VAN DER, Self-determination of the Peoples of Quebec under International Law, in: JTLP 10 (2000), S. 1–37 [zitiert: *van der Vyver*, JTLP 10 (2000), S. 1]

VYVER, JOHANN D. VAN DER, Statehood in International Law, in: Emory Int'l L. Rev. 5 (1991), S. 9–102 [zitiert: *van der Vyver*, Emory Int'l L. Rev. 5 (1991), S. 9]

WAGNER, MARKUS, Die wirtschaftlichen Maßnahmen des UN-Sicherheitsrats nach dem 11. September 2001 im völkerrechtlichen Kontext – Von Wirtschaftssanktionen zu Wirtschaftsgesetzgebung?, in: ZaöRV 63 (2003), S. 879–920 [zitiert: *Wagner*, ZaöRV 63 (2003), S. 879]

WAGNER, NORBERT B., Reine Staatslehre: Staaten, Fictitious States und das Deutschland-Paradoxon, Bd. 1, 2015 [zitiert: *Wagner*, Reine Staatslehre, Bd. 1, S.]

WAGNER, NORBERT, Macchiavelli 2.0, in: NJOZ 2014, S. 721–725 [zitiert: *Wagner*, NJOZ 2014, S. 721]

WÄLDE, THOMAS W., Transnationale Investitionsverträge, in: RabelsZ 42 (1978), S. 28–86 [zitiert: *Wälde*, RabelsZ 42 (1978), S. 28]

WALDKIRCH, EDUARD OTTO VON, Das Völkerrecht in seinen Grundzügen dargestellt [zitiert: *von Waldkirch*, Völkerrecht, S.]

WALDOCK, HUMPHREY, General Course on Public International Law, in: RdC 106 (1962), S. 1–251 [zitiert: *Waldock*, RdC 106 (1962), S. 1]

WALTER, CHRISTIAN, Postscript: Self-Determination, Secession, and the Crimean Crisis, in: ders./von Ungern-Sternberg, Antje/Abushov, Kavus (Hrsg.),

Self-determination and secession in international law, 2014, S. 293–311 [zitiert: *Walter*, in: ders. *et al.* (Hrsg.), Self-determination, S. 293]

Wang, Chen, Issues on Consensus and Quorum at International Conferences, in: CJIL 9 (2010), S. 717–739 [zitiert: *Wang*, CJIL 9 (2010), S. 717]

Warbrick, Colin, Kosovo: The Declaration of Independence, in: ICLQ 57 (2008), S. 675–690 [zitiert: *Warbrick*, ICLQ 57 (2008), S. 675]

Warbrick, Colin, Recognition of States, in: ICLQ 41 (1992) S. 473–482 [zitiert: *Warbrick*, ICLQ 41 (1992) S. 473]

Waters, Timothy William, Misplaced Boldness: The Avoidance of Substance in the International Court of Justice's Kosovo Opinion, in: Duke J. Comp. & Int'l L. 23 (2012), S. 267–333 [zitiert: *Waters*, Duke J. Comp. & Int'l L. 23 (2012), S. 267]

Watson, K. William, When in the Course of Human Events: Kosovo's Independence and the Law of Secession, in: Tul. J. Int'l & Comp. L. 17 (2008), S. 267–293 [zitiert: *Watson*, Tul. J. Int'l & Comp. L. 17 (2008), S. 267]

Waxman, Matthew C., Cyber-Attacks and the Use of Force: Back to the Future of Article 2(4), in: YJIL 36 (2011), S. 421–459 [zitiert: *Waxman*, YJIL 36 (2011), S. 421]

Weber, Sebastian, Das Sezessionsrecht der Kosovo-Albaner und seine Durchsetzbarkeit, in: AVR 43 (2005), S. 494–512 [zitiert: *Weber*, AVR 43 (2005), S. 494]

Wehberg, Hans, Der nationale Zuständigkeitsbereich der Staaten nach der Satzung der Vereinten Nationen, in: AVR 2 (1950), S. 259–298 [zitiert: *Wehberg*, AVR 2 (1950), S. 259]

Weil, Prosper, Towards Relative Normativity in International Law?, in: AJIL 77 (1983), S. 413–442 [zitiert: *Weil*, AJIL 77 (1983), S. 413]

Weiler, Joseph H., The Geology of International Law, in: ZaöRV 64 (2004), S. 547–562 [zitiert: *Weiler*, ZaöRV 64 (2004), S. 547]

Weinberg, Berthold, Völkerbund und Nichtmitgliedstaaten, Zugleich ein Beitrag zur allgemeinen Rechtslehre und den Strukturproblemen des Völkerrechts. 1932 [zitiert: *Weinberg*, Völkerbund und Nichtmitgliedstaaten, S.]

Weiter, Dennis, Feindbildkonstruktionen im Nahostkonflikt: Ursache für das Scheitern der Roadmap 2003?, 2012 [zitiert: *Weiter*, Feindbildkonstruktionen im Nahostkonflikt, S.]

Weller, Marc, The International Response to the Dissolution of the Socialist Republic of Yugoslavia, in: AJIL 86 (1992), S. 569–607 [zitiert: *Weller*, AJIL 86 (1992), S. 569]

WENGLER, WILHELM, Völkerrecht, Bd. I, 1964 [zitiert: *Wengler*, Völkerrecht, Bd. I, S.]

WENIG, MARCUS, Möglichkeiten und Grenzen der Streitbeilegung ethnischer Konflikte durch die OSZE, 1986 [zitiert: *Wenig*, Möglichkeiten und Grenzen der Streitbeilegung, S.]

WERKSMAN, JACOB, Compliance and Transition: Russia's Non-Compliance Tests the Ozone Regime, in: ZaöRV 1996, S. 750–773 [zitiert: *Werksman*, ZaöRV 36 (1996), S. 750]

WET, ERIKA DE, The Governance of Kosovo: Security Council Resolution 1244 and the Establishment and Functioning of EULEX, in: AJIL 103 (2009), S. 83–96 [zitiert: *de Wet*, AJIL 103 (2009), S. 83]

WET, ERIKA DE, The International Constitutional Order, in: Int'l & Comp. L. Q. 55 (2006), S. 51–76 [zitiert: *de Wet*, ICLQ 55 (2006), S. 51]

WET, ERIKA DE, The Chapter VII powers of the United Nations Security Council, 2004 [zitiert: *de Wet*, Chapter VII powers, S.]

WHITBACK, JOHN V., The State of Palestine Exists, in: Middle East Policy 18 (2011), S. 62–66 [zitiert: *Whitback*, Middle East Policy 18 (2011), S. 62]

WHITE, NIGEL D., The Law of international organisations, 2. Aufl. 2005 [zitiert: *White*, Law of international organisations, S.]

WIDDOWS, KELVIN, Security Council Resolutions and Non-Members of the United Nations, in: ICLQ 27 (1978), S. 459–462 [zitiert: *Widdows*, ICLQ 27 (1978), S. 459]

WILDHABER, LUZIUS, Sovereignty and International Law, in: ders. (Hrsg.), Wechselspiel zwischen Innen und Außen: Schweizer Landesrecht, Rechtsvergleichung, Völkerrecht, 2006, S. 19–49 [zitiert: *Wildhaber*, in: ders. (Hrsg.) Wechselspiel zwischen Innen und Außen, S. 19]

WILHELM, JOCHEN, Sezessionsrecht des Volkes im ethnischen Sinne und Anerkennung von Staaten, 2003 [zitiert: *Wilhelm*, Sezessionsrecht des Volkes, S.]

WIRTH, KERSTIN A., Kosovo am Vorabend der Statusentscheidung: Überlegungen zur rechtlichen Begründung und Durchsetzung der Unabhängigkeit, in: ZaöRV 67 (2007), S. 1065–1106 [zitiert: *Wirth*, ZaöRV 67 (2007), S. 1065]

WOLFRUM, RÜDIGER, Der Kampf gegen eine Verbreitung von Massenvernichtungswaffen: Eine Rolle für den Sicherheitsrat, in: Dicke, Klaus/Hobe, Stephan/Meyn, Karl-Ulrich/Peters, Anne/Riedel, Eibe/Schütz, Hans-Joachim/Tietje, Christian (Hrsg.), Weltinnenrecht, Liber amicorum Jost Delbrück, 2005, S. 865–876 [zitiert: *Wolfrum*, FS für Jost Delbrück S. 865]

WOLFRUM, RÜDIGER/PHILIPP, CHRISTIANE E., The Status of the Taliban: Their Obligations and Rights under International Law, in: Max Planck UNYB 6

(2002), S. 559–601 [zitiert: *Wolfrum/Philipp*, Max Planck UNYB 6 (2002), S. 559]

WOLFRUM, RÜDIGER, Die Internationalisierung staatsfreier Räume: die Entwicklung einer internationalen Verwaltung für Antarktis, Weltraum, Hohe See u. Meeresboden, 1984 [zitiert: *Wolfrum*, Internationalisierung staatsfreier Räume, S.]

WOODS, NGAIRE, Good Governance in International Organizations, in: Global Governance 5 (1999), S. 39–61 [zitiert: *Woods*, Global Governance 5 (1999), 39]

WORSTER, WILLIAM T., The Inductive and Deductive Methods in Customary International Law Analysis: Traditional and Modern Approaches, in: Geo. J. Int'l L. 45 (2014), S. 445–521 [zitiert: *Worster*, Geo. J. Int'l L. 45 (2014), S. 445]

WORSTER, WILLIAM T., The Exercise of Jurisdiction by the International Criminal Court Over Palestine, in: Am. Univ. Int'l L. Rev. 26 (2012), S. 1153–1209 [zitiert: *Worster*, Am. Univ. Int'l L. Rev. 26 (2012), S. 1153]

WORSTER, WILLIAM T., Law, Politics, and the Conception of the State in State Recognition Theory, in: Bost. Univ. Int'l L. J. 27 (2009), S. 115–171 [zitiert: *Worster*, Bost. Univ. Int'l L. J. 27 (2009), S. 115]

WRIGHT, QUINCY, "Some Thoughts about Recognition", in: AJIL 44 (1950), S. 548–559 [zitiert: *Wright*, AJIL 44 (1950), S. 548]

XUE, HANQIN, Transboundary Damage in International Law, 2002 [zitiert: *Xue*, Transboundary Damage in International Law, S.]

YAMIN, FARHANA/DEPLEDGE, JOANNA, The international climate change regime: A guide to rules, institutions and procedures, 2004, [zitiert: *Yamin/Depledge*, International climate change regime, S.]

YEE, SIENHO, The News that Opinio Juris "Is Not a Necessary Element of Customary [International] Law" Is Greatly Exaggerated, in: GYIL 43 (2000), S. 227–238 [zitiert: *Yee*, GYIL 43 (2000), S. 227]

ZACKLIN, RALPH, The Amendment of the Constitutive Instruments of the United Nations and Specialized Agencies, 1968 [zitiert: *Zacklin*, The Amendment of the Constitutive Instruments of the United Nations and Specialized Agencies, S.]

ZEMANEK, KARL, Majority Rule and Consensus Technique in Law-Making Diplomacy, in: MacDonald, Ronald St. J./Johnston, Douglas M. (Hrsg.), The Structure and Process of International Law, 1986, S. 857–887 [zitiert: *Zemanek*, in: MacDonald/Johnston (Hrsg.), Structure and Process of International Law, S. 857]

ZEMANEK, KARL, The Legal Foundations of the International System, in: RCADI 266 (1997), S. 9–335 [zitiert: *Zemanek*, RCADI 266 (1997), S. 9]

ZEMANEK, KARL/MARSCHIK, AXEL, Beitritt eines nicht allgemein anerkannten Staates zu einem multilateralen Vertrag – Wirkung von Vorbehalten, in: JAP 3 (1992/1993), S. 108–114 [zitiert: *Zemanek/Marschik*, JAP 3 (1992/1993), S. 108]

ZEMANEK, KARL, The Changing International System: A New Look at Collective Security and Permanent Neutrality, in: Austrian J. Publ. Int. L. 42 (1991), S. 277–294 [zitiert: *Zemanek*, Austrian J. Publ. Int. L. 42 (1991), S. 277]

ZEMANEK, KARL, Das Problem der Beteiligung des immerwährend neutralen Österreichs, in: ZaöRV 28 (1968), S. 16–32 [zitiert: *Zemanek*, ZaöRV 28 (1968), S. 16]

ZIEGLER, KATJA S., Domaine Réservé, in: Wolfrum, Rüdiger (Hrsg.), The Max Planck Encyclopedia of Public International Law, 2008 [zitiert: *Ziegler*, Domaine Réservé, in: Wolfrum (Hrsg.), MPEPIL (online, Stand: April 2013)]

ZIEGLER, KARL-HEINZ, Völkerrechtsgeschichte, 2. Aufl. 2007 [zitiert: *Ziegler*, Völkerrechtsgeschichte, S.]

ZIEGLER, KARL-HEINZ, Die Bedeutung des Westfälischen Friedens von 1648 für das europäische Völkerrecht, in: AVR 37 (1999), S. 129–151 [zitiert: *Ziegler*, AVR 37 (1999), S. 129]

ZIEMER, JONNA, Das gemeinsame Interesse an einer Regelung der Hochseefischerei. Dargestellt am Beispiel des Fish Stocks Agreement, 2000 [zitiert: *Ziemer*, Das gemeinsame Interesse, S.]

ZIFCAK, SPENCER, The Responsibility to Protect after Libya and Syria, in: Melb. J. Int'l L. 13 (2012), S. 59–93 [zitiert: *Zifcak*, Melb. J. Int'l L. 13 (2012), S. 59]

ZIMMERMANN, ANDREAS/ELBERLING, BJÖRN, Grenzen der Legislativbefugnisse des Sicherheitsrats, in: VN 52 (2004), S. 71–77 [zitiert: *Zimmermann/Elberling*, VN 52 (2004), S. 71]

ZIMMERMANN, ANDREAS/TOMUSCHAT, CHRISTIAN/OEHLERS-FRAHM, KARIN/ TAMS, CHRISTIAN J. (Hrsg.), The Statute of the International Court of Justice: A Commentary, 2. Aufl. 2012 [zitiert: *Bearbeiter*, in: Zimmermann *et al.* (Hrsg.), ICJ-Commentary, Art., Rn.]

ZYGOJANNIS, HEIKE, Geburt aus Ruinen: Kosovo als neuer Staat in Europa?, 2013 [zitiert: *Zygojannis*, Geburt aus Ruinen, S.]

Lebenslauf:

Andreas Krebs

seit 10/2016	**Juristischer Vorbereitungsdienst,** LG Köln
10/2014–04/2016	**Wissenschaftlicher Mitarbeiter,** Fachhochschule für öffentliche Verwaltung des Landes Nordrhein-Westfalen, Prof. Dr. Nicoletta Messerschmidt
09/2013–09/2014	**Masterstudium (LL.M.),** University of Aberdeen, Schottland
07/2013–03/2018	**Promotion,** Betreuer: Prof. Dr. Burkhard Schöbener
02/2013	**Erste Juristische Staatsprüfung**
06/2008–06/2011	**Studentische Hilfskraft,** Lehrstuhl für Völkerrecht, Europarecht, europäisches und internationales Wirtschaftsrecht und Institut für Luft- und Weltraumrecht, Prof. Dr. Stephan Hobe, Universität zu Köln
09/2008–03/2009	**Auslandssemester**, China University of Political Science and Law (CUPL) Peking, China
09/2007–04/2008	**Telders International Moot Court Competition**
04/2006–03/2013	**Studium der Rechtswissenschaften,** Universität zu Köln

Beiträge zum nationalen und internationalen öffentlichen Recht

Herausgegeben von Burkhard Schöbener

Band 1 Solveig Haß: Die Urteile des Europäischen Gerichtshofs für Menschenrechte. Charakter, Bindungswirkung und Durchsetzung. 2006.

Band 2 Angela Werner: Die Grundrechtsbindung der Bundeswehr bei Auslandseinsätzen. 2006.

Band 3 Florian Stork: Das Anti-Diskriminierungsrecht der Europäischen Union und seine Umsetzung in das deutsche Zivilrecht. 2006.

Band 4 Regine Gerards: Die Europäische Menschenrechtskonvention im Konstitutionalisierungsprozess einer gemeineuropäischen Grundrechtsordnung. 2007.

Band 5 Christian Baudewin: Der Schutz der öffentlichen Ordnung im Versammlungsrecht. 2007.

Band 6 André Scheidtmann: Wirtschafts- und berufsständische Kammern im europäischen Gemeinschaftsrecht. 2007.

Band 7 Marnie Silny: Die binnenmarktbezogene Rechtsangleichungskompetenz des Art. 95 EG. Reichweite und Grenzen der Harmonisierungskompetenz sowie ihre Stellung in der gemeinschaftsrechtlichen Kompetenzverfassung. 2007.

Band 8 Thomas Mösinger: Auswahlkriterien der Standplatzvergabe unter rechtlicher und ökonomischer Analyse. Staatliche Verteilungsentscheidungen als Gegenstand der ökonomischen Analyse des Rechts. 2007.

Band 9 Henning Schwier: Der Schutz der „Unternehmerischen Freiheit" nach Artikel 16 der Charta der Grundrechte der Europäischen Union. Eine Darstellung der tatsächlichen Reichweite und Intensität der grundrechtlichen Gewährleistung aus rechtsvergleichender Perspektive. 2008.

Band 10 Jens-Peter Eickhoff: Das Funktionsrecht des Europäischen Parlaments. 2008.

Band 11 Burkhard Schöbener (Hrsg.): Junge Rechtswissenschaft: Völker- und Europarecht. Bemerkenswerte Seminararbeiten aus dem Schwerpunktstudium. 2009.

Band 12 Maximilian Robert Jahn: Die Handelshemmnis-Verordnung (Verordnung EG Nr. 3286/94). 2009.

Band 13 Stefan Haeder: Die Neuordnung des Zugangs zum Anwaltsnotariat in Deutschland. 2009.

Band 14 Ursula Hoppe: Die Kunstfreiheit als EU-Grundrecht. 2011.

Band 15 Kathrin F. Baltes: Die demokratische Legitimation und die Unabhängigkeit des EuGH und des EuG. 2011.

Band 16 Sonja Bocek: Die völkerrechtlichen Wirkungen einseitiger Erklärungen der UN-Generalversammlung. 2011.

Band 17 Nadja Gaus: Materiell-rechtliche Gewährleistungen und verfahrensrechtliche Durchsetzbarkeit völkerrechtlich garantierter Menschenrechte. Zur rechtlichen Stellung des Einzelnen im Völkerrecht. 2011.

Band 18 Robin Falk Lengelsen: Aktuelle Probleme der Staatenimmunität im Verfahren vor den Zivil- und Verwaltungsgerichten. Unter besonderer Berücksichtigung des „UN-Übereinkommens über die Immunität des Staaten und ihres Vermögens von der Gerichtsbarkeit". 2011.

Band 19 Maike Friedrich: WTO und Klimaschutz. Konflikte und Synergien zwischen nationalen Klimaschutzmaßnahmen und dem WTO-Recht. 2012.

Band 20 Michael Rafii: Institutionalisierte Kooperationsformen zwischen staatlichen und nichtstaatlichen Akteuren im internationalen Bereich. Internationale Public-Private Partnerships und ihre rechtlichen Herausforderungen für das Völkerrecht und das deutsche Verfassungsrecht. 2013.

Band 21 Anna Müller: Die Zugehörigkeit zu einer bestimmten sozialen Gruppe als zentrales Verfolgungsmotiv des Flüchtlingsbegriffs im Lichte des rechtsnormativen Mehrebenensystems. 2014.

Band 22 Ralf Reuter: Die Auswirkungen des unionsrechtlichen Altersdiskriminierungsverbots auf das deutsche Beamtenrecht. 2015.

Band 23 Niklas Haberkamm: Art. 102 AEUV im Lichte eines ökonomisch geprägten Prüfungsansatzes. 2015.

Band 24 Mahdad Mir Djawadi: Individualsanktionen des UN-Sicherheitsrates gegen Al Qaida und die Taliban. Zum Spannungsverhältnis zwischen Sicherheit und individueller Freiheit im Mehrebenensystem von Völkerrecht, Europarecht und nationalem Verfassungsrecht. 2016.

Band 25 Andrea Struwe: Die rechtliche Bindungswirkung des Vertrages über die Nichtweiterverbreitung von Kernwaffen gegenüber Drittstaaten. 2017.

www.peterlang.com

www.ingramcontent.com/pod-product-compliance
Ingram Content Group UK Ltd.
Pitfield, Milton Keynes, MK11 3LW, UK
UKHW021840290926
8980IPUK00005B/564

9 783631 768822